个人印象

（增订版）

Isaiah Berlin

［英国］以赛亚·伯林 著　［英国］亨利·哈代 编

覃学岚 译

译林出版社

图书在版编目（CIP）数据

个人印象／（英）以赛亚·伯林（Isaiah Berlin）著；（英）亨利·哈代（Henry Hardy）编；
覃学岚译. —增订本. —南京：译林出版社，2023.2
（人文与社会译丛／刘东主编）
书名原文：Personal Impressions: Expanded Edition
ISBN 978-7-5447-9406-0

Ⅰ.①个… Ⅱ.①以… ②覃… Ⅲ.①名人－人物
研究－世界 Ⅳ.①K811

中国版本图书馆 CIP 数据核字（2022）第 171948 号

著作权合同登记号　图字：10-2020-547 号

For more information about Isaiah Berlin visit http://berlin.wolf.ox.ac.uk/

个人印象　[英国] 以赛亚·伯林 ／ 著　[英国] 亨利·哈代 ／ 编　覃学岚 ／ 译

责任编辑　何本国
装帧设计　胡　苨
校　　对　王　敏
责任印制　单　莉

原文出版　Pimlico, 2018
出版发行　译林出版社
地　　址　南京市湖南路 1 号 A 楼
邮　　箱　yilin@yilin.com
网　　址　www.yilin.com
市场热线　025-86633278
排　　版　南京展望文化发展有限公司
印　　刷　江苏凤凰通达印刷有限公司
开　　本　880 毫米×1230 毫米　1/32
印　　张　15.5
插　　页　2
版　　次　2023 年 2 月第 1 版
印　　次　2023 年 2 月第 1 次印刷
书　　号　ISBN 978-7-5447-9406-0
定　　价　88.00 元

主 编 的 话

刘 东

总算不负几年来的苦心——该为这套书写篇短序了。

此项翻译工程的缘起，尤要追溯到自己内心的某些变化。虽说越来越惯于乡间的生活，每天只打一两通电话，但这种离群索居并不意味着我已修炼到了出家遁世的地步。毋宁说，坚守沉默少语的状态，倒是为了咬定问题不放，而且在当下的世道中，若还有哪路学说能引我出神，就不能只是玄妙得叫人着魔，还要有助于思入所属的社群。如此嘈嘈切切鼓荡难平的心气，或不免受了世事的恶刺激，不过也恰是这道底线，帮我部分摆脱了中西"精神分裂症"——至少我可以倚仗着中国文化的本根，去参验外缘的社会学说了，既然儒学作为一种本真的心向，正是要从对现世生活的终极肯定出发，把人间问题当成全部灵感的源头。

不宁惟是，这种从人文思入社会的诉求，还同国际学界的发展不期相合。擅长把捉非确定性问题的哲学，看来有点走出自我囿闭的低潮，而这又跟它把焦点对准了社会不无关系。现行通则的加速崩解和相互证伪，使得就算今后仍有普适的基准可言，也要有待于更加透辟的思力，正是在文明的此一根基处，批判的事业又有了用武之地。由此就决定了，尽管同在关注世俗的事务与规则，但跟既定框架内的策论不同，真正体现出人文关怀的社会学说，决不会是医头医脚式的小修小补，而必须以激进亢奋的姿态，去怀疑、颠覆和重估全部的价值预设。有意思的是，也许再没有哪个时代，会有这么多书生想要焕发制度智慧，这既凸显了文明的深层危机，又表达了超越的不竭潜力。

于是自然就想到翻译——把这些制度智慧引进汉语世界来。需要说明的是，尽管此类翻译向称严肃的学业，无论编者、译者还是读者，都会因其理论色彩和语言风格而备尝艰涩，但该工程却绝非寻常意义上的"纯学术"。此中辩谈的话题和学理，将会贴近我们的伦常日用，渗入我们的表象世界，改铸我们的公民文化，根本不容任何学院人垄断。同样，尽管这些选题大多分量厚重，且多为国外学府指定的必读书，也不必将其标榜为"新经典"。此类方生方成的思想实验，仍要应付尖刻的批判围攻，保持着知识创化时的紧张度，尚没有资格被当成享受保护的"老残遗产"。所以说白了：除非来此对话者早已功力尽失，这里就只有激活思想的马刺。

主持此类工程之烦难，足以让任何聪明人望而却步，大约也惟有愚钝如我者，才会在十年苦熬之余再作冯妇。然则晨钟暮鼓黄卷青灯中，毕竟尚有历代的高僧暗中相伴，他们和我声应气求，不甘心被宿命贬低为人类的亚种，遂把移译工作当成了日常功课，要以艰难的咀嚼咬穿文化的篱笆。师法着这些先烈，当初酝酿这套丛书时，我曾在哈佛费正清中心放胆讲道："在作者、编者和读者间初步形成的这种'良性循环'景象，作为整个社会多元分化进程的缩影，偏巧正跟我们的国运连在一起，如果我们至少眼下尚无理由否认，今后中国历史的主要变因之一，仍然在于大陆知识阶层的一念之中，那么我们就总还有权想象，在孔老夫子的故乡，中华民族其实就靠这么写着读着，而默默修持着自己的心念，而默默挑战着自身的极限！"惟愿认同此道者日众，则华夏一族虽历经劫难，终不致因我辈而沦为文化小国。

一九九九年六月于京郊溪翁庄

纪念杰弗里·威尔金森

1921—1996

目　录

序　言

赫米奥尼·李[1]

　　以赛亚·伯林是一位政治哲学家、观念史学家，同时还是一位自成一体的传记作家，以其特有的方式讲述着五彩缤纷的人生故事。他相信天才，也相信个人具有改变和影响历史的力量。他想参透卓越人物的所作所为、所思所想是如何影响世界的，并将其描述出来。个人魅力与聪明才智的能量令他着迷。他好奇心特别强，非常爱交际，观察力十分敏锐。对于个人的逸闻趣事，他津津乐道，这些事情越奇特越好。他最喜欢引川康德的一句名言："人性这根曲木，绝然造不出直物。"[2]而他毕生所关心的问题之一，便是搞清楚历史运动是如何从"人们头脑里的

　　1　牛津大学沃尔夫森学院院长、牛津大学沃尔夫森生平写作中心主任、牛津大学英语系英国文学教授。著有《弗吉尼亚·伍尔夫传》、《伊迪丝·沃顿传》和新作《佩妮洛普·菲兹杰拉德传》。——译注

　　2　Immanuel Kant, 'Idee zu einer allgemeinen Geschichte in weltbürgerlicher Absicht' ['Idea for a Universal History with a Cosmopolitan Purpose', 1784], *Kant's gesammelte Schriften* (Berlin, 1900—　), viii, 23.22.

观念"[1]中诞生出来的。

已有很多人注意到了,他很喜欢结交贤达名流。他的朋友,哲学家艾伦·蒙蒂菲奥里曾这样形容过他:"他喜欢有特点的人,不见得是非同凡响的人……而是在某方面突出的人。他对古怪行为饶有兴趣。"[2]为他作传的叶礼庭[3]曾写道:"他陶醉于世俗的东西[……]。总是对有名气、有个性和非同凡响的人物着迷。"[4]在他的书信与广为报道的传奇般的神聊中,这种痴迷可能只给人以八卦的印象——尽管八卦也是一门艺术,对于这门艺术,他练得可谓炉火纯青,得心应手。而在这些公开发表的篇目中(有些是为了纪念活动和丧礼而作,有些是事后很久的回忆之作),有一种更严肃、更公共、更持久的意义。从本质上说,这本书是在弹奏一曲以美德为主题的变奏曲。

伟人何以成为伟人?这是他探问的一个问题。(几乎总是男人才能成为伟人,尽管弗吉尼亚·伍尔夫、莉迪亚·凯恩斯、萨洛梅·哈尔珀恩和安娜·阿赫玛托娃构成了饶有趣味的例外。)如果说这些篇目有时候给人以重复之感,那是因为——虽然涉及的人物众多,且表现出了非同一般的同情,它们始终都没有离开这个问题:作为一名领袖、政治家、思想家或教师,一个人的个人力量和性格品质是如何表现并产生影响的?

伯林描绘其对象的办法是用形容词的涂抹来呈现其性格特征。诺尔·安南在1980年为《个人印象》第一版所作的那篇文采斐然的

1　IB, *The Crooked Timber of Humanity*, ed. Henry Hardy(London, 2003; 2nd ed., Princeton, 2013),1.

2　*The Book of Isaiah: Personal Impressions of Isaiah Berlin*, ed. Henry Hardy(Woodbridge, 2009),108.

3　Michael Ignatieff(1947—　),俄裔加拿大学者、教授、作家。国际学界公认的人权、公共安全、国际事务等方面的资深专家。曾任哈佛大学卡尔人权政策中心主任(Carr Centre for Human Rights Policy)、加拿大自由党领袖。——译注

4　Michael Ignatieff, *Isaiah Berlin: A Life*(London/New York, 1998),63,67.

序言（本版改为后记）中，称之为点彩画法，将伯林的散文风格比作法国点彩派画家修拉的油画。这一手法亦可称为厚涂颜料法，浓墨重彩。在这些丰富的形容性辞藻中，有三个关键词一直在不停地出现："快乐"（gaiety）、"魅力"（charm）和"无畏"（fearlessness）。"自然"（spontaneity）、"热情"（warmth）、"活力"（vitality）、"善良"（kindness）、"可爱"（sweetness）、"坦率"（candour）也很重要。这些都是对他很有吸引力并且令他兴奋的品质。他常常能从各种人物中发现这样的品质，而别人可能觉得这些人物毫无魅力和可爱可言，这正是本书的有趣之处。

伯林把这些文章比作18世纪的祭文[1]，"追念已故名人的致辞"[2]。是　xvi颂扬之词，也是爱戴之情的表达："我彻底为他的魅力所倾倒了，而且此后终生都是如此。"（《伊扎克·萨德赫》）"我了解他、爱戴他、敬佩他，也哀悼他的去世，以及随他而逝的那个幻想世界。"（《奥伯伦·赫伯特》）"我发现他很有魅力，跟他在一起很愉快，其实用迷人来形容他都毫不夸张，而且他无疑是我这辈子所见过的最聪明的人。"（《梅纳德·凯恩斯与夫人莉迪亚》）[3]他很少说自己所写之人的坏话，虽然他也喜欢让你看到他们中的有些人是多么让人难以忍受，同时又交代清楚自己欣赏他们的原因。历史学家刘易斯·纳米尔是"一个天才"，也是"一个无聊得要命的家伙"。[4]休伯特·亨德森从来不肯放弃自己的论点。[5]J. L. 奥斯汀是一个冷酷得可怕的老师。[6]莫里斯·鲍拉"渴望得

1　原文为法语：éloges。——译注

2　见下文第xxxi页（后面"见本书"的引文页码，均指英文版原书页码，见中文版边码。——译注）。

3　见本书第262、194、220页。

4　见本书第131页。

5　见本书第30、32页。

6　见本书第165页。

到赏识"。[1]埃德蒙·威尔逊可能会粗鲁得惊人而且"容易陷入疯狂的幻想、荒唐的揣测、无端的爱恨"。[2]这些人他全都喜欢,他能看出这些难以相处之人内心里好的和了不起的东西。

就这一点而言,这些随笔与他的书信是迥然有别的,他的书信常闪烁着尖刻的光芒。在这本书中,找不到半句他在书信中评价其牛津同事那样的话,如他说A. L. 劳斯"一天天变得越来越令人不堪忍受和可怕",新学院的史密斯院长"从根本上说很轻浮,而且不在乎他人的感受",A. J. P. 泰勒是"一个一文不值的人……道德和情感上(有残疾的人)",贝利奥尔学院像克里斯托弗·希尔那样的左翼历史学家是"虔诚的无神论者,冷峻、忸怩、充满了自卑感,而且几乎对一切自发性和活力都深恶痛绝"。[3]

在本书中,仇敌的姓名都未加披露,只有靠推断才能知晓。他只是 xvii 间接提到了自己崇拜的英雄所不得不对付的人,这些敌对势力包括共产主义领袖("一群群政治蝗虫");暴力的独裁者和极端的革命者;受"抽象的原理和笼统的理论"所驱使的思想理论家;[4]狂热分子、暴君、反犹分子、伪君子和迂夫子、自命不凡者、妄自尊大者、自欺欺人者以及缺乏幽默感者。伯林深谙妥协与自欺欺人在公众领域会起到什么样的作用,也明白对于大多数政客而言,"个人动机,往低里说,是与政治上权宜之计的概念密不可分的,往高里说,是与一种纯粹且无私的公众理想密不可分的"[5]。他知道聪明的学者会"对地位很敏感、生怕自己得不到

1　见本书第151页。

2　见本书第296页。

3　IB, *Enlightening: Letters 1946—1960*, eds. Henry Hardy and Jennifer Holmes (London, 2009), 129、158、429、465、575.

4　见本书第79、81、127页。

5　见本书第80页。

充分认可"。[1]但他崇拜的人另当别论。

他笔下的人物可分为四大类型：学者、领导人、作家和冒险家。第一类主要是牛津的教师。伯林的一生大部分时间都扎根在牛津的世界里。他曾三任全灵学院院员[2]，第一次是从1932年到1938年，第二次是从1950年到1967年，最后一次是从1975年到他去世。他本科就读于牛津大学基督圣体学院，1932年到1950年任教于牛津大学新学院，1966年创办沃尔夫森学院，任该院院长九年。本书中谈到了牛津学术生活的许多内容——其习惯、其布局与宿怨、其名人。这从历史的角度看会非常有趣：他对全灵学院的描述有时候让人感到就像是在描绘一种中世纪的乡村生活，村民们除了谈论哲学和约会安排之外，什么也不做。但也会给人以神秘和小圈子之感。写他20世纪20年代在基督圣体学院读本科的那一篇，是编辑过的一份院史采访录音稿，把读者假定为熟悉诸如古典学"基本课程"（Mods）、"命题作文"（set essay）、"特别自费生"（Gentlemen Commoners）和"拿优"（getting a Blue）等术语的牛津人，这样的读者自然会对为什么"基督圣体学院的学生在'伟大人物'课上拿不到优是出了名的"会意地点头，觉得文中对"赛艇追撞比赛祝捷晚会"上醉后失态行为的描述令人捧腹，也会明白得到"一串不配得到的'良'"[3]是什么意思。

不过伯林笔下的牛津既是一个小村庄，也是一片大世界。很多伟大的思想家都曾在此留下足迹，而且牛津也是一个不错的性格检测场。政治舞台上的口是心非、势不两立，在这里也屡见不鲜。就道德节操而言，一个人在公共休息室的行为与判断，同在内阁或陆军部的一样重要。譬如，1933年，他的牛津同事是喜欢还是讨厌来自美国的客座法学

xviii

1　见本书第102页。
2　原文为fellow，汉语中没有与该词意义完全对应的词，权且译作"院员"。牛津、剑桥各学院的fellow，其实就是各学院的正式教员，在学院有一定的发言权。——译注
3　见本书第337、339、341、342、344、345页。

教授菲利克斯·法兰克福特，在伯林看来可以作为"一个简单却不失有效的标准，用来衡量一个人是喜欢还是厌恶生命力"。[1]伯林笔下的绝大多数同事都是一些除了教书、思考、写作和讲话外什么也不做的人，但他让我们领略到了他们的重要性乃至英雄品质。他会用颂扬一位世界领袖的赞美之词来称赞一位牛津的哲学家。

　　无论在什么情况下，他心目中的英雄都是反对专制，信仰个人自由之士。他深受为人张扬的伊扎克·萨德赫或堂吉诃德式的冒险家奥伯伦·赫伯特那样的特立独行者吸引。他崇拜那些信奉犹太复国主义的以色列开国元勋，说到他们时总是满含景仰之情，而把他自己对这个国家及其未来越来越喜忧参半的矛盾心情埋在了心底。他尤其认为哈伊姆·魏茨曼是个天才，因而写到他的时候，更是文采斐然，饱含深情。他对"有着极为敏锐的触角"的政治家和凭借"专注的意志力、直率和力量"[2]进行统治的政治家都同样着迷。富兰克林·D.罗斯福是他眼里第一类政治家的耀眼典范，丘吉尔则是第二类的楷模。他关于这些政治家的篇目都是颂扬之词。丘吉尔是伯林崇拜的英雄，令当时很多读者失望不已的是，他选择了没有去批评丘吉尔。[3]对伯林来说，丘吉尔最大的魅力在于其雄辩的表演，"像历史舞台上的一个伟大演员——恐怕也是最后一个这样的演员"[4]，具有一种以令人信服的口才阐述自己强大历史观的神奇本领。

　　伯林喜欢扣人心弦的表演，他本人就是一位引人入胜的演员，不论是作为讲演者还是作为交谈者或作家。在这些随笔中，他自己很少现身，主要是把别人摆在了重要位置。但他的人生表现却可以透过他人

xix

1　见本书第103页。

2　见本书第43页。

3　Michael Ignatieff, *Isaiah Berlin: A Life* (London/New York, 1998), 195–197.

4　见本书第29页。

的人生读出来,而本书的一个有趣之处,即在于可以把它当作一部碎片式的传记来读。写到他自己时,他往往惜墨如金,语带诙谐,这一点可以从他说自己读本科时很懒散("而且整个后半辈子都没改掉这一臭毛病"),[1]或是说他"远非一个不爱说话的闷葫芦"[2]这些文字中看出来。他最亲近的朋友中有一些是跟他意见相左的人,对于这一有意思的事实,他未予置评。有时候,仿佛在交谈中一样,你可以听到他聊起天来会是个什么样子,比如,在聊到波托菲诺时,他说"利古里亚海岸这一地区的居民不喜欢言过其实的理想主义"。[3]

但书中也有很多地方,他以极其认真的态度显示了他本人。可能只是捎带一笔,正如他在简要描述自己亲历1917年彼得格勒爆发的俄罗斯革命那样,那场革命令他"对任何形式的暴力都染上了永久的恐惧症"。[4]伯林1909年出生于里加的一个俄罗斯犹太家庭,而他在《伊扎克·萨德赫》那篇随笔中谈到里加的犹太人,或在写魏茨曼的那篇中谈到19世纪晚期的俄罗斯犹太群体时,都写到了他的家族和祖先,不过没有提及他自己。在这里及一些自传性文字中,他的根、他的学术史、他所受的教育、他对自己犹太身份的意识、他的亲英倾向及道德和审美偏好都清晰显现。

这一点在《1945年和1965年与俄罗斯作家的会面》这篇感人肺腑、文辞优美的随笔中表现得最为明显,尤其体现在他于列宁格勒与安娜·阿赫玛托娃那场如今看来颇具传奇色彩的邂逅中。[5]这就尖锐地提出了书名中"印象"一词所固有的一些问题。这些随笔中有若干篇都是书中所述之经历与事情过了二三十年之后才写就的,因而显现了作 xx

---

1　见本书第339页。

2　见本书第187页。

3　见本书第190—191页。

4　见本书第211页。

5　见本书第399—416页。

者对久远往事的非凡记忆力。他会说起埃德蒙·威尔逊1954年的一次造访，在1987年的一篇随笔中精准地进行了细节描述，称"我记得他的原话"。[1]也会追述他与刘易斯·纳米尔在20世纪30年代的友情，并在1966年写道：这篇记叙不是根据"任何调查研究，而是纯粹凭回忆写成的"。[2]其中时间跨度最长的篇目之一，是1945年与阿赫玛托娃的会晤，1980年才将这次会晤付诸笔端。然而，该篇也是本书中史实最为生动、非常令人信服的篇目之一。笔者将在此多谈一点，因为在我看来，该篇集中体现了《个人印象》的优点与特点。

关于这次邂逅，我们了解的比文中透露的要多一点，这里也需要一些历史背景方面的知识。伯林的一生并非完全在牛津度过的。1940年，他在美国，受命于英国新闻部，作为企图劝说美国参战的一个举措，其使命是向英国汇报美国的政治舆论。1942年，他被调到了英国驻华盛顿大使馆，工作的性质没变，但内容扩展了，负责代表英国驻美大使起草每周一次的报告；而1945年，他则由华盛顿派到莫斯科，其正式身份是"英国大使馆临时一等秘书"，任务是写一篇关于战后美苏英三国关系的急稿。这之后，他才回到牛津，重新过起了学术生活。1945年这一趟俄罗斯之行是他自童年时代离开后首次重返故土。[3]他时年已三十有六了。他同政治家、作家、作曲家、批评家和官僚都有过交谈。他熟识了鲍里斯·帕斯捷尔纳克，这次与天才的相遇令他既兴奋又激动。

1945年11月，他与英国文化协会的一名工作人员布伦达·特里普乘火车去了列宁格勒，也就是他童年时代的彼得格勒。当时距离恐怖的千日大围困尚不遥远，城市里除了历历在目令他想起自己童年的东

1　见本书第287页。

2　见本书第121页。

3　他1928年确曾访问过里加（隶属他儿童时代所生活过的俄罗斯帝国），不过当时拉脱维亚已独立了。

西之外，破坏、洗劫、饥饿和贫困的痕迹也随处可见。伯林想知道革命之后曾短暂地大放异彩，尔后又遭到斯大林无情镇压与清洗的那些天才群英都怎么样了。几乎是一到列宁格勒，他和特里普小姐便来到涅夫斯基大街上的作家书店。经营这家书店的是根纳季·拉赫林，他把书店变成了作家们聚会的场所（后来得知，此人真实身份是警方的一个密探）。[1]在书店里，伯林同一个叫弗拉基米尔·奥尔洛夫的批评家兼史学家交谈了一番，向他打听了列宁格勒作家们的遭际。阿赫玛托娃还健在吗？"在，当然还健在啦，"奥尔洛夫回答说，"她住在离这儿不远的喷泉宫。你想不想见见她？""感觉就像突然受到邀请去见克里斯蒂娜·罗塞蒂小姐一般，我简直说不出话来了。我结结巴巴地说我的确想见她。"[2]

xxii

　　安娜·阿赫玛托娃生于1886年，当时已经五十九岁了，是最受欢迎也遭受过最多审查的俄罗斯诗人。她是革命前称作阿克梅派的文学圈子的成员之一，也是在20世纪初的战争和革命时期步入成年的四大作

　　1　IB，*The Soviet Mind: Russian Culture under Communism*，ed. Henry Hardy（Washington，2004），31；参见本书第xxviii页，第400页以后。

　　2　IB，'Meetings with Russian Writers in 1945 and 1956'，见本书（第399—401页；后面未直接引用的引文均出自该文）。同期，他还写过两篇记述此次列宁格勒之行的文章，均收录在 *The Soviet Mind* 中，名为 'A Visit to Leningrad' 和 'The Arts in Russia under Stalin'。关于此次会晤的其他资料包括：*The Soviet Mind* 第11章；Anatoly Naiman，'Akhmatova and Sir'，见 *The Book of Isaiah*（见本书第xv页注3），第62—81页；IB's *Flourishing: Letters 1928—1946*，ed. Henry Hardy（London，2004）及 *Enlightening*（见本书第xvii页注8）；György Dalos，*The Guest from the Future: Anna Akhmatova and Isaiah Berlin*，trans. Anthony Wood（London，1998）；Amanda Haight，*Anna Akhmatova: A Poetic Pilgrimage*（New York and London，1976）；Josephine von Zitzewitz，'That's How It Was' — on L. Kopylov，T. Pozdnyakova and N. Popova，*'I eto bylo tak': Anna Akhmatova i Isaiya Berlin*[*'That's How It Was': Anna Akhmatova and Isaiah Berlin*]（St Petersburg，2009[2nd ed.，2013]）— 'Commentary'，*The Times Literary Supplement*，2011年9月9日，第14—15版。

家之一（另外三位是奥西普·曼德尔施塔姆、玛琳娜·茨维塔耶娃和帕斯捷尔纳克）。她的朋友曼德尔施塔姆已死于斯大林的恐怖统治时期。茨维塔耶娃已经自杀了。她的第一任丈夫，诗人尼古拉·古米廖夫，1921年遵照列宁下达的命令被处决。她的第二任丈夫（前夫），艺术史家尼古拉·普宁将于1953年死于狱中。她的儿子，历史学家列夫·古米廖夫自1938年起就蹲了大牢，刚刚获释。她的作品被禁了几十年，本人已有三十四年没有去过欧洲了。她住在喷泉宫她前夫家隔壁的一个房间里，境况凄凉，缺衣少食。喷泉宫位于丰坦卡运河边上，是一座破败失修的18世纪大宫殿，炮弹留下了千疮百孔。房间的墙上除了莫迪利亚尼[1]1911年在巴黎为她画的一幅肖像画外，什么也没有。没多少家具，没多少隐私，也没多少吃的。她正在这里创作她的长诗《没有主人公的叙事诗》。

文章讲述了两人见面的故事，不过故事的全貌及其来龙去脉还得从其他资料中拼缀出来。双方通过电话了，当天下午，伯林在奥尔洛夫的陪同下来到了楼上那空无一物的房间，接待他的是一位妇人，（和别人一样）他形容这位妇人看上去像一出"悲剧中的女王"。而她将看到的是一个深色皮肤、矮矮胖胖、穿着一身深色西装、戴着一副眼镜的人，一张极其富于表情而又聪明伶俐的面孔，配有一副浑厚独特、语速极快、近乎口齿不清的嗓音。有一名"做学问的女士"跟她在一起。他们开始交谈，然后伯林听到有人在楼下院子里大呼他的名字。一开始，他还以为是幻觉，随后他朝外看了看，难以置信地看到了伦道夫·丘吉尔（温斯顿·丘吉尔之子）的身影，其举止看上去就像一个"醉醺醺的大学生"。伦道夫给这次会见带来了一段虽说有点不祥，却颇具喜剧效果

xxiii

1　Amedeo Clemente Modigliani（1884—1920），意大利表现主义画家与雕塑家。名作有《着晚礼服的红发姑娘》（*Jeune fille rousse en robe de soir*）、《蓬皮杜夫人》（*Madame de Pompadour*）等。——译注

的小插曲。他因为一家报社的采访任务刚刚来到列宁格勒，又碰巧和伯林住在了同一家宾馆。他不会俄语，需要有人给他当翻译，才能找人替他把刚买的鱼子酱放到冰箱里冻起来。他遇到了布伦达·特里普，她告诉了他上哪里去找伯林。考虑到伦道夫无疑遭到了秘密警察的跟踪，伯林下了楼，匆匆地把他支走。然后，伯林回到书店，给阿赫玛托娃打电话道歉的同时，顺带问了一句自己可否过后再次登门拜访。得到的回答是可以，对阿赫玛托娃而言，这或许是不明智的。

当晚9点，他回到阿赫玛托娃那里后，得知仍和她在一起的同伴是一名亚述学专家，后者缠着伯林问了一大堆关于英国大学的无聊问题，待到了快半夜时才离开。经历了这么多开头的不顺之后，与阿赫玛托娃的交谈半夜才真正开始。中间，大约在凌晨3点时，又被她住在楼下大厅里的儿子列夫·古米廖夫打断过一次，他主动提出来给他们做一盘煮土豆——这是他们仅有的东西。

除此之外，伯林与阿赫玛托娃两人长谈了一通宵。这次非同寻常的交谈涵盖了双方都很感兴趣的众多话题。两人先是谈到了双方共同的朋友，其中一些她已经多年未见了。她跟他讲了自己战前在巴黎的那段时光及与莫迪利亚尼的友谊，还讲了她的童年，她的第一任丈夫及其悲惨的命运。她以一种难懂的口音给他背诵了拜伦的《唐璜》，这既令他感动，又令他尴尬。她说到自己的一些诗作，一下子热泪盈眶了，继而又接着朗诵尚未完成的《没有主人公的叙事诗》。"即使是在当时，"他写道，"我也意识到自己是在聆听一首天才之作。"这首诗是对 xxiv 她作为诗人的一生和"对圣彼得堡这座成为她生命一部分的城市的过去"（也是他生命的一部分，虽然他并没有这么说）的一次回眸。她描述了斯大林恐怖统治的岁月、"亲人们的命运"和"对于数以百万计的无辜者的折磨和屠杀"，谈到了曼德尔施塔姆和阿列克谢·托尔斯泰。后来，吃完了煮土豆之后，他们又开始谈到别的作家。伯林对阿赫玛托娃观点的转述就像是随身带着台录音机先录了下来，然后再把她的话译成一种稍稍有点拘泥且不地道的英语,从俄语译过来的译文可能都是这样。

交谈越来越涉及个人问题。她问了他一些有关他私生活方面的问题,他后来称,他给她讲了自己当时所恋的人(帕特里西娅·德·本登),谈到了自己的童年和家人。她大聊了一通音乐,特别是贝多芬。她描述了自己的"孤独与孤立",说她的"支撑"来自"文学和过去留下的种种意象"以及翻译工作。他将她对诗歌和艺术的思想立场总结为"一种乡愁的形式,思念一种普世文化,正如歌德和施莱格尔所设想的那样"。他说,她的言谈"没有流露出丝毫的自怜,而是像一个放逐中的公主"。由于夜越来越深,伯林抽起了他的小型瑞士雪茄,搞得满屋子烟雾缭绕。他有点内急,却又不想下楼去上厕所,以免打断她的谈话。他们能真切地听见窗外冻雨落在丰坦卡河上的声音。对他而言,正如叶礼庭所描述的那样,这是通过了一次严格的面试:"跟他谈话的是他母语中健在的最伟大的诗人,而她跟他说话的语气,仿佛他早已属于她圈子里的一员,仿佛她认识的每一个人他都认识,她读过的每一本书他都读过,她说的每句话和她言下之意他都明白似的。"对她而言,她是在会见"两种俄罗斯文化(一种处于境外流亡状态,另一种处于境内流亡状态)之间的一名信使——这两种俄罗斯文化已经被革命生生地分裂了"。伯林大约是在上午11点离开喷泉宫,回到自己宾馆房间的,布伦达·特里普在日记中写道,伯林回去后便扑倒在床上,嘴里连说了两遍:"我恋爱了,我恋爱了。"几乎与此同时,阿赫玛托娃将他作为"来自未来的客人"、来自欧洲的归来者、来自另一个更有希望的世界的信使,写进了《没有主人公的叙事诗》里。她还开始在一组题为《诗五首》的抒情组诗里把伯林的这次拜访写成一次理想化的邂逅。伯林1946年1月离开俄罗斯之前,曾再次登门做了一次为时短一些的拜访,而她则将这些诗中的一首送给了他。

此次会晤激起了持久而复杂的反响。伯林同时写了两份报告,一份个人的和一份正式的,都摘自他在俄国的经历,但他对阿赫玛托娃的拜访只是顺带提到了一次,而且没有指名道姓。[1]在《斯大林治下的俄罗斯文艺》和《列宁格勒之行》两文中,他评论了1928年之前迅速萌发的"苏联思想中的巨大发酵"[2]所遭到的悲惨剿灭,政治迫害,日益增强的政府监控,1937年和1938年的大清洗,作家们骇人听闻的生活环境,他们对欧洲图书、新闻与认可的渴望,以及对他们内部抗议的压制。他怀着一线淡淡的希望指出,即使在这样的条件下,"这个最具想象力、最不狭隘的民族那令人惊讶地保持不减的道德与精神胃口"也许仍然会安然度过,并有望在未来取得巨人的成就。[3]

私下里,他没完没了地跟人讲述与阿赫玛托娃的邂逅,有时还是跟不合宜的人讲。他称之为"我有生以来碰到过的最令人兴奋不已的事情,我想",是"我一生中经历过的最感人的事情之一"。他说这次邂逅"对我产生了深远的影响并永远改变了我的世界观"。[4]他对自由主义　xxvi的热爱、对个人作为历史发展的动因的笃信、对暴政与高压统治的深恶痛绝都因为这一经历的刺激而增强了。

对她而言,结果却是灾难性的,虽然她并没有怪罪他。这次拜访引起了斯大林的注意,他质问道:"这么说来,我们的修女接受外国间谍的拜访了?"伯林登门跟她辞别的次日,一些身着制服的人趁她不在时进入她的房间,在天花板上安了一个窃听器,还掉了一些灰泥在地板上。她一直受到监视。8月,她遭到苏共中央委员会的丑化并被开除出了作

1　"我登门拜访了一名杰出的文学人士。" 'A Visit to Leningrad', *The Soviet Mind*, 32.

2　*The Soviet Mind*, 4.

3　*The Soviet Mind*, 27.

4　以赛亚·伯林1946年2月20日致弗兰克·罗伯茨(Frank Roberts)函,见 *Flourishing*(见本书第xxii页注2)第619页;以赛亚·伯林1953年8月27日致阿瑟·施莱辛格(Arthur Schlesinger)函,见 *Enlightening*(见本书第xvii注8),第387、428页及以下。

家协会。她几乎无以为生。她的诗集被打成了纸浆。1949年,她的儿子再次被捕,第二天,她烧掉了自己的全部手稿,把自己所有的诗都托付给了记忆。她坚信(大概是对的)这些灾难都是伯林的拜访惹的祸,不过她依旧将这次拜访谱写成了热情洋溢的诗篇。更为夸张的是,她还自信他们的这次邂逅标志了冷战的开始,而且经常这么说。对于自己的拜访给她带来的后果,他感到有些愧疚和担忧——"良心不安",但他反对她将这次会见说得神乎其神,说成是改变世界的一次邂逅。[1]

　　此后,他们两人有多年都没再见面。1956年8月,伯林新婚不久,曾携妻子艾琳回到俄罗斯,拜访了帕斯捷尔纳克。他试图安排跟阿赫玛托娃见上一面,但对方拒绝了。她没想到自己浪漫化的"来自未来的客人"居然会做出这么无趣的事情来,"以最普通、最平淡无奇的方式结了婚"。[2]1965年,他在她去世的前一年,于他五十六岁生日的当天,安排她来接受了牛津的一个荣誉学位。这一次访问进行得很顺利;但两人的亲密关系并未复燃。她对"镀金的笼子"里的"爵士"有点儿冷嘲热讽。[3]

　　此时,他们两人的会晤已经成为传奇。不少诗歌、剧本、回忆录、传记都将这个故事改写了。由于两人在一起待了一夜,有谣传坚称两人发生过私情;伯林断然予以了否认,"纯属无稽之谈"。[4]2009年出版的三位俄国作家合写的《原来如此》(*That's How It Was*)一书披露了一些新情况,似乎对伯林的说法提出质疑。该书作者称伯林在喷泉宫见到

1　Dalos,同前引(见本书第xxii页注2),第64页;以赛亚·伯林1971年7月19日和9月24日,1972年11月6日致格列布·斯特鲁维(Gleb Struve)函,未出版(藏于胡佛研究所)。

2　以赛亚·伯林1981年6月16/17日致利季娅·楚科夫斯卡娅(Lidiya Chukovskaya)函,未出版(亨利·哈代提供)。

3　Dalos,同前引(见本书第xxii页注2),第194页。

4　以赛亚·伯林1989年11月13日致Shirley Anglesey函,未出版(亨利·哈代提供)。

了两名女学者，都是克格勃间谍；[1]他与阿赫玛托娃见了五次面，而非两次（所以，那组诗才叫《诗五首》）；伯林肯定认识书店老板拉赫林，且在去列宁格勒前就已经知道在哪儿可以找到阿赫玛托娃；那次拜访可能是早就安排好了的；还称伦道夫·丘吉尔不可能进过那个院子。或许是伯林篡改了事实，以"转移注意力，掩盖其列宁格勒之行背后的根本原因"：就算他不是一名彻头彻尾的间谍，他也是在替英国大使馆收集和分析有关苏联的详细资料。还有一种可能，那就是他也许是在尽力保护阿赫玛托娃免遭报复。（或者，正如亨利·哈代所指出的那样，他没准儿是在尽力保护他自己在苏联的亲人。）[2]

那是不是说，对这一闻名遐迩的邂逅的细节应抱怀疑的态度呢？又是不是说，如此一来就让本书中其他一些"凭记忆"追记的人物速写的可信度也打了折扣呢？在该文的正文开始前，作者引用了阿赫玛托娃的这样一段话："凡是想把记忆弄得很连贯的，都相当于弄虚作假。没有哪个人的记忆是有条不紊，可以把每一件事情都按顺序次第回忆起来的。书信和日记往往都无济于事。"而伯林在"致谢"中写道：

我这个人从来不记日记，因此，本文是根据我现在所忆起，或记得过去三十多年里我所忆起且有时还跟朋友们描述过的内容而写出来的。我非常清楚，记忆，至少是我的记忆，并不总是可靠的，难免有所偏差，尤其是我有时引用的对话，更可能会有出入。我只能说，对于文中所记录的事实，我做到了记得能有多准确，就记录

xxviii

1　Antonina Mikhailovna Oranzhireeva（那天下午在场的那一位）和 Sof'ya Kazimirovna Ostrovkaya。

2　亨利·哈代2011年9月写给《泰晤士报文学增刊》的非公开发表的信，可登录 http://berlin.wolf.ox.ac.uk/writings_on_ib/hhonib/ltlsaa&ib.pdf 查询。

得有多准确。[1]

若干年后，有人再次问及伯林与阿赫玛托娃的这次会晤时，他称自己的描述是基于"很少的几条笔记和一种不完美的记忆"。[2]不过话又说回来，虽然有这么多警示，但还是有各种各样的情景因素赋予了该逸闻很强的合理性。这次邂逅发生在伯林自孩提时离开后刚刚首次回到列宁格勒之时，而且他还老是强调，甚至是在去见阿赫玛托娃之前，一幕幕往事就涌上心头的情形。此外，阿赫玛托娃和伯林都属于一种受口述传统浸淫的民族文化，尤其是又处在什么都要经受审查的时期，这一时期，把诗背下来——正如阿赫玛托娃把她自己的以及曼德尔施塔姆和茨维塔耶娃的诗背了下来那样——往往是将其保存下来的唯一方式。

众所周知，记忆会欺骗我们。但这次会晤有一些令人记忆犹新、刻骨铭心而又颇富戏剧性的东西。书中对帕斯捷尔纳克、赫胥黎、伍尔夫等其他名人的勾勒也是如此，书页中飘出的是历经岁月沧桑，却言犹在耳的声音。同样，即使从未听到过以赛亚·伯林说话的读者，读到这些随笔时，也能听见一个富有磁性、令人心动的鲜活声音。

xxix

1　见本书第432页。

2　以赛亚·伯林1973年5月28日致Dan Davin的信，未出版（亨利·哈代提供）。

第一版自序

　　本书所收文章，均属类似于18世纪称为祭文的一类，即追念已故名人的致辞。除两篇之外，皆为应邀之作：例外的两篇，也即写富兰克林·罗斯福和刘易斯·纳米尔的那两篇，还有《1945年和1956年与俄罗斯作家的会面》一篇，都不是受托之作，而是觉得自己有一些（就我所知）在别的地方还没有说过的东西要说，才擅自命笔的。

　　这些祭文的形式，从某种程度上说还包括内容，主要取决于为文的初衷。所以，回忆莫里斯·鲍拉和约翰·普拉门纳兹的两篇是在牛津追悼会上所致的悼词；《哈伊姆·魏茨曼》一文则是在伦敦一个类似场合所发表的一篇公开演讲；缅怀理查德·佩尔斯、休伯特·亨德森、J. L. 奥斯汀、奥尔德斯·赫胥黎、菲利克斯·法兰克福特及奥伯伦·赫伯特的那几篇是应一些学术期刊或纪念文集的编者约稿而写的。写阿尔伯特·爱因斯坦的那篇是在纪念他诞辰一百周年的座谈会上所致的开幕词，旨在展现他对社会现实和真理重要性的敏锐意识，而他的这种敏锐意识，是不为那些把他当作一个透过朦胧理想主义看世界的内向、圣徒般的思想家来膜拜的人所欢迎的。

　　写丘吉尔的那篇，原本是为其第二次世界大战回忆录第二卷写的一篇书评；写该文时，他是下院反对党领袖，且已开始受到大西洋两岸广泛而猛烈的批评，有时候批评得还颇有道理。我认为，而且现在依然认为，他1940年在拯救英国（确切地说，是广大的人类）免遭希特勒侵略中所起的作用，一直没有充分得到铭记，这失之偏颇，需要加以纠正。富兰克林·罗斯福总统的情况也是这样，我想提醒读者一点，对于我们那代人——20世纪30年代的青年人——来说，由希特勒、墨索里尼、斯大林、佛朗哥、萨拉查及中东和巴尔干半岛众独裁者主宰的欧洲政治天空的确是非常黑暗的；张伯伦和达拉第的政策让人看不到一丝希望；对于那些还没有绝望，认为还是有可能建立一个从社会和道德上说都可以忍受的世界的人而言，仅有的一点希望之光，在我们很多人看来，似乎来自罗斯福总统及其新政。这篇文章也主要是在战争刚结束时出现的种种指责中写出来的。

最后一篇是新写的，而且是专为本书而写的，所讲的是我1945年和1956年的两次俄罗斯之行。主要是想介绍一下我所碰到并渐渐了解的两位天才作家的观点与个性，我在别的地方，哪怕是在娜杰日达·曼德尔施塔姆和利季娅·楚科夫斯基的回忆录中，都没有见到过这方面的介绍，而她们二位的回忆录，是我们所能读到的对作家和艺术家在一段可怕时期的生活最详细也最感人的记述。我的这篇文章，其中有一部分曾在牛津沃德姆学院主办的鲍拉讲座上宣读过，只能算是对她们回忆录的一点微不足道的补充。

我的朋友诺尔·安南不吝笔墨，为这本杂集作序，[1]在此谨向他表达一下我深深的感激之情，我想告诉他及读者：我深知作序这差事之不易，不可避免地要投入大量的情感、良心、时间和劳动，要具备化解在事 实与友情、知识与道德权变上相冲突的要求的能力；他慨然应允，对他的这种极大善意，我要深表感谢。最后，我想借此机会再次向本版文集的编辑致以我深深的、与日俱增的谢意。没有哪个作者可以要求一位

1　本版改为后记。

更好、更客观、更严谨、更精力旺盛的编辑了；亨利·哈代博士挖掘、汇编出了这本时间跨度很大的文集，所克服的困难有时定然是不小的，其中有些困难是作者的个人癖好所造成，在此谨向他致以谢忱。

以赛亚·伯林

1980年6月　xxxiii

编 者 序

几年前我把以赛亚·伯林写自己同时代人的一本文集《个人印象》借给一位朋友兼邻居，精神科医生鲍勃·高斯林。后来我问他自己对这本书及其作者的个人印象时，他坦言："我对那些颂扬之词的确相当厌烦。"那本文集中无疑有大量的颂扬之词，而且毫无疑问，这在某种程度上说是一个品味问题，涉及一个人如何回应对丰富多彩的人性所怀有的持续热情，那种热情正是伯林的标志之一。不过，高斯林的回答也忽略了一点，这种显著的赞美是深思熟虑后的刻意之举。总的来看，相较于诋毁而言，伯林对于颂扬要喜欢得多，[1]而他该节中的那些文章的主要目的是要看到笔下每一个人的亮点（正如那首歌[2]中所唱的一样，要"突出积极面"）并传达给读者。他确乎做到了，并往往收到了引人入胜的

1　关于这一点，见诺尔·安南在本书第333页及以下的评论。

2　'Ac-Cent-Tchu-Ate the Positive'，1944年的一首歌曲，约翰尼·默瑟（Johnny Mercer）作词，哈罗德·阿伦（Harold Arlen）作曲。1944年拍摄的浪漫喜剧音乐电影《浪来了》（*Here Come the Waves*）曾用作主题曲，获得过第18届奥斯卡金像奖最佳原创歌曲提名奖。——译注

效果。

———《以赛亚之书》编者序[1]

在以赛亚·伯林生前，我编辑了他的七卷文集，这是其中一卷的第三版。在这些文集中，我将他发表过的大部分文章（除了之前已结集出版过的之外）及若干篇未发表的汇集起来，整理出版或再版。[2]此前，他许多发表过的作品一直都处于东一篇西一篇的散落状态，而且往往是散落在一些不起眼的地方；绝大多数已经绝版，仅有六七篇曾结集出版，重新发行过。[3]这些新的文集（正如伯林慷慨认可的那样，使他的名声得到了改观），连同他去世后的七卷，[4]其中多卷里都不乏之前未出版

1　*The Book of Isaiah*（见本书第xv页注3），ix.

2　本卷于1980年在伦敦和1981年在纽约初版。其他几卷分别为：《俄国思想家》（*Russian Thinkers*）（伦敦与纽约，1978年；第二版，2008年），与艾琳·凯利（Aileen Kelly）合编；《概念与范畴：哲学论文集》（*Concepts and Categories: Philosophical Essays*）（伦敦，1978年；纽约，1979年；第二版，普林斯顿，2013年）；《反潮流：观念史论文集》（*Against the Current: Essays in the History of Ideas*）（伦敦，1979年；纽约，1980年；第二版，普林斯顿，2013年）；《扭曲的人性之材：观念史的一些篇章》（*The Crooked Timber of Humanity: Chapters in the History of Ideas*）（伦敦，1990年；纽约，1991年；第二版，普林斯顿/伦敦，2013年）；《现实感：观念及其历史研究》（*The Sense of Reality: Studies in Ideas and Their History*）（伦敦，1996年；纽约，1997年）以及《人类的恰当研究：论文选集》（*The Proper Study of Mankind: An Anthology of Essays*）（伦敦，1997年；纽约，1998年；第二版，伦敦，2013年），与罗杰·豪舍尔（Roger Hausheer）合编，是从以上所列（除《现实感》之外）的其他几卷及更早的一些文集（见下一条注释）中选编出来的一卷本选集。

3　《自由四论》（*Four Essays on Liberty*）（牛津与纽约，1969年）和《维柯与赫尔德：观念史研究二题》（*Vico and Herder: Two Studies in the History of Ideas*）（伦敦与纽约，1976年）。这两本文集现已分别并入《自由论》（*Liberty*）和《启蒙的三个批评者》（见下一条注释）。别的文集仅以译文形式出版过。

4　《浪漫主义的根源》（*The Roots of Romanticism*）（伦敦与普林斯顿，1999年；第二版，普林斯顿，2013年）；《观念的力量》（*The Power of Ideas*）（伦敦与普林斯顿，2000年；第二版，普林斯顿，2013年）；《启蒙的三个批评者：维柯、哈曼与赫尔德》（*Three Critics of the Enlightenment: Vico, Hamann, Herder*）（伦敦与普林斯顿，2002年；第二版，（转下页）

过的作品,使觅得他的全部作品比以前容易多了。

　　本卷所收文章包括缅怀20世纪名人的颂词或回忆性文字,这些名 人中除了罗斯福和爱因斯坦之外,作者全都有私交;四篇自传体的文 [xxxvi] 字没有着重写具体的某个个人,而是关于伯林本人;还有一篇是专为第 一版而写的,内容是作者1945—1946年和1956年与鲍里斯·帕斯捷尔 纳克、安娜·阿赫玛托娃及其他俄罗斯作家在莫斯科和列宁格勒的会 晤——1945—1946年,他在那里为英国驻苏大使馆工作(1956年他是 前去访问的;他还谈到了1965年阿赫玛托娃的牛津之行)。

　　在伯林去世后出版的第二版的正文中,新增了第一版出版之后写 的四篇文章(征得过他本人同意),同时,还补上了跋:《我生命中的三 条主线》,这是在最后一刻才加上去的,是对伯林去世的一个回应。我 在编者序后面加了个附言,写道:

　　　　以赛亚·伯林于1997年11月5日辞世。当时本书已定稿付印 了,但还没有真正开印。书的正文部分没有做任何改动,但我利用 这个机会,把伯林1979年5月因对自由观念的贡献而获得耶路撒 冷奖时所发表的获奖感言稍稍删减了一下,作为跋加了进去。我 一直认为,而且我请教过的人也都觉得,这篇感人且鞭辟入里的文 章[……]应该收入本书,因为它实际上就是一篇自传体的个人印 象。我曾不止一次向伯林建议,应该将该文重刊于这本上下文都 与之非常契合、浑然一体的书中,可他始终都是那个很有特点的回

　　(接上页)普林斯顿,2013年);《自由及其背叛:人类自由的六个敌人》(*Freedom and Its Betrayal: Six Enemies of Human Liberty*)(伦敦与普林斯顿,2002年;第二版,普林斯顿, 2014年);《自由论》(*Liberty*)(牛津、纽约等,2002年);《苏联的心灵:共产主义时代的俄 罗斯文化》(*The Soviet Mind: Russian Culture under Communism*)(见本书第xxii页脚注1) 以及《浪漫主义时代的政治观念》(*Political Ideas in the Romantic Age*)(伦敦与普林斯顿, 2006年;第二版,普林斯顿,2014年)。

答：在他看来，生前就将该文收入文集，似乎太涉及个人了一点，或许太关注自己了一点；不过，等他百年之后，我可以认为怎么最好就怎么办。令我痛憾的是，现在我可以随意给本书加上这一点睛之笔了。

在眼前的第三版中，我又新增了十一篇，亦皆为第一版出版后的新作。这些新作在我看来在本书中也全都应有自己的一席之地，因而，本书现在囊括了我认为最值得以这种更永久形式收藏的所有相关体裁的文章。赫米奥尼·李的序也是本版的新增内容，考虑到有了这个新序，诺尔·安南为第一版所作的序就作为后记而放到了书末。除了新增对象（及其朋友）的照片外，还为《与俄罗斯作家的会面》[1]一文增配了好几幅照片。

我想补充一点，《与俄罗斯作家的会面》一文，自初版以来已经成为经典，且引来了大量的评论，恕我不能在此一一概括。我只想引用约瑟夫·布罗茨基读过伯林寄给他的一份该文的草稿后，于1980年3月26日写给伯林的一封（英文）信：

你的回忆文章简直把我看哭了。……如果说它把我这个性情温和的俄罗斯犹太人都看哭了的话，我能想象得出，它会在英美大众中引起怎样的反响。它就像一个皇家剧团演出《罗密欧与朱丽叶》。……整篇文章实在让人心碎。这一点，我想，与这一严峻题材和你尊贵的叙述之间的不协调有关。就像是瓦伦提［尼］安皇帝自己在编写一份遭痛打之感觉的报告。［……］我想对这样的处理方式，她会感到满意的。[2]

1　即《1945年和1946年与俄罗斯作家的会面》，下同。——编注
2　牛津大学图书馆，伯林214号手稿，第48张。

有几篇其他同样体裁的文章未予收录，多数都比所收文章要短，或是内容上有重叠。这些文章描述的对象是哈里·达维多尔-戈德斯米德、斯图尔特·汉普希尔、雅各布·赫尔佐格、泰迪·科勒克、耶沙亚胡·莱博维茨、阿瑟·莱宁、耶胡迪·梅纽因、约翰·普拉门纳兹、雅各布·塔尔蒙以及约翰·惠勒-班尼特；有关这些和很多其他篇幅较为短小的文章的详情，可登录http://isaiah-berlin.wolfson.ox.ac.uk/lists/bibliography/index.html网站查询。[1]

本版中文章的排印顺序做了调整，未采用前两版大致以主题为序的做法，而是改以首次发表的时间先后为序，只有《与俄罗斯作家的会面》仍放在了正文末尾这一显著位置，《我生命中的三条主线》也继续充当了跋。 xxxviii

首次发表的详情如下（标以"*"号的为第二版所增录的文章，标"†"号者则为第三版新增部分）：

《温斯顿·丘吉尔在1940年》（'Winston Churchill in 1940'）［与《菲利克斯·法兰克福特在牛津》（'Felix Frankfurter at Oxford'）是仅有的两篇在主人公生前发表的文章］：以《丘吉尔先生》（'Mr Churchill'）为题发表在《大西洋月刊》（*Atlantic Monthly*）总第184期，第3期（1949年9月）；以《丘吉尔先生与富兰克林·罗斯福》（'Mr Churchill and FDR'）为题发表在《康希尔杂志》（*Cornhill Magazine*）第981期；以《丘吉尔先生在1940年》（*Mr Churchill in 1940*）为书名出版单行本（伦敦，1964年，约翰·穆莱出版社；波士顿/剑桥，未注明出版日期，霍顿·米夫林出版社/河滨出版社）。

1　此处所列的这些人的文章编号分别为153、262、129、173a、181a、140、203、193、171a及147。

　　《休伯特·亨德森在全灵学院》('Hubert Henderson at All Souls'): 发表在《牛津经济学文萃》(*Oxford Economic Papers*)亨德森纪念增刊,第5期(1953年)。

　　《富兰克林·德拉诺·罗斯福总统》('President Franklin Delano Roosevelt'): 最初是1955年4月12日,即罗斯福逝世十周年时在BBC第三套节目做的广播讲座;首次发表于《政治季刊》(*Political Quarterly*)第26期(1955年);以《欧洲人眼中的罗斯福》('Roosevelt Through European Eyes')为题发表在《大西洋月刊》总第196期,第1期(1955年7月)。

　　《理查德·佩尔斯》('Richard Pares'):《贝利奥尔学院年鉴》(*Balliol College Record*),1958年。

　　《哈伊姆·魏茨曼》('Chaim Weizmann'): 赫伯特·塞缪尔讲座第二讲(伦敦,1958年,威登菲尔德与尼克尔森出版社)。

　　《菲利克斯·法兰克福特在牛津》('Felix Frankfurter at Oxford'): 载华莱士·曼德尔森(Wallace Mendelson)编《菲利克斯·法兰克福特:悼念文集》(*Felix Frankfurter: A Tribute*,纽约,1964年,雷纳尔出版社)。

　　《奥尔德斯·赫胥黎》('Aldous Huxley'): 载朱利安·赫胥黎(Julian Huxley)编《奥尔德斯·赫胥黎》(伦敦,1965年,查托与温达斯出版社)。

　　《刘易斯·纳米尔》('L. B. Namier'): 载马丁·吉尔伯特(Martin Gilbert)编《百年冲突,1850—1950年:A. J. P. 泰勒纪念文集》(*A Century of Conflict, 1850—1950: Essays for A. J. P. Taylor*,伦敦,1966年,哈米什·汉密尔顿出版社);又载《邂逅》(*Encounter*)第17卷,第5期(1966年11月)。

　　《莫里斯·鲍拉》('Maurice Bowra'),1971年在牛津圣玛丽大学教堂举办的鲍拉追悼会上的悼词;以《莫里斯·鲍拉爵士,

1898—1971年》(*Sir Maurice Bowra, 1898—1971*，牛津，[1971年]，沃德姆学院)为题印行单行本；以《在圣玛丽大学教堂的悼词》('Memorial Address in St. Mary's')为题收录于休·劳埃德-琼斯(Hugh Lloyd-Jones)编《莫里斯·鲍拉》(伦敦，1974年，达克沃斯出版社)。

《J. L. 奥斯汀与牛津哲学的早期起源》('J. L. Austin and the Early Beginnings of Oxford Philosophy')：载以赛亚·伯林爵士等著《论J. L. 奥斯汀》(*Essays on J. L. Austin*)(牛津，1973年，克拉伦敦出版社)。

《约翰·佩特罗夫·普拉门纳兹》('John Petrov Plamenatz')，1975年在牛津圣玛丽大学教堂举办的普拉门纳兹追悼会的悼词：以《约翰·彼得罗夫·普拉门纳兹，1912—1975》为题印行单行本(牛津，[1975年]，全灵学院)。

《奥伯伦·赫伯特》('Auberon Herbert')：载约翰·乔利夫(John Jolliffe)编《奥伯伦·赫伯特：一幅复合的肖像》(*Auberon Herbert: A Composite Portrait*，蒂斯伯里[Tisbury]，1976年，康普顿·拉塞尔出版社)。

《爱因斯坦与以色列》('Einstein and Israel')，1979年3月14日举办的纪念爱因斯坦诞辰一百周年座谈会开幕式上发言的主要部分：《纽约书评》(*New York Review of Books*)，1979年11月8日；全文载杰拉尔德·霍尔顿与耶胡达·艾尔卡纳(Gerald Holton & Yehuda Elkana)编《历史与文化视角下的阿尔伯特·爱因斯坦》(*Albert Einstein: Historical and Cultural Perspectives*)，耶路撒冷百年座谈会文集(普林斯顿，1982年，普林斯顿大学出版社)。

†《彼时，我在何处?》('Where Was I?')：为桑德拉·马丁与罗杰·霍尔(Sandra Martin & Roger Hall)合编的《彼时你在何

xxxix

处？ 20世纪值得纪念的大事》(*Where Were You? Memorable Events of the Twentieth Century*，多伦多等，1981年，梅休因出版社) 提供的撰文。

†《梅纳德·凯恩斯与夫人莉迪亚》('Maynard and Lydia Keynes')：载麦洛·凯恩斯 (Milo Keynes) 编《莉迪亚·洛波科娃》(*Lydia Lopokova*，伦敦，1983年，威登菲尔德与尼克尔森出版社)。

†《纳胡姆·戈德曼》('Nahum Goldmann')：以《纳胡姆·戈德曼 (1895—1982年)：一点个人印象》['Nahum Goldmann (1895—1982): A Personal Impression'] 为题收录在威廉·弗兰克尔 (William Frankel) 编《1983年犹太事务综览》(*Survey of Jewish Affairs 1983*，卢瑟福/麦迪逊/提尼克，1985年，费尔雷迪金森大学出版社；伦敦/多伦多，1985年，大学联合出版社)。

†《回忆与本-古里安的几次短暂谋面》('Memories of Brief Meetings with Ben-Gurion')：《犹太季刊》(*Jewish Quarterly*) 第33卷 (1986年) 第3期 (总第123期)。

†《马丁·库珀》('Martin Cooper')：以《悼念马丁·库珀》('Martin Cooper: In Memoriam') 为题列为林赛弦乐四重奏乐团 (Lindsay String Quartet) 1986年6月29日举办的纪念音乐会节目；用作多米尼克·库珀 (Dominic Cooper) 所编的马丁·库珀《有价值的判断：乐论作品选》(*Judgements of Value: Selected Writings on Music*) 一书的序言 (牛津，1988年，牛津大学出版社)。

*《伊扎克·萨德赫》('Yitzhak Sadeh')：《中流》(*Midstream*) 第39卷第4期 (1993年5月)。本文是我应作者之请，将其所写的两篇关于伊扎克·萨德赫的短文编撰而成的，一篇之前未发表过，另一篇题为《说说伊扎克·萨德赫》('On Yitzhak Sadeh') (是为以色列电台英语频道写的一篇短小的广播稿)，译成希伯来文后发

表在 1986 年 9 月 5 日的《话报》(*Davar*)[1]上。

†《亚当·冯·特洛特》('Adam von Trott'):以《个人对亚当·冯·特洛特(贝利奥尔学院 1931 级)的致敬》['A Personal Tribute to Adam von Trott(Balliol 1931)']为题载于 1986 年的《贝利奥尔学院年鉴》(*Balliol College Annual Record*)。

*《戴维·塞西尔》('David Cecil'):载《1985—1986 年度及 1986—1987 年度报告》(*Reports for 1985—1986 and 1986—1987*);《1987 年会士与会员名单》(*List of Fellows and Members for 1987*)(伦敦,[1987 年],皇家文学学会)。

*《埃德蒙·威尔逊在牛津》('Edmund Wilson at Oxford'):《耶鲁评论》(*Yale Review*)第 76 卷(1987 年)。[2]   xl

*《忆弗吉尼亚·伍尔夫》('Memories of Virginia Woolf'):以《留在记忆里的作家:弗吉尼亚·伍尔夫》('Writers Remembered: Virginia Woolf')为题收录于《作者》(*Author*,第 100 期,1989 年)中。

†《亚历山大·哈尔珀恩与夫人莎乐美》('Alexander and Salome Halpern'):译成俄文后收录在一本俄文作品集中,米哈伊尔·帕克霍莫夫斯基(Mikhail Parkhomovsky)编《国外俄文化中的犹太人:报刊文章、出版物、回忆录及随笔集·卷一(1919—1939 年)》(*Jews in the Culture of Russia Abroad: Collected Articles, Publications, Memoirs and Essays*, vol. 1, *1919—1939*)(耶路撒冷,1992 年,米哈伊尔·帕克霍莫夫斯基出版社),第 229—241 页;重刊于米哈伊尔·帕克霍莫夫斯基与安德烈·罗加切夫斯基(Andrey Rogachevsky)合编的《身在大不列颠的俄罗斯犹太人:报刊文章、出版物、回忆录及随笔集[侨居国外的俄罗斯犹太人,卷二]》

1　以色列总工会(Histadrut)所创办的一份报纸,又译《话语报》。——译注
2　参见 Lewis M. Dabney 的以赛亚·伯林访谈录,'Isaiah Berlin on Edmund Wilson',*Wilson Quarterly* 第 23 卷第 1 期(1999 年冬),第 38—49 页。

(*Russian Jews in Great Britain: Articles, Publications, Memoirs and Essays* [*Russian Jewry Abroad*, vol. 2])(耶路撒冷，2000年，米哈伊尔·帕克霍莫夫斯基出版社)；作为本文附录的《莎乐美·哈尔珀恩夫人》('Mrs Salome Halpern')译文摘自1982年5月17日《泰晤士报》第12版。

†《牛津的犹太人》('Jewish Oxford')：以《早年岁月》('The Early Years')收录在弗里达·西尔弗·杰克森(Freda Silver Jackson)所编的《昔与今：历历往事》(*Then and Now: A Collection of Recollections*)一书中(牛津，1992年，牛津犹太圣公会)。

†《赫伯特·哈特》('Herbert Hart')：载以赛亚·伯林等，《赫伯特·莱昂内尔·阿道弗斯·哈特，1907—1992年：在1993年2月6日追悼会上的发言》(*Herbert Lionel Adolphus Hart, 1907—1992: Speeches Delivered at Memorial Ceremony on 6 February 1993*)([牛津，1993年]：私人印刷)；收录在珍妮弗·哈特(Jenifer Hart)《别再问我：自传》(*Ask Me No More: An Autobiography*)一书中(伦敦，1998年，彼得·哈尔班出版社)。

†《圣体—细胞》('Corpuscle')：载布莱恩·哈里森(Brian Harrison)编《圣体之细胞：由全体成员共同写就的牛津基督圣体学院20世纪史》(*Corpuscles: A History of Corpus Christi College, Oxford, in the Twentieth Century, Written by Its Members*)(牛津，1994年，基督圣体学院)。

†《斯蒂芬·斯彭德》('Stephen Spender')：应《缅怀斯蒂芬》('Remembering Stephen'，一个悼念斯蒂芬·斯彭德的活动)之约而撰，《查禁目录》(*Index on Censorship*)[1]第25卷第5期(1995年

---

1 又译《查禁指数》或《查禁索引》，一份倡导和维护言论自由的季刊，由总部设在伦敦的同名国际言论自由监察机构于1972年创办。——译注

10月）。

《1945年和1956年与俄罗斯作家的会面》('Meetings with Russian Writers in 1945 and 1956'): 本书第一版；删节版《与俄罗斯诗人的对话》('Conversations with Russian Poets', 1980年5月13日鲍拉讲座讲稿), 1980年10月31日《泰晤士报文学增刊》，第1233—1236页, 及（有所扩充, 题为《与阿赫玛托娃和帕斯捷尔纳克的对话》）1980年11月20日《纽约书评》，第23—35页。

*《我生命中的三条主线》('The Three Strands in My Life'): 原为《获耶路撒冷奖有感》('Upon Receiving the Jerusalem Prize'), 《保守派犹太教》(Conservative Judaism) 第33卷第2期 (1980年冬); 以现标题连载于《犹太季刊》第27卷第2—3期 (1979年夏/秋)。

除了必要的勘误和增加了一些引文外, 本书基本上保持了文章的原貌。同第二版一样, 在第三版中, 我又做了少数几处修正, 增加了一些遗漏的引文及一些其他的编者说明。 xli

这新的一版进行了重排, 因而页码与前两版不一样了。这可能会给希望一个版本的参考引用能同另一个版本对照的读者带来某些不便。有鉴于此, 我们把所有版本的一份词语索引放在了网上, 网址是http://isaiah-berlin.wolfson.ox.ac.uk/published_works/pi/concordance.html,这样, 对一个版本的引用就能轻而易举地在另一个版本中找到了。

对三十五年前我在准备第一版时所有给过我帮助的人, 我依然心怀感激。当时, 以赛亚·伯林一如既往地耐心回答了我的各种问题, 他的秘书帕特·乌捷欣给了我必不可少的帮助。弗吉尼亚·卢埃林·史密斯在我编辑《1945年和1956年与俄罗斯作家的会面》一文时协助我做了很多工作。我还要感谢兹维·德罗尔、亨利·尼尔和约拉姆·萨德赫在《伊扎克·萨德赫》一文上给予的帮助；海伦·拉普帕波特、罗威娜·斯凯尔顿-华莱士和威尔·萨尔金在第二版提供的帮助；以及

个人印象

什洛莫·阿维内里、艾尔·贝特朗、梅尔·查赞、约书亚·L.切尼斯、阿里·杜布洛夫、赫米奥尼·李、马丁·利迪、塔蒂亚娜·波兹尼亚科娃、奈杰尔·里斯、安妮塔·夏皮拉、罗伯特·斯基德尔斯基和诺曼·所罗门对于第三版的帮助。

亨利·哈代
1980年6月、1997年11月于牛津
2014年2月于赫斯沃尔

xlii

温斯顿·丘吉尔在1940年

一

在距今已经久远的1928年，一位大名鼎鼎的英国诗人兼评论家出了一本探讨英语散文写作艺术的书。[1]该书写于一个幻想破灭的痛苦时代，爱德华时代辉煌的假象，加之第一次世界大战的造势豪言，都已经幻灭，作者不免对简洁之美加以赞赏。如果说简洁的散文常常枯燥单调，它起码是诚实的。如果说简洁的散文有时文笔生涩、文采匮乏、读之索然，它起码传达出了真实的感觉。最重要的是，它能抵御所有诱惑中最难以抵御的诱惑：自命不凡，自吹自擂，搭建起徒有其表的门面，以光滑假象欺骗世人，或以精雕细琢掩饰可怕的内在空虚。

时代背景已经够清楚的了：是在利顿·斯特雷奇[2]以自己的方式让人们看到了维多利亚时代的名流说话是怎样的言不由衷或脑子都是一

1　Herbert Read, *English Prose Style*(London, 1928).

2　Lytton Strachey(1880—1932)，英国著名传记作家、评论家。1918年，他发表了《维多利亚时代名人传》(*Eminent Victorians: Cardinal Manning, Florence Nightingale, Dr Arnold, General Gordon*)，为英国文学引入了一种新的传记形式，即不再采用惯用的尊敬态度，而是以怀疑和讽刺幽默的态度来审视人物。——译注团糨糊，进而开创了一种新的风尚之后不久；是在伯特兰·罗素揭去了19世纪那些形而上学大家的面纱，让人们看清他们编出了一个巨大骗局，蒙骗了一代又一代容易上当受骗的人之后；是在凯恩斯成功地抨击了协约国的政治家们在凡尔赛的种种愚行和丑行之后。这是一个修辞和雄辩挨骂的时代，骂它们是在粉饰文学和道德上的那些伪君子，那些冒充内行的无耻之徒，败坏了艺术品位，令求真寻理名声扫地，最严重的时候，还会激发邪恶，并把一个容易轻信的世界引向灾难。正是在这样的文学氛围下，前文说到的那位评论家才很巧妙也很有眼光地，解释了他为什么更欣赏那个可怜的鱼贩子万泽蒂对塞耶法官说的最后那句记录在案的话[1]——一个大老粗临死前口中迸出来的不合语法却感人的破碎语言，而不太欣赏当时大众广为阅读的名家美文。

　　他选了一个人作为名家的例子，此人尤其被视为该评论家极为推崇的谦恭、正直、博爱，尊重他人感受、个人自由、私人情感等品质的死敌，还被视为帝国主义和浪漫主义人生观赫赫有名却不受信任的倡导者、恃强凌弱的军国主义者、激情澎湃的演说家和记者、一个致力于培育私德的世界中最知名的公众人物。此人便是时任保守党政府财政大臣的温斯顿·丘吉尔。

　　抛出"雄辩须具备这三个必要条件——首先，要有一个恰当的题目；其次，要有一颗激情澎湃的拳拳之心；最后，还要有一股不屈不挠的韧劲"之后，作者引用丘吉尔大约四年前问世的《世界危机》第一部中的一句话透彻阐述了其观点，进而指出："这样的雄辩是假的，因为它矫揉造作……意象陈旧，隐喻生硬。整个段落散发着虚假的戏剧气氛……连珠炮般的修辞祈使句。"接着，他说丘吉尔的散文夸夸其谈、堆砌辞藻、故作雄辩、慷慨激昂，是过分的"夸耀自我"而非"弘扬主题"

1　Herbert Read, *English Prose Style* (London, 1928), 165.

的产物。总之是连根带叶都一通狠批。[1]

在一个不仅是修辞,甚至连庄重的雄辩都似乎成了无法容忍的矫饰的年代,这个观点很受年轻人的青睐,因为他们只求对赤裸裸的真相有个大概的了解,凡看似多余的东西,他们都深恶痛绝。丘吉尔的评论者是在为战后一代人代言,这一点他心里很清楚;当时方兴未艾的广泛而急剧的社会变革带来的种种心理病症,虽然政府当局执意地转移开视线,但目光最不敏锐的文艺评论家也看得一清二楚。到处弥漫着不满、敌对、不安的情绪;那么多恢宏气派结出的是太苦的苦果,因而留下了一个痛恨恢宏风格的传统。这场灾难的受害者们认为,他们有权将一个出卖了他们的无情时代的装饰之物剥去。

然而,这位苛刻的评论家及其读者大错特错了。他们斥之为华而不实、空洞无物的纸糊的东西其实很坚实,是那位作者赖以表达他那豪迈、多彩、有时太过单纯甚至天真,但始终很真诚的人生观的自然方式。这位评论家所看到的只是一幅难以令人信服、破绽百出的模仿之作,但这是一个错觉。实则完全是另一回事:是一种富有灵感的复兴尝试,尽管也许是无意识的。它之所以逆当代思想和情感潮流而行,纯粹是因为它是对从吉本、约翰逊博士开始,一直延续到皮考克和麦考莱的正式的英语表达方式的刻意回归,是丘吉尔为了表达自己独到观念而创造出来的一种合成武器。在凄凉萧条的20世纪20年代,对于帝国主义时代那些敏感而又世故的追随者来说,这观念太过鲜艳、宏大、生动,太不稳定,这些人的内心世界既复杂又脆弱,无法也肯定不愿意欣赏白昼之光,因为它毁掉了那么多他们曾经信任和热爱的东西。这令评论家及其支持者心有余悸,但他们对原因的分析则不能服人。

他们当然有权利拥有自己的价值尺度,但把丘吉尔的散文视如虚假的幌子,弃如空洞的赝品,则是一种错误。复兴不能说就是虚假。比

1　Herbert Read, *English Prose Style*(London, 1928), 191-192.

方说,哥特复兴,即便有些怀旧,也代表了对生活的一种热情态度。有些复兴的例子也许显得古怪,但复兴源于更深沉的情感,较之后来的某些单薄的"现实主义"的风格,可说的东西要多得多。哥特复兴的倡导者通过回归很大程度上是想象出来的过去而获得了解放,这一事实丝毫不会有损他们的名声或成就。有这样一些人,他们受到平庸世界的摆设的束缚,只有感觉到自己是站在舞台上的演员时才有生气,得以解放,第一次畅所欲言,结果发现有很多话要说。还有一些人,他们只有穿着制服、甲胄或戏装才能施展自如,只有戴上某种眼镜才能看见东西,只有在对他们来说较为正式化的场合才能有大无畏的表现,他们把生活看成一出戏,他们和别人都得听从指派,念上几句台词。于是就出现了这样的情况(上次战争就提供了大量这方面的例子):当生活发生戏剧性变化,平日里惯于退缩的人上了战场,也会有奇迹般的英勇表现;而且只要制服不脱,生活永远是战场,他们就有可能会一往无前,继续猛打猛冲。

　　这种对框架体系的需求不是"逃跑主义",不虚伪,也不异常,更不是失调的标志。它往往是一种取决于人的性格中最强烈的一个心理要素的经验观:其表现形式常常是相互冲突的力量或原则之间的简单斗争——真假之间、善恶之间、对错之间、个人的正直与各种诱惑与腐败之间(如本文所讨论的这位评论家的情况)的斗争,也可以是人们眼中永久的东西与昙花一现的东西之间、物质与精神之间、生命之力与死亡之力之间、艺术信仰与其假想敌(政客、牧师或市侩)之间的斗争。生活可以透过多个窗口来看,没有哪个窗口必然清晰或者必然模糊,比其他窗口的扭曲程度更小或更大一些。既然我们的思维工具主要是语词,那么语词就必然有铠甲的属性。约翰逊博士的风格在丘吉尔《最光辉的时刻》一书中随处可见,作者纵情于严肃的玩笑时尤其如此,这种风格本身在其自己的时代就是一件攻防武器。不需要敏锐的心理洞察能力就能看出,一个像约翰逊博士一样易受伤害的人,一个在精神上属于上个世纪的人,为什么总需要这一武器。

二

丘吉尔的主要概念,其道德和理智天地中唯一的、核心的组织原则,是一种历史想象,这种想象非常强大,极其博大,可以把全部的现在和将来囊括在一个丰富多彩的过去的框架体系之中。这种方法是由一种愿望(和能力)所支配的,那就是要找到道德与理智的固定方位,为流水般的事件赋予形状、特点、色彩、方向及一致性。

当然,这种系统的"历史主义",并不局限于实干家或政治理论家。罗马天主教思想家从坚实而明晰的历史结构角度审视生活;当然,马克思主义者也是这样,孕育了马克思主义者的浪漫主义史学家和哲学家也是如此。我们也是直到认为所采用的范畴太损害"事实"了,才对"逃避主义"或歪曲事实不满。解释、叙述、分类、符号化,是自然而不可避免的人类行为,我们笼而统之地称为思维。我们即使抱怨,也只是在结果与自己所处的社会、时代和传统的普遍观点大相径庭时才会抱怨。

丘吉尔把历史,还有生活,看成一次规模宏大的复兴盛典:他想到法国或意大利、德国或低地国家、俄罗斯、印度、非洲、阿拉伯国度时,眼前浮现的是一幅幅栩栩如生的历史意象——某种介于儿童历史读物上维多利亚时代的插图和里卡迪宫[1]中贝诺佐·戈佐利[2]所绘《三贤朝圣》[3]之间的东西。他从来就不以把什么都清清楚楚地加以分类的社会

6

1　亦称美第奇宫(the Riccardi Palace),全名为美第奇-里卡迪宫(the Medici-Riccardi Palace)。——译注

2　Benozzo Gozzoli(1420—1497),原名贝诺佐·迪·列齐(Benozzo di Lese)。意大利文艺复兴时期画家,以描绘10世纪生活的装饰性挂毯样式壁画闻名。——译注

3　原文虽为the great procession,但指的就是《三贤朝圣》,一幅以《圣经》中东方三贤(后推定为三王)朝拜耶稣降临为题的壁画,虽名曰朝圣,实际上是一幅美第奇出行图,场面巨大,人物众多,手法细腻。——译注

学家、细心的心理分析学家、慢条斯理的古董专家、耐心的历史学者的眼光看问题。他的诗歌不具解剖学的慧眼，无从看见肌肉之下的裸露的骨头、颅骨和骨架，也无从看见生命之流下面无所不在的腐烂与死亡。构筑起他的世界的构件，要比日常生活更简单、更宏大，式样生动而有重复，有如史诗诗人的模式一般，有时又似剧作家的类型，剧作家都把人物和场景看作不朽、闪光原则的永久符号和体现。整体就是一系列结构对称且又风格化的作品，要么璀璨夺目，要么漆黑阴暗，恰似卡巴乔所绘的一幅传奇，没有微妙的差别，以三原色画成，无半点中间色调，无丝毫隐晦和缥缈的东西，无半吞半吐之言，无闪烁之词，无窃窃私语：皆一个声音，音高音色都不变。

丘吉尔的战时演讲令我们习惯了的古语风格，乃是那种严肃场合所要求的高调（编年史家的正式行头）中不可或缺的要素。丘吉尔对这一点有十分清醒的认识：历史每时每刻都会对演员提出各种各样的要求，风格应该充分满足这些要求。1940年他在评论外交部的一份草案时写道："其中所提出的观点［……］在我看来是错的，错在老想卖弄聪明，老想在政策上精雕细琢，与时局和危难关头的问题所要求的悲壮质朴与肃穆格格不入。"[1]

他自己的叙述手法则有意识地逐渐攀升和澎湃，直至达到不列颠之战的巅峰。其叙述有着歌剧悲剧的神韵与张力，其表现形式中（宣叙调和咏叹调中都有的）那种艺术做派，起到了消除日常生活中那种没意义的千篇一律，凸显主人公事迹与苦难的作用。在这样的一部作品中，诙谐之处务须符合作品的整体风格，是对这种风格的戏仿；而这正是丘吉尔的手法。他说自己"用严厉而平静的凝视目光"[2]看这看那时，或者

1　*Their Finest Hour*［*The Second World War* ii］(London, 1949)，第231页。以下引自该书的引文只给出页码。

2　第334页。

告诉手下的官员凡是"笑话"一个精心策划的计划落空的人"都将被本人极其鄙视"[1]时，又或者描述自己的合作者看到一个巧妙隐藏的阴谋取得进展后所露出的"天使般的微笑"[2]时，所用的就正是这一手法。这种模仿英雄的语气，不免让人想起《斯托基公司》[3]，并不违背歌剧传统。不过，尽管是传统，也不能任由作者随心所欲地穿脱：现在这些手法于他而言已习惯成自然，与其生就的天性完全融为一体了，艺术与自然已彼此莫辨了。他散文的这种刻板模式，正是他表达思想的常规手段，不单单是在他提笔为文时如此，在遍及他日常生活的想象力活动中也是如此。

　　丘吉尔的语言是因其自身需要而发明出来的一种表达手段。它有一种大胆、厚重、颇为统一、易于辨识的节奏，使它像所有独特的风格一样，容易为人（包括他自己）所戏仿。当一种语言的使用者具有明显突出的特色，且成功地为这些特色创造出了一种表现手段时，这种语言就会很独特。丘吉尔散文中可以找到的来源、成分、模仿经典的痕迹都很明显，然其作品仍不失为独一无二之作。这种语言风格，无论人们对其持什么样的态度，都必须视为我们这个时代的一种大现象。忽视或否认这一现象都是昏聩轻狂或自欺欺人。这样的表达方式，不只是在特定场合下，而是一贯都是正式的（虽然程度和色彩会随场景而不同）、大众的、雄辩的、面向天下苍生的，与内省和个人生活的种种疑虑和压力相去甚远。

8

1　第150页。

2　第343页。

3　英文名为 *Stalky & Co.*，英国首位诺贝尔文学奖得主，同时也是迄今诺贝尔文学奖最年轻的获得者吉卜林（Joseph Rudyard Kipling, 1865—1936）以自己为原型之一创作的一部反映校园生活的小说。——译注

三

丘吉尔的六卷第二次世界大战回忆录的水准就是他整个人生的品质水准。他的世界建立在公共关系高于私人关系上，建立在行动至高无上，纯善与纯恶之战、生与死之战至高无上的价值上；不过，首先是建立在战斗之上的。他一直在战斗。在1940年最看不到希望的那一刻，他对意志消沉的法国部长们说："无论你们会做什么，我们都将永远、永远、永远地战斗下去"[1]，而且他本人一辈子都是打着这条标语度过的。

他所战为何呢？比起那些同样富有激情却不那么前后一致的行动家来，答案要明显多了。丘吉尔在根本问题上的原则和信念从未动摇过。批评他的人常常指责他反复无常，指责他没有定见甚至忽左忽右，比如他先是拥护保守党，后来又坐到了自由党那边，变来变去。不过，这种乍看上去很有道理的指责，其实错得很离谱，只有在贸易保护问题上是个例外：20世纪20年代，他在鲍德温内阁任财政大臣时支持征收关税。事实上，在漫长而又疾风骤雨般的职业生涯中，丘吉尔非但不是三天两头地改主意，而且压根儿就没怎么改过主意。如果有人想了解他对我们这个时代的重大问题和长期问题的看法，只需自己去查一查在他漫长而又特别善于表达的公众生活中的任何一个时期，尤其是第一次世界大战前的岁月里，就这个主题说过或写过什么，就会发现，他的观点后来发生过可察觉出来的变化的例子，少得惊人。

看似实在可靠的鲍德温，只要环境需要，都会非常灵活地对自己的态度做出相应调整。张伯伦长期被视为捍卫保守党意见的一块坚定不移的巨石，当他觉得党或局势需要之时，也会改变自己的政策——他比

1　第138页。

鲍德温更严肃,追随的是政策,而不仅仅是满足于态度。丘吉尔在最基本的原则上,是牢守底线、不讲变通的。

在保守党首脑机关中引发了更大不安、更多反对和猜忌的正是他毕生主要信念的富有力量和一以贯之,而非他对权力的狂热或激情,也非人们心目中他那任性而又不可靠的才华。没有哪个高度集中的政治组织会对一个既独立,有着天马行空的想象和令人敬畏的性格力量,又信仰坚定、在公私利益上始终抱定一个观点的人百分之百地感到满意。丘吉尔相信"每一个人的心里,都闪耀着一颗雄心,这颗雄心志在名声,而不是粗俗的目的"[1],他笃信并力求达到个人的伟大与尊荣——像艺术家力求实现其愿景。就像文艺复兴时期剧作家,或者19世纪历史学家或伦理学家想象中的任何一位国王一样,他把胜利骑马穿过波斯波利斯看作一件英勇的事情。对什么是他认为高大、帅气、高尚、值得身居高位的人追求的东西,以及与之相反,什么是他所憎恶的模糊、灰暗、单薄、可能会削弱或破坏宇宙中的色彩变幻和运动的东西,他有着不可动摇的确信。改变、屈从和怯懦的妥协会受那些理智健全,希冀保住他们所捍卫的世界,而其希望却被一种往往是无意识的悲观主义所贯穿的人欢迎;不过,若其执行的政策有降低速度、重创有生力量、削弱他所崇拜的(比方说,比弗布鲁克勋爵的)"生机和活力"之势的话,丘吉尔就准备出击了。

丘吉尔是日渐减少的真正笃信一种明确的世界秩序者之一:对他的所思所想、所作所为影响最大的一个因素,就是渴望赋予这样一种世界秩序以生命和力量。传记作家们和历史学家们到了描述和分析他在欧洲或美国、大英帝国或俄罗斯、印度或巴勒斯坦,甚或是社会或经济政策上的观点时,就会发现他对所有这些问题的见解,都可以套入固定的模式,这些模式是他早年建立起来的,后来只是有所强化而已。因

10

1　第15页。

而，他始终几乎是分等级地相信大国及伟大的文明，而且，举例来说吧，他从来没有恨过德国这个国家本身：德国是一个伟大的、有着神圣历史的国家；德国人民是一个历史悠久的民族，因此在丘吉尔的世界图景中占有与之相称的空间。他谴责第一次世界大战中的普鲁士人和第二次世界大战中的纳粹，但他几乎丝毫没有指责德国人民。他对法国和法国文化始终都很欣赏，而且一直坚定不移地宣传英法合作的必要性。他一贯把俄罗斯人看成是欧洲文明围墙之外的一个混沌的准亚洲群体。他对美国民主的信仰和偏爱是他政治观的基础。

　　在如何看待外国的事情上，他的眼光始终都是浪漫主义的。正如意大利复兴运动博得了他的自由党前辈的同情一样，巴勒斯坦犹太人争取自主的斗争也激发了他的想象。同样，他在社会政策上的观点，也与他从20世纪头十年自由党当局中自己最敬仰的人（阿斯奎斯[1]、霍尔丹[2]、格雷[3]、莫雷[4]，尤其是1914年之前的劳合·乔治[5]）手中接过来的那些自由主义原则相一致。而且他向来认为，不管世界做什么，都没有任

11

　　1　Herbert Henry Asquith（1852—1928），英国政治家、自由党领袖、英国前首相，曾任内政大臣及财政大臣。1925年获封伯爵，后获嘉德勋章。——译注

　　2　Richard Haldane（1856—1928），英国律师、哲学家和政治家。曾先后与格雷、阿斯奎斯、劳合·乔治、丘吉尔等共事，任内阁战争大臣。1911年获封为子爵，1913年成为苏格兰蓟花骑士。1924年出任麦克唐纳内阁的大法官兼上议院议长，被称为劳工大法官。——译注

　　3　Edward Grey（1862—1933），英国政治家，曾任外交大臣11年（1905—1916），是历史上未间断任此职时间最长者。——译注

　　4　John Morley（1838—1923），政治家、作家和报人。曾任爱尔兰政务司司长、印度事务大臣。3卷本《格莱斯顿传》（*The Life of William Ewart Gladstone*）被誉为传记之经典。所著《论妥协》（*On Compromise*）备受章士钊推崇并在《调和立国论》中多次引用。他不仅反战，还反对八小时工作制。——译注

　　5　David Lloyd George（1863—1945），英国前首相，一战后半期英国政坛叱咤风云的人物。1919年出席并操纵巴黎和会，是巴黎和会"三巨头"之一，签署了《凡尔赛和约》。——译注

何理由去改变它们。如果说这些在1910年进步的观点今天看起来不大令人信服，而且确实揭示了一种对社会与经济不公（相对于政治而言）的执意忽视，而这样的忽视几乎不能归咎于霍尔丹或劳合·乔治，那便是源自丘吉尔对于自己很早以前就一劳永逸地建立起来的关于人类关系的图式笃信不移。

四

把想象力视为一种主要属革命性的力量是错误的——如果说它造成毁灭和改变的话，它也把迄今彼此孤立的信仰、洞见、心理习惯融入高度统一的系统。这些系统，若灌注了足够的能量和意志力——还可以加上幻想，这幻想不怎么惧怕事实，且能创造出在脑子里对事实进行编排的种种理想模型——有时就可以改变整个一代人的观念。

英国政治家中最富这些禀赋的是狄斯累利，此人实际上想出了那个帝国主义秘诀，那个精彩却极其非英国式的观点，浪漫到了带有异国情调的程度，充满形而上学的情绪，显然与英国传统中一切最清醒的经验主义的、功利主义的、反系统的东西截然相反，它像魔咒一样控制了两代英国人的心灵。

丘吉尔的政治想象力同样有着某种魔法般的神奇力量。这是一种既可以为蛊惑民心的政客所掌握，同样也可以由伟大的民主国家领导人所掌握的魔法：富兰克林·罗斯福也是玩这种魔法的高手，他改变了他的国家关于它自身及其特点与历史的内在形象，无人能出其右。不过，他和丘吉尔之间，异要大于同，而且在某种程度上也是所属大陆和文明差异的体现。在那场把他们紧紧地拽在了一起的战争中，他们各自所扮演的角色令这种差异得到了生动的展示。

从某种程度上说，第二次世界大战孕育出来的新东西和天才要比第一次世界大战少。当然，第二次世界大战是一场更大的灾难，战火殃

12

及的范围更大,而且极大地改变了世界的社会和政治轮廓,其程度至少不亚于第一次世界大战,或许还有过之而无不及。不过1914年那一次,战争将连续性拦腰折断,粗暴的程度要厉害得多。1914年之前的岁月在我们现在,甚至哪怕是在1920年代看来,就像是一段漫长的大体和平发展时期的终止,为突如其来的巨大灾祸所断送。至少是在欧洲,1914年前的岁月,被那些在它们之后没见过真正和平的人们以怀旧之情看待,这是可以理解的。

19世纪是一个延续不断且硕果累累的时期,从而使其看上去像是人类一个无与伦比的成就,它是那么强大,即便在将其打断的那场战争期间,都保持着在我们今天看来也很惊人的水准。与之相比,两次世界大战之间的时期则标志着人类文化发展的衰退。以文学质量为例来说(这肯定是衡量智力和道德活力最可靠的标准之一),1914年至1918年战争期间的文学质量之高,是1939年之后望尘莫及的。单是在西欧,这四年屠杀和毁灭的岁月,也是天才作品不断涌现的几年,有像萧伯纳、威尔斯和吉卜林、霍普特曼和纪德、切斯特顿和阿诺德·本涅特、比尔博姆和叶芝这样一些著名作家的作品,也有像普鲁斯特和乔伊斯、弗吉尼亚·伍尔夫、E. M. 福斯特、T. S. 艾略特、亚历山大·勃洛克、里尔克、斯特凡·格奥尔格和瓦莱里这样一些年轻作家的手笔。自然科学、哲学和历史学也未中断发展,还在开花结果。相比之下,新近的这场战争有什么可以拿得出手呢?

不过,或许在一个方面,第二次世界大战的确是超过了前一次大战的:卷入这场战争的国家的领导人,除了法国明显例外,都要比他们的"原型"形象更高大,精神上更有趣。几乎可以毫无争议地说,斯大林比沙皇尼古拉二世更有魅力,希特勒比德皇威廉二世更有吸引力,墨索里尼比维托里奥·埃马努埃莱亦然。还有,尽管威尔逊总统和劳合·乔治值得纪念,就绝对的历史高度而言,他们却比罗斯福和温斯顿·丘吉尔稍逊一筹。

亚里士多德说过，历史就是"亚西比德[1]做过或遭遇过的事"。[2]尽管社会科学想方设法颠覆它，这个概念也依然比与之抗衡的种种假说有根据得多，前提是历史被定义成历史学家实际所为。不管怎样，丘吉尔是由衷地认可这个概念的，且充分利用自己的各种机会加以推广。由于他的故事讲的主要是名人，加之对个人才华给予了恰如其分，有时甚至有溢美之嫌的评价，因此，他文中那些了不起的战时主要人物形象赋予了其叙述以某种史诗性质，他笔下的英雄和坏蛋获得的声望，不仅仅来自，或者根本不是来自他们所卷入事件的重要性，而是来自他们自身在人类历史舞台上固有的人格形象。他们的性格，陷于长久并列而且相互间时有冲突的状态，可以使彼此突出，显得醒目。

读丘吉尔的书，读者有时难免会神驰书外，在心里进行各种比较和对比。于是就会发现，罗斯福的过人之处主要在于其对生活的惊人热爱和对未来的毫不畏惧。作为一个对未来如此热切欢迎的人，他还给人以这样一个感觉：不管时代会带来什么，一切都会对他有利，没有什么东西会可怕或严重到不可征服、不可用、不可塑造成无法预料的新生活方式的地步，而这种新生活方式恰恰是他，罗斯福，及其盟友和忠诚的部属愿意倾注前所未闻的精力和热情去建立的。这种对未来的热切期待，这种不担忧浪太大或者太汹涌无法航行的心态，与斯大林或张伯伦身上那种显然惴惴不安地渴望将自己隔绝开来形成了最为鲜明的对比。从某种意义上说，希特勒身上也看不到恐惧神情，不过他的自信来源于一个疯狂之徒狂烈而狡诈的幻想，太容易从于己有利的角度来歪曲事实。

对未来的信念如此强烈，对自身塑造未来之能力的信心如此坚定，

14

1　Alcibiades（约公元前450—前404），雅典杰出政治家、演说家和将军，也是苏格拉底的弟子和至交，雅典出了名的贵族美男子。柏拉图的《会饮篇》中也可见到其身影。——译注

2　*Poetics* 1451b11。

一旦与现实地评价未来真实轮廓的能力联系起来,就意味着对一个人周遭环境的趋势,对构成这一环境的人类的欲望、希望、恐惧、爱恨,对被客观地描述为社会和个人"潮流"的东西有一种自觉或半自觉的极为敏锐的意识。罗斯福把这种敏锐性发展到了天才的程度。他之所以赢得了在整个总统任期内都得以保持的象征意义,主要是因为他对时代大势及其未来投影的把握达到了极为罕见的水准。不仅是在对美国舆论动向的洞察上,而且在对当时更大的人类社会运动总趋向的把握上,他的嗅觉都可以说是不可思议的。这一运动内在的涌流、震颤和回旋,似乎都以地震仪般的精确性记录在他的神经系统中了。他的大多数同胞都认可这一点,只不过有些人是满腔热情,有些人则是怀着忧郁或强烈义愤。远在美国边界之外的人们把他视为他那个时代最真诚而坚定的民主代言人,最现代、最外向、最大胆、最具想象力、最大气磅礴,摆脱了内心生活的种种困扰,在令人相信他的洞察力、预见力,以及为普通人之理想代言的能力方面有着盖世无双的才能,这种看法是

15　正确的。

　　这种不只对当下而且对将来的自如感,知道自己要去哪里、如何去和为什么去,这使他在健康最终受到损害之前一直都很开朗、很欢快,乐于与极为多样、截然对立的人为伍,只要他们代表了波澜壮阔的生活中的某一个具体方面,在各自独特的世界里积极进取,随便是一个什么样的世界都行。这种内在的生命冲动弥补了,而且还不止弥补了智力或性格上的不足,他的敌人——还有他所伤害的人——从来没有停止过指出这些不足。他似乎真正没有受到他们奚落的影响:他最最不能忍受的是消极被动、无声无息、闷闷不乐、恐惧生活,或者满脑子里不是永生就是死亡,无论与之相伴的是多么强大的洞察力或多么灵敏的感悟力。

　　丘吉尔则几乎处于另一个极端。他也不惧怕未来,而且从来没有哪个人能像他那样热烈地热爱生活,并把那么多的热忱倾注给他所接触的每一个人、每一样事物。但罗斯福,像所有伟大的发明家一样,对

社会的未来形态有一种半自觉的前瞻意识，这样的意识与艺术家的并非全然不同，而丘吉尔呢，尽管其表面外向，却善于内视自省，其最强烈的意识是对过去的回顾意识。

这种他据以设想当下和未来的清晰而色彩鲜明的历史观是取之不尽、用之不竭的源泉，正是因为这一源泉提供了主料，他的世界才建造得如此结实，装饰得如此丰富精巧。如此坚固、如此"有容"的建筑，建造者不可能是个像一台敏感的仪器那样的人，动不动就会对别人、别的机构或民族永远都在变化的情绪和动向做出反应与响应。说实在的，丘吉尔的长处（也是他身上最令人畏惧的东西）正在于此，和罗斯福不同，他身上没有装备不计其数、连变动不居的外部世界中最小的波动信号都能捕捉到的敏感天线。和罗斯福不同（而且就这一点而言，与格莱斯顿[1]和劳合·乔治也不同），他不以热切且全神贯注的方式反映一个当代的社交世界或道德世界，相反，他创造了一个具有强大力量和高度连贯性的世界，使其变成现实并通过施加不可抗拒的力量改变外部世界。正如他的二战回忆录所表明的那样，他有巨大的消化事实的能力，不过这些事实不是以它们的本来面目再现，而是按照他强力加诸这些"原料"的类别，改造成了他可以用来构筑他自己强大、简朴、固若金汤的内心世界的东西。

罗斯福，作为一个公众人物，是一个率性、乐观、喜欢娱乐的统治者，他似乎喜欢肆意奉行两个或更多完全矛盾的政策。这样欢快而看似无所顾忌的放纵行为令助手们感到失望，而更让他们惊愕的是他那般迅速和轻易地，在最黑暗和最危险的时刻摆脱了公务的烦忧。丘吉尔也喜欢娱乐，而且他也既不缺乏欢乐，又不缺乏热情洋溢的自我表现

16

1　William Ewart Gladstone（1809—1898），政治家，曾作为自由党人四次出任英国首相，是美国总统伍德罗·威尔逊的偶像，始终被学者排名为最伟大的英国首相之一。——译注

能力，此外他还惯于以令他的专家们不快的方式，漫不经心地快刀斩乱麻，但他并不是一个轻佻的人。他的性格中有一定的深度——并对悲剧的可能性有种相应的意识——而这正是罗斯福轻松愉快的天赋所本能地忽略掉的东西。

罗斯福玩起政治来技艺精湛，而且他的成功和失败都有精彩的风度。他的表演如行云流水，毫不费力。丘吉尔既熟悉光明，也熟悉黑暗。同内在世界的所有居民，甚或匆匆过客一样，他会有痛苦的忧思期和缓慢的恢复期的迹象。罗斯福可能说起过血和汗，但丘吉尔为英国人民洒泪时，说的是林肯、马志尼或克伦威尔可能说出的话，而罗斯福不会这么说，虽然他是一个豪爽、慷慨、敏锐的人。

五

丘吉尔并非未来晴朗灿烂文明的使者，他心里只有自己的生动世界，他对别人内心的真实想法有多大的了解还真不好说。他不是做出反应，而是主动行动；他不是像一面镜子去反映别人，而是按照他自己强有力的标准去影响和改变别人。写到敦刻尔克时，他说：

> 毫无疑问，在此紧要关头，我这个首相若稍有踌躇，早就被赶下台了。我确信，每个大臣都抱定了宁可马上舍命疆场，家庭和财产统统遭毁，也不投降的决心。他们的这种决心，代表了下院，也几乎可以说是代表了全体人民。在此后的几天和几个月里，在适当的场合表达他们心情的重任落到了我的头上。我能够担起这项重任，因为这种心情也正是我的心情。一股不可抗拒的白热烈焰燃遍了我们这座岛屿的每个角落。[1]

---

1   第88页。

　　那一年的6月28日，他叮嘱时任驻美大使洛锡安勋爵："你的情绪应平和而冷静。此间没有一个人情绪低落。"[1]

　　这些光辉的话语，难以恰如其分地反映丘吉尔在激发他所形容的情感方面的作用。因为他不是一个摄取、聚焦、反映和放大他人情绪的灵敏镜头；和欧洲的那些独裁者不同，他并未像一台仪器那样利用舆论。1940年，他认为自己的同胞有着百折不挠的刚毅、决不投降的品质，并坚持了下去。无论如何，如果说他未能典型表现他的一些同胞在危险时刻所惧怕而又期望的东西，那是因为他把他们高度理想化了，以至于这些人最终都挤近了他的理想，并开始用他看待他们的方式看待自己："我有幸表达出来的英国开朗而沉着的脾性"[2]——此话倒是不假，不过这样的脾气大部分是他塑造出来的。他的言辞极具催眠力量，他的信念极其坚定，从而使他凭自己的三寸不烂之舌就能迷住他们，让这些人觉得他道出的确实是他们内心的东西。毫无疑问，这种东西是存在的；但直到丘吉尔把它唤醒之前，多数时候都沉睡在他们内心之中。

　　1940年夏天，他发表了那篇前无古人、后无来者的演说之后，他们对自己有了一个新的看法，此后他们自己的英勇与世界的敬重就把他们树立成了人类历史上的一个英雄形象，如同温泉关战役或打败西班牙无敌舰队一样。他们勇往直前，加入战斗，被他的话语改变了。他们在自己身上所发现的精神，是丘吉尔用他内心资源在他本人身上创造出来后，灌输给了自己的民族的，而他把他们的生动反应看成了原始冲动，认为他自己只是有幸用合适的话语将这种精神表达了出来而已。他之所以能营造出一种英雄的气氛并改变了不列颠之战的命运，靠的不是捕捉其周围人们的情绪（实际上，在任何时候，这情绪都不是一种怯懦的恐慌、昏乱或冷漠，而是有些糊涂；坚强，但缺乏组织），而是毫

18

1　第201页。
2　第226页。

不动摇，不为他们的情绪所左右，正如他不为构成其周围生活的五光十色、转瞬即逝的缤纷色彩所动一样。

英雄般自豪的特殊品质和他在特定时刻心中涌起的崇高感，不是像罗斯福那样，来自活着和掌控历史关键时刻的欣喜之情，乐于面对事物的变化和不稳定性，乐于面对未来的无限可能性——正是未来的不可预测性为每时每刻自发的即兴创作，为与不安分的时代精神相一致的富有想象力的大举措，提供了无穷的可能性。相反，它来自不断内省沉思的能力，来自情感的厚重与坚定，特别是对于他承担着个人责任的伟大传统的感情和忠诚，他肩负这一传统并必须将它传递给值得接受这神圣重担的人，不仅要完好无损地传递给他们，而且还要加以强化和渲染。

俾斯麦曾经说过，根本就不存在政治直觉那样的东西：政治才华就是听得见遥远的历史骏马的蹄声，然后以超人的气力跳起并抓住骑手衣服后摆的能力。没有人比温斯顿·丘吉尔更急切地侧耳倾听过这攸关命运的声音，1940年，他做出了英勇的一跳。他在回忆那段时光的文字中写道，"想压制由对可怕事情的长期权衡而产生的内心激动，是根本不可能的"，[1] 而当危机最终爆发时，他已有准备，因为经过毕生的努力他已经达到了自己的目标。

首相的地位很独特："如果他绊了一下，必须将他撑住；如果他犯了错误，必须加以掩盖；如果他入睡了，不得肆意打扰；如果他无能，则必须砍脑袋。"[2] 这是因为此时他是"英国的生活、启示及荣耀"[3] 的守护人。他对罗斯福是百分百的信任，"我深信，为了岌岌可危的世界自由事业，他连命都可以不要，更不用说公职了"[4]。他在自己的散文中记录了紧张

1　第405页。

2　第15页。

3　第21页。

4　第166页。

气氛不断上涨攀升到高潮一刻，不列颠之战——"这是一个生或死都同样伟大的时刻"。[1]这种看待致命危险时乐观、英勇的眼光及征服的意志，在失败似乎不只是可能而且是在所难免的时刻油然而生，是炽盛的历史想象的产物，而这种想象所依赖的材料不是外在之目而是内在之眼所见：这幅图像有着难以复制的形状和简洁，将来的历史学家打算在平日灰暗的光线下严肃地评价和解释这些事实时，便会发现这一点。　20

六

丘吉尔首相之所以能将自己的想象和意志强加给他的同胞，并且能像伯里克利那样统治他们，恰恰是因为他在他们心目中的形象比生活中的伟岸和高贵，并在危难关头把他们抬举到了一个异乎寻常的高度。这是一个放在平时人们并不喜欢，也不应该喜欢生活于其中的氛围，这样的氛围要求人们高度紧张，而这种紧张如果持续久了，就会毁掉所有正常眼光，将人际关系过分戏剧化，并将正常价值观歪曲到无法容忍的程度。不过在当时，这样的氛围确实改变了不列颠岛大部分居民的本性，并将他们的生活戏剧化，让他们自认为且彼此都认为他们穿在身上的是适合于伟大英勇时刻的盛装，这样也就把懦夫变成了勇士，从而达到了让他们披挂上阵的目的。

这就是独裁者和蛊惑民心的政客把爱好和平的全体人民变成一支支勇往直前的军队的手段；丘吉尔独特而又令人难忘的成就在于：他在没有破坏，甚至是没有改变一个自由体制的情况下，在这个体制的框架内编造出了这一必要的幻象。他激发出来的种种精神，在紧急时刻过去之后，并未延续下来，成为压迫和奴役人民的精神枷锁；他以一种历史观解释现在而拯救了未来，却并未歪曲或阻碍不列颠民族的历史

1　第246页。

发展，以一个虚构的传统或者说一个万无一失的神奇领袖的名义，试图让不列颠民族去实现一些无从实现、不可企及的辉煌。丘吉尔没有陷于浪漫主义的这一可怕反应之手，靠的是颇具那种自由论者的感觉，它虽然有时对现代种种专制统治悲剧性的方面缺乏认识，却依然不乏敏锐的洞察力，虽然有时太宽容，但对极权主义政府蒙蔽人民的种种大骗21 局中虚假、荒诞、卑劣的东西，还是能洞察出来的。丘吉尔把一些最尖刻、最具特点的称号留给了独裁者：骂希特勒是"这个恶棍，这个仇恨和失败[1]杂交出来的怪胎"。[2]佛朗哥是"穷凶极恶"[3]，欺压一个"流尽了鲜血的民族"[4]的"心胸狭隘的暴君"[5]。他毫不宽恕贝当政府，而且还将其假传统及永恒法兰西之名的做法视为对民族感情的一种令人厌恶的嘲弄。1940年到1941年的斯大林是"一个集冷酷无情、老奸巨猾、孤陋寡闻于一身的巨人"[6]。

丘吉尔这种发自内心的对篡位者的敌意，甚至比他对权利和勋位的热爱都要强烈，乃是源自他和罗斯福总统明显共有的一种品质——对生活非同寻常的热爱，对强加在丰富多彩的人类关系上的清规戒律的憎恶，对什么东西促进发展与活力，什么东西妨碍或扭曲发展与活力的直觉。但由于丘吉尔如此热爱的生活是以历史的形象，作为传统盛典的一部分呈现在其面前的，所以他构思历史故事的方法、重点的分布、人物和事件相对重要性的安排、对历史的推测、故事的架构、句子的结构以及词语本身，都是一种历史复兴的要素，其鲜活、新颖、独特的程

1　原文为defeat，亦有作deceit（欺诈）的版本，考虑到是广播讲话稿，出现误听误录也是有可能的。——译注

2　第452页。

3　第469页。

4　第15页。

5　第459页。

6　第511页。

度,完全可以与文艺复兴或英国摄政时期的新古典主义相媲美。

说这样的叙事方式想当然地认为不带个人色彩、沉闷无趣、平淡无奇的东西必然也是无足轻重的东西,因而把太多的东西都完全略去了,这样的抱怨也许不无道理;但是哀叹这样的叙事方式不现代,因而从某种意义上说,也就没有那些客观的历史学家不置可否、不偏不倚的玻璃感或塑料感描述那么真实、那么能回应当代的需求(那些历史学家认为事实且只有事实才是有趣的,更糟糕的是,他们认为所有事实都同样有趣),这不是懦弱的迂腐和盲目,还能是什么? 22

七

罗斯福总统与丘吉尔首相之间的差异,至少就一个方面来说,不只是明显的民族性格上的差异,受教育程度上的差异,乃至气质上的差异。虽然罗斯福不乏历史意识,生活上大气洒脱、无忧无虑、悠然自得,有着不可动摇的个人安全感,到远在自己国界之外的广阔世界上都天生能把它想得跟在家里一样,但他是一个典型的20世纪新世界的孩子;而丘吉尔就不同了,别看他热爱当下,有着难以满足的求知欲,对我们时代的种种技术可能性有清楚的意识,而且还会不停地畅想如何才能让这些技术得到极具想象力的应用,别看他对 "基本英语" [1] 很有热情,别看访问莫斯科时他的连体外套 [2] 令招待他的主人们很不快,如此等等,不一而足,但他仍旧是一个19世纪的欧洲人。

---

1 英国哲学家、语言学家C. K. Ogden及其合作者1930年代设计了Basic English(基本英语),它由经过统计分析后精心挑选的850个最常用的单词构成,第二次世界大战时期曾经时兴了一阵子,得到丘吉尔和英国政府的支持。——译注

2 连体外套(siren suit):因便于穿脱而得名,意即警报响了都来得及穿上的外套,现亦用来称防护服。丘吉尔很喜欢这种连体外套,不只是在紧急情况下穿,平时也穿,他甚至还特意做了一件供用餐或赴宴时穿的连体外套。——译注

可见二人之间的差异是深层次的，这在很大程度上解释了他与那位他如此崇拜，对其气派的办公室都满怀敬畏的美国总统何以会在观点上不一致。美国与欧洲之间，或许也是20世纪与19世纪之间的一些根本差异，在这一引人瞩目的互动中似乎明晰化了。也许20世纪之不同于19世纪，就如同19世纪之不同于18世纪。塔列朗[1]曾有过一句名言：不是前朝过来人，不识生活真乐趣。[2]确实，从我们的角度遥看，有一点是清楚的：19世纪早期那些真挚、浪漫的年轻人似乎不能系统地理解或喜欢革命前那个世界最开化的代表人物的生活态度，在前后界线最明显的法国则尤其如此；那种讽刺，那种尖锐，那种细腻的眼光，那种对性格、风格上细微差异的明察秋毫和专注，那种对勉强可辨的色调区别的全神贯注，那种使得像狄德罗那样"进步"、那样有远见的人的生活都与浪漫主义者更大也更简单的眼光有天壤之别的极度敏锐，正是19世纪缺乏历史洞察力而不能理解的东西。

假设雪莱遇到了伏尔泰，聊过一番后，他会有何感受呢？他极有可能深感震惊——震惊于对方看起来眼界的狭隘、所了解领域的狭小、貌似的琐碎与挑剔、对怨恨近乎老姑娘似的絮叨、对微不足道的东西的专注、细枝末节的经验感受。看到伏尔泰对自身时代大的道德和精神问题如此荒唐地视而不见，他可能会感到恐怖或遗憾——这些普遍而又重要的问题，恰恰是最优秀最清醒的心灵痛苦不安的原因之所在。他可能会觉得此人是个坏蛋，不过更有可能会觉得此人可鄙，太尖刻、太

1　Charles Maurice de Talleyrand-Périgord（1754—1838），法国大革命时期的政治人物，贵族出身，曾当过神甫，后来参加政治活动，曾在连续六届法国政府中，担任了外交部长、外交大臣，甚至总理大臣的职务。——译注

2　'Celui qui n'a pas vécu au dix-huitième siècle avant la Révolution ne connaît pas la douceur de vivre.' ['Anyone who has not lived in the eighteenth century before the Revolution does not know the sweetness of living.'（"没有在18世纪法国大革命前生活过的人，不知道生活是多么美妙。"）] *La Confession de Talleyrand*（*1754—1838*）（Paris, 1891），57.

渺小、太卑鄙,下流到了荒唐可耻的地步,喜欢在最圣洁的地方,最神圣的场合傻笑。

反过来,伏尔泰则很可能会让对方给烦透了,看不出有什么理由要口若悬河大谈特谈伦理道德;他可能会以冷淡而敌视的眼光看待对道德问题的这种兴奋劲儿。圣西门那种天下大同的宏伟世界观(曾极大地激励了半个世纪后的左翼青年),寄希望于运用有效集中的科技和精神资源,改变世界的形状并将其整合成一个井然有序的人造整体,在伏尔泰眼里似乎就是一片死气沉沉而又单调乏味的沙漠,太单一,太没滋味,太不真实,显然没有意识到那些不起眼、半遮半掩却非常关键的不同和不一致之处,须知,正是这些赋予体验以个性与韵味,没有了它们,文明的憧憬、风趣和交谈都不可能有,优雅考究的文化孕育出的艺术当然也无从谈起。19世纪的道德观在他看来可能就是一台迟钝、简陋、粗糙的仪器,无法对准聚光灯的焦点,无法捕捉瞬息万变的声音和颜色,它们或萦绕不去或一闪而过,千变万化所表现的就是喜剧与悲剧——也是人际关系、人情世故以及政治、历史和艺术的实质。

这种沟通之所以失败,原因不是一个纯粹的观点变化问题,而是将两个世纪区别开来的眼光问题。18世纪的眼光是微观的,而随后的19世纪的眼光则是宏观的。后者的眼界宽多了,不说是从全球的角度,起码也是从欧洲的角度看问题,所看到的是崇山峻岭的巍峨轮廓;而18世纪看到的,再清晰再真切,也只是山坡某一部分的纹理、裂缝和明暗。18世纪眼光的目标要小一些,眼睛距离目标也要近一些。19世纪的种种重大道德问题不在其敏锐的辨别力所注视的范围之内:这正是伟大的法国革命造成的惊人差异,而这种差异所导致的不是必然更好或更坏、更丑或更美、更深邃或更肤浅的东西,而是一种首先在种类上就不同的局面。

与这一显著差异不无相似之处的某种东西将美国与欧洲(也将20世纪与19世纪)区别开来。美国人的眼光要宽阔一些,也大气一些;美国人的思想，虽然表达方式上有其狭隘性，却以一种一览天下的远大目光，突破了民族与种族的藩篱，超越了世界观的差异。它所注意的是物而非人，把世界看成丰富的、具有无限可塑性的原材料，有待于经过设计与打造，满足渴求幸福、善良和智慧的全人类之需（19世纪以这样的方式看待世界的人都被认为是怀有乌托邦空想的怪人）。因此，在美国人的眼里，以如此剧烈的方式将欧洲人区分开来的那些差异和分歧，肯定是一些微不足道、荒谬可耻，不值得有自尊心、有道德意识的个人和民族所拥有的东西；事实上，应该予以扫除，提倡一种更简单也更宏大的现代人的权力观和任务观。

美国人的这种态度，这种可能只有住在山巅或一望无际的广袤平原上的人才能饱览的巨幅全景，在欧洲人眼里平淡得出奇，缺乏细腻与色彩，有时似乎毫无深度可言，肯定不具备那种或许只有生活在山谷里的人才有的眼光，对细微区别立即做出反应的能力。因而在他们看来，美国人虽然见多识广，但理解的东西太少了，不得要领。当然，这样的说法并不适用于每个美国人或欧洲人——在欧洲的当地人中不乏天生的美国人，反之亦然。不过它似乎描绘了这两种迥然不同的文化最典型的代表。

八

从某些方面来看，罗斯福对欧洲人的这一态度有着半清醒的理解，且并未完全谴责。更加清楚的是，丘吉尔在很多方面对美国的生活方式有着本能的同情。但总的来说，他们的确代表着不同的世界观，而他们对彼此的才能却能理解和敬重到那样高的程度，正是两人非凡想象力和喜爱生活多样性的体现。在彼此眼中，对方都不仅仅是盟友，是一个伟大民族令人敬仰的领袖，还是一种传统和一种文明的象征。他们期望通过自己的异中求同谋求西方世界的复兴。

罗斯福让神秘莫测的俄罗斯给迷住了，丘吉尔对于它那陌生及对他没有吸引力的特点却本能地避而远之。总的来说，罗斯福认为自己能够说服乃至劝诱俄罗斯，把它融入向整个人类敞开怀抱的伟大社会中来。丘吉尔则基本上持怀疑态度。

罗斯福富有想象力、乐观，是圣公会教徒，自信、开朗，做事凭经验，天不怕地不怕，信奉社会进步的观念。他相信，付出足够的精力，打起足够的精神，就什么事情都可以干成。对于探索藏在表层下面的东西，他打起退堂鼓来不亚于任何一个英国小学生，而他看到了世界上各民族之间大量的相似之处，从中可以用某种方式建立一种新的更自由、更丰富的秩序。丘吉尔也富有想象力，精通历史，更严肃，更专心，更专注，更入神，对于可能致使那一秩序难以实现的种种永久性差异有极为深刻的感触。他相信制度有别、种族和阶级的本性难移、个体有类型之分。他的政府是按照明确的原则组织起来的；他的私人办公室运转也纪律严明。他的习惯虽独特，却有规律。他相信一种自然的、社会的、近乎形而上学的秩序——一种不可能打破也不应期望打破的神圣的等级制度。

罗斯福相信灵活性，随机应变，以无限多样的新颖和出其不意的方式卓有成效地运用人力和资源。他的官僚体制有些混乱，也许是故意如此。他自己的办公室组织得并非井井有条，他实行的是高度个人化的政府。他让那些鼓吹制度性权威的人大为光火，但换成任何一种别的方法，他还能不能达到自己的目的，还真难说。

世界观上的这些差异很大，不过两者的襟抱都很广，而且都是真正的世界观，没有受到个人嗜好和道德标准差异的局限与扭曲，那种道德标准差异曾在威尔逊、劳合·乔治与克莱蒙梭三人之间造成致命的分裂。罗斯福总统和丘吉尔首相经常意见相左，二人的理想和方法相去甚远，在罗斯福总统随从的回忆录和随笔中对此多有涉及。但这种讨论始终是在两位政府首脑都意识到的层面上进行的。他们也许有过互

27

相对立的时候,但从来没有想过要相互伤害;他们也许签发过完全相反的指令,但从来没有发生过口舌之争。妥协的时候(这对他们来说是常有的事),他们并无痛苦感或失败感,而是视之为对历史需求或对方传统与个性的回应。

他们在对方面前所呈现出的是一种远高于盟友或下属之争的潇洒浪漫状态:他们的会晤和信函往来是双方都有意应对的事情。他们是流着王室血脉的表兄弟,且都为这层关系感到自豪,只是这种自豪往往会为对于对方独特品质的一种鲜明且有时好笑,但绝无讽刺意味的印象所调和。在这一超乎寻常的历史巨变期间结成的这种关系,因其严肃性而稍被夸大,它从未减弱或衰退,而是保持了正式的尊严与高涨的情绪之结合,几乎是史无前例地将两国的首脑联合在了一起。彼此作为个人深深被对方所吸引,或不如说是被对方的思想所深深吸引,并以自己独特的昂扬精神将其感染。

这种关系之所以真诚可靠,其基础甚至超出了牢固的利益共同体或是个人与官方的尊重或敬佩——换句话说,这得益于他们喜欢对方能以生活中的古怪和幽默之处为乐并乐于积极参与其中,喜欢到了那样特殊的程度。这是一种独特的私人关系,对于这样的私人关系,哈利·霍普金斯[1]不仅能够理解,而且持毫无保留的鼓励态度。罗斯福的趣味感或许轻松一点,丘吉尔的趣味感则稍稍严肃一点。但这正是他们彼此共有的东西,而在英美之外有这样态度的政治家,即便有,也只是极个别的。他们的下属有时忽略或误解了这种东西,而它却赋予两人的交往一种极为奇特的性质。

罗斯福的公开讲话与丘吉尔激动人心的杰作大相径庭,但他们在精神或本质上并不矛盾。在罗斯福的眼中,他自己的世界是个什么样子,他并没有给我们留下自己的描述。或许他太过生活于当下的每日,

---

1　Harry Lloyd Hopkins(1890—1946),罗斯福的顾问。——译注

在性情上无暇顾及这一任务。但他们都完全清楚彼此在当代世界的历史上所处的统领地位,而且丘吉尔对其管家角色的描述,就是在非常清楚这种责任的状态下付诸笔端的。

这是一个伟大的时刻,而且他也是以与之相应的严肃态度来对待这个时刻的。他像历史舞台上的一个伟大演员——恐怕也是最后一个这样的演员,在炫目的灯光下以一种大气、从容不迫的庄严语调念他那令人难忘的台词,这对于一个知道自己所做的工作和他本人将成为很多代人研究和评判的对象的人来说是再适合不过了。他的叙述是一次盛大的公开演出,颇具庄重华丽之气象。那一个个掷地有声的词语、一串串精妙绝伦的警句,还有那充沛饱满的情感特质,一起构成了他表达对自己、对他的世界之看法的一种独特手段,必将像他所说过的话和做过的事一样,进一步强化他著名的公众形象,而这一形象已经无法与作者的内在本质及真实本性区分开了:一个形象异常高大,其组成要素都比普通人的更大气、更质朴的人;一个胆识超人、强壮而富有想象力,在有生之年就成了一位历史巨人的人。身为其民族所产生的两位最伟大的行动巨人之一;一个有着惊人力量的演说家,拯救了自己国家的人;一个既属于现实也同样属于传说的神话英雄,我们时代高大无比的人。 29

休伯特·亨德森在全灵学院

　　1934年，休伯特·亨德森初到全灵学院时，院里了解他的人不多。同样来自剑桥的德拉蒙德讲席教授D. H. 麦克格雷格，我想，跟他有点交往。R. H. 布兰德（后来获封勋爵）与亚瑟·索尔特爵士和他较熟，还有一两位相对资深一点的院员在公共活动中同他打过交道。但院里占多数的初级院员和学术院员大都对他几乎一无所知。他外表儒雅，脑胴中透着一丝迷蒙。他文质彬彬，和蔼可亲，但性格内敛；且似乎还有点不知所措。全灵学院在当时和现在都是很特殊的，对于那些初来乍到的中年人会产生什么影响，殊难预测。亨德森曾潜心公务，身兼《国家》杂志编辑与经济顾问委员会联席秘书二职。全灵学院在他眼里肯定就像一方奇妙的私人天地，跟他曾经待过的剑桥或那片大天地都有着天壤之别。

　　融入这所学院，他花了些许时间，不过融入之后，就渐渐显山露水，在学院中占有了独特的位置。他喜欢交谈，对很多话题都感兴趣，凡是对其不带感情色彩、公正客观且本质上中立的观点有所回应的人，他都乐于与之探讨。他并不特别期待或者说喜欢意见相同。他是一个有深刻信念的人，他清楚、热忱而平心静气地持有自己的见解。与人论辩时，他侃侃而谈，思路清晰，且敢于坚持己见。因为他并非不苟言笑，自

30

命清高，而是喜欢讨论一切他感兴趣的话题，所以他对分析人物性格与剖析抽象命题或政治问题同样津津乐道，谈论时一律那样审慎细致，有时绘声绘色。他颇善言谈，而且就算面临严峻挑衅时也保持彬彬有礼；从他的言谈中，不管是比他年轻还是年长的，都从没觉得被他划入了某个类别或框子，也没觉得他自己在框子里。这使得同他交谈，无论是两人对谈还是群聊，都让人感到特别愉快而又获益匪浅。我想谁都不会觉得他只属于学院的某一派，如资深派或少壮派、学术派或"伦敦派"、保守派或激进派。他具有名副其实的独立人格，对人对事都有敏锐的见解与看法，谈人论事不怀怨怒之情，不作细儿之恋，下断言不偏激，睿智深邃，儒雅天成。

我之所以不厌其详地介绍他谈话的特点，是因为在人们记忆中，全灵一直是一所能说会道者云集的学院，而他又真心喜欢与人交谈和辩论，因而轻而易举便融入其中了。他喜欢把问题说透，而且喜欢争论；他希望把自己的看法向别人说得清清楚楚，也希望自己能够尽可能把别人的看法领会得透彻准确。他的才智异常敏锐，又极其正直，热望发现真理，且由衷地相信有时可以通过理性的讨论来辨明真理，因而他辩论起来总是没完没了，不屈不挠，全神贯注，还带有一股子极富感染力的率性。偶尔也会碰到这样的情况，对方抛出的观点，在他看来凡神志正常或是有点见识的人都不可能持有。这时，他脸上便会露出困惑的，有时是茫然甚至不相信的神情，会一个劲儿地挠头发，提高嗓门，做出绝望的手势，不过，不管时间早晚，他都会继续辩论下去。不辩出个结果，他绝不会善罢甘休。无论对方在他看来如何令人抓狂，他都绝不会生气动怒、粗鲁无礼或是暴躁尖刻。有时一辩就会辩到很晚，辩到半夜，杜穆里埃牌香烟的烟蒂会把他身边的烟灰缸塞满，甚至溢出来。有时候，连珠炮般没有论据的反面断言使得辩论进行不下去了，碰到这种情形，他的做法也很简单，就是不再吭声，去想点别的事情。如果对方语气太过尖锐刺耳，他就会看报纸或者悄然离开房间。除非氛

32

围中有着客气、智慧、克制以及一丝智识方面的善意，否则他就会不太自在。

他很有幽默感，特别是对滑稽的感觉，这一点在牛津得到自由发挥，与此同时，他身上还有一种孩子般天真可爱的性情，从心底里讨厌各种形式的多愁善感和虚伪空谈。对于比他年轻的人而言（只有他我才敢打这个包票），他几乎比任何一位资历长于他们的人都更好相处：他没有一点架子，毫不自负，极为随和；他心胸开朗，生来就富有同情心与善意。他以平等心待所有人，同他打交道无须绕弯子，是件令人愉快的事情。在他那方面，从来没有哪怕是任何无意之言，让人感到他本人在纷繁事务中的超群地位，或者让人想到一些不宜触及的特殊信念或偏见。他喜欢被别人逗乐，不吹毛求疵，从不在人家兴高采烈时泼冷水挑剔反对，哪怕人家有点愚昧与荒唐；不仅如此，对古怪的行为，他也不反感。简而言之，他喜欢生命的流动，为之增姿添彩，也是他人生命流动的一个促成因素。他最喜欢的莫过于富有创意的点子与实用知识的结合，在全灵学院他发现了大量这样的结合。在各种委员会上，他向来都明察善断，不偏不倚，原则鲜明，无所畏惧，沉着冷静，不发脾气（只是在激动时提高的嗓门有时会让人对他产生错觉），这些都是极其宝贵的财富，尤其是在这样的人格品质日渐稀罕的时候。在院里的会议上，他说话很有威信。全灵是一个很大的学院，要想在学院会议上有影响力，必须得有一定的演说才能。这种能力亨德森是不具备的，但由于他一开口就能让人听得出全是不偏不倚的肺腑之言，加上又广受爱戴，因而他每次发言，大家总是洗耳恭听。我不清楚他在当选院长之前是否了解自己有多受人爱戴，因为他不是一个把时间花在琢磨别人对自己的态度或情感上的人；而且，他对自己的人格魅力或地位，既不虚荣也不患得患失。令大家难过的是，第二次世界大战期间他的健康出了问题，好在后来似乎完全康复了，且以若干委员会成员和经济学奖学金评选常任助理考官的身份，继续在院里发挥自己的作用。他是一个眼光敏锐的考官，所做判断始终都深受信赖，而且在我的记忆中，都经受住了检验。

1951年萨姆纳院长猝然辞世后，亨德森于当年6月当选，继任院长一职。可以肯定的是，他并未谋求这一职位。如果说世上有众望所归的人不情愿地被"硬拉"为候选人的话，这便堪称一例了；因为有很长一段时间他都不希望自己成为院长人选的考虑对象。虽然最后他还是同意了，但那并非志向使然，甚至也非责任感使然，因为我可以有把握地说，他并不认为谋求或担任这样的职务是哪个人义不容辞的责任，而是因为他天性谦逊，不好意思太强硬，未能顶住朋友们的力劝。至于自己当选的可能性大不大，我不知道他考虑过没有，我可以确信的是，他一点也不在乎胜算的大小。他当选后的那个样子，我记忆犹新，同在很多紧要关头一样，显得有点茫然不解，不敢相信是真的。这是团体的信任与热情的象征，为此他深受感动。

当选是当选了，可他几乎没有走马上任。几天之后，在校庆典礼的当日，他在谢尔登剧院心脏病突发。我去阿克兰疗养院探望他，发现他和平时一样，亲切迷人又愉快开朗，正如副校长在纪念他的致辞中所形容的那样，洋溢着"恬静的欢乐和无遮的善良"[1]。他不仅善良，而且性格纯真，思维和感觉能力出众，颇具公务责任意识，个人交往和私人生活也诚挚投入，此外，别看他外表迷蒙儒雅，骨子里却有着苏格兰人的刚毅，这赋予了他超乎想象的意志力。他集多重个性于一身，在有些人看来，这些都是全灵学院应该努力塑造的。他有学者头脑——对总体思路饶有兴趣，但他既不糊涂，也不迂腐，更未把自己封闭在象牙塔里。他投身公务，毕生都对各种公共问题很感兴趣，但他并不是不学无术的

34

1　［Maurice Bowra］, 'Oration by the Vice-Chancellor', *Oxford University Gazette* 83（1952—1953）［（莫里斯·鲍拉），《副校长致辞》，《牛津大学公报》］，第85—87页，引自第85页。

庸俗之辈，而且他不会拿公众生活的标准评价学术界，或反之。他欣赏实用常识和管理能力，敬重每一位专家、每一个行业，对他本人所在学科的各种抽象概念和理论则甚是怀疑，因为在他眼里，这个学科本质上是应用型而非"纯理论型"的。可从另一方面来说，他又不是一个激进的反智论者，凡是能显示智力或高雅的东西他都喜闻乐见，至于大学老师的那两个臭名昭著的职业"情结"，即一方面自己内心对一鸣惊人的世俗成就和影响充满了压抑已久的渴望，一方面却又对渴望这些的他人充满了咬牙切齿的学术怨恨[1]，则一样也未折磨过他。

　　他对待大千世界的态度是平衡的、和谐。官方声誉如何，他很少担心，只要是他认为聪明有趣、令人愉快的人，他都喜欢交往；而对于这样的人格品质，他极有眼光。傻瓜笨蛋和无趣之辈，他避而远之，但就
35　连对这些人，他也不给他们留下丝毫生气的理由。他喜欢为了思考而思考，并且有几分诗意的想象力，当跟情趣相投的密友在一起时，这一面就会显现出来，他会描绘自己在剑桥或是伦敦生活时的老友或逸事。他的行为举止一向都十分正常合度，不搞怪、不标异、不炫技、不刻意施展魅力，也不炫耀显摆，不过对这类行为，他既不嫉妒，也不反感。别人耍小聪明或小脾气，他不厌恶；别人木讷不开窍或迂腐，他也不怨恨。但他讨厌装腔作势、故弄玄虚以及各种形式的弄虚作假；他喜欢干货，不喜欢水分，喜欢明晰，不喜欢晦涩，无论其意味有多么丰富多么深长。遇到机会，他会对那些在他看来愚蠢或狂妄的论调痛加抨击，带着明显的快意。他有着敏锐的、反讽风味的幽默感，受到攻击时十分顽强，冷落和恐吓都拿他没辙。在我看来，他没有野心，但很有尊严，而且对自身价值颇有自知之明，这种价值虽从未得到过炫耀，却默默地散发出自身的光芒。除非有东西可说，否则他绝不开口，由于常有，所以他说得很多，又由于不喜欢闲话寒暄，他也经常保持沉默。他思想公正、敏锐、

1　原文为拉丁语：*odium academicum*。——译注

自由，没有任何个人和社会偏见，鲜明、严肃、慈善。最重要的是，他是一个极为难得的好人，一个始终超离于常规的学术范畴之外，独立自主的人。他的英年早逝，不管是对全灵学院还是对牛津大学来说，都是一个巨大损失。 36

富兰克林·德拉诺·罗斯福总统

　　我跟罗斯福从来没有会过面，虽然第二次世界大战期间我在华盛顿待了三年多，我甚至见都没见过他一次。对此我深感遗憾，因为在我想来，要是见过在心中想象了多年的某个人，尤其是当面聆听过他的声音，肯定会深刻地改变自己对这个人的印象，并使之变得更加具体，更加立体化。可是，我从未见过他，只是从无线电台里听见过他的声音。结果就是，我必须试着在没能有幸认识罗斯福，而且还应该加上一句，在对美国历史和国际关系没有任何专业知识的情况下，来谈一谈我对他的印象。此外，我也没有资格对罗斯福的内外政策，或这些政策所带来的更大的政治或经济效果说长道短。我只想就他的个性对我那一代欧洲人产生的总体影响谈一点个人印象。

　　我说某些人让人在心中想象了很多年，这句话用在罗斯福和我本人那一代英国的年轻人身上还真是很恰当的，其实不仅是英国的，而且在欧洲很多地方，实际上在全世界可能都是如此。一个1930年代的年轻人，如果又生活在民主国家，不论其政治观点如何，只要有一点人类情感，有最微弱的社会理想主义的火花，对生活还有任何一丝热爱，就肯定会有很像欧洲大陆的年轻人在拿破仑失败后的复辟时期可能有的感觉，一片黑暗与沉寂，一股巨大的反动力量正在广泛蔓延，了无生气，没有任何反抗。

　　导火索就是1931年的股市暴跌，这次暴跌危及了当时很多中产阶 37
级的年轻人对经济的安全感，而这种感觉或许本来就毫无根据。随之
而来的便是严酷的1930年代，关于这个时代，当时的英国诗人奥登、斯
彭德[1]、戴·刘易斯都留下过非常生动的证明：黑暗沉闷的1930年代，是
所有时代中唯一一个没有一个欧洲人愿意回去的时代，除非的确对法
西斯主义的灭亡感到惋惜。发生了日本侵占中国的东北地区、希特勒
上台、饥饿游行、阿比西尼亚[2]战争、英国的"和平投票"[3]、左翼图书俱乐
部[4]、马尔罗[5]的政治小说，甚至还有弗吉尼亚·伍尔大发表在《每日工
人报》[6]上的那篇文章，苏联大审判和大清洗，原本信奉自由主义和激进
的理想主义青年纷纷改信共产主义，或者强烈地同情共产主义，其最好
的理由往往只是：共产主义似乎是仅有的一支坚定、强大到能够有效抵

　　1　Stephen Harold Spender(1909—1995)，一译史宾德，英国诗人、小说家、随笔作家。
斯彭德堪称20世纪英国交友最广泛的文人，著述甚丰，与霍克尼(David Hockney)合著有
《中国日记》一书。——译注

　　2　埃塞俄比亚的旧称。——译注

　　3　英文为the Peace Ballot，1934—1935年英国举行的一次全国性民意调查，其正式
名称为"关于国联与军备的全国声明"(A National Declaration on the League of Nations
and Armaments)，由当时英国国内最有影响的和平组织——国际联盟协会发起，历时近8
个月，先后有1150万人参与。投票结果支持全面裁军，要求用非军事性的经济制裁方法
来阻止战争爆发。——译注

　　4　英文为the Left Book Club，缩写为LBC，一家曾在英国历史上产生很大影响的
传播社会主义思想的出版集团，出版过奥威尔的首本畅销书《通往威冈码头之路》(The
Road to Wigan Pier)和莫尔顿的《人民的英国史》(A People's History of England)。1948
年停办，2015年复办。——译注

　　5　André Malraux(1901—1976)，法国社会活动家、小说家、哲学家和评论家。曾当
选世界反法西斯委员会主席，其小说《征服者》(les Conquérants)描写了中国的省港大罢
工，《人类的命运》(la Condition humaine)曾获龚古尔文学奖，并被列入"20世纪经典著
作"，描写的是蒋介石和中国共产党人之间的殊死较量。——译注

　　6　英文为Daily Worker，英国共产党的机关报。——译注

抗法西斯敌人的力量。信仰上发生这样的改变之后，他们有的去莫斯科访问，或奔赴西班牙战场浴血奋战，舍命疆场，有的对共产主义实践感到失望而痛苦和愤怒，或者采取两害相权取其轻的态度，做出某种孤注一掷而又心存疑虑的选择。

那个时候，最常重复的宣传就是宣称人道主义、自由主义和民主力量不灵了，现在只能在两个严酷的极端中做出选择，要么选择共产主义，要么就选法西斯主义——非红即黑。在那些没被这种喋喋不休的宣传冲昏头脑的人看来，黑暗中唯一的一线光明就是罗斯福和美国的新政。在民主世界虚弱不堪，绝望情绪与日俱增的时候，罗斯福释放出了信心与力量。他是民主世界的领袖，在1930年代所有的政治家中，唯有他的头上没有阴云笼罩，既没有笼罩他，也没有笼罩他的新政，在欧洲人眼里，新政至今依然是人类史上一个耀眼的篇章。诚然，他的伟大社会实验是在一个不管外部世界的孤立主义态度下进行的，可就当时的情况而论，这种做法从心理上来说是可以理解的，美国是以永远饱受宗教与民族纷争之苦的欧洲为对照，在反对欧洲种种愚蠢和罪恶勾当的过程中诞生的国家，自然努力寻求不受欧洲生活潮流所干扰的拯救办法，更何况欧洲当时似乎大有陷入极权主义梦魇的危险。因此，罗斯福实行并无特别之处的外交政策，说得更确切一点，如果说不是毫无外交政策的话，至少是试图采用极少顾及与外部世界的关系的做法，得到了那些发现欧洲处境堪忧的人的原谅，而这样的做法确实从某种程度上说是美国政治传统的一部分。

罗斯福的国内政策明显是由一种人道主义目的驱动的。1920年代对个人主义听之任之，任其膨胀，导致了经济崩溃和大范围的苦难，有鉴于此，他正在寻求建立新的社会公平原则。他试图做成这件事，而又给自己的国家硬套上某件教条主义的紧身衣，不管是社会主义，还是国家资本主义，或者法西斯政权标榜为"新秩序"的新型社会组织。美国的社会不满情绪高涨，著名的华尔街大崩盘之后，相信实业家可以拯救社会的信念一夜之间化作了云烟，而罗斯福在为郁积已久的痛苦与愤怒提供一个巨大的安全阀，一边竭力预防革命，一边试图在不改变国家自由与民主基础的前提下建立一个体制，这一体制应提供更大的经济平等和社会公平——而这样的理想是美国生活传统中最优秀的部分。

干这件事情的，在冷漠无情的批评家们眼里，是随意拼凑起来的一群外行、大学教授、新闻记者、私人朋友、各种自由职业者、知识分子、思想家，现如今人们管这些人叫书呆子，他们长的那副样子和处理事务或制定政策的方法，那些华盛顿老式政府机构的官吏和形形色色循规蹈矩的保守主义者看了就气不打一处来。然而有一点是清楚的，那就是，正是这些人的不专业、不老到，加上允许他们畅所欲言，允许他们实验，允许他们尽情地进行大量的试错，以及相互之间的关系变成了人际关系而不是体制关系，才孕育出了其自身的活力与热情。华盛顿无疑充满了争执、屈从、总统府的钩心斗角，个人之间与个人团体之间、党派之间、派系之间、这个或那个大长官的私人支持者之间永无休止的明争暗斗，这肯定早已令那些习惯了慢节奏和更正常的行政管理方式的冷静而负责任的官员们大为光火。至于银行家和实业家，他们的感受是难以描述的，不过在这一阶段，他们很少在考虑之列，因为人们认为他们已经把自己的名声败坏得太狠了，确切说来，是永远败坏了。

驾驭住这场沸反盈天的巨大混乱的是一个英俊潇洒、魅力四射、愉快开朗、极其聪明、极为可爱、极有胆识的人，名叫富兰克林·德拉诺·罗斯福。人们指责他有一大堆弱点，说他背叛了自己的阶级，愚昧无知，不择手段，不负责任，无情地拿许多个人的生活和职业当儿戏。说他身边全是冒险分子、投机分子和要阴谋的人。说他见利忘义、厚颜无耻地对个人、团体及外国代表做出自相矛盾的承诺。还说他用自己巨大而不可抗拒的公众魅力和惊人的高昂情绪，弥补了自己身上所欠缺的世界上最强大的民主国家领袖所应具有的更为重要的其他优点——专心、勤勉、负责。在所有这些指责中，有些可能确实也没有冤

40

枉他。吸引其追随者的是，他身上有一些难得的鼓舞人心的品质可以抵消那些弱点：他心胸博大，政治视野开阔，高瞻远瞩，了解自己所处的时代，并洞悉20世纪发挥作用的巨大新生力量（技术、种族、帝国主义和反帝国主义）的走向；他喜欢生活与运动，赞成千方百计、不遗余力地促进尽可能多的人类愿望实现，不赞成谨小慎微，紧缩精简，毫无作为。最重要的是，他绝对敢作敢当，无所畏惧。

41　　　他是20世纪或其他任何世纪中，屈指可数的几个似乎丝毫不惧未来的政治家之一。他相信，无论发生什么事情，他都有成功应对的力量与本领。他相信手下干将的能力与忠诚，因此能以沉着冷静的眼光看待未来，仿佛在说"来吧，管它是什么东西，都将为我们所用，变成有利的东西"。或许，正是这一品质，而非其他任何品质，才将观点迥然有别的人纷纷吸引到了他的身边。一边是大步进军要毁掉一切的那些邪恶而又致命高效的狂人，一边是不知所措的逃亡民众，一群为某项他们都说不清楚的事业而勉强殉道的殉道者——在这样一个似乎被一分为二的令人沮丧的世界里，他坚信只要他在控制台上，他就能够遏止这可怕的潮流。独裁者的性格、能量和手腕，他一应俱全，而他站在我们这一边。他的意见观点和政治行动，都表明他是一个彻头彻尾的民主主义者。对他的所有批评，无论是政界的、私人的，还是公共的，都有可能是对的；他的敌人和有些朋友认为他身上存在的所有个人缺陷，也有可能都是真的；然而，作为一个公众人物，他是独一无二的。

当欧洲的天空越发阴暗，尤其是战争爆发之后，他成了欧洲穷苦不幸的人眼中仁慈的半人半神，最后只有他才能够也愿意救他们的命。他的道德权威是无与伦比的——他在自己的国家之外所赢得的信任度，远比在国内更多。也许早些年，威尔逊总统在第一次世界大战结束之后，兴高采烈地乘车穿过巴黎和伦敦时，可能唤起过一些这样的感觉，但很快就消失了不说，还留下了一种可怕的大梦初醒的感觉。甚至其敌人也明白，罗斯福总统不会像威尔逊总统那样被搞垮。不过，他还在自己的声望和人格魅力之上，加上了一定程度的政治技巧，确切说来，是精湛的技巧，这是在他之前还从来没有哪个美国人所具备过的。他实现自己愿望的机会显然要大一些，而他的追随者们到头来只落得痛苦失望的可能性则要小一些。

42

说实在的，他跟威尔逊很不一样。因为他们所代表的是截然相反的两类政治家，每一类中偶尔都会冒出声望卓著的人物来。第一类政治家从本质上说是只认一个原则，有狂热愿景的人。这样的政治家执迷于自己光明灿烂、环环相扣的梦想，往往既不去揣摩人心，也不去琢磨事理。这样的政治家一点也不疑神疑鬼，也不犹豫不决，凭借自己专注的意志力、直率和力量，能够对身外发生的许多情况视而不见听而不闻。这种对什么都熟视无睹和任尔东西南北风我自全神贯注不分心的态度，在一定场合下，偶尔也可以让他得以使人和事屈从于他自己设定的样子。其力量在于，软弱而又摇摆不定的人，由于自身太没有信心或者在选择之间拿不定主意，把自己交给某个超人般的领袖来摆布，反而能长舒一口气，安安心心，浑身是劲。对于这样的领袖来说，所有问题都是清清楚楚的，其宇宙完全是由原色构成的，主要是黑和白。他朝自己的目标挺进时，既不左顾也不右盼，靠其内在的强大视力来把握方向。这样的政治家在道德与智识品质上都存在很大差异，而且就像自然界的各种力量一样，在这个世界上既可以行善，也可以作恶。属于这个类型的有加里波第、托洛茨基、帕内尔[1]、戴高乐，或许列宁也在此列，我这里所做的不是一种道德意义上的区分，不关乎价值，只关乎类型。在这一类政治家中既有威尔逊那样伟大的善人，也有不乏希特勒那样可怕的恶棍。

另一类精干的政治家天生就是搞政治的料，而单纯的英雄往往是明确地反对政治的，而且至少从表面看，是来把人们从微妙复杂和尔

1　Charles Stewart Parnell（1846—1891），一译巴涅尔，19世纪后期爱尔兰民族主义领袖，自治运动领导人。——译注

虞我诈的政治生活中解救出去的。这第二类政治家有着极为敏锐的触角，这种触角能以多种难以分析或者说无法分析的方式将周围的各种事件、情感及人类活动不断变化的轮廓传递给他们，他们具有一种独特
43 的政治嗅觉，这种嗅觉得益于一种不放过任何蛛丝马迹，善于将众多转瞬即逝、无法度量的细节综合起来的能力，就像艺术家们善于巧妙利用自己的材料一样。这一类型的政治家不仅知道要做什么，而且知道什么时候做才能达到自己想要达到的目的。这些目的本身通常并不是产生于某个人私底下内心的想法，或者说内向的情感，而是把自己众多同胞朦朦胧胧、无法言传却又很执着的所思所感明确化了，极大地提升了其亮度与清晰度。借助这样的能力来判断自己的材料，很像雕刻家知道木材能刻出什么来，大理石又能雕出什么来，而且知道运用什么样的刀法和相应的时机一样。他们类似于天生就会医病疗伤的大夫，医术虽然离不开科学的解剖学知识，但医术的高低并不直接取决于这种仅靠观察或实验，或者从别人的经验中就可以学到手的知识的多寡。这种与生俱来的，或者说至少是只可意会不可言传的，知道到哪儿去寻找自己所需之物的本领，预测宝藏埋在何处的能力，是多种类型的天才所共有的，包括科学家及数学家，同样也包括商人、管理者和政客。这样的人，如果成为政治家，能敏锐地洞悉人类思想与情绪的潮流的趋向，了解人类的最大生活压力在哪里，而且能给这些人以这样一种感觉，让人觉得他理解他们的内心需求，会对他们自己最深层的冲动做出回应，而最为重要的是，只有他才能按照大众正在本能地摸索的路线来组织世界。

　　属于这一类的政治家有俾斯麦、亚伯拉罕·林肯、劳合·乔治、托马斯·马萨里克[1]，或许格莱斯顿在某种程度上也是这一类，在更小的程

　　1　Thomas Masaryk（1850—1937），捷克斯洛伐克哲学家和政治活动家，捷克斯洛伐克共和国的缔造者和首任总统（1918—1935）。——译注

度上沃波尔[1]也可归入此类。罗斯福堪称这一类政治家中的佼佼者，是他这一行当中最仁慈也最了不起的现代大师。他真心渴望人类生活得更好。在他的四届任期内，虽然新闻界的敌意有增无减，料他在很多问题的处理上已经太出格了，再次当选无望的预言不断，但他还是每次都在美国大选中获得了大多数选票，说到底是因为美国的大多数公民都隐隐觉得他是站在他们一边的，是祝愿他们顺遂幸福的，是愿意为他们办事的。后来这种感觉渐渐传遍了整个文明世界，他成了远远超出英语世界范围的众多穷苦人和受压迫者心目中的传奇英雄——他们自己也不清楚为什么会这样认为。

44

正如我前面所说，他受到过自己的一些对手的指责，说他背叛了自己的阶级，而他也确实如此。一个保留着某些自由贵族教养旧秩序的礼仪、生活方式、情绪结构及魅力的人反抗其社会环境，接受新的、社会反叛阶级的观念和愿望，不是出于权宜之计，而是出于真正的道德信念，或者出于对生活的热爱，没法站在他眼中狭隘、卑鄙和有局限的东西一边，结果是有趣而又迷人的。这就是使得孔多塞、查尔斯·詹姆士·福克斯[2]，或者有些19世纪俄罗斯、意大利和波兰的革命者等人物有如此吸引力的东西；说不定这也可能是摩西、伯里克利或尤利乌斯·恺撒吸引人的奥秘所在。正是这种绅士气质，加之人们觉得他在斗争中会坚定地站在他们一边，赞成他们的生活方式，还有他在反纳粹和反法西斯的战争中公开大胆地放弃中立的立场，使他在战争岁月中赢得了英国人民深深的好感。

我至今记忆犹新，1940年11月，美国总统选举的结果出来后，大多

1　Robert Walpole（1676—1745），英国辉格党政治家，后人普遍认为他是英国历史上第一位首相，尽管"首相"一衔在当时并没有得到法律的官方认可。——译注

2　Charles James Fox（1749—1806），英国辉格党资深政治家，自18世纪后期至19世纪初任下议院议员达38年之久，英国历史上首任外务大臣，以支持美国革命和法国大革命而闻名。——译注

数伦敦人是何等兴奋。从理论上说，他们的担心是多余的。共和党候选人威尔基已经言辞凿凿、诚心实意地亮明了自己支持民主体制的立场。然而，说英国人民对这两个候选人在感情上不带倾向性，则是不经45 之谈。英国人骨子里都觉得罗斯福是他们一辈子的朋友，觉得他和他们一样对纳粹深恶痛绝，希望他们所信仰的民主与文明取胜，清楚他自己想要的是什么，而且他的目标比起他所有对手的目标来，要更贴近他们的理想。他们觉得他的心放得正，因此，他们不会在意（如果他们想过的话）他在政治上任用谁是受老板们的左右，还是出于个人原因，或者就没怎么过脑子；也不会在意他的经济学说是不是歪理邪说，他是否充分谨慎地听取了参众两院的意见，尊重了美国宪法的规定，重视了最高法院的意见。这些问题离他们太遥远。他们知道他会拿出自己巨大的能量与能力，竭尽全力帮助他们渡过难关。世上根本就不存在什么长效大众催眠术之类的玩意儿；大众知道自己喜欢的是什么，什么能真正吸引自己。希特勒在德国人心目中是个什么样的人，实际上也就大体上是个什么样的人。欧洲、美洲、亚洲、非洲、大洋洲，以及稍有一点点政治思想萌芽的任何其他地方的自由民众，他们觉得罗斯福是个什么样的人，他实际上就是那样的一个人。他是20世纪民主国家最伟大的领导人，社会进步最伟大的捍卫者。

反对他的人纷纷指责他图谋把美国拖入战火。我不想讨论这一有争议的问题，不过在我看来，这种指责缺乏证据。我觉得他当初承诺美国保持和平时，是想尽可能做到的，这与促进民主国家的胜利并不矛盾。他肯定一度以为自己可以不参战而赢得战争的胜利，如此一来，战争结束时，就可以处于前无古人的独特地位，充当世界命运仲裁者的同时，又无须安抚因卷入战争而不可避免带来的那些怨恨力量，而后者恰46 恰是谋取和平过程中理性与人性面临的一道障碍。无疑，他相信自己随机应变的神奇力量的时候也太多了一点。毫无疑问，他犯过很多政治错误，有些还是难以补救的错误：有些人会拿斯大林及其意图，还有苏联政府的性质来说事儿；另外一些人可能会不无道理地把矛头指向他对自由法国运动的冷漠，对美国最高法院的轻慢态度，以及在很多其他问题上的错误。他惹恼了自己的很多铁杆支持者和忠诚的手下，因为他不告诉他们自己在干什么；他的政府是个高度个人化的政府，这令那些一板三眼的官员大为光火，也羞辱了那些认为应先与他们进行磋商，通过他们来出台政策的人。有时候他还会把自己的盟友气得够呛，但当他们想到美国和外面的世界上希望他倒霉的是些什么人，**这些人**的动机又是什么时，他们对他的尊重、爱戴和忠诚就又会回来。论公开树敌，谁都没有他树得多，然而谁也没有权利比他更为其中一些反对者的素质和动机而感到自豪。

他可以理直气壮地称自己是人民的朋友，尽管他的对手们指责他是一个蛊惑民心的政客，这样的指责在我看来是有失公允的。他没有因为想保住权力就牺牲基本的政治原则；他没有仅仅为了报复他不喜欢或希望击垮的那些人，或因为发现是便于自己运作的环境，就煽动邪恶的激情。他确保自己的行政走在舆论的前面，引导舆论，而不是被舆论牵着鼻子走。他令自己的大多数同胞都比以往更以身为美国人而自豪。他提高了他们在自身心目中的地位，极大地提高了他们在世上其他地方的人心目中的地位。

下面要说的是一个人的巨大转变，这也许是1920年代初他的身体垮掉后，又奇迹般地战胜了自身残疾所带来的。他开始自己的人生之旅时，是一个出身名门、彬彬有礼、不是特别有天赋的小伙子，有点儿自命清高，在格罗顿中学和哈佛大学受同龄人喜欢但并不是很受敬佩，第一次世界大战时是一名能干的海军助理部长，简而言之，他似乎是怀着适度的政治抱负，开始了一个美国贵族常规的职业生涯。他的疾病、他夫人的支持与鼓励及她的政治素质——她的人格之伟大、心地之善良历史自会适当记载——似乎以一种极为独特的方式改变了他的公众人格，把他变成了那个坚强而又仁慈的捍卫者，最终成为民众之父。他所

47

做的不止这一点：说他改变了政府及其对受统治者的义务的基本概念，这并不是夸张。曾饱受指责的福利国家显然已成时尚：对生活和社会服务的最低标准义不容辞的直接责任，这些它认为是理所当然的事情，现在已经为西方民族国家最保守的政客们几乎毫无怨言地接受了。共和党1952年大选获胜后，也丝毫无意去颠覆罗斯福社会立法的基本原则，而这些原则在1920年代似乎还是乌托邦似的空想。

不过（在确保战胜自由的敌人之后），罗斯福对人类的最大贡献在于他向人们证明了一点，政治上卓有成效的同时又能仁慈而不失人性是可以做得到的：1930年代激烈的左翼和右翼的宣传，说什么政权的争夺与人性是不相容的，势必要求那些认真追逐政权的人做出牺牲，把自己的生命献到某种无情的意识形态或者专制统治的祭坛上，这种充斥于当时的艺术与言谈中的宣传压根儿就不对。罗斯福做出的榜样，巩固了世界各地的民主，也就是说，提倡社会公平和个人自由并不必然意味着所有高效率的政府就终结了；权力和秩序并不等同于教条的桎梏，不管是经济还是政治的教条；把个人自由——一种松散的社会结构——与必不可少的最低限度的组织和权威调和起来还是有可能的；而这一信念中蕴含着一种东西，罗斯福最伟大的前任称之为"人世间最后的最好希望"[1]。

附言，1955年5月6日

这个演讲发表在最近公布雅尔塔文件之前，但我觉得那些文件对我们了解这位总统的性格和动机没什么重要补充。当前，诋毁者们言下仿佛唯一可见的就是他的缺点。因而也许值得重申一下：他作为政

1　Abraham Lincoln, Annual Message to Congress, 1 December 1862: *The Collected Works of Abraham Lincoln*, ed. R. P. Basler (New Brunswick, 1953), v537.

治家的过错和失误是缘于他的美德。他相信了苏联领导人，相信他们有良好意图，因为他觉得那些指责斯大林者的动机有偏见。他当然错了，但许多人都错了，在美国和在英国，他们对苏联不加批评的热情也是由于相信它被反动者和前共产党员歪曲了（这有一定正确性，可惜也有误导性）。罗斯福那轻松的反帝国主义态度，有时显得轻率，他相信俄国人在心底都是好人（即使有点粗糙），可以被诱导来与民主世界和谐合作。最重要的是，他相信他与苏联首脑的个人接触总能解决一切——所有这些想法都来自对他自己能力、对他人的人性怀着太宽厚、太单纯的看法。若他还活着，他本人可能像以前多次发生的情形那样，对自己的巨大失误做出最迅速、最有效的纠正。49

理查德·佩尔斯

　　我是在1930年代初认识理查德·佩尔斯的,当时他还单身,是全灵学院的院员,生活有条不紊,严格按照自定的一些规则行事,一心扑在教学与学术上。他很显年轻,看上去比实际年龄要年轻许多,就像一个腼腆、出众、聪明的大学本科生。这副机警而又年轻的面孔,他一直保持到了生命的最后一刻。他的智识,清楚明晰,令人敬畏,超凡出众,任谁都会对其优雅与力量确信无疑。此外,他风度翩翩,魅力十足,还具有一种(有时近乎女性一般的)鉴赏趣味,爱好风格独特、形式别致的东西,同时他还有一种讽刺特色的幽默感,使得他那些较为敏感的同事有时开怀大笑,有时大惊失色。他总是关起门来,生活在自己那块只允许知心好友进入的小天地里;但他才高八斗,不论是作为学者还是作为一个人都出类拔萃,更何况,他在道德和理智的原则问题上毫不妥协,加上富有创见,个性又很强,使得他成了全灵学院年轻的、改革派成员的天然领袖。他对同事的道德影响力非常之大。他口才极佳:他的优势地位一定程度上就建立在他作为一位学院演说家的才能之上。听过他演讲的人几乎都不会忘记,那独到的想法,辛辣的机智与节制的激情巧妙地融为一体,并且以贴切而又典雅明了的语句表达出来,不止一次地改变了学院辩论的调子与方向。

我记得，没有人（不论老少）不敬重他的聪明才智、清醒正直，不敬重他在恪守传统与习俗的同时又不乏个人的独立判断，他常常以这样的判断为他深信不疑的一切进行辩护，如史学研究、人际关系的神圣不可侵犯以及学院或大学对严格标准的坚守。话又说回来，虽然他有自尊，有才华，还有一丝不苟的理智与脾气，但他为人厚道，富有爱心，愉快开朗。他很有道德感，这一点他毫不隐瞒，但他并未因此就吹毛求疵或自命清高。他的道德感是与他深刻而带批评眼光的审美意识联系在一起的。他把18世纪选作自己的历史研究领域，部分原因在于其秩序与形式美吸引了他，虽然后来他也偶有不满，说他发现那时的人野蛮、粗俗、阴郁、丑恶，超出了他的想象。简·奥斯汀、艾米莉·狄金森和弗吉尼亚·伍尔夫的作品，他一读再读；他崇拜莫扎特，这种敏锐的审美能力和理解力渗透到了他所有的人际关系里面。

因而，他属于温彻斯特公学的中坚主流，在贝利奥尔学院更是如此：他有着敏感的社会良心，崇尚诚挚与热心公益的精神，为人非常正直，心甘情愿地为自愿承担的义务任劳任怨一辈子，因此一心扑在科研和自己的门生上，后来又为国家效力，耗尽了自己的心血与气力。但他并没有因为这样的严格自律而变得沉闷无趣，他喜欢人家跟他逗闷子寻开心，喜爱各种形式的精湛艺术与才智。正如那些精致和有点冷淡的性情有时会有的情况，他需要别人以更大的热情来支撑自己，得到了这种支撑后，他都会以持久的感激之情来加以报答。他有敏锐的快乐感，而且，虽然他对于既有价值观像威克姆[1]一般虔诚，虽然他出言谨慎，做事很讲分寸，但对别出心裁的东西，不管如何离谱或古怪，只要能让他自己偶尔有些忧郁的情绪为之一振，他都会热切欢迎。

不过我想，他并不指望这样的时刻，碰上了，他就把它们视为意外

1　William of Wykeham（1324—1404），温彻斯特主教，温彻斯特公学和牛津大学新学院的创办者。——译注

之喜，但并不寄望太多。在其平庸的弟子眼里，他始终是一位认真、敏
52 锐、富有同情心而又循循善诱的导师。他从不允许自己威胁或羞辱差
生，忽视他们，鄙视他们。他不喜欢的只是懒散和不诚实的学生。而对
于那些表现出非凡才能的学生而言，他的反应则会超出他们的期待：他
们的想象力再怎么恣意发挥，也能从他那里得到最体贴的理解与极大
鼓励。请注意是想象力，而不是思想观念。他上大学读名著时开始不
喜欢哲学，后来发展到了对所有普遍观念的怀疑。对于无法得出明确
答案的问题，他不喜欢妄加臆断，也不喜欢纠缠不休。总有一道可以预
见他无意逾越的界线。他的价值观是很牢固的，因为他自觉地相信道
德与社会秩序具有判断力与权威性。对于根本问题，不管是个人的还
是历史的，只要有人想提出质疑，他都会以寥寥几句生硬的言辞加以阻
止，如果还紧追不舍，他则会越来越不耐烦，甚至动肝火。

在他那一代的牛津教师中，他或许是最受崇拜和敬仰的。他跟自
己的弟子们都有联系，且以同情的态度关注他们后来的职业生涯。但
他很讲分寸，避免跟他们过于亲密，总是保持一定距离，没有几人敢越
界。他无意左右他人，或建立一个学派，也不想沉浸于轻易可得的来自
本科生的崇拜中。在政治或社会观点等外部领域，他做好了受影响的
准备；而在内心的个人生活和学术的堡垒里，他则依旧保持着自立自
足、不受影响和骄傲独立。

从任何意义上说，他都属于第一次世界大战后那辉煌十年的一员。
在贝利奥尔学院读本科时，佩尔斯成为弗朗西斯·厄克特[1]的密友，还加
入了常在他贝利奥尔学院的办公室和他那阿尔卑斯式木屋里聚会的那
个著名团体。尤其值得一提的是，汉弗莱·萨姆纳、罗杰·米诺斯、汤
姆·博亚斯、克里斯托弗·考克斯和约翰·莫德都成了佩尔斯的朋友。

1　Francis Fortescue Urquhart（1868—1934），曾任贝利奥尔学院院长，是一位历史学
家。——译注

而斯里格尔[1]本人自律的生活、坚定的意志和对他人的宽容，都给他留下了难以磨灭的印象。同时，他还和那个时代的几位顶尖才子保持着密切的关系：西里尔·康诺利[2]、伊夫林·沃[3]和约翰·苏特洛[4]都是他的好友，并以他的名义成立了一个协会；虽然后来他选择离开这些青年时代的伙伴，做一个清苦而专注的学者，但一直无可救药地保持着极精致的品位，直到生命的尽头。他宣布摈弃自己所欣赏过的东西，但依然欣赏他宣布摈弃的东西。他鼓励人们在探求真理时要全面彻底、勤勉专注、力求客观；他告诫自己，没有任何先验的理由可以让你以为真理一旦发现，就必然会证明是有趣的。他常常为那些相对乏味的关德辩护：对于浪漫的修辞、炫耀式的卖弄、夸大其词的报道，他则一直都深恶痛绝。这成为他的信念和信条，甚至几近迂腐，不过他从来都不会沉着个脸，而是懂得享受不可思议的快乐和兴高采烈的时刻，并且他还有一股孩童般的天真劲儿和异想天开，这与他后天养成的品位和才智结合在了一起，既让人觉得不可思议，又让人觉得很有趣。

他毕生都像一个虔诚的皈依者一样，对学术生活和学术价值笃信不疑；他从不企望得到学术范畴之外的任何认可和褒奖。他天生具有开阔的视野，非常富有想象力，几乎可以参透一切；因此，他选择当一名大学教师，心无旁骛，持之以恒，将许多其他兴趣爱好抛诸脑后，这样的一个人生选择无异于一种有意的自我收缩——一种自行强加的克己行

53

1　弗朗西斯·厄克特的昵称。——译注

2　Cyril Vernon Connolly（1903—1974），作家、文学评论家，《地平线》（*Horizon*）杂志创始人。著有《希望的敌人》（*Enemies of Promise*）、《不平静的坟墓》（*The Unquiet Grave*）等。——译注

3　Arthur Evelyn St. John Waugh（1903—1996），小说家、传记作家和游记作家，同时还是一名多产的记者与书评家。因《衰落与瓦解》（*Decline and Fall*）而成名，多部小说被改编成电影。——译注

4　John Sutro（1903—1985），英国电影制片人，创建过牛津大学铁路俱乐部。——译注

为。大学就是他的家，就是他的整个世界。他在一战期间曾是一名杰出的公务员，当时与他共过事的人对他也怀有深深的尊敬、钦佩和一种夹杂着敬畏的喜爱之情。但战争结束后他舒了一口气，回归了学术生活。在爱丁堡，他的专业讲座场场都一如既往地令人耳目一新，全是第一手材料，观点不偏不倚；和在别的地方一样，他在爱丁堡也赢得了学生和同事们的爱戴与钦佩。但是当全灵学院在其权限范围内为他提供了最为尊贵的研究院员职位时，他辞去了自己在爱丁堡因进行性麻痹症而难以继续从事的教职工作，欣然回到了全灵学院。他是不列颠人文与社会科学学院院士、福特讲席教授、贝利奥尔学院荣誉院员，这些学术领域的殊荣给他带来了持久的欣慰和快乐。他的婚姻非常幸福美满，还有带给他很多快乐的女儿们。只要身体状况允许，他都会全力以赴地参与全灵学院的各种活动。在学院大大小小的会议上，他坐在轮椅上的发言一针见血，切中肯綮，昔日的权威风采分毫不减。他的谈话一如既往地机智而又有趣。

知识渊博学富五车，勤奋耕耘孜孜不倦，追求真知矢志不移，口才出众卓尔不群，能集这些品质于一身的人虽不多见，但算不上罕见独特。佩尔斯的惊人之处在于，他结合了极具修养的心与灵、一流的才智、严格的自律、敏锐的洞察力、细腻的体察力、罕见的个人魅力，且能在人生喜剧中找到一种蓬勃的讽刺情趣，还有某类艺术天才特有的想象力那欢快而精彩的发挥。除此之外，他还拥有很强的荣誉感、伟大的灵魂、纯洁的性格以及爱与奉献的能力，这些共同构成了他独一无二的道德品质，也使他成为自己那一代人中极具影响力的榜样和楷模。

他始终都认认真真地对公共事务表现出一些兴趣，但这些并没有成为他生活的中心。就其明确的政治观点而言，他是一个温和的社会主义者，有点儿中间偏右；但他的心思没有放在政治上。他一辈子都生活在一个刻意圈起来的世界之内，那是一个他可以依据自己对秩序和完美的渴望而塑造得井井有条的花园，和谐且与世隔绝：一个由史学研究、人际关系和他自己完整的内心生活所构成的宇宙。在这个也许是1920年代温彻斯特和贝利奥尔学院最后一次繁荣的私人世界里，每一样东西都有自身的位置、自身专属的名字以及自身与他本人的特殊关系。这并不是他试图保护自己生活不受公共世界纷扰的方式：在这个隐秘花园[1]里，他小心翼翼地为客观事实和他自己的情感与幻想各自划分了区域。 55

在生命的最后一年里，他的崇高得到了完全的展现。当时，他的身体，从四肢到肌肉，都逐渐不听使唤了，用他自己的话说，全靠"慈爱"的妻子和孩子们的照料。他清楚来日无多了，面对自己生命的尽头，他表现出来的是一种崇高的平静，一种我无法找到合适的词汇来形容的平静。他一直不信基督，但在临终的那一刻，他变成了一个虔诚的基督徒。他是我认识的最优秀也最值得钦佩的人。 56

1　原文为拉丁语：hortus inclusus。——译注

哈伊姆·魏茨曼

一

哈伊姆·魏茨曼的成就——及其公共生活的各种细节——已有非常详尽的文献记载，不用我来描述和分析了。他个人的性格特点，相对而言，则不是那么为人所知。他是仅有的一位我有幸熟识的天才政治家，因而我想尽力对其天才素养做一点介绍。可以说是挂一漏万，因为它只不过是我们这个时代一个独特人物的性格与生活的一小部分。

要结交伟人——认识并与之建立友情——就必然要永久转变自己关于人类能成为什么或能做什么的观念。不同学派的社会理论家有时试图让我们相信，"伟大"这个概念是一个异想天开的幻想——一个被政客或鼓动家所利用、对事实进行更深入的考察就总能摈弃的粗俗概念。若不面对面地搬出一个实实在在的伟人及其成果，是无法彻底驳倒这种泄气论调的。"伟大"不是一个专指道德的属性，也不是一种私德。它不属于人际关系范畴。伟人不一定非要道德善良，或正直、仁慈、善解人意、令人愉快，或具有艺术或科学天赋。称一个人为伟人，是说他有意迈出了（或可以迈出）一大步，远非普通人的能力所能及的一大步，从而满足人类的核心利益，或者对其产生了实质性影响。一个伟大的思想家或

艺术家（我这里说的伟大并不一定就是指天才），要想配得上这一称号， 57
就必须极大地推动社会朝着（某种意义上说）人们已经在摸索找寻的一
些思想或审美目标前进；或者很大程度改变人们的思维或情感方式，这
种程度在他履行自己的职责之前，一直被认为是不在个体能力范围之内
的。这样一个成就，有时被那些为其魅力所折服的人看作一次了不起的
解放之举，有时被看作一次奴役，有时则是两者的一种奇特混合或演替。

同样，在行动方面，伟人似乎凭一己之力，单枪匹马就能将一种生
活方式改变为另一种，或者——最终达到同样的结果——永远和彻底
地改变相当 部分人的世界观和价值观。真正称得上伟人的人，他所
带来的变化，必须是最有资格判断的人断定先前不可能的——某种单
靠事件的力量、靠当时已经在起作用的"潮流"或"趋势"不大可能带
来的东西，也就是说，是某种没有其介入就不大可能发生的事情（这种
介入叫人难以或无法事前扣除）。而伟人之所以堪称伟人，就是因为引
起了这个变化。至少，事后回过头来看，情况会是这样。

这是不是一个极大的错误，人类事实上是不是（像马克思，或者托
尔斯泰所认为的那样）高估了他们当中某个人的重要性，某种更为客
观、不带感情色彩、不承认英雄的历史观在事实上是不是正确，这里无
法加以讨论。如果说英雄造就或毁掉了一个民族的生活这一观念来自
一个幻想的话，那这个幻想，尽管人们摆出了一大堆对其不利的有力论
据，也是一个非常持久、执着和普遍的幻想，这一点，我们这个时代的经
验已经为其提供了强有力的支撑。不管怎么说，就本文的初衷而言，我
想斗胆假设这一观念不是虚妄的，而是一种真实的社会历史观。因此，
我想就从这个相对谨慎的命题着手：如果曾经有过伟人——英雄—— 59
或者说得更清楚一点，如果有人可以称为永久并深刻地改变了很多人
生活的革命的发起人，那么魏茨曼就是——在我所努力解释过的意义
上——这样一个人。

我说过了，伟人的一个突出特点就是，只要他积极介入，看似极不

可能的事情会实际上发生。有一点肯定是难以否认的，创立以色列国的种种活动就是这种不可能或惊人之举。当西奥多·赫茨尔开始宣传说，以一种列强认可的正式、公开的行动方式，建立一个主权独立的现代犹太国，不仅令人向往而且也是可能的时，绝大多数清醒、理智的明白人，包括犹太人和非犹太人，听了之后都认为那是一个异想天开的计划。确实，很难想见他们还能有什么别的看法。

　　19世纪，犹太人所呈现的是一番极其异常的景象。他们散居世界各国，构成了某种东西，这种东西难以或根本无法用诸如国家、种族、协会、教派之类概念，或其他描述世袭或传统类型的清晰团体的常用术语来定义。"犹太"显然不是通常意义上的"国家"：他们没有自身人口占总人口绝大多数的固定疆域；奥匈帝国、俄罗斯和大英帝国那样的多民族帝国都有少数种族或民族，而犹太人甚至不能被描述为这个意义上的少数群体；他们没有一片可以称为世居地的故土，像威尔士人、斯洛伐克人、罗塞尼亚人、祖鲁人、鞑靼人甚至印第安人或澳大利亚土著居民——这些生活在祖先土地上的世代延续的群体——显然拥有的那种。犹太人无疑有自己的宗教，虽然他们中的大多数人好像并没有以明显可辨的方式声称这一点；不过，不能把他们界定为一个纯粹的宗教团体；犹太人在近代遭到歧视或迫害时，从很大程度上讲，首先受嫌恶的并不是他们的宗教教规；人们想到放弃原信仰而皈依基督教的犹太人（像狄斯累利、卡尔·马克思或海涅）时，仍会把他们看作犹太人，或犹太血统出身，这一事实肯定不只是意味着他们祖上所信奉的是一种不同的宗教，跟周围人群不一样。别忘了，没听人说过谁谁谁是基督教长老会、罗马天主教，甚或伊斯兰出身或血统；一个人可以说自己是土耳其人或印第安人血统——但几乎没有人会说自己是伊斯兰血统或属于伊斯兰种族。

　　那么，何谓犹太人？他们是一个种族吗？"种族"这个词，总给人以带有一点不好的联想意义的感觉，这一点过去如此，现在依然如此。

有时候，人种学者会用印欧人或蒙古人这样一些含糊的历史概念。虽然过去偶尔将语系划分为印欧语系、含语系或闪语系，但这些顶多是定义讲这些语言的人的文化的专业术语。把种族当作一种政治性描述，这样的想法，直到19世纪末，都是思想上受敬重的人士所不赞成的；人们觉得这一想法与不得人心的民族沙文主义和文化沙文主义态度联系在一起。实际上，正是其露骨的宣传色彩，才使得这个词本身，不论出现在什么样的上下文中，似乎对偏见都有很强的吸引力。才高八斗的人种学家、人类学家和社会学家争先恐后，竞相证明没有"纯粹"的种族，证明种族是 个彻头彻尾的模糊而又混乱的概念。

可是，如果犹太不是一个种族，那又是什么呢？是一种文化，或者说"生活方式"吗？犹太人参与了所在国的文明化进程（至少在西方国家是这样），撇开这一事实不论，"文化"或"生活方式"也似乎是一个非常稀薄的概念，不足以界定如此直观易见的事物——像犹太人那样的一群人，人们对他们的感情如此强烈而又明确。因为在世界观和行为方式上，甚至从很大程度上说在身体外部特征上，无疑都存在一些根本差异，这些差异似乎是持久性的、遗传性的，而且犹太人自己和非犹太人双方都能轻易看出来。诚实的人只要不是太过腼腆，太过斯文，不好意思面对明显的事实，都能看得一清二楚。犹太人在基督教世界殉教的经历是非常痛苦和出了名的，对迫害者和受害者的感染都非常之深，使得经过启蒙和教化的人都自然而然地想彻底无视这个问题，或者坚持说问题被过分夸大了，要是不再经常有人讨论和提起，也许很快就会消失得无影无踪。

这是很多犹太人自己迫切希望采取的态度。他们中间更为乐观的"同化论者"天真地以为，随着教育和自由文化的普及，犹太人能够和平地融入自身的环境，这样一来，如果犹太教继续存在的话，信奉该教的人在他们的基督教同胞眼里的特殊性，这么说吧，就与长老会或圣公会信徒差不多，或者最多是，与在罗马天主教教徒占多数的国家里的一神论派或贵格会信徒差不多。事实上，从某种程度上说，这一过程已经且正在西方国家里发生；不过，可以肯定的是，还没有到很大的程度，但微小的开端有时也会带来巨大的结果。不管怎么讲，说犹太人在某种意义上是一个民族，就像意大利人或至少像亚美尼亚人是一个民族一样，而且有正当权利去要求——或有任何可以想象的权利去要求——拥有一个以国家形式组织起来的民族地盘，这样一个概念，对于但凡考虑过这个问题的绝大多数人来说，似乎都是异想天开的无稽之谈。个别有很强想象力的浪漫主义者，比如拿破仑、费希特或俄国十二月党人革命者彼斯捷尔等人，固然可以说犹太人事实上就是一个民族（尽管肯定是一个非常古怪、散居各处的民族），并提议应该把他们打发回巴勒斯坦，在那里建立他们自己的某种形式的国家。这些都是停留在纸上谈兵的一些空想，包括提出这些想法的人在内，谁都没有很认真地把它们当回事。到了19世纪晚期，情况也是这样，像英国的劳伦斯·奥利芬特[1]或法国的厄尼斯特·拉阿朗内[2]这样仁慈的基督徒，像萨尔瓦多[3]或莫泽斯·赫斯[4]这样的犹太政论家，或赫希·卡利舍[5]拉比提出返回圣地时，

1　Laurence Oliphant（1829—1888），南非出身的英国作家、外交家、旅行家、基督教神秘主义者。著有讽刺小说《皮卡迪利》（*Piccadilly*）。——译注

2　Ernest Laharanne，生卒年不详，曾任拿破仑三世的私人秘书，写过一本名为 *La Nouvelle Question d'Orient: Empires d'Egypte et d'Arabie: reconstitution de la nationalité juive*（《东方新问题——阿拉伯与埃及帝国：重建犹太国》）的小册子。——译注

3　Joseph Salvador（1779—1873），出身于法国南部塞法迪犹太人家庭的学者，他也提出过建立犹太国的主张，对赫茨尔等产生过影响。——译注

4　Moses Hess（1812—1875），犹太人，德国哲学家、社会主义者，工党犹太复国主义缔造者之一。著有《人类的圣史》（*Die heilige Geschichte der Menschheit*）、《欧洲三头政治》（*Die europäische Triarchie*）、《行动的哲学》（*Die Philosophie der Tat*）等。他被认为是马克思与恩格斯的引路人，三人曾经是同事和朋友，但后来成为论敌。——译注

5　Hirsch Kalischer（1795—1874），是一名犹太教正统派的拉比，他在赫茨尔和犹太复国主义运动之前就从宗教信仰的角度表达了赞成在以色列重建犹太家园的观点。——译注

这一想法被当作上不了台面的怪论，有时还被视为危险的谬论。小说家们——如狄斯累利[1]或乔治·艾略特——玩这种浪漫怀旧题材时，这种想法可能会被不以为意地视为理想化过去图景的高级翻版，那类图景曾因夏多布里昂[2]、司各特和德国浪漫主义作家而风靡一时。它不过是新的历史想象所结出的奇异之果，在宗教、美学和心理学方面可能具有一定意义，但与政治实践不可能有丝毫关系。

至于说世界各地虔诚的犹太人每天都祈祷三次要回到锡安[3]，这也很自然地被看作在表达他们的渴望之情，渴望弥赛亚的降临，渴望这充满罪恶与痛苦的世界走向尽头，渴望上帝治世的到来，与政治自决的世俗观念差之千里。即使东欧犹太人世俗教育的发展，以及由此带来的民族主义和社会主义观念在贫穷的俄罗斯犹太人中引发了不小的动荡，致使其中一些人（特别是俄罗斯在沙皇亚历山大二世遇刺引发大屠杀浪潮之后）到巴勒斯坦去建立了小型的、理想化的农业定居点，即使巴黎的埃德蒙·德·罗特希尔德[4]男爵以一种独特的、充满想象力的大度之举，挽救了这些险些灭绝的殖民地，且使农业获得了相当程度的发展，所有这一切依然似乎不过是一个乌托邦实验，古怪、高尚、令人感动，但只是个感伤的姿态而已，不是现实生活。

在犹太国的概念终于郑重其事地传播开来，传到了西方国家，引起

1　Isaac D'Israeli（1766—1848），英籍意大利犹太作家、学者，英国前首相本杰明·狄斯累利（Benjamin Disraeli）之父。——译注

2　François-René de Chateaubriand（1768—1848），法国早期浪漫主义的代表作家、政治家、外交家、法兰西学院院士。著有小说《阿达拉》（*Atala*）、自传《墓畔回忆录》（*Mémoires d'Outre-Tombe*）等。——译注

3　英文为Zion，耶路撒冷的一个迦南要塞，现喻指锡安山、耶路撒冷、以色列的土地或犹太人。——译注

4　Baron Edmond de Rothschild（1845—1934），犹太复国主义运动强有力的支持者，为以色列国的建立做出了很大贡献。他的祖父即梅耶·阿姆谢尔·罗特希尔德（1744—1812）是欧洲著名金融家族的创始人。——译注

63　了像约瑟夫·张伯伦和米尔纳这样严肃而有影响的政治家的注意时，在这一概念激发了像赫伯特·塞缪尔这样温和、精明而深具责任感之人的热情时，一些可信而可敬的西方犹太人对此不大能够置信，我们还用得着感到奇怪吗？最典型的是塞缪尔政治上的同僚兼亲戚埃德温·蒙塔古的反应，当时他是阿斯奎斯（后来是劳合·乔治）内阁的成员，他感到自己受到了中伤。已故的诺维奇爵士曾亲口对我说，蒙塔古常常义愤填膺地在同事面前说，犹太人不希望也不认为他们应该被送回犹太人区；他还在伦敦各式各样的客厅里，拉住自己的朋友，一个劲儿地问他们是不是把他看成一个东方怪人，是不是想看见他"被遣返"到地中海东部去。稳重且有公益心的其他英国犹太人的苦恼和痛苦之感也不比蒙塔古少，巴黎和柏林的犹太人圈子里也流露出了类似的情绪。[1]

　　所有这一切，从西方世界的犹太人所过生活的角度，乃至从了不起的20世纪美国犹太人定居点生活的角度来看，都是很好理解的。不管这些国家的犹太人真实地位如何——不管是把他们称作一个种族、一个教派、一个共同体、一个少数族群，还是发明一个独特术语来概括他们的异常特点——一个新的民族和国家都是无法从他们中间建立起来的。不论是他们，还是他们的领导人，都不曾想到这是真能办到的事情，而且他们现在依然这么认为。虽然有那么多社会冲突、不安，虽然在艰难时期，他们甚至还不得不遭受屈辱和迫害，但大体而言，他们过去和现在都深度参与了自己作为其中一分子的社会的生活，并在这一

64　过程中丧失了太大一部分原汁原味的民族个性，因而没有了在新的基础上建立全新生活的意愿。哪怕是希特勒的大屠杀，看起来也没有在大多数德国犹太人中激起特殊的犹太民族主义感情，它激起来的主要

---

[1]　据说魏茨曼曾经说过："成为犹太复国主义者也许并不一定非要有点儿疯狂劲儿不可，但疯狂一点还是有帮助的。"

是困惑、愤慨、恐惧、个人英雄主义或失望。赋予犹太民族主义实实在在内涵的，几乎全部是俄罗斯帝国的犹太人，从某种程度上说还有东方伊斯兰国家的犹太人。[1]

当然，在俄罗斯和波兰犹太人中间，也出现了某种程度上的同化、融合、俄罗斯化、波兰化。不过，他们中的大部分人还是在按照自己的教规生活。他们被俄国政府驱赶进所谓的"栅栏区"，靠自己的传统宗教和社会组织绑在一起，形成了一种中世纪社会生存方式的遗留，在这样的社会中世俗与神圣的东西是不加区分的，而在西欧，（至少是从文艺复兴以来）在中上等阶级中这二者早已分开了。他们说着自己的语言，与周围的农民基本上没有往来，虽然与之做买卖，但一堵互不信任和相互怀疑的高墙把他们局限在了自己的世界里。这一广大的犹太人社区构成了一块地理上连成一片的飞地，势必发展出自己的制度，因此，随着时间的推移，也就变得越来越像是一个居住在自己祖先土地上的真正的少数民族了。

有的时候，想象的力量会比所谓的客观现实还要强大。主观感受在群体发展方面会起很大的作用，俄罗斯帝国中说意第绪语的犹太人开始觉得自己是一个密不可分的族群：的确与众不同，受到过前所未闻的迫害，远离他们生活于其中的陌生世界，但只是因为他们密集地挤在了同一块相对狭小的地盘上，有点类似于——比如说吧，有点类似于土耳其的亚美尼亚人：构成了一个明显自成一体的半国家性质的共同体。他们在非自愿的局限中形成了某种观点上的独立性，那些影响乃至有时候是折磨很多西方同教教友的问题——特别是关于他们的地位这一核心问题——对他们而言，并不至关重要。

1　一百多年以前，莫泽斯·赫斯在其名著《罗马与耶路撒冷》(*Rome and Jerusalem*, Leipzig, 1862)中就以无与伦比的远见卓识预见到了这一点，直到今天，仍不失为对"解放了的"犹太社会最精辟的分析和控诉。[参见：'The Life and Opinions of Moses Hess' in *Against the Current* (36/1)(《反潮流》中的《赫斯的生平与观点》)一文]

德国、奥地利、匈牙利、法国、美国、英国的犹太人常问自己是不是犹太人，如果是，从什么意义上说是，又意味着什么；还问周围的人对他们的看法是对还是错，公正还是不公正，如果是歪曲的，可不可以在不太伤及自身自尊的情况下采取什么措施去加以纠正；是否应该冒着失去身份，也许还要因"背叛"祖先价值观而愧疚的危险，去"让步"并接受同化；或者反其道而行之，冒着遭人白眼甚至是迫害的危险去进行抵抗。

这些问题对俄罗斯犹太人的影响要小得多，因为他们生活在自己那片广大、隔绝的犹太人区里，在道德和心理方面都要相对安全一些。监禁势必会造成经济、文化、社会上的不公和贫穷，但也带来了一个巨大的优势——就是说，生活在隔离区里人的精神仍然没垮，他们也不像隔离区之外的那些社会上更暴露、更惶惶不可终日的教友那样蠢蠢欲动，试图采取错误的立场去逃避。俄罗斯和波兰的大多数犹太人生活在贫困和受压迫的环境中，但并不感到自己被遗弃或者说没有根了；他们彼此间的关系与他们同外界的关系并不存在不可避免的系统性矛盾。他们为人坦荡真实；也许不喜欢自己的境遇，也许想逃出去，或者奋起反抗，但他们不会自欺欺人，也不会想方设法地掩盖自己身上那些明摆着的，大家尤其是邻近的人能一目了然的、最独特的特征。他们道德上正直，思想上诚实，在这方面要超过他们西方的那些更富裕、更文明也更光彩的兄弟们。他们的生活与宗教礼仪是联系在一起的，头脑和内心之中充满了关于犹太历史和宗教的意象与符号，这些东西在一定程度上说，从中世纪衰败以来在西欧几乎无人能懂了。

仪表堂堂、目光如炬的赫茨尔像一位来自远方的先知那样出现的时候，这位来自另一个世界的弥赛亚使者与他们之间的陌生感和距离感，令他们中的多数人头晕目眩，他不能用他们自己的语言跟他们说话——这种隔膜使得他和他说出来的话显得更加神奇，也更具磁性。可当他们的领头人看样子准备接受英国殖民地大臣约瑟夫·张伯伦提出的折中解决方案，在乌干达建立定居点以代替可望而不可即的巴勒斯坦时，他们中的许多人在感到震惊之余，还感到让人给疏远了。赫茨尔具有敢想敢为，把复杂问题简单化的才能，这是一种执迷于某一想法的狂热者所常常表现出来的才能。实际上，这是让他们效率高得超常而危险的个人品质之一。赫茨尔无视困难，快刀斩乱麻，震撼了东欧的犹太群众，在西方政治家和有头有脸的大人物面前，以合乎逻辑、简单明了且富于想象和巨大热情的方式，阐发了自己的思想。犹太群众追随他，虽然有些不明所以，但他们都意识到了一点：这里终于有了一条通往光明的路。和很多有远见的人一样，赫茨尔看得透问题，却看不透人类，尤其是他那些热心的东欧追随者的文化和情感。巴黎无疑值得一场弥撒[1]；犹太问题急迫严峻；为了一块等待移居的具体地盘，他准备至少是暂时把浸透着锡安和巴勒斯坦的意象与符号的犹太思想情感撇到一边，不去管其中的先入之见，不去理会其对《祈祷书》和《圣经》中字句的沉湎。从来没有哪个民族是如此照搬书本活下来的：没认识到这一点的极端重要性，是衡量东西方差距的一个尺度。俄罗斯犹太复国主义领导人用不着谁去教他们这个真理：他们就是在这个真理中长大的，认为它理所当然。那块土地是最古老的根，也是他们所有信念的唯一目标，没有了那块土地，对国家的展望对于他们大多数人来说都是没有实际意义的；它可能只会被更为埋性，但也更为无精打采——更缺少血性的——西方犹太人所接受，他们再怎么样都不是可以在一夜之间塑造出一个新社会的那块料。要是没有俄罗斯犹太人，犹太复国主义的论据，以及实现它的可能性，都不可能以严肃的形式出现。

有一种说法认为，只要严格的宗教正统将犹太人与外界隔绝开来，对于犹太人来说，就不会产生任何社会问题，这种说法还是有些道理

67

1　这句话据说是出自法王亨利四世之口，为了登上法王宝座，他同意放弃新教而皈依罗马天主教，并说了"Paris vaut bien une messe.（巴黎值得一场弥撒。）"这句话。——译注

的。直到那时,虽然也许遭受贫穷、欺凌和压迫,从而相依为命,互相温暖,相互照应,但东欧犹太人倾心信仰上帝,把全部希望寄托于个人得救——上帝眼中的不朽——或是寄托于没有世俗力量可以加速或延缓的弥赛亚的降临。这个巨大的冰块开始融化之时,就是社会和政治问题出现之日。一旦启蒙运动——世俗知识和一种更自由的生活方式的可能性——开始渗透继而涌进"栅栏区"的犹太村镇,成长起来的一代人不再满足于坐在巴比伦的河畔,唱那放逐中的锡安之歌了。为了拓宽生活空间,有些人放弃了父辈的宗教,受了洗,在俄罗斯社会中取得了显赫和优越的地位。有些人是在西欧这样。有些人相信,犹太人所受到的不公平,只是沙皇专制统治或资本主义制度所造成的更大不公的一部分,于是成为激进分子、社会主义者或其他社会运动分子,这些社会运动宣称,只要所有政治和经济问题都解决了,犹太人处境所特有的种种异常之处也都会随之消失。这些激进分子、社会主义者和"俄罗斯化"或"欧洲化"拥护者中的一些人,渴望犹太人作为一个紧密团结的群体完全消融到他们的邻里之中。另一些人,受了那个时代"民粹主义"("良心不安"的俄罗斯贵族子女发起的一场试图改善农民命运的理想主义运动)的影响,搞出了半自治的犹太社区这么一个含糊其词而又煽情的设想:这种半自治的犹太社区,说着他们自己的意第绪语,并用这种语言创作艺术作品和科学著作,成为自由社区组成的大家庭中的一员,这些社区彼此之间,则结成俄罗斯帝国内某种分散的、半社会主义的、自由的民族联盟。还有一些人,他们依然信奉这一古老的宗教,一方面决心把犹太人居住区的围墙进一步加高,以此来防止世俗主义的威胁,一方面潜心用更加严格和狂热的信仰去保护犹太法律与传统的点点滴滴,并用憎恶或是恐惧的眼光来看待所有的西方运动——不管是民族主义的还是社会主义的,保守主义的还是激进主义的。

但绝大多数19世纪八九十年代的年轻一代俄罗斯犹太人,都没有参加过这些运动中的任何一个。尽管也有可能受到了当时流传的普遍观念的影响，甚至是深深的吸引，他们仍然是中产阶级的犹太人，基本上已从父辈们的枷锁下解放出来了，知道自己的地位不正常，虽心有不满，但并不以为耻，喜欢但不迷恋自己成长于其中的传统生活方式，既不是刻意为之的异教徒，也丝毫不是叛教者，既非狂热分子也非改革家，而是普普通通的人，对自己在法律上和社会上的劣势地位颇为恼火，希望尽可能过上最自然和完整的生活，不杞人忧天，过多地去为终极目标或基本原则发愁。他们热爱家人、传统文化和自己的专业追求。面对迫害，他们在史无前例的困难条件下，以令人惊叹的乐观主义、韧 69 劲、技巧乃至快乐（往往还以各种奇怪的招数和策略），维系着他们紧密的社会结构。

魏茨曼属于这一代人，属于这个牢靠的圈子，而且成为这个圈子中最全面、最有才华也是最实在的代表。他讲话，都是讲给他非常了解的这些人听的；直到人生终点，他都是在他们中间才最快乐。他只要想到犹太人，就想到了他们；他的语言就是他们的语言，而他们的人生观也就是他的人生观。他发挥他们的作用，为新的国家奠定了基础，正是他们的性格、理想、习惯和生活方式，对以色列国的影响超过了其他任何一组因素。由于这个原因，这或许是现代世界中目前现存的最忠实可信的19世纪民主。

二

哈伊姆·魏茨曼出生在俄罗斯西部平斯克城附近一个地地道道的犹太人圈子里，也是在那里长大的。他的父亲是一个收入微薄的木材商，是一个活跃而虔诚的社区的代表性成员，他在自己的一大堆孩子身上都培养出了他自己对待生活的那种积极和乐观态度；特别是对教育、完整人格、各领域扎实成就的尊重，以及处理所有问题时清晰而具体，有时还不惧权威的思路；外加只要努力、诚实、守信并有批判能力，终究可以过上好日子的信念。现实主义、乐观主义、自信、钦佩人类成就，尤其是对生活本身的永不满足的渴望，不管生活会带来什么，再加上笃信所有（或几乎所有）到来的一切都迟早会变成优势——一种充满活力的外向态度，这种外向态度源于意识到自身归属于犹太传统延绵不断的历史连续性，而那是某种太强大而不会被人或环境所消除或废止的东西。在我看来，这些都是这个最富有建设性的人的人生观中最显著的特点。此外，他性格刚直坚毅，不会自怜和自欺，而且毫无畏惧。没有证据表明他曾在道德或政治问题上产生过令人痛苦的怀疑。他出生的那个传统体系结构太牢固了。

魏茨曼早年认同这样一个论点：犹太人的弊病主要是由他们不正常的社会处境造成的；不管在哪里，只要他们依然没有摆脱半奴役的身份，处于低下和依附地位，使得他们身上兼具了奴隶的美德与恶习，他们的神经官能症，不论是个人的还是集体的，就难以治愈。有的人也许会有尊严地忍受这样的命运，有的人则会被这样的命运压垮，或被他们的原则所出卖并因为发现负担过于沉重而弄虚作假。个人的正直和力量是不够的：除非他们的社会和政治地位有所改变——变得正常，与其他民族的社会和政治地位一致起来，否则绝大多数犹太人仍然永远会容易在道德和社会方面出问题，从而成为厚道人同情、挑剔者深为厌恶的对象。这种病，除非革命——来一场彻底的社会变革，一次大众解放——否则无药可医。

别人已先于他得出了这个结论：事实上，该结论构成了所有前犹太复国主义小册子中最著名的著作——利奥·平斯克1882年的《自我解放》的实质内容，并且激发了在巴勒斯坦定居的先驱们的殖民努力。赫茨尔将这一结论译成西方的术语，并使其具有了连贯和雄辩的政治形态。魏茨曼并不是一个思想发明家：他的独创性在于，他给自己从别人那里接受过来的种种观念注入了特别令人信服、十分具体的内容。他的政治天赋同他的科学天赋一样，在于应用理论而非纯粹理论。和同时代的列宁一样,他把理论学说变成了现实,而且和列宁一样,他把两者都改变了。但与列宁所不同的是,他性情随和,丝毫不带偏执的理性主义色彩,不会固执地信奉某种最终解决办法,认定为之付出什么样的代价(从人类痛苦和死亡方面而言)都不算太高。最重要的是,他是一个经验主义者,把观念首先看成是实践判断的工具,生来就有一种非常强烈而生动的现实感和相应的历史想象力——也就是说,对于不能成真的东西,对于做不到的事情,他有一种几乎万无一失的判断力。

魏茨曼和他那一代人坚信,犹太人要想获得解放,就必须自由地生活在他们自己的土地上;其次,他们坚信只有在那里,他们才会不再迫不得已地利用常有的狡黠、献媚和偶尔的傲慢——那种强加在所有依附者、寄人篱下者和奴隶身上的令人厌恶的混合表现——来获取基本的人权;还有最后一点,这块土地必须是——也只能是——巴勒斯坦。在他的圈子里,凡是相信这个主要论点的人几乎都不把其他可能性当回事儿。对他们来说,精神上的纽带比其他任何东西都更加真实。相比之下,经济和政治因素所起的决定性作用似乎要小一些。如果一个民族的生活和生存是靠完全理想层面的资源克服了令人难以置信的不利条件的话,那么对物质条件的考虑,都不会(不管是好还是坏)把他们的注意力从自己的想象中移开。这个想象的中心就是那块圣地。赫茨尔、伊斯雷尔·赞格威尔[1]以及出生或成长于西方的其他人,也许需要相信这样一点:在俄罗斯,大多数接受这个基本前提的人们都理所当然地认为,犹太人既不会同化和融化掉,也不会被继续隔离开来。如果这一点不成问题的话,其余的也就顺理成章了。

魏茨曼与他圈子里的人还有一些彼此都默认的假定:未来这个国家的政府会是或应该是个什么性质的,比如,是宗教的还是世俗的,是

1　Israel Zangwill(1864—1926),英国犹太小说家、剧作家、犹太复国主义领袖。——译注

社会主义的还是资产阶级的政府，这一问题并不让他感到纠结。他的
公正观、平等观以及对公共机构的观念，是非宗派性的和前马克思主义
的；他同加里波第、科苏特或其他伟大的19世纪民族主义领导人一样，
关心的不是将某个精确表述的政治或社会学说移植到自己朴素的、温
和的、本能的、民主的民族主义之上，他们相信并且推动了自己民族的
复兴，但不是把这种复兴当作一种以某一特定学说为基础的策略，而
是当作他们自然而然且毫无疑问地接受下来的一场运动。这样的一些
人——从莫泽斯到尼赫鲁——发起或领导运动，主要是因为发现自己
与所属社会的愿望是自然地联系在一起的，并且强烈地坚信使他们遭
受压迫的秩序是不公正的，他们认识到自己是比大多数受害者同胞更
强大、更具想象、更起作用的战士。这样的一些人，一般来说，都不是理
论家：他们有时候有点教条，但更多的情况下，则能改变流行的观念以
适应自身需要。魏茨曼平生所信的东西很少来自书本，来自某个社会
学或政治学老师的信念，或他最熟悉的社区之外的其他出处，而是来自
社区的公共思想储备和他所呼吸的空气。从这个意义而不从别的意义
上说，他是他那个民族的一位非常名副其实的代表。对于自己的运动
中出现的那些出格和极端倾向，他毕生都本能地避之唯恐不及。用有
人在谈到一位著名的俄罗斯评论家[1]时说过的一句话来说，他是那些站
在靠近自己民族意识的中心而不是边缘的人物之一；他的想法和情感，
可以说，跟绝大多数犹太群众往往未言明却始终处于核心的希望、恐惧
和情感模式是自然而然地吻合一致的，他整个一辈子都感到自己对他
们怀有深厚的和天然的同情。他的才华主要在于他能够把犹太群众的
这些心声和渴望清晰地表达出来，并找到实现的途径，而且他做这件事
的时候，并没有在任何一个方面夸大这些心声和渴望，或者把它们强行
纳入一个先入为主的社会或政治框架，或者把它们驱往他自己私下设

1　维萨里昂·别林斯基。

想的某个目标，而是始终顺应事物发展的纹理脉络。

因此，虽然他不是一个伟大的受欢迎的演说家，没有养成故作谦卑的习惯，往往以超然、嘲讽和轻蔑的方式行事，自豪、傲慢、没有耐心，是自己队伍的一位绝对独立的指挥官，一点都不喜欢煽动民意，也一点都不会煽动，但尽管如此，他却从来没有失去自己民族中绝大多数人的信任。他不是一个多愁善感的人，说话刺耳不中听，一向要求自己理性行事，绝不感情用事。虽然如此，大伙儿还是本能地感到他很理解他们，知道他们的心思，而且感到这也是他自己想要的。他们信赖他，因而也追随他。信赖他，因为在他们看来，他是他们最忧心利益的　个特别强悍、自信、可靠的捍卫者。此外，他既无所畏惧又通情达理。他了解他们的过去和现在，而最重要的是，他不惧怕未来。

这最后一种品质，在哪里都十分难得，而由于明显的原因，在受欺压者中间尤为少见。同我们时代民主国家的其他伟大领导人一样，同劳合·乔治、老罗斯福和小罗斯福一样，魏茨曼有一个坚不可摧的信念，就是无论未来带来的是什么，都可以使之成为对他和他的民族有利的东西。他从不放弃希望，始终都很稳重、自信，具有代表性。他从不从自己的追随者眼前消失，躲进私人的幻想或极端利己的梦想中去。他与生俱来就是一个极具权威、尊严和力量的人。他冷静、慈祥、沉着、充满自信。他从不随波逐流。他始终都能控制局面。他担下了全部责任。他宠辱不惊，对赞美和责备皆能淡然处之。他具有当今政治家中无人可以超越的机智与魅力。但是能让犹太民众直到他漫长一生的最后阶段都追随他，并不只是因为他拥有的这些品质（虽说这些品质很耀眼），还因为这样一个事实，即虽然表面上他已成为一位杰出的西方科学家，使得他能够在经济上独立进而也能够在政治上保持独立，可以轻而易举地与西方那些高高在上的大师们交往，但他的基本个性和人生观仍然没有变。他的语言、概念、措辞都植根于犹太人的传统、虔诚和学问。他的趣味，他的肢体动作、坐卧行走的方式，他的手势，他极富表

74

情的面部特点，并且最重要的是，他说话的语气、重音、音调变化乃至极为丰富多彩的幽默，同他们都是一样的——就是他们自己的。在这个意义上，他同他们血脉相连，是他们这个民族的人。他明白这一点。但在与本民族的人打交道时，他丝毫没有表现出半点的不自然。他没有夸大或凸显自己的特点。他不是演员。他既不把自己也不把对方戏剧化。他没有培养任何特别的个人癖性。他不可动摇的权威来自他的天生品质，来自他的创造性力量与批判性力量相结合，来自他的涵养，来自他的沉着，来自这样一个事实：他是一个眼界宽广的人，不会因任何东西，哪怕是自己的理想，而走火入魔，所以从不会被激情或偏见所蒙蔽，而对他自己的犹太世界中的任何有关因素视而不见。

犹太复国主义运动的失败——屡屡失败——并没有令他痛苦不堪；运动的成功也没有让他头脑发热，做出不切实际的评价。对犹太人性格中的缺点和荒唐之处（这是一个他很少保持沉默的主题），他有着敏锐而又极具讽刺力的认识，又对其性格有着真挚的喜爱，并决心不惜一切代价把犹太民族从自身性格所带来的屈辱或危险困境中拯救出来。他把自己的一切独特资源都用于这一目的。他相信从长计议，不信任临时发挥；他是一个策划大师，虽然批评者们对他说三道四，但他绝不是马基雅维利式为达目的而不择手段的人。他并不准备以历史或政治必然性为由来为错误行为辩护。他不打算靠暴力或投机取巧去拯救自己的民族——不打算像列宁那样，去敲打改造他们，必要时甚至会不惜以极端残忍的方式；也不打算像俾斯麦那样，为了他们自己的利益而欺骗他们，或者用可以迎合任何人幻想的对未来幸福的承诺让他们得意忘形。他从不像那些马克思主义者那样，号召犹太人为了将来某个并不确定的时刻才会实现的某种幸福而做出可怕的牺牲，献出自己的生命，犯罪，或纵容他人犯罪；他也不会像犹太复国主义运动中的极端主义者那样，动不动就恣意利用犹太人的感情，或有意去激怒他们去反抗某个现实的或想象中的敌人。他希望自己的民族获得自由和幸福，[1]但不能以违背他和他们相信的人类价值为代价。他希望把他们带出放逐地，带到一块他们可以在既不背离自己的理想，又不践踏他人理想的前提下，过上人类生活的土地上去。

在政治上他与加富尔[2]很相似，两人都痛恨暴力，都依靠语言作为唯一的政治武器。和加富尔一样，他准备用尽一切可以采用的手段，千方百计地去运用自己的巨大魅力，劝说某个英美政治家、枢机主教或百万富翁解囊相助，为达到他的目的提供所需经费。他准备掩盖事实，秘密开展工作，吸引和役使各个人，利用自己的追随者或任何一个在他看来有用的人，作为实现有限目标的手段——结果让他们不知所措而 76 又愤慨的是，一旦不需要他们了，他就对他们毫无兴趣了，有时候这种愤慨之情是明确表达而且尖锐的。但是他不准备拿自己核心的道德和政治原则来换取妥协，也从来不曾这样做过。他不怕树敌，不怕公开或私下议论，也毫不害怕后世的评价。他理解人类，且对人类感兴趣；他很喜欢自己能把人们迷住的个人魅力；他喜欢政治调情。事实上，他不仅具有政治家的天赋，更是一个顶尖级的、最有灵感的政坛老手。

这些品质带有自身的种种缺陷，势必会让他在一定程度上忽视他人的意愿和态度，也许还有权利。有时候，他太不顾及他不同情的那些人的意图和性格了，这些人自然就会牢骚满腹，抱怨自己受到了忽视、无情剥削或专制统治。从某种意义上说，他太过大无畏了，太过自信自己的事业和朋友一定会旗开得胜，往往也就低估了（在自己党内和整个

1　哲学家赫尔曼·科恩（Hermann Cohen）曾经以嗤之以鼻的口气，对试图让他相信犹太复国主义好处的弗兰·罗森茨维格（Franz Rosenzweig）说："听这意思，这帮家伙现在想幸福了，是吧？"这正是魏茨曼想要的东西；他不明白为什么有人会视之为可耻的投降行为。['Die Kerls wollen glücklich sein' : Franz Rosenzweig, introduction to Hermann Cohens Jüdische Schriften, ed. Bruno Strauss (Berlin, 1924), i, *Ethische und religiöse Grundfragen*, lx.]

2　Camillo Benso Cavour（1810—1861），意大利政治家，意大利统一运动的领导人物。曾任撒丁王国（Sardinia）首相，意大利王国第一任首相。——译注

世界上）反对者们所持信念的威力与诚意。这既是一个优点，也是一个弱点；它极大地增加了他内在的安全感和乐观主义，并且解放了他的创造活力，但也遮蔽了他的眼睛，使他看不到在自身共同体之外的人们中间，自己势必会遭遇的恐惧与难以消解的敌意的后果，那些让犹太复国主义给得罪或惹恼了的人包括公开的和暗藏的反犹分子、阿拉伯人及其支持者、英国政府官员、众多教派的教士以及一般而言，有名望、有地位的人。他积极、坚定、旺盛、充满建设性却又几乎是太不肯妥协的脾气，定然会让他忽视人类个体的弱点——忌妒、恐惧、偏见和虚荣，忽视懦弱、心术不良或背信弃义的小动作，尤其是软弱、愚蠢、胆怯或坏心肠的官员们故意刁难的伎俩，这些东西日积月累，构成他前进道路上的绊脚石，其妨碍作用也许超过那些重大决策，最终，正如众所周知的那样，酿成了流血事件。

77 　　同样，他往往也会忽视其对手和敌人，个人的或意识形态上的。他有不少对手和敌人，尤其是在他自己的民族中。狂热信教的犹太人把他视为一个不虔诚的觊觎神圣的弥赛亚之位者。在西方国家身居要职，谨小慎微的犹太人，特别是那些功成名就——经过颠沛流离，付出极大代价之后，终于在现代社会得到了他们认为安全稳固的位置——的人物，则把他看成一个危险的惹是生非之人，大有把他们费了九牛二虎之力才包扎和遮住的伤口揭开之势；往最好里说，他们也只是怀着忐忑的敬重之情，把他当作一个非常令人难堪的盟友来对待。形形色色的社会主义者、激进分子和国际主义者——当然，尤其是马克思主义者——则把他视为19世纪反动的民族主义者，试图把犹太人从他们梦寐以求的普世社会这一宽广而又阳光普照的高地，带回到地中海东部一个令人窒息、放逐弱小民族的落后地区，这是逆时代潮流而动的荒唐之举，注定要被锐不可当、铁面无私的滚滚历史洪流扫到一边去。当时俄罗斯和美国都有那么一些犹太民粹主义者，他们相信一种地方性或区域性的犹太大众文化——一种放逐中的准民族性质——讲意第绪语、平民化、非政治性的文化，那是对当时俄罗斯民粹主义生搬硬套的模仿。他们把魏茨曼看作一个势利小人、精明的政客，是他们种种热心肠的社会福利项目的敌人，这些项目有平易近人、朴实无华的手工艺装点，还渲染要在一个冷漠无情的异教世界中，对精心保存下来的一些旧式犹太生活中心进行保护。最后，还有那么一些理智而喜欢讽刺别人，或者尖刻而玩世不恭的怀疑论者和讥笑嘲讽者，在他们眼里，犹太复国主义什么也不是，不过是痴人说梦而已。

魏茨曼几乎不把对手放在眼里，可他自信了解他们的长项和弱点（而他们则不然），并且觉得自己在道德上和思想上都远远超过他们，足以决定自己要去拯救他们。谦卑，如我前面所言，不是他的个性特点。他不像对手们恨他那样恨他们——只有共产主义者是例外，这些人是 78 他平生真正害怕和憎恶的，在他眼里，他们就像是一群群政治蝗虫，不管从事何种职业，他们所破坏的总是远远超过他们所建设的。如果说他注意过自己的对手，那也只把他们看成自己必须设法营救的羔羊，因为他们一个个看上去都不要命了似的，在急切地奔向有去无回的屠宰场。所以，他只把俄罗斯社会主义领导人看作众多钓捕灵魂的对手，他曾与他们发生过争论（在第一次世界大战前，他还至少有一次在瑞士的一个公共大厅里与他们进行过正式辩论），认为他们可能会使一些最具才干和最富建设性头脑的犹太子弟脱离犹太解放运动，走上绝路。遗憾的是，这些争论[1]现在都无案可稽了。这两种注定要分裂世界的人生观——共产主义和民族主义的领导人之间这些唇枪舌剑而又独特有趣的争议——尖锐对立，表述明确，从来没有哪两种运动之间的冲突可与之相比。这一至关重要的辩论，却是在当时犹太民族的具体需求和

1　我只记得，在他跟我提到过的这一时期与他在伯尔尼或其他地方辩论过的人中，有普列汉诺夫、列宁、托洛茨基、拉狄克这几个人的名字。我不知道有没有人找到了这方面的记录。

问题这样一个小范围而鲜为人知的平台上展开的，这真是一个历史的讽刺。

魏茨曼之所以相信自己会赢——他从来没怀疑过这一点——并不是因为他对自己的力量有任何惊人的自信，尽管他的力量很强大；也不是因为他很天真，虽然从某些方面来说，他的确拥有某类伟人的大智若愚和深信不疑，尤其是在与英国人打交道时；而是因为他坚信自己所代表的犹太生活的趋势是重要且坚不可摧的，而他的对手所代表的趋势则是建立在历史的流沙之上，依赖的是更为狭隘的经验，是由个人和派系的因而也是临时性的问题引发的，而不是由他感到自己所代表的伟大而又强烈的愿望，即人类对于个人自由、民族平等和过得下去的生活之渴望引发的。他从自己对人类的首要目标、核心利益的信念中汲取了巨大的道德力量，这些目标和利益不可能永远受到阻碍，单是这一点就证明并保证了伟大的革命事业最终必将成功。我敢肯定，他没有将自己的个人感情与他所主张的价值观、他觉得自己应占的历史地位区分开来。

传记作者们开始考察他同犹太复国运动的创始人西奥多·赫茨尔的分歧，考察他同大法官路易斯·布兰代斯和极右翼犹太复国主义领导人弗拉基米尔·亚博京斯基之间的斗争，甚或考察他同自己温和政策的真正支持者如索科洛夫或本-古里安及很多次要人物之间的差异的时候，他们会[1]——必定要——问这中间有多少是由于个人野心、权力欲、低估敌手、不耐烦的独断专行脾气所引起的，又有多少是由于原则、对理念的忠诚以及对正确的东西或权宜之计的理性信念所引起的。面对这一问题时，我相信找不到任何明确的答案，也许压根儿就没有答案。因为就此而言，实际上就如同每个政治家的情况一样，个人动机，往低里说，是与政治上权宜之计的概念密不可分的，往高里说，是与一

---

[1]［这是1958年成文时的措辞。］

种纯粹且无私的公众理想密不可分的。实干家们及后来为他们树碑立传者纷纷以所谓的"国家理由"（raison d'état）为借口而宣称合理的那些弥天大罪，魏茨曼一样也没犯过。所谓的"国家理由"，也就是那一套臭名昭著的"国家至上"说辞，允许身陷某些重大危机的政客，打着以国家、社会、教会或政党的需要为重的旗号，牺牲公认的个人道德标准和原则。魏茨曼虽然有现实主义政治大师之名，但他没有伪造过一份电报，没有屠杀过一个少数民族的人，没有处决和监禁过一个政敌。巴勒斯坦爆发犹太恐怖主义活动时，他的感受和行为与俄罗斯自由主义者看到反动的沙皇大臣为理想主义的革命者所杀害时没什么两样。他不支持，私下里还非常强烈地谴责过这种恐怖主义行径。只是他不认为公开痛斥这些行径和行凶者在道德上是得体的。他打心底里憎恶暴力，他太文明，太仁慈，不相信暴力的有效性，这也许是错误的。虽然他认为他们是在犯罪，但他并不打算公开抨击这些行为，它们是被逼得走投无路、受痛苦折磨的人头脑里冒出来的想法，这些人愿意牺牲自己的生命去拯救他们的兄弟，使其免遭（他和他们都同样相信）西方列强外交部居心叵测地为其准备的背叛与毁灭。

贝文[1]的巴勒斯坦政策，最终使魏茨曼对自己毕生对英国及其政府的敬重与忠诚产生了疑虑，怀疑这种态度是否害了自己的民族，让其付出了过于沉重的代价。他对事业非常投入，要超过对任何个人问题的投入。由于他既不自命不凡，又不生性固执己见，对于自己犯错误的可能性，他并不茫然失察。他并没有真正放弃希望；他相信，要想击败为生存而斗争的犹太人定居点，仅靠几个大臣和公务员是不够的。在伦敦自己下榻的旅馆房间里来回踱步，听到关于白厅某个战后反犹太复

1　Ernest Bevin（1881—1951），英国政治家，在战后的工党政府中任外交大臣。在巴勒斯坦问题上，认为阿拉伯人的友谊对保卫英国在中东的利益至关重要，主张建立犹太-阿拉伯国家和关于巴勒斯坦分治的各种计划，以图阻止以色列国单独成立，但未能成功。——译注

国主义行动的报告时,他常常评论外交部和殖民地部说:"太晚了,这帮不了他们。"他怀疑自己先前对英国的信任,是不是无端地延长了新犹太国诞生的阵痛。他并不确信建立犹太国并非为时过早,因而宁愿倾向于获取自治领的地位。1937年皮尔委员会[1]的分治方案,标志着英国政府与他本人之间富有成果的合作达到了顶点,他认为破坏这个方案的那些人,特别是外交部的人,要对后来的灾难负责。他知道因为过于相信这些人,自己已经职位不保了。但他自己那伴随了他一辈子的亲英派、温和派和政治家的名声,此时在他看来,在巴勒斯坦犹太人定居点的生存斗争面前,已什么都不是了。他有时候也情绪低落悲观,但他相信为正义事业战斗的人们,在最坏的情况到来时,假如必要的话,应该用性命去博取最高昂的代价,就像参孙在非利士人的神殿中所表现的那样。他认为,对个人尚且如此,民族定亦会如此。

当阿拉伯-犹太战争爆发的时候,他问心无愧。他不是一个和平主义者,战争是一种自卫——没有哪个犹太人会怀疑这一点。他一辈子都相信并奉行和解政策,为此还在政治上吃了亏,而这场战争并不是他造成的。

和已故的大法官霍姆斯一样,魏茨曼毕生都相信,在牵涉到大的公共问题时,必须首先表明立场;不管干什么,保持中立或不表态是不行的,必须——务必——站在世上某一有生力量一边,哪怕自己的动机和人格会遭到责难、歪曲和误解(这几乎是在所难免的),也务必参与世界事务。所以,在犹太人的独立战争中,他号召大家不要妥协,并对妥协者严加痛斥。他蔑视那些认为个人的正直诚实、心安理得、理想纯洁,比他们所从事和委身于的工作(每人身不由己涉入其中的艺术、科学、社会、政治工作或纯个人的事业)更要紧,故而从生活中抽身而退之辈。

1　正式名称叫巴勒斯坦皇家委员会(the Palestine Royal Commission),由前印度事务大臣皮尔勋爵领导,故而又称皮尔委员会。——译注

他并不纵容为了权宜之计或别的东西就放弃终极原则的做法,但政治上的苦行僧主义——为自己找个亚杜兰洞[1]躲起来,以免失望或遭到玷污;为了忠于某些内心的声音或某些不可动摇的、对于邪恶的众生世界来说过于纯粹的原则,而去采取从意识上说不切实际或者从政治上说不可能的立场——在他看来是既软弱又自负,愚蠢而可鄙的。他毫不掩饰自己对这类纯粹主义者的不屑。他待他们并不总是那么公正的,因而他的观点自然也就遭到了最勇敢和最正直的人的反对,甚至是憎恶。不过在我看来,他的观点在对立的观点之上,不承认这一点,我就不够坦诚了。不论怎样,这都是他所坚信和支持的东西。

魏茨曼的内心生活丰富多彩,但他没有一头钻进自己的内心世界,以逃避外部世界不尽如人意的现实。他热爱外部世界,热爱一切在他看来有助于形成一种宽广、丰富和慷慨的生活潮流,从而让个人的全部才智都能得到最为充分、最为多样化发展的东西。他最喜欢正面的人类天赋:富于灵性、善于想象、美丽端庄、身强力壮、慷慨大方、坚定踏实、为人正直,尤其是风格高尚,在他看来,这种内在的优雅、天然的渊博与自信,只有经久不衰的古老文化才具有,不算计、不狭隘、不神经过敏地一心只想着自我。他认为这些品质在英国人身上体现得最为充分,他至死都对英国忠心耿耿。这种忠诚并非没有回报,它先是支持后来又断送了他的政治生涯。他热爱英国人的独立、自由、尊严与风度。这些皆是自由人的美德,这些也是他最渴望犹太人养成、发展和具备的。

英国与犹太复国主义实验之间的联系,尤其是与魏茨曼在争取签订《贝尔福宣言》和托管巴勒斯坦过程中所发挥的作用之间的联系,常常被认为带点偶然性。有时候可以听到这样的断言:假如魏茨曼没有

82

[1] cave of Adullam,《圣经·撒母耳记上》22章中以色列国王大卫躲避扫罗的追捕时,最后找到的一个可以暂时歇脚的洞穴,喻指暂时的避难之所。——译注

83　碰巧获得曼彻斯特大学的教职，他也许压根儿就不会在英国定居，也就几乎不可能在20世纪初叶遇到阿瑟·贝尔福了，如此一来，他肯定也就无从影响贝尔福或劳合·乔治，或者其他任何一位在建立犹太人定居点问题上一言九鼎的英国政治家了。此言甚是，而且可能还是历史上偶然事件发挥影响的一个典型例子。

　　不过人们没准会问，魏茨曼从欧洲大陆移居英国是否完全就是偶然。对魏茨曼以及众多他那样背景和教养的东欧犹太人来说，英国超过所有其他国家，代表着稳定的民主，代表着博爱与和平的文明，代表着公民自由、法律平等、安定、宽容、尊重个人权利，代表着基于《新约》，又同样基于《旧约》的宗教传统。英国体现了自由中产阶级的所有美德，在旧制度[1]下最后一个世纪里法国造成了对英国的迷恋，在19世纪东欧也是如此。最重要的是，当时的英国是一个让犹太人享有安全、和平与进步的生存空间的国家，在这里，犹太人充分拥有人权和公民权——简而言之，这里有着受过较好教育的犹太人最渴望得到的、他们自己中间又极度匮乏的一切。魏茨曼就是在这样的环境中长大的，因此，他在自己整个圈子[2]的态度的熏陶下，对英国产生了一种先入为主

84　的敬慕之情，他是怀着这种感情来到英国的。在贝尔福身上，他找到了

　　1　原文为法语 *ancien régime*，指法国1789年革命前的旧制度。——译注

　　2　有意思的是，在11岁前用希伯来文给自己以前的老师写的一封信中，他说英国是一个优秀而自由的国度，会帮助犹太人建立自己的国家。这一有趣信息的提供者是 Boris Guriel，他在保存魏茨曼的生平和活动记录方面做了很多工作。[时年"10岁零9个月"的魏茨曼于1885年夏，在莫塔尔(魏茨曼的出生地)用希伯来文给什洛莫·茨维·索科洛夫斯基(他曾教过魏茨曼俄语，可能还有希伯来语)写了一封信，信中写道："我们为什么要指望欧洲的国王们发慈悲，来可怜我们并给我们一块容身之地呢？没用的！他们全都认定了：犹太人[ha-ivri]必须死，**只有英国同情我们**。" *Hapoel Hatsair* (Tel Aviv weekly)，1922年7月20日第14—15版，见第15版；参见：*The Letters and Papers of Chaim Weizmann* (London，1968-80)，series A，*Letters*，i，ed. Leonard Stein with Gedalia Yogev (1968)，37.]

始终对他最有吸引力的东西——最精致、最考究的贵族气质，认识不到这一点，就难以理解他与贝尔福勋爵长期的胶漆相投，他人生中及犹太复国主义运动中的许多事情皆由此而发。

魏茨曼是一个著名的政治诱客，同时，只要他决心如此的话，也的确是一个叫人无法抗拒的政治诱客，但他只会向他真正欣赏的人施展，他无意出于纯粹政治上的权宜之计而与那些在道德上或政治上，有时还包括在审美上令他反感的人建立私人关系。或许，他本来是可以更明智一点的：不与大法官布兰代斯争吵，不对"在平斯克和华盛顿之间架设桥梁"失去希望，[1]不忽视阿拉伯领导人或罗马教廷的要员，不对欧内斯特·贝文粗暴的坏脾气做出强烈反应。可他改不了自己的禀性。他只喜欢大气、富有想象力和宽宏大量的性格，相信犹太民族的未来只与这些人所能给予的密切相关，相信只能与这些人达成协议，相信纯粹出于政治利益的联姻是注定要失败的。他的政敌们斥之为纯粹的浪漫主义，我认为这样的说法是错误的。他认为长期的协议要求双方在利益、原则和世界观方面很大程度上取得真正的一致，而且逐渐认为犹太人和英国人之间的亲密关系达到了非比寻常的程度。这最后一点，正如大多数这类判断一样，也许是一个感情用事的错误，双方都要为之付出沉重的代价，但它又是一个有趣且有吸引力的错误，一个对这个新国家的特点产生了深刻影响的错误。

85

魏茨曼也许过分沉迷于自己的个人趣味了。他喜欢英国人简直有点过头了：他喜欢英国生活、语言、理想的实实在在；喜欢他们的中庸、对极端行为有修养的鄙视、公众生活的整体格调，处事不残忍、不激动、不敷衍。他更喜欢那不羁的想象、奇特的爱好、古怪的口味、独立的品

1　"平斯克与华盛顿之间显然没有任何桥梁"，魏茨曼1921年首次访美期间在一个会议上如是说道。IB, "The Biographical Facts", in Meyer W. Weisgal and Joel Carmichael (eds), *Chaim Weizmann: A Biography by Several Hands* (London, 1962), 41.

质。他就像他的前辈狄斯累利一样，是一个很有魅力的人；而英国人就喜欢被这种魅力吸引。他们没准儿也意识到了自己正在被人诱惑，就像维多利亚女王或许知道狄斯累利上书或进言是在诱惑自己一样，但他们对此并无戒心——直到倒霉的日子来临。令人心旷神怡的本领，奇思妙想的游戏，欢快而时常尖刻的幽默，温和表达的大胆想法，以生动的比喻、严肃而温和的语言，结合不断援引明白易懂的物质成就而传达出来的政治浪漫主义，这些东西，他们并不认为必然是虚情假意或邪恶的，或必然会对自己构成危害。他们心里很踏实，因而也很彬彬有礼；他们喜欢倾听，且乐于受到吸引。没有哪个法国政治家，没有哪个美国人，更不用说赫茨尔想对他们演讲的德国人了，会像贝尔福、劳合·乔治或丘吉尔，以及许多战士、政客、教授和记者那样，让自己那样深刻地，特别是那样欣然乐意地受到魏茨曼政治想象力和历史记忆的影响。

他们不仅仅是让一个聪明且令人愉悦的说客给迷住了：这位来自外域的化学家和他的英国东道主的价值观的确在很大程度上是不谋而合的。他们并没觉得用他的话来思考这个世界是什么难事，或至少相当乐意这么想，而且对于把他们提高到这一水平的人还心存感激。事实上，他们是对的。那些贬斥他的谈话、说其中充满狡猾成分或刻意的异国情调的人，在道德上和政治上是麻木的。因为事实证明，历史与魏茨曼那由冷静的常识和深沉的历史情感相结合而形成的展望是相符的，而与不列颠、法国和美国政府部门中"现实主义者"的一般概念是相悖的。他倡导的事情几乎总是切实可行，而他的政敌们所竭力主张的东西，大多被无情的事实证伪了。

我前面已说过，魏茨曼的话针对的是理性而不是感情。一般来说，他论证问题的方法，既不是搬出一堆统计数据或精心整理的其他书面证据来证明，也不是抒情的花言巧辩，更不是针对各种激情进行布道，而是靠对特定场景或事件过程做出一个生动、细腻、清晰而具体的描绘，而且对方一般都会觉得，这一描绘事实上与客观现实相符，也与他们对于人和事；对于已发生或可能会发生，或者反过来，不可能发生的事；对于能为之事和不可为之事的亲身感受是相吻合的。道德、历史、经济、社会和个人的因素，都像在生活中融为一体一样，融入了魏茨曼那些没有记录下来的精妙阐述中（所以，他私下里面对面跟人交谈，而不是当众发言时，讲话最具感染力）。他不是一个分析型而是综合型的思想者，他所展示的是一个多种元素交织而成的图案或者说混合体，而不是每一个拆下来孤立看待的单个构件的精华。在英国，这样的具象性是一种习惯性的思维方式，在这一点上没有哪个国家可以与英国相比。他的思维和行为方式在这里得到了自然而然的同情，这使他无可挽回地把自己的感情资本投到了他对英国的友谊上，投资的感情之多，我想，是他远没有认识到的。无论是其追随者还是犹太复国运动之外的人，之所以反对他和他的想法，其中一个因素就是他们对英国价值观的本能反感，这些人更认同其他的世界观或生活方式。

恕我又回到他对英国的热情这个主题，这一点在他和他的理想中至关重要，因为他希望新的犹太社会——新的国家——成为英国经验 87（几乎是仅限于英国）的政治弟子。他特别看重做出本能妥协的趋向：尽管尖锐的棱角并没有真正抹掉，却会大致受到争论双方的忽视，如果这些棱角看来会广泛扰乱社会结构、损坏共同生活最低条件的话。此外，他极为崇尚将科学方法应用于人类生活，在应用科学方面，英国在世界上一度遥遥领先；他对纯科学的兴趣非常有限，但他是一个了不起的发明家，希望用发明满足人类的基本需求，并创造出新的、更文明的需求——他对自然科学无限的变革力量充满信心。这是他的乐观主义、他对未来的希望和信心的核心所在；而他喜欢把这一看法视为典型的英国式观点。因此1930年代后期和第二次世界大战期间，他作为科学家所提供的服务实际上未引起英国政府部门的重视，就成了他生活中最失望的事情之一。

1939年战争爆发时，他主动把自己的某些政治执念抛到一边，以便像第一次世界大战时以自己著名的发明效力于东道国那样，再度尽其所能，报效这个国家。可根本没人理睬他。他抱怨同他讨论过这些问题的大多数英国官员所表现出来的迟钝、怯懦、小气、保守和对未来的恐惧，抱怨他们无能透顶，把握不了国家的经济地位，更不用说把握那注定会到来的世界上的各种危险和机遇了。整个战争期间，他怀着惆怅和无法置信的心情反复提起这件事。作为一个科学家，他在美国得到的反应事实上积极多了，这一点让他感到难以接受。他怀疑英国人对生活的想象和渴望是否正在走向衰亡。在他看来，这种消极态度——衰竭与失败的征兆——同样明显存在于对新世界的恐惧中，也存在于他在白厅所看到的想拼命抱住一种过时的世界政治秩序概念不放的努力中，还存在于英国人出尔反尔、企图收回他们对巴勒斯坦犹太人所做承诺的种种卑劣行为之中。

在他看来，这一切都是道德和政治原则大倒退的一部分，这种倒退始于对阿拉伯人在巴勒斯坦的暴行、对日本侵略中国东北、对墨索里尼侵略阿比西尼亚、对佛朗哥独裁统治西班牙的容忍，当然，尤其是对希特勒的纵容。1940年或1941年，谈到反犹太复国主义者时，他以一贯的大胆言辞对丘吉尔首相说："阁下，请记住，我们的敌人也是你们的敌人。"他想说的无疑就包括了上面那些意思。政治上姑息养奸、软弱无能、精神恐惧、对令人反感的事实视而不见，这些对他来说，只是同一种令人沮丧的衰落状况的一个侧面，它蒙蔽了英国经济规划者的眼睛，使他们看不到有可能——说得确切点，是有必要采取一项重大措施来恢复英国下滑地位。那是他确信依然有助于拯救这一地位的主要措施之一——创造性地运用这个非洲帝国的资源创立一个庞大的新的合成材料工业。这是化学家出身的他本人非常熟悉，也做了不少开发工作的领域。由于他一般都是从高屋建瓴的角度来思考问题的，因而也是从同样的科学角度来看待在巴勒斯坦建立犹太国的问题的。他在思考这片土地贫穷和自然资源匮乏的问题时，把希望寄托在将犹太人似乎确实拥有的一种资本——专业技能、足智多谋、精力旺盛和敢于豁出去的精神——变成科技奇迹，而这样的科技奇迹将有助于建立新世界，尤其是有助于建立后张伯伦时代的新英国。他以为英国人会明白这一点，而发现情况似乎不再是这样后，他倍感沮丧。他觉得自己受到了冷落，觉得不再认识这个自己曾经那么死心塌地、大公无私地热爱过的国家了。

他觉得自己有权抱怨。在两个主要场合，他吃了自己的追随者的亏，公开地败在了他们的手上，他失败的主要原因在于，他的有些做法在他们看来是头脑发热，对英国政府的诚信抱了太大的指望。1931年，他被迫辞职，以此来抗议英国不惜以受害者为代价对阿拉伯人的暴行做出让步的政策，这一政策最早是工党政府在《帕斯费尔德白皮书》中提出来的，在后几届政府中得到了延续。1946年，再次出现了一个非常类似的情况。可以言之成理地说，魏茨曼与英国妥协的政策——该政策已经导致了1938年到1939年间对犹太人地位的彻底出卖——如果持续下去的话（当时他正竭力主张接受所谓的莫里森计划），势必会进一步导致一系列的食言行为，致使更多的希望化为泡影。终于，他痛苦且不情愿地开始认为，这也许会成为现实。他无法让自己公开承认这一点，但私下里，他曾以尖酸嘲笑的语气说起过后丘吉尔时代的政治家们，说起过他眼中他们那些沾沾自喜的愚蠢。当他的一些英国朋友，譬如凯恩斯勋爵，想对他说英国太疲惫、太贫穷，再也无力承担对犹太人和阿拉伯人相互矛盾的承诺，因而必须放任他们双方自行其是时，他以鄙夷而又愤怒的态度拒绝了这套说法，认为是懦夫表现，与提出主张之人不相配，更重要的是，他认为这套东西对任何强国来说都是一个错误的分析和一项自杀性的政策。

他自己的地位变得愈发尴尬了。他在巴勒斯坦和其他地方的追随者都认为他的亲英政策已经破产，认为他对这政策——和一个已经消失的世界——太死心塌地，结果只能变成一头昔日高贵却老掉牙的猛犸。英美政府中没有一个人急着想见他。他是一个悲惨、可畏、政治上

89

令人难堪的人物。对于大臣和官员们而言，领教魏茨曼可怕怒火的雷霆威力，向来都是一种让人发怵，甚至可以说是遭罪的体验。现在不必再受这个罪了，几乎听得出来大家都松了一口气。殖民地部对他冰冷相待。他在外交部受到系统的冷落，而且往往还被低级别的官员冷落，他们是受到了上司的暗示，或是也许觉得可以肆无忌惮地表达自己坚定的亲阿拉伯人情绪而不会受到惩罚。他受到了贝文的粗暴对待，贝文对魏茨曼，对整个犹太复国主义运动都怀有个人敌意，是出了名的，什么也抑止不了的。不过，魏茨曼却放不下他这个最老的政治恋人。英国在他心目中，比所有其他国家加起来的分量还重。

我 1947 年在巴勒斯坦跟他在一起时，尽管当时还处于犹太人针对英国在巴勒斯坦驻军的军事和恐怖活动的高峰时期，他依然还是喜欢并乐意见到自己所在地区的英军司令和其他军官，引来追随者们日甚一日的非议。他感到自己被人出卖了，尽管他是现实主义者，政治上强硬坚决，他还是不能理解所发生的一切。在他心中挥之不去的还是那个浪漫、带点儿丘吉尔风格的英国形象，其行动最终是受道德想象力驱使，而不是只顾眼前自身利益或三分钟的激情。在他眼里，那个曾孤军奋战反对野蛮行径和罪恶的英国，那个他儿子为之牺牲了生命的英国，也很真实，丝毫不逊于他对犹太人过去和未来的想象。他强装视而不见，重新回到了自己的科研工作上。他常说，受到公众生活不可避免的污染之后，最能对道德起到净化作用的莫过于在实验室里从事不受个人感情影响的研究工作，在那里，真理是不能被糊弄的，人类的恶行和愚蠢产生不了多大影响。他在雷霍沃特以他的名字命名的研究所里埋头工作。[1]但这种疗法并不完全有效。他信任英国政治家，把自己的追

1　研究所是他暮年的至爱，他老是说起它，说起自己的同事，确切点说，是每一个与研究所工作有关的人，言语中充满了极大的自豪感和喜爱之情，研究所给他带来了别的任何东西都不能带来的一种满足感。这一了不起的研究机构欣欣向荣的态势是他能给自己真正信仰的一切注入持久活力的证明。

随者交到了他们手里；可每一船被贝文和哈罗德·麦克迈克尔爵士拒之门外的移民，都让他深切地感到自己所扮演的背叛者角色。他再也没有完全从中恢复过来。

英国政府，特别是工党政府，极大地伤害了他，这样的伤害是无人能及的，犹太人就更不用说了。他没有要求，也不指望自己的民族对自己感恩戴德。在他看来，摩西的命运是自然的甚或是应得的。而在他自己亲近的追随者眼里，他简直就是刀枪不入：尤其是在他（常常）以漫不经心的粗鲁或不加掩饰的轻蔑，或时不时以一个伟大的实干家那种突如其来的无情对待他们的时候。但他们个人对他的忠心，并没有因为他做出的大多数令追随者震惊的事情而丧失，因为他有着相当独特的个人魅力。人们千里迢迢赶来拜访他，尽管明知或怀疑他已经彻底忘记了把自己召来的目的，且会对自己的出现真正感到大惑不解，往好里说是喜出望外，并随口说上几句愉快和友好的话，就把自己打发走。他同亲密的追随者之间的关系，从某些方面而言，与帕内尔同英国下议院中的爱尔兰派之间的关系不无相似。他们对待他的态度也同样夹杂着崇敬、提心吊胆的尊敬、怨恨、崇拜、妒忌、自豪与恼怒之情，而且最后几乎形成了始终如一的压倒性看法，那就是站在他们面前的是一个超乎常人的人，一个强大的、有时也让人畏惧的领导人，他领导着新近获得解放的囚犯们，他们自己的历史主要是由他的思想和活动构成的。他们也许反感他，但最后他们——其中的大多数人——总是屈服于他的智识和人格力量。

与英国的关系则截然不同。他对英国与犹太复国主义运动的关系存在一种成见——有时会发展成一种执念（或许是他唯一的固执之见[1]），这种成见蒙蔽了他的眼睛，让他忽视了太多其他因素，比如其他强国特别是欧洲列强的态度、阿拉伯统治者的态度以及巴勒斯坦定居点 92

1　原文为法语 idée fixe。——译注

自身内部社会和政治势力的态度。英国与犹太复国主义运动之间联系的崩溃,对于他而言,不仅与他个人未能保住在自己视为生命的犹太复国主义运动中的实权紧密相连,而且似乎还支持了一些人的论调:反对英国只有暴力才管用,唯有恐怖主义的方法才能挽救犹太定居点。而这种观点恰恰是魏茨曼当时和毕生都深恶痛绝,且不遗余力强烈摈弃的。不过还有远比这更为重要的东西受到了威胁。他无法忍受这样一个念头:自己渴望建立并置于大英帝国保护之下的这个国家,现在或许永远都不会具备那些他敬慕的道德和政治素质。长久以来他都始终不渝地认为这样的素质是英国人所特有的,现在他却沮丧地开始怀疑它们正在普遍消失,甚至正在从这个他度过了自己最幸福年华的岛国上消失。

他后来当选为以色列总统,这是一个很光彩,颇具象征意义但没什么实权的职位。他在犹太人及其全球各地祝福者的欢呼声中接受了这个职位,非常清楚这一职位意味着什么,不意味着什么。他明白自己成就的大小,从不谈自己的成就;能对自己做出恰如其分的评价,并能以看待别人的眼光正确地看待自己,这样的人真是凤毛麟角,他就是其中之一。他的自传,特别是靠前的那些章节,叙述是惊人地客观和逼真传神,见不到丝毫的添枝加叶、夸大其词、自命不凡、自怜自艾和自我辩白,展示出了他真实的、丰富且均衡发展的、自主、自豪、稳健而略带嘲讽的天性,没有内在冲突,在内心深处与自然界和社会的力量本能地和谐,及由此而拥有的天然的智慧、尊严和权威。

他的苦恼来自外部,很少来自内心;直至生命走到尽头,他都保持了内心安宁。他很清楚自己的成就独步天下,无人可比。他知道,现代史上没有谁像他那样,把流离失所、散居各地的犹太难民组织起来,缔造了一个民族和一个国家,并在有生之年看到它发展成为一个独立而又难以预料的生命体。这又令他担心。仅有自由和独立是不够的。就像古代先知一样(西方政治家有时把他看成这种先知),他渴求美德。

他不喜欢犹太人生活中的某些东西，生怕这些东西会占上风。他反感痴迷和偏执的天性，瞧不起书呆子，他们沉迷于同经验现实没有稳定具体联系的教条和理论而不能自拔。他并不看重独力取得的智力成就本身，只有这些成就对人类生活有所贡献时，他才会欣赏。他喜欢脚踏实地、心明眼亮、生龙活虎、爽快开朗、懂得生活、让人信赖、勇往直前、心正志刚、见得真章。由于环境或自身的愚蠢而殉难、失败、受创、亡命——抱嘲笑、怀疑态度的犹太式幽默感的陈腐主题——让他内心充满了忧虑与反感。整个犹太复国主义运动实验的核心目标，在巴勒斯坦建立定居点，目标就在于治愈犹太人的这些创伤和神经症，它们完全就是那种强加给他们的无根感所造成的。因此，他特别不喜欢那种由先锋派的高雅时髦、政治狂热、愤世嫉俗、低级庸俗、聪明滑头、黑色幽默、心照不宣和偶尔的苦涩洞见混杂而成的东西，而那些聪明能干、尤其是来自中欧的犹太记者正在拿这种东西充斥全球报纸的版面。

他更痛恨愚蠢，而且懒得费力去加以掩饰。晚年，他在雷霍沃特家中过着平静而又极为荣尊的生活，成为举世敬重的人物，但他偶尔还是会为以色列国噩梦般的前景而忧心忡忡。他认为犹太人一方面很愚蠢——幼稚、无畏而盲目——一方面又染上了奴隶们才有的堕落且具破坏性的狡黠，因在隔离区寄居太久而带有漫无目标、不负责任、虚无主义的不安习性，这些合起来会危及以色列。不过，他也认为这种情况也许不会发生。进而，一想到克服了自己年少时和成年后的千难万险而梦想成真，真正生活在犹太人——一个有了自己国家的自由民族——中间，他就充满了不可思议的幸福感。

从宗教上而言，他不是正统犹太教教徒，但他过的完全是一个犹太人的生活。他对教权主义没有好感，却亲切地深谙虔诚而严守教规的犹太群体丰富的传统生活中的一切细节，因为童年时代在东欧的乡村和小镇过的就是这种生活。对于他的宗教信仰，我不能妄加谈论；我所能证明的就是他深深的与生俱来的虔诚。他晚年时，我曾不止一次

94

在场看到，他主持逾越节家宴时，表现出一种令人感动的尊严和高贵，颇有犹太人的族长之风范（他已成为这样一位长者）。从这个意义上说，他已经跟犹太大众的生活紧密联系在一起了，他的乐观主义源于犹太人共同的信念，即他们的事业是正义的，他们的苦难不能再继续下去了，地球上肯定存在着某个角落，可以让他们的人权主张——他们最深切的愿望与希冀——最终得到满足。他和他们都不会接受这样一个命题：对于地球上最脆弱和最悲惨的少数民族要求公正与平等的呼声，人类中的大多数会永远无动于衷。人们必须通过自己的努力和斗争来确保自己的基本权利，这是首要的前提。然后，如果人类良心这一伟大法庭认定这些权利主张有效，那么他们早晚都会如愿以偿。武力和投机取巧都无济于事。只有建立在真正需求基础上的信仰和努力才起作用。"奇迹确实会发生，"他有一次对我说，"但你必须非常努力地为之而奋斗。"

他相信自己会成功——他从未怀疑过这一点，因为他感受到了背后千百万人的压力。他相信，如此之多的人如此热切、如此正当渴望的东西，是不可能永远被置之不理的；道义的力量，只要行之有效地组织起来，总会战胜单纯的物质力量。正是这种沉静而绝对的信念，使他得以在世界上的政治家中造成一种奇特的错觉，觉得他本人就是一位世界级的政治家，代表着一个流亡政府，背后站着一个庞大、齐心、强大而又善于表达的群体。毫不夸张地说，没有什么比这更虚假了，双方都很清楚这一点。然而双方行事——谈判起来就跟事实真的如此一样——仿佛彼此是平起平坐的。如果说他没有造成有求于人者往往会带来的那种尴尬的话，那是因为他非常有尊严，而且很洒脱。他可以令人望而发怵；他出言不逊，在他那个时代，留下了一些叫人非常难忘的辱骂之词。据称，哪怕只是想到这位来自一个不存在的强国的难以对付的特使要来访，大臣或部长们个个都会紧张得直往后缩，因为他们担心谈到头来，没准儿会成为一次让人招架不住的道义经历，还担心，不管上司交代得如何明确，他们最终都会对这位说一不二的客人做出一些关键性让步，而让步的理由，他们自己事后都说不清，道不明。但是，无论他使出的是什么样的奇特魔法，其中显然缺少的一个元素就是悲情。哈伊姆·魏茨曼是当今世界上第一个完全无拘无束的犹太人；而且以色列国，不管它是否清楚这一点，都是按照他的想象建成的。从未有人在有生之年为自己竖起这样一块无与伦比的纪念碑。 96

菲利克斯·法兰克福特在牛津

　　我第一次见菲利克斯·法兰克福特，想来是在1933年秋季学期的头一周或第二周，地点是基督教会学院罗伊·哈罗德的办公室，10月的一天下午，为了还一本书，我去了那里。我刚一进门，西尔维斯特·盖茨就跟着进来了，他当时在伦敦当律师，我跟他相熟；随他前来的人个子不高，衣冠楚楚、风度翩翩，经介绍，得知是法兰克福特教授。说来惭愧，我当时几乎没听说过他的大名：我隐隐约约把这个名字跟罗斯福及其新政联系起来了，不过不是很清晰。这也许只能证明我孤陋寡闻，不了解国际大事。作为伊斯特曼讲席访问教授，菲利克斯·法兰克福特即将光临本校，在牛津法学院是否引起了轰动我不清楚，但我可以证明，除此之外他的到来是没有什么风声的。外国大学的名教授来访在牛津并不罕见，和现在一样；无论多么大名鼎鼎，这些来访者都不会受到大张旗鼓的欢迎，过去如此，现在依然如此。确切地说，有时候他们受到的关注简直太少了一点（不论社会学做何解释，这种现象会让一些人如释重负地长舒一口气，而让另一些人大为懊恼和失望）。不管怎样，当我被引见给法兰克福特时，我很想了解他的身份和特点。我知道盖茨是一个极挑剔的人，说得确切一点，是我所见过的最为聪明、最有才华和最有修养的人之一。他带来了一位朋友———一位法学教授，在他自己的领域里无疑是出类拔萃的——我所知道的就是这些了。然而，还不到五分钟，屋里的人就聊开了，聊到政治，聊到名人，聊到史汀生先生（显然是这位教授很了解的人）、约翰·西蒙爵士、萨科和万泽蒂、日本人侵中国东北、哈佛校长洛厄尔及其对待哈罗德·拉斯基的态度。在所有话题上，这位陌生的教授都极大地活跃了气氛，谈吐中那种知识和妙想的结合，如此别开生面而引人入胜，虽然我本来没打算多待的，可听着听着，就听得出神了，生性喜欢插嘴打岔的我居然一声未吭。听了一个小时左右之后，一个重要的约见才终于迫使我离开，也没来得及搞清这个不寻常的人是何方神圣。

几天以后，他来到我本人所在的全灵学院赴宴，宴请他的东道主，我想是《泰晤士报》的主编杰弗里·道森，也是那个时代英国最有影响力的政治人物之一。此时，我已经搞清了这位了不起的陌生人的身份，在全灵学院，想不了解这种信息都不可能。道森和他圈子里的人（道森不仅自己邀请了一些客人，还让他的朋友们也邀请了一些），在我看来，不只是把法兰克福特看作一名学者，更是把他视为华盛顿一个有影响力的人物、美国总统的一位密友兼顾问、一个因为明摆着的公共原因而显然值得结交的人。对于这次宴请招待，法兰克福特反应极其自然，没感到不自在。我认为他并不讨厌成为这种关注的对象——这在全灵学院并不令人惊讶，因为全灵学院，尤其在那个时期，是很多杰出的公众人物，包括一些非常有权有势的人物聚会的地方——不过，他一点儿都不摆架子，不傲慢自大，也不像一个名人意识到在同地位相当的其他要人讨论国是时常有的那样字斟句酌，煞有介事。

他口若悬河，滔滔不绝，言语里充满了欢乐和率性，给人以极其自然美好的印象。他的举止与当时坐在周围占据他注意力的一些地位高的人形成了几乎是太过鲜明的对比，这些人一个个都神情拘谨、道貌岸然，还有的虚荣自负。他畅所欲言，观点鲜明，坚持自己的意见，不论大小都不含糊；而其中有些观点和政治论断，对在座的那些较为保守的公

99

众人物而言，显然是过于激进了。不过，这些观点却深受我们这一代院员中大多数人的欢迎和高度赞同，我们当时都非常年轻，构成了法兰克福特的外圈听众。在当时大多数政治和社会问题——日本侵占中国东北、"银行家的敲诈"[1]、法西斯主义、希特勒、失业、经济衰退、公共安全等方面（阿比西尼亚和西班牙的事还未发生），我们与多数老一辈之间都存在着不可调和的观点分歧。

　　谈了约两个小时的严肃问题后，法兰克福特以犀利的眼神扫了一眼四周，决定设法脱身。他显然有些坐立不安，从椅子上站了起来，好像是要朝一张摆着一瓶瓶威士忌、白兰地和苏打水的桌子走去。可离桌子还有很远时——他显然不需要那些人工物品来提神——他就一把拉住一个长得精神且招人喜欢的初级院员，跟他聊起一些无关痛痒的话题。道森、西蒙、莱昂内尔·柯蒂斯及其他要员试图让他回来谈谈重大的英美关系问题，但没成功，他不愿撇下这个初级院员——在我印象中，这名院员就是后来在印度问题上见解独到，敢作敢为，发挥了令人钦佩的作用的彭德雷尔·穆恩——而且坚持涉入一些纯学术的争议，那显然是这些政客所不感兴趣的。很快，他翩然来到了屋子的一个角落里，那些资历较浅的院员正在这儿你一句我一句地闲聊。在这里，他100　表现出了一股子非常快乐、孩子般天真的热情，给人的感觉是，他聊到什么时都是那么兴致勃勃，让这些年轻人既折服又兴奋，一直跟他聊到了第二天凌晨。

　　不管在牛津的什么地方，每次在晚宴上碰到他，我都会发现一个同样的现象：总有一帮人决心跟他套近乎，他们认为他是美国法律界和政府中有影响力的圈子中的代表人物，跟他攀谈既是自己的权利，也是应

　　1　1931年8月英国爆发了一场导致工党政府下台的政治危机，其直接起因就是当时全球经济大萧条带来的一场金融危机，而拟辞职的农业大臣克里斯托弗·阿迪森（Christopher Addison, 1869—1951）把这场金融危机视为"银行家的敲诈"（bankers' ramp）。——译注

尽的义务；而这位伊斯特曼讲席教授对这些人的反应也都是千篇一律，彬彬有礼，却并不热情。他显然并没有意识到某些人比另一些人要重要得多；他对每个人都很亲密，这让最重大场合中的气氛也轻松起来，并且让那些年轻而敏锐的人高兴。

1920年代和1930年代初的牛津，跟现在比起来更刻板、级别意识更强、等级更分明、更以自我为中心（当然，也许只是因为我当时年轻才这么认为，但我相信也有很多客观证据可以证明）。菲利克斯·法兰克福特有一种不寻常的能力，可以消除拘谨、破除顾虑，通常能让所接触到的人感到无拘无束。只有那些真正妄自尊大、自命不凡的人才会痛恨这一能力，而且是恨之入骨。我听说连梅纳德·凯恩斯——他本人对装腔作势之徒毫不留情就是出了名的，也是这方面相当了得的专家——都认同法兰克福特是这一行的大师。事实上，他说过就这方面而言，在他认识的美国人中，他把法兰克福特排在第一，虽然他觉得霍姆斯更令人生畏、更不愿意心慈手软。

诚然，法兰克福特也有自己的盲点。他是个真正的亲英派：英国人，无论他怎么看他们的公共政策，就他们个人而言，在他眼里是很少做错事的。一个英国人要做大量的蠢事、恶事、丑事或粗野之事，才会在菲利克斯·法兰克福特心里激起不友好的情绪。大体而言，凡是招人喜欢的，他都喜欢，来者不拒，而且他极为讨厌不得不讨厌什么。他对所有事情都津津乐道，譬如学院里一名退伍军人院员与另一名退伍军人院员的关系；C. K. 奥格登[1]对伦敦餐馆的看法；当时流亡英国的德国人纷纷讨好自己的学术主子，所取得的成功却不尽相同，以及由此而带来的可笑的社会后果；萨尔韦米尼[2]如何贬损哈罗德·拉斯基对柏克夸大其词的颂扬；还有他自己在伦敦和牛津所取得的进展。他对荒唐可笑事物的

101

1　Charles Kay Ogden（1889—1957），英国语言学家、哲学家、作家。——译注
2　Gaetano Salvemini（1873—1957），意大利反法西斯政治家、历史学家、作家。——译注

感觉是单纯而敏锐的,对荒诞不经的东西有难抑的兴致。他不是所谓的好听众:他太忙了,就像一只蜜蜂一样,不停地携带着从无数花朵(还有的对有些人来说只是杂草)中采到的花粉飞来飞去,传播花粉,使得一些从没见开过花的植物突然开了花。他的那些简短备忘录,只有几行,一般都是用铅笔草草记下的,往往附有剪报或节选复印件,搅动了一潭潭从没听说活动过的死水;他展现出的这种社交才华堪称天赋。

还是回到牛津吧,那些对地位很敏感、生怕自己得不到充分认可、害怕各种不恭的人,抱怨这位伊斯特曼讲席教授举止过于轻浮、缺乏品位、语笑喧哗、稚气十足、一身美国人习气、显出不成熟的热情,对整个欧洲特别是牛津的独特品质不敏感——显得很不庄重,故意蔑视此间的地方精神——如此等等,不一而足。这些指责无疑是空穴来风,我们的客人从来不曾为不敬而不敬。恰恰相反,他很欣赏牛津,欣赏得太深切太诚挚了,其情感远远超过那些批评他的人。他理解应该理解的东西。如果他偶有尖锐之词,那也是刻意为之的,而且在以后四分之一个世纪里支撑牛津核心传统,也支撑二战前后英国学界生活许多核心传统的人士中,大部分人听了都并不觉得刺耳。我不晓得他对牛津的律师们或去听过他讲座的那些大学本科生产生了什么样的影响。就我和我的朋友们而言,他慷慨地让自己的友人沐浴了思想与情感的金色甘霖,而他蕴含于其中的才华,解放了那些需要解开自身枷锁的人。

在他第一次和以后的来访期间,每当我在学院或私家晚宴上见到他,总能看到同样的现象:他是核心,是一圈热切而兴高采烈的人的活力与灵魂;他生气勃勃,有无限的欣赏之情,乐于看到一切表现才华、想象或活力的东西。用一个他不喜欢的人的话说,他能极大地提升生活乐趣。难怪就连我们中间最冷冰冰的怪物也会受到他的感染,发现自己不由自主地既尊敬他又喜欢他。只有那些最自负、最"另类"(这个词当时还不常用)的人,才会对那种很特别的活力无动于衷,或者深恶痛绝。在我看来,对待他的态度可以作为一个简单却不失有效的标准,用来衡量一个人是喜欢还是厌恶生命力。我丝毫没有要把这一点作为一个道德判断或价值判断的意思：有些最珍贵的道德、审美和智力品质，与对生活的积极态度似乎并不相容。我只是想实事求是地指出这一区别。

他又来过我们这里两次，一次是纯粹的私人访问，一次是为了接受荣誉学位。两次所受到的朋友欢迎，以及朋友的朋友的欢迎，用"热烈"一词来形容一点都不为过。我不记得当时或任何时候，他发表过什么特别令人难忘的高见或警句，也不记得别人对他说过什么特别令人难忘的话，但在我的记忆里有两次较为突出。一次是在基督教会学院的晚宴上，如今我已想不起来是谁做东了——也许还是罗伊·哈罗德。我只记得，餐后我们中一些人表演了一个节目，受这位活力四射的贵客的感染，表演（如果我没记错的话，剧情跟18世纪一个好吃醋的法国侯爵与他水性杨花的妻子有关）充满了激情，非常传神。参与这次演出的是哪些人我就不透露了，他们后来全都成了名人。菲利克斯一边观看一边不停地拍手叫好，使演员们越演越起劲儿，最后完全进入角色，发挥到了极致。我觉得我永远也不会忘记这一非凡的场合上，演员们的面部表情、动作姿势，还有语调上的抑扬顿挫。要让牛津的这些讲师（一个已经极为拘谨、压抑的社会中最拘谨、最压抑的一帮人）冲破束缚到这样的程度，这可不是什么轻而易举的事情，只有最强有力的力量——种足以破解最神圣魔咒的灵丹妙药才能做得到。在我看来，从菲利克斯的职业生涯一开始，在他所有从最私密到最公开的行为中，都显然具备这种解放力量。可能成为这股力量最大的天然和人为障碍的牛津，证明了这股力量的的确确是无法抗拒的。

另一次他自己在回忆录中提到了：他和他夫人[1]在当时还位于公园

103

1　我此处只字未提马丽恩·法兰克福特（Marion Frankfurter），是有意略去的：她各方面都太出众了，不能在这种难免显得轻描淡写的地方介绍。她堪当专文加以刻画，我想，她的朋友中谁都不会否认这一点。我所奉行的原则是：与其随便描绘几笔，还不如留下一张白纸。

路上的伊斯特曼楼举办晚宴，出席的有西尔维斯特·盖茨、弗雷迪·艾耶尔[1]及夫人蕾妮·艾耶尔、戈伦韦·里斯[2]、莫里斯·鲍拉[3]以及一两个其他人，在我印象里，移居国外的名流盖伊·伯吉斯[4]也在其中，当时他还在牛津谋职，具体是什么职业我们不清楚，我记得他发表过一封关于理财建议的致全体市民的公开信之类的东西——不管怎么说，他很善 104 应酬，而且那段时间还是我以及在座的其他几个人的朋友。

　　要向别人表述某一特定场合——特别是私人场合——到底是因为什么而有趣或难忘，向来都是很困难的。有的人这样写道："把我们笑得眼泪都顺着脸颊往下流"；也有这样写的："他的样子极具魅力，让人难以抵挡，他的机智风趣，没人可以模仿，逗得我们大家一阵阵开怀大笑！我们当时多开心啊，那么年轻、那么快活、那么兴致高昂！几乎就没看出笼罩在我们头上的阴影！某某某后来的命运，回想起来多让人伤心！这是怎样的一个夏天啊，等等。"没有什么比这样的文字传递给读者的信息更少，或者（确实）更令人作呕的了。根据菲利克斯本人稍欠准确的说法，这个晚会是以弗雷迪·艾耶尔和西尔维斯特·盖茨两人打的一个赌而结束的，赌的是哲学家路德维希·维特根斯坦说过的"对于不能说的东西，我们必须保持沉默"那句话在其《逻辑哲学论》中是出现了一次还是两次。弗雷迪说维特根斯坦只可能说过一遍。然后大家就让他打的回高街他自己的寓所去查对原文，回来后，他说维特根

　　1　Sir. Alfred Jules Ayer（1910—1989），英国哲学家、逻辑经验主义者。因《语言、真理与逻辑》（*Language, Truth and Logic*）而闻名于世。1970年受封为爵士。——译注

　　2　Goronwy Rees（1909—1979），威尔士人，记者、学者、作家。——译注

　　3　Maurice Bowra（1898—1971），研究古希腊和古罗马的古典学者、文学批评家，出生于中国九江，曾担任牛津大学沃德姆学院院长和牛津大学副校长。——译注

　　4　Guy Burgess（1911—1963），曾在英国外交部任职，著名的剑桥间谍帮（克格勃称为"剑桥五杰"）中的一位，在冷战前和冷战期间曾向苏联传递过不少西方情报，1951年叛逃到了苏联。——译注

斯坦确实像盖茨所坚称的那样说了两遍（一次是在序言里，[1]一次是在正文中），并付了十先令的赌金。

这件事为什么这么难忘呢？唯一的解释就是此次和其他晚宴给人带来的风雅之乐和普通幸福感，在像牛津大学这样非自然氛围的机构里实在是太鲜见了。在牛津，内敛含蓄与牛津人的职业相伴相生——它并非人类情感宣泄和学术解放的巅峰。法兰克福特勇敢、直率、诚实，有才智，也爱才，对各种观点都感兴趣，为人不做作、朝气蓬勃、开朗愉快，极善辨识滑稽荒唐，古道热肠、慷慨大方（思想和情感皆是），讨厌华而不实、徒有其表、自以为是、正统保守之徒，讨厌墨守成规、胆小怯懦，尤其是在高位（那种地方也许难免如此）——到哪里还能找到另一个这样集多种特点于一身的人呢？更何况，他还是一个让人感动、令人愉快的英国迷，对英国、英国机构和英国人充满了孩子般的激情，热爱所有那些理智、精练、不粗劣、文明、中庸、平静、不残暴、得体的东西，热爱那些自由和宪法传统——它们在1914年之前对心灵和想象力是那么珍贵，对于在东欧和中欧长大的人来说尤其如此，对于受压迫的少数族裔来说，则更是如此，他们感觉自由和宪法传统缺乏到了令人痛苦的程度，于是寄希望于英国，有时候也寄希望于美国（这两个体现了相反品质的巨大堡垒），到那里寻求确保人类尊严和自由的一切。有时候菲利克斯·法兰克福特身上有 一种东西被当成了势利 这是对他性格的一个极大误解——实际上，那种东西就是上述感情。巴勒斯坦动荡时期，他对英国的感情遭受到了强大的压力。他是个坚定的犹太复国主义者。他在牛津与雷金纳德·库普兰就这个问题的交谈至今尚无记载，库普兰是巴勒斯坦问题皇家委员会报告的主要作者，而该报告迄今仍不失为对当时巴勒斯坦问题的最好阐述。库普兰经常说，在这个问

105

1　［不过正文结尾处所用的是"reden"（德语：谈/讲/说）一词而不是"sprechen"一词。以赛亚·伯林把赌注押在艾耶尔一边，也付了赌金。］

题上，法兰克福特教给他的东西，比奉命向他介绍情况的官员都要多，还说其大胆和坦率的观点无疑给自己树了很多敌人。法兰克福特在犹太复国主义运动中所发挥的作用，就跟他对法律的贡献、对新政的影响、当教授之前在美国政府部门的工作、为萨科和万泽蒂所做的辩护，以及他的公众生活和总体影响一样，也许比我前面所谈的他那些个人品质更值得评论和称赞。但正是最后这些特质，而非令殷勤招待他的106 英国政要们看重的那些品质，在牛津学术圈中产生了最深刻的影响。

从来没有人以这么快的速度拿下过一个令人望而生畏的堡垒，让其中那么多难以攻破的顽固分子为之倾倒。讣告中往往会提到逝者的"友谊天赋"。在我看来，菲利克斯最难得的个人天赋，并非这一陈词滥调所标榜的含糊品质，而是一种无与伦比的解放力量，这种力量可以把拘禁在习俗、压抑和社会恐惧的冰壳下的人类解放出来。正是这样的品质冲破了我们的防线——把很多善良、热心、聪明的好心人挡住并无107 谓地拒之门外的一道道壁垒。

奥尔德斯·赫胥黎

　　1920年代中后期，圣保罗学校八年级经典阅读和历史的中高级学习非常高端，但与学校的老师们没有直接的关系，这些老师可敬、多愁善感、缺乏想象力（只有一个例外——这位老师名气不大、性格怪僻，是利顿·斯特雷奇的同龄人和忠诚追随者）。虽然素养最好的老师推荐的是萧伯纳、威尔斯、切斯特顿、吉尔伯特·默雷[1]、弗莱克[2]、爱德华·托马斯[3]、萨松和《伦敦信使报》，我们读的却是乔伊斯、弗班克[4]、爱德华·卡彭特[5]、

　　1　George Gilbert Aimé Murray（1866—1957），澳大利亚裔英国著名古希腊语言与文化学者。所著《古希腊文学史》（*The Literature of Ancient Greece*）被公认为权威性著作。——译注

　　2　James Elroy Flecker（1884—1915），英国作家。著有诗歌《通往撒马尔罕的黄金之路》（*The Golden Journey to Samarkand*）、戏剧《哈桑》（*Hassan*）等。——译注

　　3　Philip Edward Thomas（1878—1917），盎格鲁-威尔士诗人、随笔作家。一战时战死沙场。——译注

　　4　Arthur Annesley Ronald Firbank（1886—1926），英国小说家，受王尔德唯美主义影响较大。——译注

　　5　Edward Carpenter（1844—1929），英国社会主义诗人、哲学家、人类学家及同性恋运动先锋。著有《文明及其起因与矫正》（*Civilisation, Its Cause and Cure*）等。——译注

个人印象

温德姆·刘易斯[1]、席勒的《逻辑》[2]、霭理士[3]、艾略特及其《标准》[4];还在阿瑟·考尔德-马歇尔[5]的推动下,读了 H. L. 门肯、卡尔·桑德堡、舍伍德·安德森的作品,他哥哥当时在美国,很喜欢这些人的作品;我们对谷克多[6]、《过渡》[7]、早期的超现实主义作家和艺术家也感兴趣。我们瞧不上德斯蒙德·麦卡锡主编的《人生与文学》,认为它没劲而保守。解放了我们思想的主要是 J. B. S. 霍尔丹[8]、埃兹拉·庞德和奥尔德斯·赫胥黎[9]。

　　我本人不能说被谁给解放了;如果说我当时身处各种束缚之中,那么我必定还是没有摆脱这些束缚。不过,正像以伏尔泰为首的文人拯救了18世纪众多受压迫的人一样,也正像此后拜伦、乔治·桑、易卜生和波德莱尔、尼采、王尔德和纪德,或许还有威尔斯或罗素所做过的

108

1　Wyndham Lewis(1882—1957),英国艺术家、作家。旋涡画派的创始人之一,讽刺文学经典之作《上帝之猿》(The Apes of God)的作者。——译注

2　F. C. S. Schiller, Formal Logic: A Scientific and Social Problem(London, 1912).

3　Henry Havelock Ellis(1859—1939),英国思想家、文艺批评家、性心理学家、西方现代性学的奠基人。潘光旦曾将其 Psychology of Sex: A Manual for Students 译成中文《性心理学》。——译注

4　英文名为 Criterion,1922年10月由 T. S.艾略特创办并主编的一本文学期刊,艾略特的《荒原》(The Waste Land)就发表在这本杂志的创刊号上。——译注

5　Arthur Calder-Marshall(1908—1992),英国小说家、散文作家、批评家、传记作家。1930年代加入英国共产党。——译注

6　Jean Cocteau(1889—1963),法国诗人、小说家、画家、电影导演、编剧、演员等,超现实主义艺术的先驱。——译注

7　英文名为 Transition,由作家、批评家兼翻译家尤金·乔拉斯(Eugene Jolas,1894—1952)和夫人在巴黎创办的一份有着超现实主义、表现主义和达达主义等特色的先锋派文学刊物。——译注

8　John Burdon Sanderson Haldane(1892—1964),原籍英国的印度生理学家、生物化学家和群体遗传学家。1957年因抗议英法入侵苏伊士而迁居印度,1961年加入印度籍,并将其主编的英国《遗传学学报》带到了印度。——译注

9　Aldous Leonard Huxley(1894—1963),一译阿道司·赫胥黎,其祖父为《天演论》作者托马斯·赫胥黎。——译注

那样,我们这代人也在那些关心自身时代各种核心问题的小说家、诗人和批评家的帮助之下找到了自我。比起敏感或独创天赋来,社会和道德勇气有时能产生更具决定性的影响作用。我的一个同龄人,[1]为人特别正直,智力超群,做事极富道德责任感,但由于社会地位不稳定,加上父亲又是个严守清教戒律的人,他在道德上曾一度受到束缚和扭曲,读了奥尔德斯·赫胥黎的作品,尤其是《各安其位》[2]及一两个短篇小说后就解放了(就像其他人借助精神分析治疗,或者读阿纳托尔·法朗士[3]的作品,又或者跟阿拉伯人在一起生活而获得了解放一样)。这些作品有如明灯,为他照亮了黑暗的地方,说出了说不得的话,细腻而又充分地描绘了私密的生理体验,过去哪怕是以最隐晦的方式提到这方面的事情,都会令他深感不安,有一种做了亏心事后的强烈愧疚感。从那一刻起,我的这位朋友思想上就进了一大步,并且成为我们那个时代最受人敬重也最富有成果的学人之一。然而,更吸引我们那代年轻人的并不是这种疗效,而是这样一个事实,虽然老有人评论赫胥黎在塑造人物上的无能,但他属于屈指可数的那种作家,能把思想表演得那样酣畅淋漓,那样兴高采烈,技巧又是那样精湛,结果把反应敏捷、已经看透了萧伯纳和切斯特顿的读者看得眼花缭乱,兴奋不已。这样的本事是在相对来说很少的质朴道德信条背景下演出的;这些道德信条虽然让技巧成就的辉煌给掩盖了,却实实在在地在那儿,明白易懂,就像一个单调、持久、连续的固定低音,徐徐地、咚咚不停地贯穿精巧的才华展示的全

1　〔赫伯特·哈特。〕

2　英文名为 *Point Counter Point*,一译《点对点》,源于音乐中"点对点、音对音"的对位法,暗示其小说创作借用了这一方法。张爱玲译为《针锋相对》。——译注

3　本名雅克·阿纳托尔·弗朗索瓦·蒂波(Jacques-Anatole-François Thibault,1844—1924),法国诗人、作家、文学评论家,1921年诺贝尔文学奖得主。阿纳托尔·法朗士(Anatole France)是其笔名。有《诸神渴了》(*Les dieux ont soif*)等作品译成中文。——译注

过程，在十七八岁的孩子们的心里产生了深刻影响——不管这些孩子可能天真地认为自己是多么复杂或者多么颓废，就绝大多数而言，他们都还是满腔热切，道德上也容易受到影响的。

我怀疑这种影响后来减弱了，因为这种固定低音——赫胥黎道德和精神哲学的简单重复的模式——在他后期小说里越来越挥之不去，毁掉了那振奋人心、欢快大胆、"现代"的新古典主义音乐的高音，而唯有糅进了这样的高音，他的小说才呈此等杰作。20世纪四五十年代那位严肃、高尚、慈悲、宽容的人赢得了普遍的尊敬与钦佩。但是，这种潜移默化的力量——影响——属于早期那个"愤世嫉俗"、否认上帝的赫胥黎，是家长和老师们害怕和不认可的东西，是可恶的虚无主义货色，而其中的一些情真意切、甜蜜伤感的段落，尤其是谈音乐的段落，却被那些自认为沉迷于离经叛道的战后时代最危险、最奇异恶习之一的年轻读者全盘接受，而且是欣然接受了。他曾经是我们年轻人心目中伟大的文化英雄之一。

不是1935年，就是1936年，我在剑桥罗特希尔德勋爵——我和他共同的一个朋友——家里见到他时，原以为会让他给吓倒，而且可能还会遭到他毫不客气的冷落。没想到他非常客气，对在场的每个人都很宽厚。大家一起玩智力游戏，在我看来好像是这样，几乎每顿饭后都会玩；大家都喜欢展示自己的才智与知识。赫胥黎显然很喜欢这些活动，但他始终不与人争，与人为善，又清高不群。等到游戏终于结束时，他便会用他那始终不变的低沉、单调的语调谈论形形色色的人和五花八门的思想，感觉就像是站在一个极远的角度，把他们当作奇怪但有趣的物种加以描述，说他们古怪吧，但又丝毫不比世界上的很多其他物种更古怪，他似乎是把这个世界当作某种博物馆或百科全书来看待的。他说话平心静气、言恳意切让人可亲，而且非常直率。他的言谈中没有丝毫恶意，也极少有刻意的嘲弄，只有一些最温和的、最无伤大雅、最无冒犯之意的调侃。他喜欢描绘预言家和秘法家，但哪怕是对他不大喜欢的凯泽林伯爵[1]、邬斯宾斯基[2]、葛吉夫[3]这样的人，他也给予了应得乃至高于应得的对待；就连对米德尔顿·默里，他也比在《各安其位》中的刻画要留情一些，郑重一些。[4]赫胥黎侃侃而谈：他需要听众聚精会神和安静，但他并不孤芳自赏，也不盛气凌人，在座的每个人都会为他平静的魅力所折服，耀眼的光亮从空气中消失，每个人都变得冷静、肃穆、专注而又满足。

我所试图描绘的画面也许传递了这样一个意思：尽管赫胥黎有着种种高尚的品质，可他同一些非常优秀的人和才华横溢的作家一样，没准儿是一个乏味或爱说教的人。但从我仅有的几次跟他邂逅的情况来看，完全不是这样。他具有极大的道德魅力，为人也极其正直，正是这些罕见的品质（就如在其他方面迥然有别的G. E. 摩尔[5]一样），而不是卓越的才华和独特的创造力，弥补且不止弥补了任何缺乏光彩的特质，

1　Hermann Alexander von Keyserling（1880—1946），旧译盖沙令，德国社会哲学家。曾于辛亥革命结束后不久到访中国。在其《一个哲学家的旅行日记》（*The Travel Dairy of a Philosopher*）下卷中曾以较浓的笔墨叙述了其中国之行及对中国哲学的认识。——译注

2　Peter D. Uspensky（1878—1947），俄国数学家、哲学家、密传师（esotericist）。著有《第四维》（*The Fourth Dimension*）、《第三工具》（*Tertium Organum*）、《第四道》（*The Fourth Way*）等。中央编译出版社先后出版了其《人可能进化的心理学》《探索奇迹》等著作。——译注

3　George Ivanovich Gurdjieff（1866?—1949），20世纪颇有影响的哲学家，东西方古老神秘学的集大成者。曾游学包括中东、中亚、印度、埃及在内的许多古老密意知识流传的地域。中央编译出版社先后出版了其《与奇人相遇》《来自真实世界的声音》等。——译注

4　在《各安其位》中，那个表面上道貌岸然且喜欢自责的道德家，骨子里却斤斤计较、贪得无厌而又好色的丹尼斯·柏垃谱的原型就是米德尔顿·默里（John Middleton Murry，1889—1957），英国作家、评论家。——译注

5　George Edward Moore（1873—1958），英国哲学家，分析哲学的创始人之一，主要贡献在伦理学上。曾长期担任《心灵》（*Mind*）杂志主编。主要著作有《伦理学原理》《哲学研究》《哲学的几个主要问题》等。——译注

以及他那四平八稳、毫无抑扬顿挫的话语中的某种平淡之感，我们都非常乐意且毕恭毕敬地洗耳恭听。

赫胥黎笔下的那个社会让第二次世界大战毁之殆尽了，于是他似乎把自己兴趣的焦点从外部世界转向了人的内心生活。他研究这一切依然沿用了严谨的经验主义方法，直接涉及以口头和笔头形式记录下来的个人经历的事实。其研究方法中推测性和想象的成分只是在于：在他看来，人们往往把宝贵的人类经验的范围想象得过于狭隘；他所赞赏的那些关于人与人、人与自然关系的假说和思想，比起很多传统的生理学或心理学来，把通常称为奇异或超自然的现象阐释得更有道理，尽管他觉得它们似乎与不恰当的模式联系在了一起。他有一个目标，并为之倾注了心血。这个目标就是让他的读者（科学家和外行们）都认识到人为分开的领域之间迄今尚未充分研究和描述过的关系，如身体与心理、感官与精神、内在与外在等领域。他后期的大多数作品——小说、散文、讲稿、论文——都是围绕这一主题展开的。从"人道主义者"这个被严重滥用的词最严格和最高尚的意义上讲，他是一个人道主义者；18世纪的许多哲学家都把人类看作自然界的物体，他对这个意义上的作为自然之物的人类很感兴趣，而且和他们一样关心人类。他对人类的希望寄托在自我认识的提高上：他担心人类会因为人口过多或暴力而毁掉自己；就此而言，只有更多的自我认识才能够拯救人类——最重要的是，要对精神力量与物质力量紧密的相互作用，对人类在自然界中的位置和作用有一个清醒的认识。在他看来，在这个问题上科学和宗教都轮番给过人们启迪，也让人们陷入过蒙昧。

对于凡是瞅见了一鳞半爪的真相，就想将其系统化的人，他都会持怀疑态度。只有神秘主义者和有预见力的人，也就是他认为特别敏感、有异禀或极幸运，靠专心致志的苦练可以培养和增强视力的人，才能得窥真相。他不承认有什么超自然的恩赐；他不是一个有神论者，更不是一个正统的基督教信徒。在他所有的作品中，不管他的灵感是来自马尔萨斯主义的恐慌症，还是源自对强制和暴力的仇恨；不管是来自反对其所谓的盲目崇拜（盲目崇拜某单一价值或制度，而把其他的统统排斥在外，且超出理性的批评和讨论之外），还是源自印度教与佛教经典；不管是来自西方神秘主义者和像梅恩·德·比朗[1]、卡夫卡、布洛赫那样有精神或心理洞察力的作家（赫胥黎还真是一个发现奇才的伯乐），还是源自作曲家、雕塑家、画家，又或是他熟读过其作品的各种语言的诗人——无论他是出于什么样的目的或处于什么样的心情，始终都会回到在他晚年阶段占首要地位的唯一主题上来：20世纪人类的状况。

他就两个方面进行了反复的对比：一方面是人类创造出前所未闻的强大而美好的事物，过上美妙生活——开创一个比人类之前所见广阔得多、光明得多的未来——的新能力；另一方面是人类相互摧毁和全体灭绝的前景，导致这一前景的原因在于无知，而无知的结果便是沦为非理性偶像和毁灭性炽情的奴隶，原则上说，非理性偶像和毁灭性炽情是所有人都可以控制和引导的力量，有些个人实际上已经做到了。也许，从斯宾诺莎之后就没有人如此强烈、如此一贯，或如此完全地相信单是知识就能使人获得解放这一原则了，不仅仅是物理、历史、心理或精神方面的知识，这位博闻强记的读者如此持之以恒地在恐惧与希望的交替中探索的，是一幅更为宽广的、把各种公开和隐秘力量都囊括进来的知识全景图。

他后期的作品、小说和短文（有时界限不太明确）在哪里都能受到"礼遇"；礼遇，却缺乏明显的热情。那些把他看作当代路西安[2]或皮考

¹¹³

1　Maine de Biran（1766—1824），法国哲学家、政治活动家。他反对感觉论，论证过内省心理学，发展了基督教形而上学的思想。——译注

2　Lucian of Samosata（约125—180），古希腊诡辩派哲学家兼讽刺作家。计有各类作品八十多篇（部），其《一个真实的故事》（英译本 *The True History*）涉及了外星生物、星际大战之类的科幻主题。——译注

克[1]的人抱怨说，他早期作品中那机智、圆熟的技巧，对事实和思想的戏谑、讽刺的眼光全都不见了；住在加利福尼亚的那个忧郁、睿智的善人已不过是那位在英国文学史上赢得了确定地位的作者的高贵幻影。简言之，有人说他已经变成了一个在俗的布道者，如同其他诗人和预言家一样，已经被灵感抛弃了，因而也和牛顿、罗伯特·欧文、华兹华斯和史文朋[2]一样，到了最后已没有什么东西可说，可还是对越来越少的听众认真地、可敬地、喋喋不休地说那点儿了无新意的东西。但这些批评起码在一个最基本的方面都错了：如果说他是一个预言家的话，那他可是真正的预言家。正如狄德罗的《达朗贝尔之梦》和《布干维尔游记补遗》（特别是前者）预见到了19世纪和20世纪生物学与心理学领域的许多发现，并对自然科学领域的一些重大进展进行了大胆推测，奥尔德斯·赫胥黎也以冷静的艺术家有时所特有的那种对未来轮廓的敏感度，站在我们自我认识的最前沿，并窥见了更远处。他作为一位先驱所预示的，无疑会成为20世纪及随后几个世纪最伟大的进步之一——全新的心理物理学的创立，在目前尚无一个更好的术语，我们姑且称之为身心关系的这一领域的各种发现；在这一领域，当下对于神话和宗教仪式、对社会和个人行为的心理根源、对语言学的生理和逻辑基础的关系，以及对超自然心理现象和通灵治疗之类的研究，不过是其刚刚起步、非常基础的阶段。

赫胥黎很清楚这一点。人们觉得，他知道自己站在日渐消逝的古老占星术和正在人类科学中萌芽的新天文学的交界线上；他也因此而频频受到指责，说他背叛了自己原来信奉的理性主义，偏向了一种混乱

1　疑指 Thomas Love Peacock（1785—1866），英国讽刺作家和诗人，雪莱的好友。——译注

2　Algernon Charles Swinburne（1837—1909），维多利亚时代最后一位重要诗人，以音调优美的抒情诗最为闻名。早期作品中含有背叛传统的性爱主题和无神论观点，但随着年岁的增长，政治观点开始变得保守，作品也更趋传统。——译注

的神秘主义；说他为了逃避自身的种种个人痛苦，还有自己所处的那片苍凉的天地，可悲地陷入了非理性主义；还说他为了那让人听了很舒服的朦胧、肤浅、伪宗教思想的含糊其词，软弱地放弃了自己从前对清楚、准确、实在有形之物的信奉。他怀着极其恬淡的心情，以极大的耐心承受了这些指责。他非常明白人们说的是什么，对于这些态度，他要是愿意的话，可以画出一幅惟妙惟肖的讽刺画，没人能比他画得更好。而他之所以我行我素，并不是因为他那曾经如宝石般的才华已经有些减弱了，而是因为他确信自己所选择的是一个将会取得最伟大的进步，也最能带来天翻地覆变化的领域。

我最后一次见他的时候，他什么别的也没说——至少是没公开地说，只谈了一点，就是对科学和生活所严格区分开的事物，有重新整合的必要性；也就是恢复人类与非人的自然界接触，找到良方矫正人类不平衡的发展倾向：过分偏重观察、批评、理论方面，远离了各种感官的和谐发展——"植物灵魂"——人与动植物所共有的东西。别人也谈过这个问题。现代反对异化的大声疾呼不仅源自缺乏社会和谐与共同目标，同样也源自人们意识到自己脱离了自然进程。但很显然，赫胥黎并不认为通过制度变革，不管是渐进的还是革命性的，就能修复这种结构；也不认为仅靠心理治疗就可以矫正，虽然他很重视心理治疗。他相信世界上有些区域，在土著人和非欧洲文化之中，那里存留了多种形式的生命，或者至少是还没有消失殆尽——对这样的生命的重新发现，因为是基于传统和经验的，会提供一条比议会法案、社会革命、机械发明，乃至他深信不疑的教育革新都要更近便，且更有把握的捷径。

在人类未来经验的光照下，也许有一天他说的很多话都会显得模糊或不真实。有很多也有可能被证明是虚妄或荒唐的，就像先驱们和那些有先知先觉的人中屡见不鲜的情况一样。但我必须承认，我认为他把自己出色的才智用在心理物理关系和精神（他更喜欢称为灵魂）因素控制这样的问题上是完全正确的，在这方面，他认为印度人，不论是

115

古代印度人还是现代印度人,都走在了西方人的前头。

　　他所提出的种种警告,不管是在《美丽新世界》[1]中(该书无疑是表达对纯粹科技进步的幻灭方面最有影响力的著作),还是在其他小说和文章中,还有他所做出的种种预言,哪怕是最直截了当和最不艺术的,都足以创造出一种新的体裁,一个悲观的、令人害怕的乌托邦——对于一种观念所产生的意外结果的幻想,那种观念至今还依然被很多不加批评的自由主义者和马克思主义者抱有,用E. H. 卡尔自鸣得意的话来

116 说,一种对“进步”的“过时信仰”。[2]这些小说快要触及西方人当代的经验之骨(换了他,会说成腐烂之骨),因而造成了一种真正的不安。他是一种根深蒂固而又泛滥成灾的顽疾的受害者,对于这样的顽疾,他准确无误地觉察到,很多当代处方都不管用,过去如此,现在依然如此;因为它们太实用,因而也太过目光短浅了,或者说所用的概念对于人性,尤其是对于他所写的那些——在他看来非常重要的——仍然隐藏于人性中而又被忽视的力量来说,太过肤浅、太过原始和短促、太过粗俗和无礼了。他对当代政治学、社会学和伦理学大都存在的这一致命缺陷有清醒的认识。他的作品中既没有连篇累牍的说教,也没有条分缕析的阐述。但他懂得人类过去需要什么,现在又需要什么,也预感到了,人类如果能生存下去,这种需求未来会朝什么样的方向变化——对于这一点,我是确信无疑的。要是我看得对的话,他的那些就连他的仰慕

　　1　*Brave New World*,一译《美妙新世界》。与乔治·奥威尔的《1984》和扎米亚京的《我们》并称反乌托邦的三部代表作,但正如著名批评家尼尔·波兹曼(Neil Postman)在其《娱乐至死》(*Amusing Ourselves to Death*)的前言中所说:“简言之,奥威尔担心我们毁于自身的恐惧。赫胥黎担心我们会毁于自身的欲望。”——译注

　　2　E. H. Carr, *What is History?* (London, 1961), 126. 'History in its essence is change, movement or—if you do not cavil at the old-fashioned word-progress.' [(“历史就其本质而论就是变化、运动或——进步,如果你不对这个过时的词吹毛求疵的话。”)E. H. 卡尔(1892—1982),英国历史学家,专长国际关系史和苏联史,影响最大的著作是十卷本《苏维埃俄国史》、《巴枯宁传》及《历史是什么?》。——译注]

者现在都纷纷（有的是难过地，有的是自感优越地）摇头的作品——总有一天会得到公正评价的。

1961年在印度，我很高兴遇到了他，他和我恰好是新德里召开的同一个会议的代表。他谈起了他经常谈的一个主题，诗人须是先知（vates）——能洞察别人无法看到的东西的人——这是在宣称诗人具备真正意义上的预言能力。在一个他的信仰让他与之产生种种特殊关系的国家，他理所当然地受到了极大尊敬。我们——赫胥黎、美国代表路易斯·昂特迈耶[1]和我——参加了一个招待会，有六七百名学生前来向他致敬并索要亲笔签名。他站在那里看着黑压压的人头，有些受宠若惊和难为情，全场鸦雀无声。一个语中带刺的小伙子打破沉寂，说了这样几句话："在已故的甘地先生之后，泰姬陵无疑就是印度人民最宝贵的财富了。可是赫胥黎先生，您在大作《爱开玩笑的彼拉多》[2]中，提到泰姬陵时语气何以如此轻蔑呢？先生，恕我冒昧地问一下，您是否还继续坚持这一不合宜的看法？"赫胥黎听了感到有趣，同时又隐约有点不快。他说也许自己在说到泰姬陵时是太刻薄了一点，但他并没有存心想伤害任何人的感情，还说审美是一个见仁见智的领域，口味是没有标准尺度衡量的，然后他便渐渐地从这块危机四伏的是非之地抽身，回到了自己最关心的托尔斯泰主题——人类眼下所过的不自然的生活。不

117

1　Louis Untenneyer（1885—1977），美国诗人、批评家、编辑。昂特迈耶是一个自学成才的作家，编辑了近百本图书。——译注

2　在《爱开玩笑的彼拉多》（*Jesting Pilate: The Diary of a Journey*，伦敦，1926年）第57—59页，赫胥黎写道："泰姬陵乃七大奇迹之一。我的向导对我打包票说它'也许是世界上最漂亮的建筑'。循着其建议，我们驱车前往，借着落日余晖，首次目睹了这座奇迹的尊容。大自然为泰姬陵竭尽了全力。西侧是恰如其分的红、橙、黄……大自然，我再说一遍，的确是尽了全力。不过尽管大自然使之生色了，却未能拔高人工的工艺。泰姬陵，即便是在夕阳下，即便有贮水池和河水中荡漾的倒影，即便是在凄婉的翠柏的衬托下——也令人失望……从建筑上说，泰姬陵最大的败笔就是它的那些个尖塔。立在泰姬陵所在的那个台子的四个角的那四个细尖细尖的塔，是人类树立过的最丑陋的构造。"

过，事后他对自己当初的说法会不会有失公允产生了怀疑，于是我们决定再去阿格拉一遭。我们是分头去的：他和妻子跟印度著名小说家穆尔克·拉吉·阿南德[1]一道；我妻子和我是单独坐的一辆车。我们在阿格拉会合，然后一起前往阿克巴的死城法塔赫布尔西格里。赫胥黎很喜欢这座死城。他走路的步态有如梦游者般缓慢、稳健，还带点儿滑行的味道；他庄严而文雅的风度，既动人又非常令人开心。

在去法塔赫布尔西格里的途中，他讲述了自己1920年代访问印度的情况，那一次他住在自己牛津的一个同学家里，现在他的这个同学已是印度上议院的议员，一位杰出人士了，这次也对他的到访表示了热烈欢迎。他把贾瓦哈拉尔·尼赫鲁的父亲莫逖拉尔描述了一番，说那是118 一个很讲究仪表和举止的人，衬衫都要送到巴黎去洗，属于那个富有、热衷于权力的贵族集团，他们曾试图利用甘地达到自己的目的；结果却发现甘地智胜一筹，他们想利用这股伟大力量，或至少是利用甘地所掀起的那股民众情绪洪流的企图，最终证明是竹篮打水一场空，到头来是甘地控制了他们，而不是像他们当初所希望的那样反过来。赫胥黎以一种善意的嘲讽、平稳的语调，缓慢从容而又极为有趣地描述了这些高贵、专制的婆罗门与甘地的关系。接着他又一五一十地讲述了自己为了摆脱那些让他活得很不安生的无聊家伙，而在加利福尼亚或印度耍过的各种花招和手段。他非常单纯、安详，跟他聊天一点也不费劲。几个星期前，他的房子和所有的书都被烧毁了，这件事好像一点也没有让他烦恼，也一点都看不出来他已经知道自己患了致命的疾病。他抱怨过自己的视力差——这是他的老毛病了，却只字未提最后夺去了他生命的癌症。

1　Mulk Raj Anand（1905—2004），印度英语作家，现实主义的杰出代表性人物。著有《贱民》（*Untouchable*）、《苦力》（*Coolie*）、《越过黑水》（*Across the Black Waters*）、《剑与镰》（*The Sword and the Sickle*）、《一个印度王子的私生活》（*The Private Life of an Indian Prince*）、《早晨的面容》（*Morning Face*）等。——译注

当他终于再次看到泰姬陵时，他的心软了，认为它不像自己从前觉得的那么难看了，相反，除了那几座"烟囱"——尖塔——在他眼里依然是个错误之外，他认为它还真不失为一座值得称赞的建筑。那天晚上我们是在一起度过的，法国作家让·盖埃诺好像当时也跟我们在一起待了一会儿。盖埃诺是一个忧郁和有趣的理想主义者，他不大可能——也不打算——让谁打起精神来。由于供电老是出问题，旅馆里灯光很暗。人们也许会认为，整个场合就算有格调，那也一定是极其沮丧和压抑的。但其实不然。赫胥黎率直、自然，而且不装腔作势，他说出来的话与众不同却又绝对真实可信。他浑身上下，方方面面都非常真诚而有趣，所以从头到尾都令人很开心，还让人，至少是让我，对他产生了持久的喜爱之情和近乎崇敬的尊敬。

赫胥黎在搜集各种事实上花了大量时间，他很喜欢别人告诉他事 119
实，而不是想法和意见——因为想法和意见，他自己就可以形成。可尽管如此，跟一般人所以为的正好相反，他说起话来并不是像一本百科全书似的。也从来没显出那种对肉体享受的憎恶、清教徒倾向和禁欲主义者对肮脏细枝末节的执念，尽管这些在他的作品中偶有流露。他的言谈中也没有充斥着零零碎碎装点门面的抽象知识。他也从未摆出一个知道自己地位显赫的作家的派头。他彬彬有礼、严肃认真、充满魅力，而且他的言行举止具有一种与1920年代人们对他的普遍印象毫不相关的尊严和人性。他本人似乎比他的作品更有趣，尽管举止稳重，他的思想却似乎更直接、自然和打动人心，更具个性、更真实；相比之下，他的作品哪怕是在最佳状态，也有点机械和非原创感。但在我余生中，始终都会留在脑海里的记忆是，他是一个极其开明、善良、严谨的人，也是我能想象到的最与众不同的人之一。 120

刘易斯·纳米尔

写这篇介绍刘易斯·纳米尔的文章时没做过任何调查研究,而是纯粹凭回忆写成的。纳米尔是我们时代最杰出的历史学家之一,是一位很有影响的名人。他作为一名史学家的成就,尤其是他对英国的史学研究与史志撰写的决定性影响,以及他不寻常的人生,都值得充分而详细地加以研究。这一任务,我胜任不了。我唯一的目的,就是尽我最大的能力,描述一下这位我所认识的最杰出人物之一的性格和一些观点。我虽然一直无缘成为他的至交,但他直接的思想和道德影响之大,是哪怕像我本人一样,不经常却每隔一段时间还是能见到他,跟他谈上几句话,或更确切地说,听他就自己感兴趣的一些问题发表过高见的人,都不大可能忘记的。我想记录下来的正是这种印象,以期对那些不认识他并可能对他这样的人感到好奇者有所帮助。

我第一次看到他的名字是在牛津读本科的时候,时间,我想,是在1929年。有人给我看了他发表在《新政治家》上的一篇论述现代欧洲犹太人处境的文章。[1]这是当时我读到过的,我猜也是所有人读到过的,

---

[1] 'Zionism', *New Statesman*,1927年11月5日,第103—104页;收录于 *Skyscrapers and Other Essays*(London, 1931)。参见 'The Jews', *The Nineteenth Century and After*,第130期(1941年7—12月),第270—277页;收录于 *Conflicts*(London, 1942)。

关于这一主题的最好也是最引人注目的文章。当时, 涉及这一主题的文章为数不少, 但大部分都只是合格的新闻报道: 在这一主题的作者中, 无论是犹太人还是基督徒, 能集思想深邃、熟谙历史、文笔犀利于一身者, 就算有, 也很鲜见。这篇文章的水准显然超群绝伦。读这篇文章时, 让人产生一种突然驶入了第一流水域的快感——那是无与伦比的。纳米尔将东欧的犹太人比作一座冰川, 其中一部分依然处于冰冻状态, 一部分已在启蒙之光的照晒下蒸发掉了, 而其余的部分则已融化成了汹涌的民族主义或者说社会主义的民族主义激流。他的这篇文章既充满了无比的想象力, 又凝结了精辟的历史概括能力, 事实具体的同时又涵盖了宽广的历史范围, 丝毫没有想要淡化那些令人不安的影响。我纳闷, 这位作者会是谁呢? 有人告诉我, 是一名作品在学界引起过一些轰动的历史学家, 充其量也就是一个受人尊敬的专业人士, 不说哈列维[1]或特里维廉[2]了, 连跟陶特、巴克、费希尔都不是一个级别的学者。就是这样: 作者是一个在自己本专业里颇有些名气的二三流历史学专家。直到我1932年入选全灵学院后, 我才听到了更多关于他的情况。

在全灵学院, 我发现我那些搞历史的新同事(G. N. 克拉克[3]、理查德·佩尔斯、A. L. 劳斯[4]等)对纳米尔的评价要比我之前听到的高。从

---

1 Daniel Halévy(1872—1962), 法国历史学家、作家, 著有《尼采传》(*La vie de Frédéric Nietzsche*)等。——译注

2 George Macaulay Trevelyan(1876—1962), 旧译屈维廉, 英国历史学家。著述甚丰, 除《威克利夫时代的英格兰, 1368—1520》(*England in the Age of Wycliffe, 1368—1520*)等历史著作外, 还有《梅瑞狄斯的诗与哲学》(*The Poetry and Philosophy of George Meredith*)等非历史著作。——译注

3 Sir George Norman Clark(1890—1979), 英国历史学家。曾任牛津奥里尔学院院长。著有《插图本英国史》(*The Illustrated History of Britain*)等史学著作, 还翻译过《伊拉斯谟传》。——译注

4 Alfred Leslie Rowse(1903—1997), 英国历史学家、作家, 曾获荣誉勋位。除诸多历史著作之外, 还写过《莎士比亚传》等。——译注

他们那里，我了解到了纳米尔的一些真正成就。我入选全灵学院显然引起了纳米尔的兴趣，他自己在第一次世界大战之前几年，也有机会却没能入选。[1]我收到了一张便条，是用硕大的大写字母写的，写这个便条的人告诉我，他打算在下周的某天下午来拜访我，希望我有空接待他，落款是 L. B. 纳米尔。他到了以后，用他那慢条斯理、严肃生硬的语调对我说，他之所以想见我，是因为他的朋友理查德·佩尔斯告诉过他，说我对卡尔·马克思感兴趣，而他却很瞧不起马克思。他想知道我为什么正忙于写一本关于马克思的书。他对全灵学院的院员还是有些尊重的。他认为他们大多数（某些他不愿提及的例外另当别论）都是很有才华的，能够从事真正的研究工作。马克思在他看来，不值得受到如此关注，只是一个让仇恨蒙蔽了双眼的蹩脚的历史学家和经济学家而已。他问我为什么不写弗洛伊德呢？弗洛伊德对于历史学和传记学的重要性至今没有得到充分认可。弗洛伊德的著作，不像马克思的那些东西，是天才作品，写得好多了。况且，弗洛伊德还在世，还可以接受采访。马克思呢，很遗憾，已经不在世了；而他的追随者们，尤其是目前思想上已了无生气的俄国的那些追随者们，花费了太多印刷商的油墨，在这方面倒是堪比德国的那些哲学家们，既缺乏分寸感，又缺乏文学天分和品位。

他站在我房间的中央，板着个脸，哑着个带很重中欧口音、有点让人昏昏欲睡的嗓子，慢慢吞吞，一字一顿，嗡嗡地一口气说了一大堆。他目不转睛地看着我，时不时地皱皱眉头，发出一种奇怪的"哞哞"牛叫声（我后来才知道，实际上他是在以这样的方式换气，看上去像没换气），这种"哞哞"声把他每句话之间的空隙都给填了个满满当当，让人

123

---

[1] "我一直有点记恨格兰特·罗伯逊，他作为考官，当时偏向了克拉特韦尔而不是我，"纳米尔在1930年代后期对我说，"不过想到他为德国犹太难民所做的一切时，我就原谅他了。"

根本就插不上嘴。倒不是说我想插嘴：整个这件事都太不可思议了，那些话的语气也太强烈了。我感觉自己就像是在被一位严厉的校长盯着似的，他对我在干什么了若指掌，而且看不惯，决心将我扳回到正道上来，听从他的教导。他终于说完了，静静地瞪着我。我请求他坐下来。他坐下了，可还是直盯盯地瞪着我。我为自己实际在做的事情结结巴巴地辩解了一番，但他几乎就没听。"马克思！马克思！"他缓慢而又严肃地继续说道，"就是一个典型的犹太'江湖庸医'，有了一个不错的主意就往死里用，到头来只是惹怒了非犹太人。"我问他，依他看，马克思的观点是否与他的血统有关。结果这个问题刺激到了他，让他觉得需要好好说一说自己的经历。接下来的两个小时充满了乐趣，他几乎一直没住口。

他告诉我，他父亲叫伯恩斯坦，是一个犹太人，管理着一大片波兰地产，而且已改信罗马天主教了，他说这在他们家这样的阶层和环境中是司空见惯的事情。他自己则受到了一个年轻的波兰乡绅应受的教育，因为他父母相信，只要入乡随俗的愿望强烈，向波兰天主教的行为模式靠拢，为其所同化是一个既可行又可取的过程。他们认为横亘在犹太人与非犹太人之间的唯一隔阂就是宗教信仰不同，如果这一隔阂消除了的话，那么历史上这种隔阂所带来的社会和文化障碍也就会随之消失。改变宗教信仰可以让犹太人完全融入主流社会，也会结束犹太人所受到的孤立，所处的不清不楚的地位，实际上还会结束犹太人所遭到的迫害——对于那些明智地走上这条理想道路的犹太人而言。他父母的这套理论，实质上跟那套打动了伯尔内[1]、海涅，以及海因里希·马克思、艾萨克·狄斯累利（两人的儿子都是赫赫有名的人物）去信奉基督教的理论是一样的。在纳米尔看来，这一假说毫无根据，而且

1　Karl Ludwig Börne（1786—1837），德籍犹太政治作家和讽刺家。其本名为洛布·柏鲁克（Loeb Baruch），是改信路德新教后才改名的。——译注

有辱人格。他还很年轻，也就十六七岁的时候，就逐渐明白了这一点，当时他还叫路德维克·伯恩斯坦[1]。他觉得自己处在了一个错误的位置，并且认为他周围的那些改了宗的犹太人都生活在一个不真实的世界中——他们把祖祖辈辈所遭遇的苦难抛诸脑后，到头来却发现自己夹在了两个阵营之间的一片无人地带，两边都不受欢迎。他父亲传统的中产阶级人生观什么时候都令他很反感。他决心回到犹太人群体中去（至少在他自己的思想中），一半是因为，他相信试图把自己同自己的过去割裂开来，是一种自我毁灭而又可耻的行为，也是无论如何都办不到的事情；一半是因为，他希望表达对自己的家庭及其卑微理想的不齿。他的父亲认为他忘恩负义、傻头傻脑、冥顽不化，拒绝再供养他。于是他去了英国，同许多中东欧犹太人一样，他觉得那里是世界上最文明、最人道的社会，也是一个尊重传统，包括尊重他自己的传统的地方。在他心目中，他父亲的生活方式跟腐败、伪善和压迫掺杂出来的东西是息息相关的，奥匈帝国就是用这样一种东西来统治的，他之所以总体上反对他父亲的生活方式，部分原因即在于此，于是他受到了社会主义的吸引。他父母及其所在社会过的那种虚假、屈辱的生活，在他看来，很大程度上应归咎于他们对自身及所处位置的一种系统性错觉，尤其是对身边那些（不管是奥地利化的还是民族主义的）波兰人对待他们的态度的错觉。在如此众多的假象纷纷都想掩饰一种不合理、不公平，而且是基于对真正的（主要是经济的）事实无知或曲解的社会秩序时，马克思主义试图通过解释来拆穿和驳斥这些自由派的幻想，在这方面它成为一种主导的哲学思想。

到了伦敦后，他成了伦敦经济学院的一名学生，当时在伦敦经济学院最有影响的是韦伯夫妇、格雷厄姆·华莱士及他们的追随者，这些人即使不是马克思主义者，也是社会主义者和激进的反自由主义者。

1　原文为Ludwik Bernsztajn。——译注

然而，他及时地认识到自己只是从一套虚妄的意识形态跳到了另一套里。社会主义的各种原则和概念同它企图取代的思想一样愚蠢而不现实。唯一的现实只有在个人及其有意识和无意识的——尤其是无意识的——基本欲望中才能找得到，而这种基本欲望被一系列花言巧语的遁词给压抑住并合理化了，这种基本欲望马克思主义虽然也有察觉，却用其自身的种种幻想将它取而代之了。个体心理学，而非社会学，才是关键所在。人类行为——以及总体的社会现实——只有通过对人类个体行为的根源进行大胆而又公正的科学考察才能得到解释，那根源就是基本动机，也即人类对衣食住行、权力、性满足以及社会认可等等的永恒渴望。人类历史，尤其是政治史，也不能用任何其他方法来解释。

他对英格兰并未失望。因为英格兰所秉持的，正如他所设想的一样，是一种人道、文明，尤其是严肃、不夸张、经验主义的人生观。在他看来，英国人比其他大多数人都更重视人活着的真正目的——快乐、公平、力量、自由、荣誉、一种既支撑爱国主义又坚守传统的人类团结意识；最重要的是，他们厌恶抽象的原理和笼统的理论。人类的动机可以靠留意弗洛伊德和其他心理学家已经开始研究的那些未曾探明的神秘原因而得到阐释。不过，即便是一个普通英国人脑子里都会存在的，要远比（比方说）一个普通德国人或波兰人多得多的那些公开想法，也解释了大量的人类行为——远远大于那些"思想家们"所解释的范畴。

在这次谈话中，纳米尔曾以一种有所克制的恶狠狠的语气，谈到了那些企图借助思想观念的影响来解释人类行为者的荒唐性——他后来经常把这一点挂在嘴上。思想观念无非是头脑对自身太胆怯、太守旧而无法直面的根深蒂固的动力和动机所做出的一堆解释。观念史学家都是最没用的那种史学家。

"你记不记得，"他问我，"那个反犹太的维也纳市长卢埃格尔在听到有人提出自然科学补贴的要求时，对维也纳市民说的那句话？'科

126

127　学？不就是一个犹太人从另一个犹太人那儿抄袭而来的玩意儿嘛。'[1]这句话正是**我**对 *Ideengeschichte*——观念史的评价。"也许他看到了写在我脸上的不满，因为我清楚地记得，他以更可怕的腔调把这几句话又重复了一遍，还语气很重、拖腔拿调地反复强调了好几遍，他在后来的许多场合也经常这样。

伦敦经济学院并不是他当年在千里之外所心驰神往的英国，而面对面地见到它后，他的这种感觉就更强烈了。它就是欧洲大陆最差劲的无稽之谈的一个可怜的支脉。于是他转学到了牛津的贝利奥尔学院，师从 A. L. 史密斯等人学习历史。牛津，他继续说道，跟意识形态打交道要少一些，在这里他可以就自己所认为的现代历史中最深刻的因素——建立在历史基础之上的民族观——畅所欲言。在他看来，那种认为理性的人，不管是犹太人还是非犹太人，靠着虔诚地信仰一种宗教（有组织的弄虚作假——那些拉比一个个比神父还要差劲，都是靠欺骗为生的），或背弃自己的信仰，或移居海外，或靠任何其他方式而不是像所有其他人类团体那样，把他们自己组织成政治团体并获取一块属于自己的地方，就能过上一种美满的生活的看法——统统都纯粹是胡说八道。无论是就历史而言还是在个人生活中，了解自我才是一切；而了解自我只有依靠审慎的经验主义，即不断调整自己的假说，使之适应个人和社会生活中所遇到的反常而又难以理解的种种曲折才能做到。因此，他尊敬弗洛伊德和其他心理学理论家，包括他非常信任的笔迹学家。他不敬佩马克思，虽然马克思确实正确地诊断出了病症所在，但开出来的却是一个庸医的处方。不过，这也还是比柏克和边沁要强一些，

　　1　他用德语津津有味地引述了这句话："was ein Jud' vom andern Juden adschreibt"。但这一次他似乎没搞准确。真正说这句话的人，我后来了解到，好像是赫尔曼·别洛拉维克（Hermann Bielohlawek），奥地利议会中卢埃格尔基督教社会党的一名党员，捷克血统，他似乎说过这么一句话："Literatur ist was ein Jud' vom andern Juden adschreibt."（意即：文学就是一个犹太人从另一个犹太人那儿抄袭而来的玩意儿。——译注）

他们宣扬的纯粹是毫无根据的空想,不为理智、现实的政治家们所信任,也就是情理之中的事情了。

他又回到了自身的经历上来:英国对他也不是太好。他在牛津是配有一个终身职位的,可他却并没有得到。很多著名学者都不怎么待见他,因为他们都知道他会让他们"现眼"。不过,英国是唯一可以待的国家。英国不像其他国家那样狂热,也更接近于经验主义的现实,政治传统中有一定程度的现实主义,有的人把它称为犬儒主义,这种现实主义比欧洲大陆上所有乏味的理想主义和愚蠢的自由主义都要好得多。英国人中也不乏上欧洲大陆各种"主义"当的人(接着便提到了几个杰出同僚的名字),但这样的人相对来说还是少数,而且也不太有影响力;大多数人都会明智地遵从习惯和屡试不爽的实用规则,而不去触及理论,从而在思想上避免了很多荒唐想法,在行动上避免了很多野蛮行为。他没法跟英国犹太人去谈犹太复国主义。英国的犹太人都让可悲的幻想给蒙蔽了——有如把头埋在非常低劣的沙堆里的鸵鸟,是一群愚蠢可笑,不值得挽救的家伙。不过,英国人理解犹太复国运动的诉求及其合理性。在这方面可以跟英国人相提并论的犹太人,他只见到过一个,这个人就是魏茨曼。说得确切一点,魏茨曼是仅有的一个他完全敬重的犹太复国主义者。他以此结束了谈话,并在已经对我做了充分诊断——想必如此,尽管他丝毫没有理睬过我偶尔的提问——之后,大步流星地走出了我的房间,准备去和贝利奥尔学院的肯尼斯·贝尔喝茶,"他的家人非常喜欢我。"他补充了一句。

他的来访让我受宠若惊,他的演说也给我留下了深刻印象和些许困惑。在一战前五年左右的时间里,我见过他不止一次。他痛斥绥靖政策,觉得现实感及其经验主义明显已经离弃了英国的统治阶级:希特勒说的每一句话都是当真的——《我的奋斗》(*Mein Kampf*)需要从字面上去理解,希特勒踌躇满志,预谋打一场征服战——不明白这一点,是与德国人或犹太人相配的自欺欺人。塞西尔家族的人"还可以",

128

129

他们了解现实，代表了英格兰最典型的特征。温斯顿·丘吉尔也是这样。反对犹太复国主义的人与反对丘吉尔及民族抵抗政策的是同一帮人——《泰晤士报》主编杰弗里·道森、张伯伦、哈利法克斯[1]、汤因比、外交部众官员、大主教朗、大部分保守党人、绝大多数工会主义者。塞西尔家族、丘吉尔、真正的贵族、自尊、对人类尊严的尊重、传统美德、反抗、犹太复国主义运动、个人辉煌、不扯淡的现实主义，所有这一切在他脑海里融合成了一种混合物。他认为亲德和亲阿拉伯的人都是一丘之貉。

他跟我讲了很多犹太复国运动方面的事情，无疑是因为他认为我是同情犹太复国运动的（他还真是没看错）。我逐渐确信这是他内心最深层的倾向，而且他之所以投身这一运动，从根本上说是纯粹的自尊使然。他认为犹太人的地位很丢人，他不喜欢那些忍受这种屈辱或对此装聋作哑的人。他想活得自由，活得有尊严。他很聪明，认识到脱掉自己的犹太身份，裹上一层保护色然后混入非犹太人的世界是不可行的，也是一种可悲的自欺欺人。如果他不想把自己降低到自己（总的来说很瞧不起的）大多数同胞的层次，而又不得不像历史上不可避免的那样，依然还是他们当中的一员的话，那么出路只有一条，就是必须把他们提升到他自己这个层次上来。如果这一点不能通过缓慢的、渐进的、和平的、友好的方式来实现的话，那就必须通过快速的，如果需要的话，甚至是有点剧烈的方式来实现。不过他并不相信这一点是完全可行的，直到他遇到了魏茨曼。这可是一个他佩服得五体投地，像崇拜英雄一样崇拜的人：至少有了一个犹太人，不会让他感到与之有联系乃至成为其追随者很丢人了。但其他犹太复国主义运动领袖在他眼里就都是

1　即第一代哈利法克斯伯爵（1881—1959），曾任英国外相，是张伯伦绥靖政策最坚定的支持者。尽管生来就没有左手，却喜欢骑马、打枪和猎狐，因其头衔、爱好及其政治上的老奸巨猾，丘吉尔曾送给了他一个外号"圣狐"（Holy Fox，与Halifax谐音）。——译注

些无足轻重之辈，而且他还懒得去掩饰自己的这种看法。他管他们叫"拉比"，并且说他们比神父和牧师丝毫好不到哪里去——在他看来，神父和牧师的称谓在当时都是骂人的话。他的那些个犹太复国主义同人虽然赏识他的才华，但也很难指望他们会喜欢他公开的、毫不含糊的蔑视。尽管魏茨曼鼎力举荐，他还是从未当上过世界犹太复国主义执行委员会终身成员——对此，他整个余生都耿耿于怀。尽管他口口声声都是现实主义和他的历史方法，他仍然具有一种政治上浪漫的气质。我不敢说他没有沉湎于这样的白日梦：把自己幻想成了骑一匹白马去占领某个外约旦的阜姆城的像邓南遮[1]似的犹太复国主义者，他把犹太民族运动看作一种意大利复兴运动[2]；就算在这一运动中他当不了加里波第，也要当参谋和战士辅佐它的加富尔[3]——睿智、现实、高贵、欧化，几乎就是英国人的魏茨曼。 130

私下里我曾认为，纳米尔跟他的"眼中钉"[4]卡尔·马克思在性格上并非毫无相似之处，就算在思想上不是如此。他也是一个有着惊人（有时甚至是咄咄逼人）的智慧、具有政治头脑的知识分子——而且他对于教条的憎恨本身又带一种教条式的固执。同马克思一样，他也十分自负、恃才傲物、不容异议、容易得罪人又喜欢见怪于人、精通自己的本行、对自己的能力充满自信，也并不是没有一丁点儿感伤与自哀自怜。同马克思一样，他也痛恨各种形式的软弱、多愁善感和理想化的自由主义；而他最恨的还是奴颜婢膝。同马克思一样，他在令与他交谈的人

1　Gabriele d'Annunzio（1863—1938），意大利著名作家和狂热的法西斯主义者。1919年9月12日他在墨索里尼的煽动和赞助下，率领一支队伍夺取了南斯拉夫和意大利之间有争议的城市阜姆。——译注

2　Risorgimento，是19世纪至20世纪初期间，将意大利半岛内各个国家或分裂的政权统一为意大利王国的政治及社会过程。——译注

3　Count of Cavour（1810—1861），意大利政治家，意大利统一运动的领导人物，意大利建国三杰之一，也是统一后的意大利王国的第一任首相。——译注

4　原文为法语bête noire，字面意为"怪物"，引申意为"眼中钉，肉中刺"。——译注

着迷的同时又令他们感到压抑。倘若你碰巧对他所谈的话题感兴趣，比如，与1848年革命有关的一些波兰文献，或者英国的乡间宅第，那么你很幸运，因为把这一主题阐述得如此博学、如此精辟而又如此新颖的言谈，你不大可能听到第二次了。然而，倘若你不感兴趣，你也逃不掉。因此，见过他的人就分成了截然相反的两拨，一拨人认为他是一个天才，是个光芒四射的谈话者，而想从他身边溜走的另一拨人则认为他是一个无聊得要命的家伙。事实上，他两者都是。他在自己的学生和赞成其观点的人中，激发了钦佩、热情和喜爱之情；而在反对其观点的人
131 中，他所激起的则是不自在的尊敬和尴尬的厌恶。他要是遇上了潜在的反犹主义情绪，往往都会把这种情绪激化成为怒火；那些他经常天真地追随的伦敦花花公子，一个个都很讨厌他。那些他欺辱过的大学教师和公务员，也憎恨和诋毁他。学者们则认为他是一个有惊人力量的人，而且都以深深的钦敬之情对待他，虽然有时候会有点紧张。

　　跟他在一起，哪怕是在他最沉闷的时候，我也从来没有体验过无聊的滋味。他谈论的一切话题，至少是在谈论的那会儿，在我看来都是有趣和重要的；状态好时，他一般都会谈得非常精彩。他说话的语气很霸道，话说得往往也很绝对，根本不把其他学者，事实上是不把绝大多数其他人，放在眼里。在还活着的人当中，他一点都不蔑视的只有三个人，一是温斯顿·丘吉尔，在他眼里丘吉尔是绝不会出错的；二是魏茨曼，在魏茨曼面前纳米尔就像孩子般单纯、虔诚，到了盲目崇拜的程度；第三个就是他的知己布兰奇·达格代尔，她是贝尔福的侄女。据说她在场的时候他就像变了个人似的，但我从未见过他俩在一起的时候。我也不知道他在因检查契据和家庭文书而去过的那些乡间宅第里的所感所言。他喜欢待在乡间宅第里，部分原因是他亲英的浪漫情怀，这种情怀一直保持到了生命的尽头。对他来说，英国贵族沐浴在天光里。这种灿烂的憧憬肯定不是仅以他对历史的兴趣就能充分解释的。反过来说倒是有可能说得通：英国议会一度多数议员都是既有势力又有才

华的辉格党贵族（或与之有密切联系的人），他之所以对这一时期的这些议员的个人史感兴趣，是因为他把这种生活方式理想化了。有时候，有人指责他是一个势利眼。这种指责也有几分道理，但纳米尔的势利是普鲁斯特式的——那些贵族成员富有、自豪、冷静、独立、热爱自由到了反常的地步，在他眼里，这样的英国人就是他潜心研究，说得确切一点则是，以狂热的注意力和鉴别力加以研究的艺术品。他并没有像奥斯卡·王尔德，甚或亨利·詹姆斯那样，被这个世界的魅力陶醉得忘乎所以。他满足于做一个局外人。他为自己所看到的英格兰的民族性格，包括其优点和缺点，而自豪，并且终生都对这一人种情有独钟，终生都在醉心于分析和不可避免地赞美英国人——是出于什么样的心理，弗洛伊德肯定都没有能够帮他想明白。他详细地研究了英国统治阶层生活的每一个方面，就像马克思研究无产阶级一样，不是把它作为研究本身的目的，也不是把它当作一个令人着迷的观察对象，而是作为一种社会结构来研究的；两者都把自己摆在一个旁观者的位置，既没有费心地去强调它，也没有劳神地去否认它。

　　他的出身始终是他的一块心病。他憎恨低三下四到了病态的地步，这可能与他对加利西亚的波兰人和犹太人的记忆有关，经常以惊人的形式表现出来。有一次他在火车走廊上遇见我后，突如其来地说道："我去看望德比勋爵，他对我说：'纳米尔，你是个犹太人，为什么要写我们英国人的历史，不写犹太人的历史？'我回答说：'德比！压根儿就**没有现代犹太人的历史**，只有一部犹太人的殉教史，而这没有多大意思，提不起我的兴趣。'"他把犹太人称为"我的同种人"，而且显然很喜欢这个词在犹太人和非犹太人身上所产生的尴尬效果。在全灵学院，有一天下午他以客人的身份在公共休息室里喝茶，有人当着他的面为德国提出的殖民地要求进行辩护，这在当时还是一个悬而未决、远无定论的问题。纳米尔站起身来，瞪着眼睛把整个屋子扫了一圈，然后以蛇怪般的眼神死死锁定了另一名客人（他以为是德国人，结果证明是他

132

弄错了），大声用德语说道："Wir Juden und die anderen Farbigen denken anders."[1] 他对这些惊人之语所产生的效果甚为得意。

他是个彻头彻尾的民族主义者，从不掩饰自己对巴勒斯坦的阿拉伯人的仇视，在对待阿拉伯人的立场上，他从不妥协，比大多数犹太复国主义同僚们都有过之而无不及。我清楚地记得，在一次耶路撒冷大学应聘英语教师的面试会上，纳米尔用充满恶意的、歼灭性的眼神盯着某个胆怯的、比方说是诺丁汉来的讲师，说道："列维先生，你会打枪吗？"——应聘者喃喃地说了点什么——"因为你若获得了这个职位，就得开枪。你得向我们的阿拉伯同胞开枪。因为你不开枪打他们，他们就会开枪打你。"愕然，无语。"列维先生，请回答我的问题，你会打枪吗？"有些应聘者退出了。谁也没获聘。

随着1930年代一点一点过去，西方国家的处境一步一步恶化，纳米尔也一天比一天悲观，一天比一天狂躁。他经常到全灵学院来看我，后来是到新学院，说既然战争如今已不可避免了，那他就打算把自己的这条命尽可能卖出个好价钱，然后描画了一幅幅以各种魔鬼手段消灭大量纳粹党人的富有想象力的画卷。犹太复国主义的立场令他愈发沮丧——当时它成了英国外交政策的牺牲对象之一。他眼中的恶棍，与其说是那些保守党领袖（他们当中有些人是贵族，因此在一定程度上就可以不受责难了），还不如说是那些亲阿拉伯的"外交部耍笔杆子的人"和"殖民地部里伪善的白痴"。他会在雅典娜神殿等着他们——特别是后者，在那儿他会把某个毫无戒备的官员逼进吸烟室的角落，狠狠地给对方上一课，让其不容易忘记，而这很可能也会加剧其对犹太复国主义者在总体上已有的强烈反感，尤其是对纳米尔的反感。

约翰·沙克布勒爵士，当时殖民地部的常务次官，可没少领教纳米尔的大发雷霆。有一次，我在现场亲眼看到纳米尔用他那温和却犀利

1　我们犹太人和其他有色人种看法正好相反。

而无情的声音冲着沙克布勒说话，沙克布勒使尽浑身解数想逃掉，但还是没得逞。纳米尔跟着他出了房间，上了台阶，来到街上，然后就这么一直跟着下了约克公爵台阶，很可能都跟到了殖民地部的门口。从政治上说，他是自己一伙人的一大累赘，就像从智力上说，他是一大财富一样。他最终的受害者，也是被整得最狠的受害者，是殖民地部的马尔科姆·麦克唐纳大臣本人。1939年，张伯伦政府发表了巴勒斯坦问题白皮书，似乎把犹太复国主义者的所有希望都化成了泡影后，纳米尔来到全灵学院与雷金纳德·库普兰共进午餐。库普兰是关于巴勒斯坦问题的《皮尔报告》的实际执笔者，而这份报告很可能是在这个很伤脑筋的话题方面写得最有价值的一篇文献。库普兰怀着痛苦的心情，谈到了英国政府出卖巴勒斯坦犹太人的可耻勾当，并说他会致信《泰晤士报》，指出张伯伦和马尔科姆·麦克唐纳的不足之处。纳米尔说对付这种事他有一套自己的办法。他曾经在伦敦的某个地方碰见过马尔科姆·麦克唐纳。"我跟他说了话，是以一个笑话开头的。我说18世纪，贵族们都把自己的老师封成了次官，而20世纪呢，次官们都把他们的老师封成了贵族。他似乎没听懂，我也懒得解释。[1]然后我说了些他能明白的东西。我对他说：'马尔科姆'——你知道，他对我来说仍是马尔科姆，我非常了解他——'我正在写一本新书。'他说：'什么书呀，刘易斯？'我回答说：'我会告诉你的。我已经给它起了个书名，叫《两个麦克唐纳：关于背叛的研究》。'"我不知道纳米尔是不是真是这么说的；他认为他是这么说的，而且他也肯定说得出来这样的话。这不，在非常记仇这一点上，他跟卡尔·马克思不无相似，而且和马克思一样，他辱骂起人来是存心要骂得人家狗血喷头的。然而，他居然还惊讶会有那

134
135

1　纳米尔可能想说，一般受过教育的英国人（或苏格兰人）都会意识到他是在指这样一个事实：哲学家洛克被自己以前的学生沙夫茨伯里勋爵任命成了一名次官，而在牛津大学女王学院给马尔科姆·麦克唐纳当过老师的戈弗雷·埃尔顿，最近已经被封为贵族了。

么多人怕他，不喜欢他。

1941年，我受雇于新闻部纽约分部，在那里我遇到了一个人，他让我了解到纳米尔年轻时的很多情况。这个人叫马克斯·哈默林格，他的父亲早在一战前经营自己位于加利西亚的伦贝格附近地产时，就跟纳米尔的父亲约瑟夫·伯恩斯坦打过交道。马克斯·哈默林格热情支持英国的这一事业，在只有英国一国独力抗击希特勒时他跟我联系，主动提出来要助一臂之力。在泛泛而聊的过程中，他问我认不认识一个叫纳米尔教授的人，听我说认识后，他颇为惊讶。他说早些年他常常见到纳米尔，但后来联系中断了，他很想知道他父亲这个伙伴的儿子怎么样了。老哈默林格已经移民到了美国（他儿子是这么跟我说的），并在一战前的几年里取得了纽约一家或多家外语期刊的控制权。年轻的纳米尔于1913年带着很少的一点点（他老爷子给他的）钱，第一次来到了纽约，研究美国的独立战争。约瑟夫·伯恩斯坦跟自己的老伙伴商量好了，哈默林格雇用纳米尔写一些社论，翻译后刊登在他的一部分期刊上。纳米尔晚上写文章，白天到纽约公共图书馆工作，以这样的方式来维持生计。据马克斯·哈默林格说，纳米尔极为厌恶奥匈二元帝国的继续存在，他是英法《友好协议》[1]的积极拥护者。老哈默林格有很多罗马天主教读者，因而不是很想疏远美国的罗马教会，虽然这个教会总体上说是亲奥地利和奉行孤立主义的。纳米尔文章的干涉意味变得太强烈了，有关方面让他缓和一点，可他对各种暗示和要求都置若罔闻，于是双方关系僵到极点，他的工作在1914年春也就到了尽头。正是在这
136 个时候，迫于找不到任何维持生计的办法，纳米尔回到英国，获得了贝利奥尔学院的一笔资助，从而可以继续从事自己的研究了。纳米尔告诉我，《泰晤士报》主编杰弗里·道森是在全灵学院的一次晚宴后得到

1　原文为法语 *Entente Cordiale*。——译注

弗朗茨·斐迪南大公[1]遇刺的消息的。当时碰巧也在场的纳米尔对道森及其朋友们宣称,这一下战争就迫在眉睫了。道森表示不信(他1938年到1939年也有过类似的错觉),于是转到了其他话题上。

开战后,纳米尔自告奋勇地加入了英国军队。他显然不是一块当兵的料。因此,有位高人把他从部队调到外交部,在外交部历史顾问约翰·黑德勒姆-莫利爵士手下任波兰事务顾问。"我记得,"纳米尔跟我说,"1918年卡尔皇帝求和的那一天,我对黑德勒姆-莫利说:'等等看。'黑德勒姆-莫利对贝尔福说:'等等看。'贝尔福对劳合·乔治说:'等等看。'劳合·乔治对威尔逊说:'等等看。'而就在他们等着的时候,奥匈帝国分裂。[2]可以说是我亲手把它撕成了碎片。"

除了确信波兰国家民主党正在密谋把他干掉之外,纳米尔很喜欢自己在外交部的工作。战后,外交部并没有表现出想留用他的意思,他临时效过几天劳的财政部也没有。牛津大学的贝利奥尔学院也没有,这个学院曾聘他当过一阵子的临时讲师——他那些最忠实的牛津弟子就是来自那段时间。于是,他离开英国去了维也纳,在那里挣了几千英镑。1920年代初,他带着自己那点数额甚微的资金回到了伦敦。在这里,他奇特的性格得到了淋漓尽致的展示。他没有做换成别人也许 137 忍不住就做了的事:在寻找糊口手段时,他并没有试着尽可能少花钱;他知道自己有本事,可以写出一部有创见的重要著作,并决定付诸行动。他把这一想法告诉了朋友和盟友,他们当中有些人与自由帝国主义者的圆桌集团有联系,对于自由帝国主义者的思想,纳米尔在第一次世界大战中一直是很认同的。他告诉他们自己需要钱来写一本书;他

1　Archduke Franz Ferdinand of Austria(1863—1914),奥匈帝国皇储。由于其主张兼并塞尔维亚王国,1914年与其庶妻苏菲视察时为奥匈帝国波黑省首府的萨拉热窝时,被塞尔维亚民族主义者刺杀身亡,成为第一次世界大战的导火线。——译注

2　纳米尔说这话的时候语速极慢,是一字一顿说出来的,增强了其叙述的戏剧性高潮效果。

没有做出任何还钱的承诺：这些钱将被视为学术投资，仅此而已。菲利普·克尔是纳米尔找过的人之一，他（1940年在华盛顿，当时的身份是洛锡安侯爵，英国驻美大使）对我说他觉得纳米尔不是意气相投的朋友，但还是为其狮子般强硬的个性所折服，并且认为这是一个才华非凡之人。他和朋友们为纳米尔争取到了一笔经费：此外，纳米尔至少还得到了一笔私人资助。

接受这样的资助，纳米尔并没有假惺惺地不好意思：在18世纪后期那段空前绝后的最好时期，这样的资助是很平常的事情。他认为自己和柏克，或者说历史上任何一个有才华的作家一样有资格接受这样的资助，而能资助他这样的人，有钱有势的人都应该引以为荣。他牢牢地吸引住了"赞助"他的人，这些赞助者（他心里一直都很有底）没有理由为自己的慷慨而后悔。他的著作做了他希望它们做的事情，改变了英国的史学标准（并在一定程度上改变了史学著作的风格），其影响起码也有四分之一世纪之久。

完成了这一知识分子的义务后，1920年代末，纳米尔以满腔的激情疯狂地投身到了犹太复国主义组织的政治工作中。这让他那些令人惊叹的才能——辩才、历史感、自豪感、民族感以及喜欢揭人短处、懦弱、谎言和卑劣动机的爱好——有了充分的用武之地。他从这些劳作中得到了深深的满足。在从事这些工作的过程中，他令那些不如他能干的同事不快和丢了脸，给英国知识分子中的一些人留下了深刻印象，也令另一些人惊讶和愤怒，而且令外交部和殖民地部许多有影响的官员长期心烦和大为光火。第二次世界大战之后，由于他一贯藐视自己的大多数犹太复国运动同事，搞得人家很难堪，所以就算成立了一个独立的犹太机构，他也无疑不会在领导成员之列，看清这一形势后，他撒了手，不再热心犹太复国主义政治，但并未改变自己的道德或政治信念。他又回到了史学研究上。

他期望母校没准会给他一个职位，要说也并非不无道理，可就是没给。每次历史学（或国际关系学，在这方面他也成了一位一流的专家）教授职位一出现空缺，他的名字都免不了会被提起，却又最终遭到否定。牛津负责相关人事的那些人常说，纳米尔很杰出，有三四个职位他都是极合适的人选，可叫另一个遴选小组的某些人给否了，真是一件让人很惭愧的憾事。可是轮到说这些的人自己担任评选人员或顾问时，他们的所作所为却同前任如出一辙。纳米尔还是照样被刷掉。举出的理由五花八门：他的专业领域太窄了；在政治上很过激，这一点从他介入犹太复国运动或他对战前英国外交政策的评价甚低就可以看出来；他会对同事太傲慢无礼，对学生过于苛刻，大家一起用餐时，他会让所在学院里的同事不胜其烦，忍无可忍。他的才华倒是没有引起重大争议，但这一因素并不足以作为一个够分量的任用理由。他树了一些难以和解的死敌。

　　他虽然头脑敏锐，却是一个不谙世故的人，在个人私事上比较迟钝、天真、孩子气。他很容易上当受骗，把恭维之词当成真心之言。他往往全然不知是谁在背后跟他过不去，一点都不会耍花招或阴谋。他的一切成就都是纯凭自己卓越的才华取得的。他看不清人们的真正动机，常常分不清谁是朋友，谁是居心叵测的敌人。他掉进了不少陷阱，到死都还浑然不察。他就是一个信任了不止一个伊阿古似的学界小人的奥赛罗。没有当上牛津的教授让他很伤心，一如受到同样对待的其他人一样。"我跟你说说牛津是怎么选拔教授的吧，"第二次世界大战结束后不久，他在莫德林学院开韦恩弗利特讲座课期间，曾痛苦地对我说，"18世纪有一个组织叫《古兰经》俱乐部，加入这个俱乐部的资格是去过东方。后来该俱乐部发现有很多它希望吸收为成员的人都没去过东方。于是就把规则由'去过东方'改为'表达过想去东方的愿望'了，这就是牛津选拔教授的方法。"他补了一句："别把这个故事传得太开了。"

　　他依旧在曼彻斯特教书，但最终还是搬到了伦敦，并被委以修议会

139

史这一重任,以他特有的方式详尽地从微观的角度研究历史上所有议员的生平。在英国内外,各种荣誉纷至沓来,但没有什么能弥补牛津当年带给他的失望。贝利奥尔学院把他聘为荣誉院员。牛津大学授予了他两个荣誉博士学位。他开过罗曼讲座[1]。虽然这些都让他高兴,正如他获封爵位一样,但老伤疤还在那儿隐隐作痛。

正是在这期间,他结了第二次婚,他的第一次婚姻没持续多久——妻子据说是个穆斯林,第二次世界大战期间去世了。他改信了英国国教,而他跟朱丽亚·德·博索布勒的婚姻终于结束了那段自第一次世界大战之后就开始的极度寂寞和个人痛苦时期,这种寂寞与痛苦只在难得的自豪和喜悦时刻才稍有缓解。他在维也纳的那些年间遇到的奥地利著名哲学家弗里德里希·韦斯曼告诉我,他一辈子都从未遇到过比纳米尔思想上更有才华、更有洞察力、更具吸引力的人,也从未遇到过比他更深陷最绝望的痛苦与孤独的人。

他皈依基督教的代价是失去了魏茨曼的友情,魏茨曼不想弄清个中原因,只是像他的父辈们那样,本能地对他认为不可能存在体面动机的叛教行为做出了反应。这件事自然深深地伤害了纳米尔,但婚姻给他带来了新的生活,他也能更坦然地承受这种事情了。魏茨曼去世后,他访问了以色列,深受感动,但依然一如既往地执拗反对拉比,抱怨教权专制。他见我没把这一点当回事,就严肃地对我说:"我比你更了解拉比和祭司——他们可以毁掉任何一个国家。牧师是不会害人的。从来没人像说自己落在了耶稣会士手里那样,说自己落到了牧师的手里,现在,我恐怕他们应该说自己落到拉比手里了。"这段时间里,他偶尔会到牛津来看我。随着年岁的增长,他已经变得更成熟了;他也更快

1　Romanes Lecture, 由生物学家乔治·罗曼(George Romanes, 1848—1894)于1892年创办,每年在牛津大学谢尔登剧院举行,主题涵盖科学、艺术与文学各领域。托马斯·赫胥黎、西奥多·罗斯福、温斯顿·丘吉尔、雷蒙·阿隆、卡尔·波普尔、托尼·布莱尔和马丁·瑞斯都曾担任过该讲座讲员。——译注

乐了，因为有了安宁的家庭生活，也因为他终于获得了充分的认可。但面对批评他仍像以前一样感到痛苦：当他的朋友兼弟子艾伦·泰勒[1]在《曼彻斯特卫报》上发表了一篇对他的一本文集不够谦恭的评论时，他就像马克思一样，将这篇评论视为该评论家能力衰退的征兆。

他在自己为数不多的个人关系上投入了很多精力，关系破裂令他特别痛苦。他跟泰勒的关系进一步恶化了，主要是泰勒认为他在选择谁来继任 V. H. 加尔布雷斯的牛津钦定历史教授一职上起了作用。泰勒没有获得任命，便指责纳米尔在本来可以支持自己的时候没有充分支持，并因此断绝了两人的关系。纳米尔是真心喜欢泰勒的——超过了他对大多数人的喜欢程度。他告诉我说他的一些最快乐的时光都是在泰勒家里度过的，还说一个人在处理自己的人际关系方面必须小心谨慎——比他所做的更加小心。不过，他又说泰勒虽然天资那么非凡，还是令他很失望，因为他认为自己的这个得意门生太沉迷于为大众报刊撰稿了。"还有，如果我伤害过*你的*感情，"他对我说，"我也给你道个歉。我这个人啊，总有不是太细心的时候。"他说这句感人而又动听的话是有所指的：我曾给他寄过一份关于抽象问题的讲座的打印稿，他收到后在回信中说，"要理解你所写的一切，你该是有多聪明啊"。[2]

这是对历史哲学的一次典型嘲弄——历史哲学在他看来是一个伪主题，而它曾经是我讲座的主题。我收到他的信后很高兴，对于这样一封信，任何一个正常人都不会见怪的，认识纳米尔且能从其偏见和谬见中找到乐趣的人就更不会了。E. H. 卡尔，一个共同的朋友，赶巧在我收到信的当日上我这儿来了一趟，我津津有味地把纳米尔的信念给他

141

1　Alan John Percivale Taylor（1906—1990），20世纪著名且最具争议的英国史学家。著作有《第二次世界大战的起源》（*The Origins of the Second World War*）、《争夺欧洲霸权的斗争：1848—1918》（*The Struggle for Mastery in Europe, 1848—1918*）等。——译注

2　1955年2月10日函，感谢伯林给了他一份《历史必然性》（*Historical Inevitability*）。

听了。没过多久，纳米尔的评论就上了《每日快报》的八卦专栏。纳米尔大感惊恐，马上写信向我解释，说他当然没有侮辱我或我讲座主题的意思。我再三向他保证，让他别多心，可还是没能说服他：他怀疑卡尔把这个嘲笑透露给了《每日快报》——他的这一怀疑是毫无根据的，因为卡尔断然否认了这一点——当然，严肃的报刊就另当别论了。不论这些通俗报刊多么具有趣味性和信息性，像泰勒、卡尔这样严肃、博学、有天赋的人，他们可都是对历史研究做出了巨大贡献的不列颠人文与社会科学院院士，怎么会与这些学术敌人为伍而损害自己的职业——以及整个学术生活的尊严呢？何况还是以如此公开的方式？至少巴特菲尔德[1]就没沾过此等事情，虽然他犯的错误比谁都多。纳米尔的怀疑常常就像在这件事上一样没有根据，但他会坚持自己的怀疑。我的辩142 解他压根儿就没听进去：一个理想化的形象，他持有了大半生的学者形象，可能也是英国人的形象，受到了某种程度的损害，而这几乎比遭受了一次人身攻击更痛苦。

他经常谈到学术尊严：谈到要保持学术的纯洁性，保护它免遭业余化、庸俗新闻化、教条化这三个最大敌人的伤害。他有一句很具代表性的格言："业余者想得更多的是他自己，而不是他的课题。"他还提到了一个年轻同事，怀疑此人一心想着的就是出人头地。他对每一个领域的专业水准都极为信赖：他谴责华而不实的文风，更谴责心存语出惊人之念，无论读者属于普通大众还是学者。他愤慨地谈到了那些指责过他的人，他们说他希望重新评价乔治三世的性格和历史影响，无非是为了揭辉格党人的短，攻击辉格党人的价值观和英雄。他一本正经而且

---

1 当指赫伯特·巴特菲尔德爵士（Sir Hebert Butterfield, 1900—1979），英国历史学家、基督教思想家，20世纪"剑桥学派"代表人物。著有《历史的辉格解释》（*The Whig Interpretation of History*）、《近代科学的起源：1300—1800》（*The Origins of Modern Science, 1300—1800*）、《基督教与历史》（*Christianity and History*）等。巴特菲尔德是一位多才多艺、不拘一格的学者，因而学界对他的评价也可谓见仁见智，莫衷一是。——译注

非常真诚地向我保证，他的唯一目的就是重构事实，并用经过检验的、严格的经验主义方法来解释这些事实；他之所以不相信18世纪的那些党派标签和政治理想宣言，理由只有一个，那就是他坚信（基于无可辩驳的文献和其他事实证据）：这些标签和宣言掩盖了真相，往往把贴着这些标签和发表这种宣言的人自己都给蒙蔽了。他自己的心理学原则（那些揭露工作有一部分就是基于这样的原则）在他看来，已一次又一次地为历史证据——政客们及其代理人和亲属的实际交易——所证实，这可能有且仅有一种真正的解释。不管他在这一点上是不是错了，他都深信指导自己的不是什么理论，而是事实且只是事实。至于什么是事实，什么构成了证据，这是一个哲学问题——一个他用尽自己嫌恶抽象、反哲学的天性中全部力量所要避开的问题。

143

对一个学者来说，热衷于为报刊撰稿——想一鸣惊人[1]、取悦别人、光彩照人——就是不负责任。"不负责任"，在他的字典里是最难听的词语之一。他对历史学家和一般学者的道德责任充满信心，就信任的严肃度和真实度而言，完全可以与康德相提并论。至于教条的执迷，对他来说则像是一种应受谴责的自我放纵——肆意逃避责任，不去严格遵循由"事实"构成的、无论通往哪儿，往往都颇为复杂而费解的经验路径，遁入历史学家为满足其形而上或道德嗜好而虚构出来的某种对称模型；要不然，就像是一种近似病态的思想上的执念，这种执念使得历史学家根本就无法看到"wie es eigentlich gewesen"[2]。因此，纳米尔讨厌，甚至不惜嘲讽哲学历史学家；强调物质因素而不信任理想因素。这些想法，出现在一个本身就受那么多的理想乃至成见支配的人身上，也是挺奇怪的（其成见包括民族主义和民族性格、对传统之"根"和"土地

1　原文为法文 *épater*，意为使人震惊、惊愕。——译注
2　［"事情的本来面目。"］

与逝者"[1]的热爱、对知识分子和理论家效力的怀疑、对个体心理学甚至是笔迹学的信赖）。但事实就是这样。

他本质上有压缩倾向——总想把一般命题和史学家们的印象主义缩小为确凿的颗粒状"事实"，总想把什么都浓缩到只剩下实质问题。将这一点加以归类，视为他所处时代和社会环境主导思潮的一部分，或许也不是太离谱。毕竟，恩斯特·马赫就是在维也纳阐述"思维经济"原则，并试图将物理现象还原为一簇簇可识别、几乎可分离的感觉的；弗洛伊德就是在维也纳寻找心理现象之"物质性的"、可验证的原因的；维也纳学派的哲学家们就是在维也纳提出实证原则，作为对付含糊其词、先验论、神学、玄学的武器的；包豪斯清晰合理的线条的源头就是在阿道夫·路斯[2]及其弟子的思想中找到的。维也纳是反形而上学和反印象主义的实证主义的新中心。不管纳米尔知道这一点与否（对这种意识形态的分类，谁都不可能比他抗议得更为激烈），这就是他出道的那个世界。维也纳最有创见的思想家都强烈反对德国的形而上学，赞同英国的经验主义。在哲学领域，维也纳思想与英国思想互惠共生，结出了累累硕果。纳米尔是将这一方法运用到历史中的最大胆也最具有革命性的先驱之一。这一方法——尤其是在其追随者的作品中——被批评为走得太远了，"把思想从历史中剥离出来了"。[3]这种批评也没少针对相应的哲学、艺术、建筑、心理学学派。不管这种指责公允与否，哪

144

1　［原文为法文 *la terre et les morts*，巴雷斯屡屡用到的一个民族主义主旨（后来也为其他作家所效法）。明显的一次是用在为法兰西祖国联盟而写（但并未发表）的演讲稿的标题中。莫里斯·巴雷斯（Maurice Barrès）：《土地与逝者：法兰西意识的现实基础》（*La Terre et les morts*［*Sur quelles réalités fonder la conscience française*］，法兰西祖国联盟，第三次大会，巴黎，［1989］）。］

2　Adolf Loos（1870—1933），奥地利建筑师与建筑理论家，现代主义建筑的先驱。其成名代表作为《装饰与罪恶》（*Ornament und Verbrechen*）一文。——译注

3　见A. J. P. Taylor, 'Accident Prone, or What Happened Next', *Journal of Modern History* 1（1977），第1—18页，见第9页。

怕是其最尖锐的批评家也很难否认这种新方法早期影响的价值和重要性。它打开了窗户,把新鲜空气放进来,展现了新的视野,让人们看到之前没有看到的东西。在这场伟大的有建有毁的运动中,纳米尔是一位不可小觑的人物。

纳米尔显著的个性特点是始终思想活跃,爱动脑子,特立独行,无所畏惧,认准了的路子,就毫不动摇地走下去。这样的路子让他取得了丰硕成果,他不会仅仅因为这一路子在折中主义者或凡夫俗子看来很极端或狂热就去修改它。和马克思、达尔文、弗洛伊德一样,他也强烈反对折中主义。同时他也不认可只是为了免遭指责,不让人家说你是在搞极端主义而去走中庸路线或加以修饰,讨得通达之士的欢心。事实上,以他的性格,他根本不会急于以任何方式取悦,更不用说姑息评论家。他相信能发现客观真理,而且自己已经在历史中找到了发现真理的方法;他相信这种方法就是一种点画法,"微观的方法",[1] 将社会事实分解为若干个体生命的细节——个体生命就是一个个原子实体,其生涯可以精确地得到考证;他还相信这些原子之后可以组合成更大的整体。这是在历史研究中可以做到的离科学方法最近的一种方法,虽然会受到各种批评,但无论付出多大的代价,他都会始终坚持使用这种方法,直到或除非内在标准能让他信服其存在不足,因为它未能得出为研究所证实的结果。这种心理上的笛卡尔主义是他对付各种印象主义和浅尝辄止的武器。康德说过,大自然只有在遭到拷问,面对很特定的问题时,才会道出自己的秘密。纳米尔相信历史也是这样。问题必须以能够回答的方式提出来。

他是实证论、紧缩型、反浪漫主义时代的产儿,而他内心深处的自然浪漫主义在另一个方面——政治上——表现出来。他是一个敬业的

---

1 Ved Mehta, *Fly and the Fly-Bottle: Encounters with British Intellectuals* (London, 1963), 182.

历史学家,刻意把自己限制在了他原子一般的材料上。他确实将自己的材料分解还原成了微小的碎片,然后再以一种奇妙的富于想象的概括力把它们重新整合起来,他的这种概括能力很强大,完全可以与同时代其他任何历史学家相媲美。他不是一个叙事性的历史学家,同时也低估了观念的重要性和影响力。他仰慕个人的伟大,鄙视平等、平庸、

146 愚昧。他崇拜政治自由与个人自由。他对经济事实的态度充其量也只是摇摆不定:他在记述历史时是个非常半心半意的决定论者,不论他在理论文章里是怎么个说法。唯物论、极端决定论是他所受到的批评,但这两点更适合用来批评那些采用这种方法却毫无天赋,容易迂腐和怯懦的历史学家,而他是勇于创建、富于直觉、无拘无束的。他考虑问题向来都是从大处着眼。他不会在审视和描述一棵棵树的时候,就看不见这大量积累和详细分析旨在认识的树林了。至少在他黄金时期的著作中,目的从未从视线中消逝过。读者不会因为细节而理不清头绪,从不会感到他是一个贪婪的、什么都不肯放过的事实收集者,一个狂热的、分不清好歹贵贱的古董商。也许,在他生命快要走到尽头时,树木乃至灌木确实开始障目,让他见树不见林了。但在他状态最好时,他也是完全可以呼应他极不尊重,实际上却深受其方法影响的马克思,也来

147 一句:"Surtout, je ne suis pas namieriste。"[1]

---

1 原文为法文:"总之,我不是一个纳米尔主义者。"马克思的合作者弗里德里希·恩格斯在两封信中提到马克思对自己的二女婿拉法格的一句话,但两个说法不同。1882年11月2—3日给爱德华·伯恩斯坦的信中是:"可以肯定的是,我不是什么马克思主义者"("What is certain is that I am no Marxist",见David McLellan, *Karl Marx: A Biography*, 3rd Edition, London: Papermac, 第405页)而在1890年8月5日给康拉德·施密特(Conrad Schmidt)的信中则是:'All I know is that I am not a Marxist.'("我只知道我不是一个马克思主义者。")

莫里斯·鲍拉

莫里斯·鲍拉是一位学者、批评家兼行政领导，也是他那个时代最了不起的英国才子，最重要的是，他还是一个慷慨大方、古道热肠的人，其强大的人格魅力具有广泛而又鼓舞人心的影响，改变了许多人的人生与观念。据他在切尔滕纳姆[1]的一位同学说，到1916年离校参军时，鲍拉已经完全发育成熟。从性格坚定这一点上说，他很像他的父亲，只要说到他父亲，他就总是满怀深情与尊敬；但性情上他又不像父亲，有叛逆的一面。于是1919年，他一到新学院，便成了一群才华横溢的同学中天然的头儿，激烈反对那些构成战前牛津观点的传统智慧和道德准则。自那以后，他对一切既有体制都始终持批判态度。

鲍拉热爱千姿百态的生活。他热爱太阳、大海、温暖、光明，痛恨冷淡与阴暗——身体上、精神上、道德上和政治上的。他终生喜欢自由、个性、独立，憎恶在他看来束缚和压抑人性活力的一切东西，不管这种自我压抑的禁欲主义会取得什么值得称道的精神成就。他对地中海及其文化的热情与这一点是一脉相承的：他热爱快乐、丰盛，热爱自然与

1　指切尔滕纳姆学院（Cheltenham College），创办于1841年的一所寄宿中学，位于英格兰格洛斯特郡切尔滕纳姆，是鲍拉的母校。——译注

文明最丰硕的果实，人类情感最充分的毫无顾忌的表达，丝毫不受摩尼教徒罪恶感的束缚。因此，他很少同情那些在生命力量面前畏首畏尾的人——那些瞻前顾后、谨小慎微、墨守成规的人，或那些在他看来看到一点热辣或激情场面就皱眉蹙额，听到一点激烈和直言不讳的话就大惊失色的道学先生或假正经。所以，他对学术界、官场上和商业界的大多数平庸之辈颇不耐烦，对文化圈内那些在他看来单薄、古板、持谴责眼光的人也同样不耐烦。他相信充实丰满的生活。

1930年代初，他在德国诗人施特凡·格奥尔格周围形成的那个文学圈子中发现了浪漫主义的夸张，比起英国人的含蓄来，这种夸张对他的吸引力要大多了。由于有一种跟温斯顿·丘吉尔、托马斯·比彻姆[1]等老一辈相似的性情，他喜欢富于灵气、华丽、雄辩、恢宏的风格，也不惧怕管弦乐色彩；布鲁姆斯伯里[2]的室内音乐不合他的胃口。他在古典的世界里找到了自己理想的美景：希腊作品既是他的初恋也是他最终所恋。他的首部也是最好的一部著作就是对荷马的研究，这也是他最后一本著作的主题，要是他活着完成了的话。[3]虽然他的文学兴趣非常广泛——从中非的史诗歌谣到他自己那个时代最年轻的诗人——但他倾注感情最深的还是希腊抒情诗人品达、索福克勒斯。在他眼里，默雷和维拉莫维茨[4]远远不止是学者和其他文学作品的批评家。

1　Sir Thomas Beecham(1879—1961)，英国音乐史上最著名的指挥家之一。——译注

2　"布鲁姆斯伯里团体"是20世纪初英国伦敦的著名知识分子团体，包括小说家弗吉尼亚·伍尔夫、爱德华·摩根·福斯特、传记家里顿·斯特拉奇及经济学家约翰·梅纳德·凯恩斯等才华卓越的人士，这个小团体以其自成体系的审美，在当时的英国独树一帜。——译注

3　[他的著作十章中有九章是在他去世后才发现的，而这本书(《荷马》)则是1972年在伦敦出版的。他的第一部著作是《伊利亚特中的传说与构思》(Tradition and Design in the Iliad，牛津，1930)。]

4　Ulrich von Wilamowitz-Moellendorff(1848—1931)，德国古典语文学家，著名的古希腊权威和古希腊文学权威。——译注

　　凭借机智灵敏的头脑、当家做主的个性、容易冲动的内心、神采飞扬的快乐、嬉笑怒骂的才情，以及对所有煞有介事、自以为是和胆小怕事之辈的轻蔑，他很快成了自己的朋友和熟人圈里的主心骨。不过，他一辈子都有一点不自信的毛病：总需要不停地恢复信心。他有自律的习惯，相信并且能够做艰苦的、有条不紊的工作——他一天的许多时间都花在这样的工作上；他敬重专业人才，讨厌业余爱好者。所有这一切，从一定程度上说，似乎都是针对根本上缺乏自信的防御武器。其实，他对最贴合其心意的浪漫主义价值观的拜伦式讽刺也是这样的武器。新学院严厉的哲学导师 H．W．B．约瑟卡对待他的态度，削弱了他对自己智力的信心，他的另一位哲学导师亚力克·史密斯虽然为他做了很多事情，还成了他的终生朋友，但也没能让他完全恢复信心。

　　鲍拉将生活视为要跨越的一道道跳栏，要冲破的一重重阻碍：有许多著作、文章、评论要写，有许多学生要教，有许多课要讲；还有五花八门的委员会，甚至各种社交场合，是那么多要迎接的挑战，绝不亚于真正的考验——怀有敌意的批评家的攻击、人际关系的沧桑变故、健康方面的隐患与威胁。有三五个能够信赖的忠实知己相伴时，他倒是挺放松，且往往表现得从容、文雅、平静。但是外部世界充满了各种障碍，需要一口气全部突破；有时候，他难免跌倒受伤：他坚毅地承受、应对这类挫折，立即爬起来，精神饱满地奔向下一个任务。也许就是因此，他需要和渴望得到赏识，也从获得的许多荣誉中得到了相应的快乐。他出版的作品之所以在风格和内容上平淡无奇、清晰显豁、条理井然，有时还相当传统，或许也是由于他对自己的真才实学和卓越才华缺乏信心所致。他的私人信件、私人诗文，尤其是他所有的谈话都完全是另一番模样。那些仅仅通过他的出版作品来了解他的人，安能识得他的天赋于万一。

　　论口才，他堪称无人能及。他的机智是口头表达中的，并且是累积的：言简意赅，直击要害，一语中的，火力集中，比喻、双关、隐喻、戏仿一个接一个似乎自然生成，以一连串奇妙的富于想象力的方式脱口而

150

出,有时会上升到极度兴奋、异常滑稽的幻想境界。他独特的口音、方言、声音、句子结构都成了具有磁力的典范,令很多人为之倾倒,也对他
151 们的讲话和写作风格,或许还有情感产生了影响。我们那个时代牛津出身的一些最著名的作家也显然受到了其影响。但他的影响并不止于此,还要更为深远:他敢于说出别人想说,但囿于规章制度、传统习俗或个人禁忌而欲言又止的话。莫里斯·鲍拉突破了一些这样的社会与心理障碍,而20世纪20年代和30年代受到他潇洒谈吐的吸引,聚集在他周围的那些年轻人,也都放开了自我。

鲍拉是一股强大的解放力:他放谈艺术、人性、诗歌、文明与私生活,不墨守成规,对朋友热情赞扬,对敌人肆意谴责,这些都产生了令人陶醉的效果。有些人,特别是年纪大一点的教师,对这些放肆言论感到惊讶,觉得会招来危险。他们大错特错了。无论所谈的内容多么轻狂,结果都有着深远、持久的解放力。摧毁了很多虚假、浮夸、荒谬的东西,达到了宣泄的效果;它有利于真理、人类情感,也可以极大地振奋人的精神。作为主人(无论在自己家里还是别人家中,他永远都是主人),他有着积极正面的个性;他的性格铸成了一个主调:所有这些谈话不论有多么无礼、轻率、夸张或无视法度,其中都毫无半点有害、颓废或令人痛苦的内容。

作为一名学者,特别是作为一名批评家,鲍拉有其局限性。他最难能可贵的品质就是对所有年代、所有民族的文学,尤其是诗歌,都怀有满腔的、难以抑制的热爱。革命之前,他还是一个学生时,曾穿越俄罗斯来到他在中国的家,[1]这次游历使他对俄罗斯诗歌产生了终生兴趣。

1　鲍拉的祖父爱德华·鲍拉(Edward Charles Macintosh Bowra, 1841—1874)在戈登的"常胜军"(一支由外国人组成的抗击太平天国的雇佣军)中服役后留在中国海关为官,曾担任中国历史上第一个政府出外使团——斌椿使团的秘书,还翻译过《红楼梦》前八回。鲍拉的父亲塞西尔·鲍拉(Cecil Arthur Verner Bowra, 1869—1947)出生在宁波,后来亦在中国海关为官。鲍拉本人出生于九江。——译注

他把俄语当作一种文学语言来学习，愉快（且成功）地分析了俄罗斯诗人最晦涩的一些诗句，如同他分析品达或阿尔凯奥斯的诗一样，这在英国几乎是绝无仅有的。他阅读法语、德语、意大利语和西班牙语作品，意识到世界文学是整个一片缀满了天才之作的苍穹，他孜孜不倦地努力揭示其特性。他是极少几个为帕斯捷尔纳克、夸西莫多、聂鲁达和塞菲里斯所同样熟知并高度评价的英国人之一，对此，他引以为荣，也是恰如其分的。对他来说，这一切只是反对已成为众矢之的的庸俗主义、学究气及狭隘主义之战的一部分。不过尽管如此，他却是一个坚定的爱国主义者，例如在波士顿，凡听讨他在英国遭到哪怕是一点轻微批评时所发表言论的人，都可以证明这一点。所以，第二次世界大战期间他没有得到任何公职这件事令他很难过。牛津大学没有聘他为希腊文教授（哈佛大学和其他著名大学给了他教授职位），也让他很是失望。不过，后来他将此视为塞翁失马；因为他最后当选为沃德姆学院院长，弥补了，可以说还不只是弥补了之前的遗憾。

忠诚，或许是他最看重的，也是他自己所富有的一个品质。在他世俗事务不那么多的后半生中，他把自己的一腔热血都献给了牛津，尤其是沃德姆学院。他为自己的学院做出了非常巨大的贡献，学院也给了他很多回报。他深以，事实上是极以沃德姆学院为傲，以学院的全体学生为傲——不论是高年级的还是低年级的学生。学院本科生人数快速增长，而他似乎跟每个本科生都关系极好；他指导并帮助他们，还不声不响地做了很多善事。在最后的几十年中，待在公共休息室，或者招待同事和学生，是他最快乐的事；身边围着一帮靠得住的喜爱和忠诚于自己的老少朋友，是他感到最幸福的时候。

在沃德姆院长任期届满后，他将自己最大的爱献给了牛津大学：他在多个岗位为学校竭诚服务过多年，历任学监、理事会周会及许多其他委员会的委员、出版社监委会委员，最后还担任过副校长。年轻那会儿，他曾受到怀疑，觉得他是一名玩世不恭的享乐主义者（没有比他更

152

玩世不恭的人了），但他逐渐赢得了人们的尊敬，认为他是最敬业、最高

153 效、最进步的治校者之一。他有很强的公共机构意识：出任不列颠（人文与社会科学）学院院长是他人生中一段非常快乐的时光。在他的开明领导下，不列颠学院得到了欣欣向荣的发展。但他更加忠诚的还是牛津，牛津的发展让他充满了强烈而持久的自豪感。牛津和沃德姆是他的家和生命，他的灵魂与这二者都紧紧地绑在了一起。在所获得的众多荣誉中，他自己所在大学授予的名誉博士学位是他最满意的一个：同事们的看法对他而言是头等重要的。退休时，学院让他可以继续住在院内，对此他深表感激。他的继任者是一位老朋友，让他感到了友爱与关心。

健康每况愈下和耳背让他不能参与很多乐在其中的事情了，主要是出席各种委员会和参与日常行政管理，这令他很怀念，丝毫不亚于对现在日益减少的社交生活乐趣的怀念之情。然而他的勇气、快乐以及充分利用所剩机会的决心，并没有弃他而去。他对荒谬事物的感觉依然敏锐；他的幻想能力依然是一个主要支柱。新面孔依旧可以满足他对生活的胃口。最重要的是，他现在很喜欢与年轻人打交道，他懂得年轻人的想法与心情，他们渴望反抗权威和强加在人们头上的各种令人沮丧的规则，对于这种渴望，他不仅本能地认同，而且能勇敢地支持到底。年轻人感受到了这一点并有所回应，这令他很开心。

他不是一个热衷于政治的人。但从性情上说，他是一个激进分子，是一个不循规蹈矩的人。他对保守观点真的深恶痛绝，对于任何既有制度的坚固柱石，他都既不喜欢也不尊重。他同情那些参与1926年大罢工的工会；在牛津的一次会议上，他慷慨激昂地批评了1934年多尔夫斯[1]

1　Engelbert Dollfuss（1892—1934），基督教社会党领导人。曾任奥地利第一共和国总理兼外交部长，在任内解散国会，实行法西斯统治，镇压奥地利社会民主党所属组织的起义。——译注

在维也纳对社会主义者的镇压；他憎恶压制和镇压，不论是右翼的还是左翼的，尤其憎恶所有的独裁者。与休·盖茨克[1]的友谊是他快乐的一个源泉。要是有人在他面前说了在他看来倒退或不像话的政治观点，他不会不吭声，而会表现出愤怒。他并不喜欢由此而可能引起的争吵，但他会觉得逃避是可耻的；他具有高度的公民勇气。他支持一切争取自由的事业，特别是寻求自由或独立的少数派，越不受欢迎的，他就越支持。20世纪50年代末和60年代，他的一项主要消遣就是乘船游希腊，他每年都会参加；不过希腊的军政府上台后，他就放弃了这项活动。 154

他对宗教的态度更加复杂难懂；他对宗教体验有好感，一点也不支持实证主义者或唯物主义者的信条。但是试图用一个词语来概括他的精神面貌却不仅是狂妄的，也是荒唐的。他当院长时，据说几乎从没错过一次礼拜。

他生命中的最后一个夜晚，是跟同事和学生们在一次联欢会上度过的。他死于心脏病，这次联欢会也许加速了心脏病的恶化；如果是这样的话，那可能正是他所希望的：他希望趁生命尚未成为一个痛苦的包袱，就像他活着时一样，结束得痛痛快快，干净利落。

他在如日中天的时期，是自乔伊特[2]以来人们议论最多的牛津人，无论从哪个方面说，他都和乔伊特一样优秀，一样值得纪念。 155

---

1 Hugh Gaitskell（1906—1963），英国政治家和工党领袖。先后任燃料动力大臣、经济事务大臣和财政大臣。——译注

2 Benjamin Jowett（1817—1893），英国学者，古典学家和神学家，19世纪不列颠最伟大的教育家。曾任牛津大学贝利奥尔学院院长。他为学生耗尽了毕生精力，教会学生们如何认识自己，得到了"伟大导师"的赞誉。——译注

J.L.奥斯汀与牛津哲学的早期起源

后来被称作"牛津哲学"的哲学潮流,主要起源于一小群年轻(最大的才27岁)牛津哲学家每周一次的讨论,这些讨论始于1936年到1937年间的某个时候。讨论的发起者是J. L. 奥斯汀,直到讨论因第二次世界大战而结束为止,他一直都是他们的领军人物。1933年秋天,奥斯汀当选为全灵学院院员,当时他还没有完全拿定主意要以从事哲学研究为业。他过去老这么说:他深信哲学,正如牛津所教的那样,对年轻人是一种极好的训练;是使得他们有理性的不二法门——这是他当时的最高评价——因为哲学让他们产生了一种批判性的,确切点说,是怀疑性的态度,而这在他看来,是治愈他所谓"傻笑脑袋"的唯一良方。后来,他修正了自己的观点:事实证明哲学哪怕是像他那样讲授,依他之见,面对自己的一些非常有天赋的学生的传统信仰和天真想法时,也无能为力。他慨叹,自己的所有努力不仅远未削弱他们的传统观念,还让他们大部分人可敬得不可救药,高尚得乏味起来了。

他知道自己作为老师才能出众,不过他还是很想做一些更具体、更实际的事,一些一天下来可以有更多成就展示的工作。他过去常跟我说,他很遗憾花了太多时间在古典学上,而没学习成为一名工程师或建筑师。可是,现在为时已经太晚:只好安于现状,继续当一个理论家了。

156

他痴迷于精准确凿的信息、缜密的分析、可验证的结论及归纳与剖析事物的能力，痛恨支吾其词，晦涩抽象，以及用花言巧语、隐语行话或玄虚概念来搪塞问题。他从一开始就决心尽可能地简化一切，做到要言不烦。

虽然他欣赏务实的专家，实际上，他本人却满脑子里都是纯哲学问题，而且他刚来全灵学院时，似乎很少思考别的问题。他最钦佩的两位在世的哲学家是罗素和普理查德，他崇拜罗素的独创能力、独立思考及表达才能；而他之所以敬佩普理查德，是因为普理查德在他眼里似乎是牛津当时最严谨、最缜密的思想家。奥斯汀虽然既不认可普理查德的前提，也不同意他的结论，却欣赏其论述的专心致志和严谨性，钦佩其摒弃晦涩和自相矛盾的哲学思想时所表现出的那股子狂傲不羁、根本不把那些古今大家放在眼里的气概。奥斯汀自己的言语施为功能学说，在我看来，有很大一部分归功于普理查德对诸如承诺的逻辑特点等问题的痛苦反思。"常有人说，如果我说'我同意'此事或彼事，那我就创造出了前所未有的权利，"普理查德会说，"**创造出了权利？ 这话什么意思？ 打死我也想不明白。**"奥斯汀既不认为这一观点或普理查德对道德义务本质的讨论不重要，也不认为它们没阐述清楚，他在1933年到1935年这两年里头，就这一问题（对我）谈了很多自己的看法。

通常，我们是吃完早饭后在全灵学院的吸烟室开始交谈。遇到要给学生上课的时候，我聊到11点就会离开；但没课的上午，我好像记得我们经常聊到吃午饭的点儿。他当时还没有确定的哲学立场，也没有什么学说要灌输。他只是抓住一些当时的热门话题，某个作家或演讲者发表的某些观点，聚精会神、匠心独运地对其进行条分缕析，这种别出心裁的分析非常罕见，直到后来听了G. E. 摩尔的讲座后，我才在别人身上发现过。1930年代牛津最受敬佩的哲学家，我得说，是亨利·普莱斯[1]，

158

1　Henry Habberley Price（1899—1984），英国哲学家、逻辑学家。以《知觉论》（*Perception*）和有关思维的著述而著名，对超心理学（parapsychology）亦有研究。——译注

他的讲座深入浅出、见解新颖、优美清雅,能令其听众入迷,而且在使认知问题成为当时牛津哲学关注的中心这件事上,他也发挥了举足轻重的作用。反方面的影响,就年轻哲学家而言,则是对作为了解宇宙之源的整个传统哲学概念与日俱增的反叛。A. J. 艾耶尔是这方面的领军人物,他那篇论维特根斯坦的《逻辑哲学论》的论文,我印象中是1932年春宣读的,打响了那场声势浩大的实证主义运动的第一枪。[1]《语言、真理与逻辑》当时还没有出版;赖尔的观点也还没有,至少是还没有公开超越其《系统性误导表达》[2]一文。然而,实证主义者的攻击,尤其是约翰·威兹德姆当时发表在《心灵》上的几篇早期文章,在给年轻一点的哲学家们带来启发和兴奋的同时,也给老一辈哲学家带来相当大的耻辱。反形而上学的经验主义风靡一时,正在迅速赢得皈依者。当时只有普莱斯一人,虽然他从某些方面而言是一名牛津实在论者,对这场新运动表示了理解与支持,从而被该运动的成员们视为敌方阵营中的一个盟友。

实证主义运动发展迅猛,占据了《心灵》的大部分版面,还创办了自己的内部刊物《分析》。这令包括普里查德、约瑟夫、约阿希姆在内的最有影响力的老一辈牛津哲学家深感苦恼甚至是绝望。他们的反应159迥然各异。约阿希姆是温和的欧陆唯心主义最谨慎、最有教养的最后代表之一,他活在亚里士多德、斯宾诺莎、康德、黑格尔、布拉德雷的世界里,根本就未予理睬,认为这次运动只是一时偏离了正轨,暂时倒退到原始的野蛮和非理性状态——这也是科林伍德和穆尔以不同的方式所表达的一个观点,他们在表达方式上要更加激烈一些。不过科林伍德认为,比起约瑟夫、普里查德及其追随者们来,艾耶尔是一个可敬得

---

1 该文曾于1932年圣三一学期(Trinity Term)在乔伊特协会(Jowett Society)上宣读,已佚。

2 *Proceedings of the Aristotelian Society* 32(1931-1932),139-170;后收入 Ryle,*Collected Papers*(London, 1971)ii。

多也的确更危险的对手。至于普里查德，他对这种在他看来是早就被揭露了的谬误的故态复萌持蔑视态度，而且一点都不感兴趣，认为同自己年轻那会儿伟大的智者派哲学家布拉德雷和鲍桑葵反对实在论哲学相比，这些思想要粗糙多了。但他一门心思只想着自己不断努力，用他自己的话说，"绞尽脑汁想问题"了，并且非常痛苦地意识到，对于那些折磨自己的认识论和伦理问题（前者源自库克·威尔逊，后者源于康德和新教传统），他都不能想出差强人意的答案阐述方式，因而，他根本就没工夫去理会其晚辈的困惑和错误，他认为他们大多都是在浪费时间，而且对他们当中的谁都不是很感兴趣。

最难受的大概是约瑟夫。他对于真正的传统有一种非常强烈的意识，觉得捍卫他从自己深深敬仰的老师库克·威尔逊传承下来的这种传统是自己义不容辞的责任。尽管库克·威尔逊的门生们都很卖力，他的名声（如果还存在的话）依然没超出牛津。柏拉图、亚里士多德、某种意义上的唯理论者，还有库克·威尔逊，是约瑟夫至死都在捍卫的人。这种实在论形而上学的死敌已不再是那些唯心主义者了（他同意自己的弟子普理查德的观点，唯心主义者气数已尽了），而是以"谬论之父"休谟为首，密尔、威廉·詹姆斯、罗素紧随其后的那帮经验论者和怀疑论者，以及其他一些在思想上和道德上提出了颠覆性意见的著述家，约瑟夫把反驳和根除他们的学说视为自己应尽的本分。他一生都致力于铲除哲学花园中的杂草这一伟大任务；我相信，有时候他会认为这一伟大使命，他称其为恢复古老的真理，终于就要大功告成了，至少在英语国家是这样。可是随着1920年代的慢慢过去，1930年代的开始，他惊恐地看到丛生的杂草又勃然兴起了，特别是在牛津自家花园里，草籽主要是从剑桥那边飘过来的——拉姆齐、布雷思韦特、艾耶尔及其盟友们所鼓吹，且受到美国形形色色的实用主义者响应与支持的各种公然的谬论。所有这些异端邪说再次沉渣泛起，明显影响到了年轻人，仿佛这些歪理邪说的浅薄与似是而非从未被库克·威尔逊那班忠实的门徒

160

反复揭露似的。他在新学院花园所做的最后一次演讲，是对罗素及其一伙的一次猛烈抨击。我想，他是在绝望的精神状态中死去的——真理居然溺亡在谎言的海洋里，这是一场他自己始终都未能明白过来的灾难。

奥斯汀本人就是这些危险的经验论者中的一个，尽管此时他还不是一个好斗的争论者；他的经验论也没有因为忠于任何特定传统而受到拘束。他并不教条，不赞成程式化的东西。他不想捧一派，打一派。他处理问题的方式是有一个处理一个，而不是当作系统性再解释的一部分来对待。如果说他做出过后一方面的努力，也是很久之后的事情——他确曾试图创立一套哲学方法的连贯学说。我印象里，这一时期，也即战争爆发之前，从未听他说过半句源自系统观，或明显倾向于支持系统观的话。我不知道他在莫德林学院的弟子们会不会为我做证，但在我看来，他似乎把注意力集中在牛津当时正规课程的话题上，没有锐意革新的意图。不过，不用说，他头脑清醒、才思敏锐、见解新颖，加上他发表看法时，总显得与自己所批评或阐述的对象之间没有任何障碍——既没有传统评论的累积，也没有戴上某一具体学说的有色眼镜，因而他往往给人一种感觉，好像该问题是第一次被明确提出来的：过去书上那些显得模糊不清、陈词滥调的东西，或约定俗成的公式突然不见了，问题一下子就凸显出来，清晰可辨，虽无答案却至关重要，而他分析问题所用的方法则像手术刀一样锋利，运用得也是胸有成竹，得心应手。

他明白对方所说的意思后，总是，至少是那时候总是，以对方自己的术语来做出回答；他不会假装非要等翻译成他自己的语言，某些他自己的特殊术语之后才能明白。私底下聊天时，他从来都不会花言巧语或隐约其词，而且常常会表现出一种非同凡响的能力，可以将对方话里真实有趣的东西与虚假无趣的东西——意识形态的说教，或神经紧张的困惑等——区分开来。在公开场合，则并不总是这样：反对意见会让他争强好胜,在课堂或各类协会、社团会议上,他总想争个赢头。但就我自己的经验而言,在私下交谈中,至少在他感到自在和不构成威胁的人面前,他并不这样。我不是说他生性并不固执己见,相反,他还真是一个生性固执的人。不过,他跟人争论的时候很有耐心,而且彬彬有礼,如果辩不倒对方,他回头还会一遍接一遍地找人家接辩,每次都会搬出一堆新的极富想象力的例子和第一手论据来,无论它们有说服力与否,从精神上来说,还是很令人振奋的。

他这一时期自始至终都还是怀疑哲学的价值,除了认为它是一种教育手段之外,可是他又离不开哲学。1930年代,我们只要一见面,他都无一例外地可以寻机提出某个哲学问题,与其说他给人留下了一套言之凿凿、论证充分的观点,还不如说他沿途留下了一系列的哲学疑问,令听众不能躺在既有定论的床上舒舒服服地睡大觉。我觉得战后他要独断得多,至少在公共场合,在没有深思熟虑想好全盘作战计划,对可能遭到的反驳感到能稳操胜券之前,他都会按兵不动。在他所受到的批评中,有一条(我认为是公允的)就是,因为怕冒丝毫被人成功反驳的风险,他会拒绝前进。即便这样,私下里他并不是完全如此(我只是说我的体会);1930年代,他的自豪感及对自身地位的意识表现得还不是很明显,他也没把哲学当作自己有责任让无知者和失足者皈依的一套学说和方法。直到后期,他的哲学活动才变成了一项有计划的传播真理的运动。

1936年艾耶尔的《语言、真理与逻辑》出版时,奥斯汀先是表达了极为欣赏之情,接着就开始批评该书了,我和他下午散步的时候,他都会逐页逐句地进行批评,并不是想得分(在我的记忆里,他批评完第一章后就没下文了)。无疑,他后来那股子好与人争辩的锋芒毕露的劲儿还不是那么明显,至少就他同代人的著述——为我们提供了精神食粮的《心灵》和《分析》上的文章——而言是如此。1936年,他进莫德林学院约一年后,有一天晚上他来到了我在全灵学院的房间,问我在

162

看什么书，问我有没有看过苏联哲学方面的著作，其中是否有值得一读的。他曾经去苏联旅游过，留下过深刻的印象。他见过那里灰色的、似乎没有个人色彩的男女老少，为他们身上的朴素、冷峻和献身精神所吸引，觉察出了正在抬头的民族主义（他并非不赞同）和伟人崇拜情绪（他有共鸣）——崇拜与各种巨大困难作过斗争的伟人，像马克思和列宁。我觉得，他对共产主义那些创立者的崇拜，持续的时间并不长。

他后期最喜欢的理智德性的楷模是达尔文和弗洛伊德，不是因为他特别欣赏他们的观点，而是因为他坚信一个人一旦认定自己的假说值得努力探究，就应该穷极到其逻辑的终点；无论结果如何，都不应该因为担心显得怪异和狂热，或者囿于庸俗的常识而却步，半途而废。就算逻辑结果真站不住脚，那也可以根据无可否认的证据收回和修正自己的假说；可一个人如果不能对一个假说彻底探索，得出完整的逻辑结论，那么真理就永远会败在羞手羞脚的好面子上面。他说过，一个无所畏惧，无视抱怨、警告与批评，坚定不移地沿着自己选定的道路前进的思想家，才是真正值得钦佩与仿效的对象；狂热痴迷比畏首畏尾可取，大胆的想象比沉闷的明智可取。

苏联的思想如何呢？我回答说，我没看过真正可以向他推荐的当代共产主义哲学家所写的东西——在拉尔夫·福克斯的著作之后。福克斯是唯一一个奥斯汀读过其著作或认为其著作值得一读的英国马克思主义者。不过一两年前，我倒是读过一本很有意思的哲学著作，书名叫《心灵与世界秩序》，作者是C. I. 刘易斯[1]，一位我之前没听说过的哈佛教授。我和我的同事都对美国哲学的了解如此之少，这很能说明牛津（以及当时其他英国大学）在哲学上的自我隔绝与以自我为中心的问题。我在布莱克威尔书店的一个展台上碰到这本书是纯属机缘巧

1　Clarence Irving Lewis（1883—1964），美国实用主义哲学家、逻辑学家，概念论实用主义创立者，自然主义价值哲学流派的代表人物之一。——译注

合,打开后,我觉得它看上去很有意思。我把书买下,读了,觉得书中对康德哲学范畴所进行的实用主义的改头换面新颖且富有成果。我把它借给了奥斯汀,他一拿到手几乎立马就辞别了。他告诉我,他没拉小提琴——一改每天晚上都要把巴赫的无伴奏变奏曲拉一遍的习惯,立即就看起来了。三天后,他向我提议,我们应该开一门课,专门讲这本书,看来这本书也给他留下了深刻印象。

164

　　我也许记忆有误,但我想这是牛津针对一位当代思想家开出的第一门课或第一个专题研讨班。作为一名教师,奥斯汀的名声此时已经相当响了,而且每周都有校大的一批本科生来全灵学院听我们的课。当时我对于如何联合开课一无所知,以为授课者会先就课文中的观点对话一番,按当时教师之间进行哲学辩论时司空见惯的形式,表现出对彼此近乎夸张的尊重。奥斯汀一上来就请我阐述一个论题。我选择了刘易斯关于具体、可感特征——刘易斯称之为"感受质"(qualis)——的学说,谈了一点自己的想法。奥斯汀严厉地瞪着我,说道:"能请你再说一遍吗?"于是我又说了一遍。"我觉得,"奥斯汀慢条斯理地说道,"你刚才说的完全是胡说八道。"我这才意识到这不是什么客客气气的假过招,而是一场真刀真枪的殊死之战——要我死的战争。毫无疑问,奥斯汀在我们课堂上的表演,至少是对听课的学生产生了深远的影响。其中一些后来成为杰出的职业哲学家,因而也证明了奥斯汀那种表演的非凡力量与效果。是表演,毋庸置疑,堪与摩尔在亚里士多德学会与心灵协会一年一度的联合会议讲堂上的表演相媲美。奥斯汀应对聪明和愚蠢的批评与反对意见都很坚决,从容不迫、不屈不挠、令人敬畏,而在此过程中,他给我们课堂里真正的哲学家留下的不是被击垮或挫败的沮丧,而是唯名论论点的简洁与明晰所带来的激励与兴奋。他反驳刘易斯,为唯名论辩护。"如果这张纸上有三块鲜红色的斑点,那么有几种鲜红色呢?""一种。"我说。"要我说,有三种。"奥斯汀说,于是这学期剩下的时间,我们都用在了讨论这个问题上。

165

奥斯汀上课，就像哈佛法学院一位难以对付的教授一般。他会向全班同学提问，如果大家谁都吓得不敢吭声，他就会伸出一根细长的手指，来回慢慢晃动一会儿，就像晃动一把手枪的枪口一样，然后突然发射，指着某个人，神经质地大声说道："你来回答!"有时候，点到的人会吓得说不出话来。奥斯汀会意识到这一点，然后就自己来回答，并回到我们正常的讨论状态。尽管有这样一些有点吓人的时候，听课人数却没有减少，大家的兴趣也没有减弱。我们一学期都用在了讨论唯名论上。这是我所上过的最好的课，而且在我看来，似乎也是奥斯汀真正开始了一名独立思想家生涯的标志。

1936年夏末，奥斯汀建议我们定期举办哲学讨论会，讨论我们和同时代的牛津哲学家感兴趣的话题。他希望小组的讨论会不要搞得那么正式，不要抱有发表"成果"的想法（就算真的取得了什么成果的话），除了保持清醒的头脑和追求真理外，也不要抱有任何其他目的。我们商定邀请艾耶尔、麦克纳布和伍兹利，他们当时都在牛津教哲学；在他们三位之外，又加上了已经入选全灵学院的斯图尔特·汉普希尔和已是基布尔学院院员的唐纳德·麦金农二人。讨论会始于1936年或1937年的某个时间（我想是1937年的春天）。周四晚饭后在我全灵学院的房间里举行，一直持续到了1939年夏天，间断过几次。回想起来，这些讨论会似乎是我参加过的最卓有成效的哲学讨论会。题目都不是精心准备过的，事前也不一定预告，不过我想我们都知道每周可能要讨论的内容。主要有四个大的话题：一是知觉，如普莱斯和布罗德所讨论的感觉材料理论；二是先验真理，即各种看上去必然为真或必然为假却又无法还原为规则或定义及必然结果的命题；三是反事实陈述的证明与逻辑特征，反事实陈述，我想，我们当时是称作无从实现的假说，或者违反事实之论；四是人格同一性的性质与标准，以及我们对他人心思的了解这一相关话题。

在提到知觉是我们的主题之一时，我应当先交代一下，我们所谈论的主要是现象论及与之密切相关的验证理论，在这些话题上，艾耶尔的观点是众所周知的，很强硬，而且一向都很鲜明。奥斯汀对感觉材料的全部术语都予以了抨击，提出了感觉材料的同一性标准是什么这一问题：如果一个人的视野里有七道虎皮状的黄黑相间的条纹，那么它是包含了七个黑色的材料和七个黄色的材料，或者说是由它们构成的呢，还是一个连绵不断的条纹材料？一个感觉材料的平均尺寸是多大？平均寿命是多长？什么时候可以说某一单个感觉材料变色了，或者说褪色或消失不见了？或者，可以说有多少色彩、色彩饱和度、音色或音高就有多少感觉材料吗？怎么去计量？有"minima sensibilia"[1]吗？它们会因观察者而异吗？所有这些，以及当时已经熟悉的问题：观察者是一个什么样的概念本身还有待于分析。

艾耶尔为实证主义辩护，他想知道，如果弃掉现象论，那该用什么来取而代之。昔日洛克很不成熟地认为存在难以捉摸的东西，当代某些丝毫不比洛克清醒，而且在前后一贯或诚实方面还远不如洛克的科学家和哲学家，也曾断言或假定存在着同样不可证实的、形而上的实体，奥斯汀是否认为存在上述两种意义上的感觉不到的隐性特质呢？在我的记忆中，奥斯汀从来没有想过要为这些问题提供任何肯定答案，（至少开始时）也没有想过要形成任何自己的学说；毫无疑问，他更喜欢挑别人提供的答案中的漏洞。我印象里，正是在这样的一次质疑抨击过程中，艾耶尔才在其关于纯粹现象论的还原论命题的四五次论述都被奥斯汀驳倒之后，大声说道："你就像一条灰狗，自己不想跑，只咬别的灰狗，害得它们也都没法跑了。"[2]

奥斯汀身上无疑有一些这样的东西。我记得战前他并没有从现象

1　["最小的可感物"。]

2　唐纳德·麦克纳布说过一句话，大意是说我们的讨论只让他想到了一群猎狗在一起狂吠（大概是追逐着真理），艾耶尔此言可能是受到了这句话的启发。

论的困境里完全走出来；但就是在那时，他也的确已开始说他看不出用日常语言谈论外部世界有多大的错。譬如，视觉上的错觉——重影、棍子在水中弯曲、透视技法等等——都是因为哲学家们对语言的歧义分析不当所致，而与似乎不合情理的非经验性信念无关。在他看来，他所崇拜的贝克莱与洛克和休谟正好相反，在这个问题上是对的。一根"真正"弯曲的棍子与一根"在水中弯曲的"棍子当然是两码事，一旦光的折射定律发现之后，就不会出现困惑了：弯曲是一回事，看上去弯曲则是另一回事；如果一根棍子扔进水里后看上去**不**弯曲，那才的确会令人感到惊讶。感觉材料语言是一种亚语言，有其特殊用途，既可用来描述印象派画家的作品，也可供医生用来让病人描述自己的症状——是从日常语言中雕琢出来的一种人为用途，日常语言足以满足大多数的日常需要，而且其本身一般也不会产生误导作用。

可以想象，艾耶尔，或许我们当中还有其他人，对于这种对摩尔、罗素、布罗德和普莱斯观点的正面攻击，对英国流派知觉论的整个机体和术语的摒弃，进行了坚决的抵抗。这些讨论催生了"牛津分析"，这与其说是奥斯汀的某几篇具体的论文的结果，毋宁说是我们大家共同呼吁研究普通语言用法的产物，就我记忆所及，我们当时并未有意识地援引维特根斯坦的后期学说，尽管他的那本"蓝皮书"当时已在剑桥流传了，并且在我的记忆中，1937年左右，已经流入了牛津。

168 我们以同样的方法讨论反事实陈述——其外延及其与验证原则的关系[1]——以及人格同一性及其与记忆的关系问题。如果我没记错

　　1　举例来说，我可以说："如果一匹叫西尔维亚的马参与了这次比赛的话，肯定会赢。"假设根本就没有这样一匹马参赛，甚至压根儿就没有这样一匹马，而且事后有人问我为什么会认为它会赢。如果我回答说我相信这一点，尽管——甚至就是因为——它是一个荒谬的命题；说我很想赌一下其真实性，因为我这个人好赌；说我丝毫不想知道有没有或可不可能有任何证据支持这一命题，如此看来，反事实的意义似乎脱离了"其验证方式"（无论是从多么"微弱"的意义上），即使其真实性问题与之并非不相干。

的话，后一个问题的主要例子我们选择的是卡夫卡的小说《变形记》中的主人公，一个叫格里高尔·萨姆沙的旅行商人，一天早上醒来发现自己变成了一只可怕的蟑螂，不过他对自己作为一个普通人时的生活还记得清清楚楚。我们是该说他是一个有着蟑螂之躯的人呢，还是该说他是一只有着人类记忆和意识的蟑螂呢？"都不是，"奥斯汀说，"在这种情况下，我们不知道应该说什么好。这就是我们说'无言以对'的情况，也真的是这个意思。我们应该有一些新的词语。旧词不适用了。没想让它们涵盖这种情况。"由此，我们又扯到了分析说话者关于自己的观点和他关于他人的观点时的不对称，或表面上的不对称，对于这个问题，奥斯汀和艾耶尔是从相应的不同立场来看待的，他们逐渐成了两 169 种不可调和的观点的主角。奥斯汀独特的哲学立场，在我看来，似乎就是在这些周四的晚上，在与艾耶尔及其支持者的实证主义和还原论的不断对照和反驳中形成的。我并不是说奥斯汀和艾耶尔完全主宰了讨论会，我们其余的人只不过是在当听众而已。我们大家也都说了很多，[1]虽说如果自问我本人说过什么或信过什么，我发现除了批评验证原则和纯卡尔纳普式的逻辑实证主义，还真没啥好讲。我能记起来的就是，没有形成任何固定的派别：观点每周都在变，只是艾耶尔和奥斯汀在任何问题上就算有意见一致的时候，也非常之少。

对于我简称为先验陈述的讨论，缘起于罗素1935年在剑桥谄德科学俱乐部宣读的一篇论文，奥斯汀和我去听了，题目叫《经验论的局限性》[2]。论点是虽然像"同一对象（或表面、或我视野的一部分、或任何

1　而且还会不拘礼仪地相互打断，很没规矩，害得极讲秩序的奥斯汀提议我们购置"一台蜂鸣器"来建立风纪。这一建议未获采纳。［奥斯汀1937年1月28日给以赛亚·伯林的信中，附有建议的"议事规则"。根据规则，该小组将取名为"蒸知会"（'Steam Intellect Society'），第3条第43款规定"任何成员欲在主谈人与另一名成员的讨论过程中插话，均须**先按蜂鸣器**"。］

2　该文宣读的日期是1935年11月28日，发表在《亚里士多德学会会刊》第36期（1935—1936），第131—150页。

替代性的东西）不可能在同一时间和同一地点既呈红色又呈绿色"之类的命题似乎无疑是真的，毫无证伪的可能性，但与之相逆的命题似乎也并不自相矛盾。之所以如此，原因在于这些命题的真，似乎并不是从字面定义，而是从颜色词语的意义得出来的结论，而颜色词语的用法是

170 通过指称行为来学习或解释的——是由过去被称作"实指定义"的方式固定下来的。因此，用荒谬、无意义或莫名其妙，而不是用说法矛盾来形容这些逆命题会更好。这又引发了长时间的讨论，关于字面和非字面定义、卡尔纳普提出的句法属性与语义属性的关系、词语与词语和词语与事物这两种关系之间的差异等等。

奥斯汀与艾耶尔在研究方法上的差异再一次非常清晰地表现出来了。艾耶尔如果察觉某一理论造成了他认定是错误或荒谬的结果的话——譬如，导致了难以捉摸的实体存在，或在其他方面明显违背验证原则，哪怕是以所谓"微弱"的形式——他就会觉得整个论证肯定是搞错了方向，步入了歧途，并准备摈弃相应的前提，努力想出不会产生这些不良结果的新前提。奥斯汀则会来者不拒，愿意把论证进行下去，无论结果引向何处。

后来至少在对话中，一些批评他的人认为，这种哲学上的率性和貌似不带先入之见并不完全是真实的：实际上，这些都是精心设计出来的苏格拉底式策略，隐藏了一套他还不想公开但早已羽翼丰满的实证学说。我相信这一观点是错误的。在1936年到1939年这段时间，他在哲学上，心态还是很开放的。说真的，当时他对所有板上钉钉的学说都充满了怀疑；恰恰相反，他似乎很喜欢提出自认为正确或至少貌似有理的命题，不管这些命题会对《认识》[1]和《分析》作者们的系统观点造成什

1　*Erkenntnis*，一份发表分析哲学文章的哲学刊物，这份刊物原名为 *Annalen der Philosophie*，是汉斯·赖兴巴赫和鲁道夫·卡尔纳普1930年负责该刊物后更名的。——译注

么严重的破坏。他在摧毁这些精心构建起来的哲学大厦时,肯定难免怀有一定程度不怀好心的快感——他确实喜欢挡别的灰狗的道儿——但他的主要目的,无论是当时还是后来在我看来,似乎都是旨在确立一些独特的真理,以期在后面某个阶段能从中概括或诱导出一些原则来。 171他肯定希望"拯救现象",从这个意义上说,他追随的是亚里士多德和贝克莱,而非柏拉图和休谟。

他不喜欢非此即彼的二分法——譬如,C. I. 刘易斯书中所区分的普遍性与特殊性,或者描述性语言与情绪性语言,或者经验真理与逻辑真理,又或者可证实与不可证实、可改正与不可改正的表述方式。所有这些清晰彻底的两面对比的断言,在他看来,都无力完成它们理当完成的任务,即对词语正常用法的归类。如同后来一样,他当时就认为意义的类型与区别往往反映在日常语言中。日常语言并非一个万无一失的向导,顶多是一条线索,有助于了解语言被用来描述或表达(或以其他方式涉及)的主题中的差别。这些重要的区别往往会被非此即彼的哲学思想提出的明晰二分法所抹杀,而这些哲学又会就存在什么和人们意指什么而搞出一些让人无法接受的教条来。于是,当罗素等人举出一些例证性的命题,声称刘易斯的"感受质"——色、声、味等——中存在不可还原的不兼容性,这些命题看着既不像分析性的命题,又不像经验性的命题时,或者再举一例,当有人断言异常的反事实陈述,虽然难以看到如何去得到证实(哪怕是基本上的证实),但都不仅可以为人理解,而且还真能相信时,奥斯汀便会抓住这些例子,极其有力而出色地加以发挥。我猜想,部分原因在于他想借此发现否定的例子,摧毁那些泛泛的命题,人们以往总把这些命题当作扭曲的模具一样,轻易拿来解决事物复杂而又难解的特性问题。

他极为尊敬自然科学,但认为要了解各种类型的行为、知识、信仰、经验,唯一可靠的方法在于耐心地积累实际用法的资料。他肯定不会 172把用法视为神圣不可侵犯的东西,既不会把它看作反映现实的某种绝对可靠的方式，也不会把它说成对付各种混淆与谬误的灵丹妙药。但我们如果忽视了用法，是要担风险的：奥斯汀的确认同伯克[1]的观点，相信用法的差异一般来说确实反映了意义的差异，也反映了概念上的差异，因而为区分不同的意义、概念和事件的可能状态提供了一条有价值且相对受到忽视的途径，进而有助于理清思路、消除障碍，发现真理。尤为重要的是，哲学不是一套机械装置，未经训练的表述都往里面塞，出来的时候就井然有序、清晰明了、有条不紊，虚妄的特性全洗掉了。

从这个意义上说，奥斯汀并不是很相信某一具体的哲学技术——一大堆处理各种难题的小玩意儿。无疑，他对语言和哲学那种难以满足的浓厚兴趣与此是有一定关系的，而他在古典学方面的非凡造诣则满足了他收藏家般无度的好奇心，有时候到了以牺牲真正的哲学问题为代价的地步。然而，他对一种逻辑上完美、能够反映现实结构的语言学说的含蓄拒斥，源于一种哲学观，与维特根斯坦的哲学观不无相似之处。他有可能看过维特根斯坦当时并未公开发表但已在非正当传播的观点，不过我觉得，他在战前并未把这些观点当回事儿。他发表的首篇哲学文章，即体现了他的很多实证论学说的那篇关于先验概念的论文[2]，就我所知，与知晓维特根斯坦的观点无关，除非是因为他无疑读过约翰·威兹德姆的文章而可能有一点很间接的关系。

偶尔，周四晚上参加讨论会的人会谈论道德问题，但这被视为对主题更为严格的要求的一种跑题，是不可以重复得过于频繁的。我们当然讨论过自由意志，在讨论过程中，为了不惹怒弗雷迪·艾耶尔（他当

1　Kenneth Duva Burke（1897—1993），对20世纪的哲学、美学、语言哲学和修辞理论等产生了重要影响的美国文学理论家。其语言戏剧观与奥斯汀的言语行为理论殊途同归。——译注

2　'Are there a priori concepts?'，*Proceedings of the Aristotelian Society* supplementary vol. 18（1939），83–105；后收录于Austin's *Philosophical Papers*（Oxford，1961；3rd ed.，1979）。

时是一名坚定的决定论者），奥斯汀曾用了悄声[1]对我说："他们都**大谈**决定论，还**说**他们相信决定论。我这辈子还从没遇到过一个决定论者，我指的是像你我相信人总有一死一样，真正相信决定论的人。你呢？"这极大地增进了我对他的亲切感。有一次散步时我问了他一个问题，他的回答也赢得了我的好感。我问道："假设一个孩子表达想见到奥斯特里茨战役中拿破仑的愿望，我说'这可不行'，孩子说'为什么不行呢'，我说'因为这事发生在过去，你不能现在活着，一百三十年前也活着，而且还是同样的年纪'之类的话；孩子还是一个劲儿地问'为什么不能呢'，我说'因为这说不通，就像我们用词不当一样，你不能同时身在两地或"回到"过去'等等，而这个很精灵的孩子说：'如果只是一个用词的问题，那改变一下我们的语言用法不就结了吗？那样一来，不就可以让我见到奥斯特里茨战役中的拿破仑，当然啦，在时空上又还是我现在这个样子了吗？'"（我问奥斯汀）"该跟这个孩子说什么好呢？是不是简单地来一句这是把物质与形态的模式混为一谈了，就可以了呢？"奥斯汀回答说："别这么说。让这个孩子试着回到过去。告诉他没有法律不让他这么做。让他试，让他试，然后看会出现什么情况。"现在，就如同在上一场战争之前一样，在我看来，奥斯汀清楚哲学的本质是什么；就算他过于书呆子气，过于谨慎，跟人过招之前过于瞻前顾后，绝不打无把握之仗，但他比人多数人都更懂得何为哲学。

　　这些讨论之所以硕果累累，有如下几个方面的原因：一是参与的人少，从未多于七人，通常还不到七人；二是参与者彼此都很了解，可以畅所欲言，谁都不用装模作样；三是参与者完全听其自然，并且知道如果自己误入歧途，走了一条通往悬崖或沼泽的错路也没关系，因为他们在后来的星期里，只要高兴，随时都可以悬崖勒马，迷途知返。此外，奥斯汀和艾耶尔两人在思想上都充满了新鲜活力，因而，虽然两人几乎无时

174

1　原文为拉丁语：*sotto voce*。——译注

无刻无不处于冲突状态——艾耶尔有如一颗无坚不摧的导弹，奥斯汀则如同一道坚不可摧的障碍——结果却并不是陷入相持不下的僵局，而是我所知道的最有趣、最自由也最活泼的哲学讨论。

这些讨论自有其不足之处，其中的一个缺点，在我看来，似乎也是整个牛津哲学的一个通病，起码在那个时候是一个通病。我们当时过分以自我为中心了，希望说服的不过是我们自己钦佩的那几个同事而已。当时我们没有发表论文的压力，所以，我们自认为有新意和重要的某一点，不管这判断是正确的还是出于一种愉快的错觉（至少对我而言更多的是后一种情况），要是成功地赢得了自己的一个哲学同僚的认可或者哪怕是理解，我们都会彻底感到满足，太心满意足了。我们觉得没有必要去发表自己的观点，因为唯一值得我们去满足的听众就是屈指可数的那几个生活在我们身边，且可以方便地经常见见面的同僚。我觉得，我们当中没有哪个人会像凯恩斯在一本介绍自己早年信仰的回忆录中[1]所谈到的20世纪初摩尔的弟子们那样，认为在我们之前压根儿就没有哪个人揭示过知识本质的真理或其他任何东西。不过，和摩尔的那些弟子一样，我们的确认为，在这个神奇的圈子（我这里是指牛津、剑桥、维也纳）之外，没有谁可以教给我们很多东西。对别人而言，这是自负而愚蠢的，而且我确信，还会令人感到不快。不过我猜想，那些从未（哪怕是短暂地）体验过这种幻想的魅力的人，也没有领略过什么叫真正的精神愉悦。

1　'My Early Beliefs', in John Maynard Keynes, *Two Memoirs* (London, 1949); 收录于D. E. Moggridge and Elizabeth S. Johnson (eds), *The Collected Writings of John Maynard Keynes* (London and Basingstoke/New York, 1971-1989) x, *Essays in Biography*。

约翰·佩特罗夫·普拉门纳兹

约翰·普拉门纳兹1912年出生于黑山古都采蒂涅。他的父母都属于那个工业化以前的半田园式的旧社会的统治阶级家庭，尽管他一辈子差不多完全都是在英国度过的，主宰他的想象与情感的却是他对故土的深深依恋之情。1917年，也就是五岁那年，他父亲将他带到了法国，没过多久又带到了英国，把他送到了离温彻斯特不远的克雷斯莫学校上学，校长是他父亲的熟人。他在那儿待了十一年，尽管学校搬了一个又一个地方，直到1930年上了牛津的奥里尔学院才离开。他父母有时叫他假期去马赛或维也纳看望他们，但他长期都不跟家人生活在一起，也就习惯了孤独。他在奥里尔学院读了四年，由于生病没能完成自己的政哲经[1]论文，因而拿到的不是文凭而是一纸因病不能参加考试的疾病诊断书；而一年后，他在历史学上拿了一个第一。1936年，他入选全灵学院，成为继20世纪初的迪尔[2]之后第一位凭论文当选的学院院员。

1　牛津政哲经专业本科学位。

2　Norman Burrel Dearle（1882—1961），曾获得萧伯纳夫人设立的伦敦经济学院萧氏研究生奖学金，1909年入选全灵学院经济学研究院员，著有《伦敦建筑行业的失业问题》（*Problems of Unemployment in the London Building Trades*）等。——译注他在牛津度过了自己的余生，他的著作与影响在英国和牛津大学思想史上均占有一席之地。不过，他总给人一种他整个一生始终都处于流亡状态之感。他从来都没有完全为英国或牛津所同化：他口中的"我们"，譬如"这是我们的思维方式"，或者"这是我们的看法"，通常指的都是黑山人。他曾对我说，他已经在英国人中交了一些私人朋友；一次跟两三个人在一起，他可以感到很自在；但多于两三个人聚在一间屋子里时，他就会注意到他们之间的某种关系，觉得自己是被排斥在这种关系之外的。他解释了其中的原因，从根儿上讲，他属于一种遥远的文化，很小的时候就突然脱离了这种文化——移民到了一个陌生的环境，迫使他在某种程度上只好依靠自己。认识他的人都可以证实一点，和在某些方面跟他颇为相似的约瑟夫·康拉德一样，他整个一生中都表现出了一个流亡贵族的自豪感与独立性。

"表现"一词用得不恰当：约翰·普拉门纳兹没有表现过任何东西。他性格内敛，沉默寡言。就我所知，在任何情况下他都无意以任何方式提出自己的观点或把个人特色强加于人。他表达自己的思想时，既坦率准确，又极为自然有礼——这后一点正是他性格中的一个本质特征。不过，有时候，他脑子里是怎么想的也让人吃不准，他身上总有些遥不可及的东西；可等你很了解他以后，就不存在这个问题了，他是一个热心且重情义的朋友。不过，不管有没有友情，他都决不会因此而障目，看不清人的性格与动机。他目光敏锐——有点儿近视的眼睛，看到的东西可多了。偶尔他也会受到蒙蔽，看错一些人和情况，但这种时候不多。最重要的是，他不急于做判断，下结论。有时候他会以有趣的讽刺来评价个人或社会现象，但一般来说他都会表现得很宽容，这一点只有很有修养的人或圣贤才做得到。不过话又说回来，当然有些品质他也会觉得忍无可忍：他讨厌卑劣、浅薄、卖弄、喧嚷、粗俗以及各种各样的投机取巧，憎恶粗鲁言行，缺乏礼貌会令他很不舒服，不懂礼貌的人会让他觉得难以理解。他珍视个人隐私，尤其珍惜私人关系。他为人温和，有尊严，一点也不喜欢与人一争高低；他对别人的性格很感兴趣，对别人的情绪，尤其是那些和他一样想独来独往、发现自己难以适应既有社会模式的人的情绪也很敏感。他跟这样的人说起话来更轻松一些，有些批评者认为这些人不善交际或者说不具吸引力，为此，他还会替他们辩护。我想，对于孤独、痛苦和脆弱，他的理解比我所认识的任何一个人都要来得深刻。在战前的那几年里，全灵学院随处都可以看到政治家和学者们大谈当时的热点政治问题和社会问题。约翰·普拉门纳兹总是避开这样的聚会；他对这些问题的兴趣之大，一点也不在许多其他人之下，而且他对这些问题的理解有时还更敏锐，但他不喜欢这种交流中的喧闹、玩笑、较劲、巧辩、兴致勃勃——不管是真是假。他很少出席宴会。

学院的会议另当别论。他会非常认真地对待这些会议，虽然他很少发言，但他一旦开了口，有时就能一锤定音：他说话安安静静，一看就是信念坚定，毫无华而不实、夸夸其谈之感。他一般都不会开口，除非有极为相关的问题要谈或要问：他的动机十分单纯，丝毫不带半点算计色彩，态度真诚如此显见，因而他看似简单，实则常常能切中某些有争议的问题要害的陈述或提问，往往都具有振聋发聩的效果。"正直"一词也许就是为了形容他才发明的。他发言，人们都会洗耳恭听，而且在那些他难得真正动情的时候，他几乎总能征服全场。他的独立性、对真理一丝不苟的严谨态度以及看问题时不偏不倚的卓越见地，对于他所属的每一个团体来说都是一笔无与伦比的精神财富。对全灵学院来说是如此，我听说，对后来他所在的纳菲尔德学院来说也是如此。

因此，他提交的博士论文居然被那帮评审人判为不合格，理由据传是"缺乏见地"，这真是一个绝妙的讽刺。正是凭借这篇论文的实力，他稍后才当选为全灵学院院员。论文发表后，其质量是有目共睹的。后来，倒是他自己渐渐对论文有些不太满意了。不过，在一些有水平的批评家看来，这篇论文大概是自第一次世界大战以来，牛津学者所写出的最好的一部政治理论著作。[1] 它是众多著作中第一部改变了牛津政治理论讨论整体水平的著作，在这一点上任何别的单一因素都不能与之相提并论。他的这部著作起到了把政治理论讨论水准提高到严肃的哲学论述水准的作用。对这篇论文的评审意见或许是我那代人所知道的学术公正方面最大的败笔。这件事，他当时自然是受到了伤害，但最后并未耿耿于怀——没有留下明显的伤痕。

他的思想武器源自严肃的、前实证主义的、前语言学的实在论道德哲学传统，他的导师W. G. 麦克拉根就属于这一传统，1930年代牛津大行其道的也是这一传统。其方法旨在达到三个目的：一是以尽可能清晰的方式陈述自己或他人的论点，特别是过去一些大思想家的论点，以避免一切含糊、晦涩、夸饰和混淆；二是揭示前后不一致现象；三是运用理性的方法，得出可以为讲道理且能做自我批评的人所接受的结论。他相信这一方法，捍卫了这一方法，而且一辈子用的都是这一方法。他的目的在于阐明和批评那些在他看来仿佛无时无刻，无论身处何地，都不在思考关乎人类的重大问题的作者们的观点。同马基雅维利一样，他找到了一扇通往永恒世界的大门，历史上的伟人全都在那里；他向他们请教，想弄明白他们的基本概念，了解他们对人类和社会、对自身的所作所为和应该怎样为人的看法。他从不咬文嚼字，也不吹毛求疵。纵使他觉得自己所研究的思想家显得愚昧、糊涂甚至不诚实，但只要在他看来他们对人类本质、目标、道德或政治经验或需求方面重要或深刻的东西哪怕是有一孔之见，他也会锲而不舍地研究下去。虽然他发现像马基雅维利、霍布斯或功利主义者那样行文清晰的作家，就算不是更意气相投，起码打起交道来也要容易一些，但像黑格尔、马克思及其追随者那样令人敬畏、不太好相处的理论家，他也看到了他们作品中闪烁着的天才之光，会与他们角力，就像与天使摔跤的雅各一样，不得到回

---

1 *Consent*, *Freedom and Political Obligation* (London, 1938).

报,是不会撒手的。[1]

他论及黑格尔和马克思的篇目,属于把这两位思想家阐述得最清楚的、最有价值的英文文献之列。他以极大的坚毅钻研原文,读了又读,写了再写,以一丝不苟、慎之又慎的态度对待朋友与同事的批评,而且比起别人来,他对自己文章的挑剔还要有过之而无不及。出现争执时,他会十分固执地坚持自己的立场,不过尽管如此,他还是会回到原文,回到自己的评注中去;如果觉得人家的批评有言之成理之处,他就会完全接受并改正自己的观点。他论述功利主义一书的第二版中就包含了他自己对第一版的评论,其措辞之严厉远非他人的评论所及。他的目的并不是为了洞察他人思想中的前后不一,也不只是为了勘误,或加以解释,而是为了至少得以一窥某些复杂深奥真理的门径,在他看来,自己尊敬的思想家们都在从这样那样的角度接近这些真理。他的著作极大地提高了整个学科在英国的尊严,也间接提高了该学科在每一个英语国家的尊严。

他深受自己学生的崇敬,也赢得了自己最优秀的对手们的尊敬,但他既无任何显赫的职务,也没创立任何学派。这也许是因为他在自己特有的轻灵而细致的笔下,只说真话,只写真事。遵守真理似乎要求的一切条件;他不会为了迎合某个体系的胃口而修改或改变自己的想法,也不寻求建立一套统一的历史的或形而上的结构,小会为了自己的观点引起人们的关注而夸大其词或过度系统化、图式化,于是,那些想找一个体系,一个完整的思想大厦作靠山的人,一个个都失望而去了。他毫无野心,无心出人头地,无意击败对手,不想说服他人,也不想发起一场什么运动。他只想发现并道出真理。他的方法基本上是英国式的,而且事实上还带有他年轻时的牛津之地方特色:不过上面多了一层气

182

1　关于雅各与天使摔跤的故事,见《圣经·创世记》32:26:"雅各说:'你不给我祝福,我就不容你去。'"——译注

质与外表,迥然有别于普理查德、罗斯等给他留下了深刻印象的老师们。

他对人类本性、人类目的及人类潜能的看法并不只是源于他对古典哲学家著作的阅读,同样也源于他的家庭教养,源于他对自己的那片故土、对那个几乎还处于前封建时代的群落之风土人情及世界观的依恋和浓浓的思念之情,还源于他终生热爱的法国文学和法国思想,他觉得那比英国的文学与思想更能引起共鸣。他对多恩、赫伯特和华兹华斯有感觉,而孟德斯鸠的散文带给他的则是一种身心上的愉悦。18世纪的法国戏剧——马里沃、让-巴普蒂斯特·卢梭、博马舍笔下的——令他感动得热情满怀。有人指责马里沃的作品肤浅、矫揉造作,他曾给一份杂志写信为其辩护,称赞其对于人类羞怯天真的心理活动具有真正的洞察力,并对其细腻的描写大加赞赏,这封信本身就是一篇体现文学情感的杰作。

他最了解那些孤独而又郁郁寡欢的思想家,他们对人类的生存所依、失意之事、孤独与疏离表现出了最深切的理解,他最喜欢像帕斯卡尔、让-雅克·卢梭那样过着隐居生活,惯于痛苦的道德和精神自我审判,而不是理性的自我审视。他赞扬蒲鲁东知道工人或小资产阶级的需求,清楚是什么给他们带来了痛苦,因为他真的了解他们,而天资聪颖得多的马克思却不屑于这么去做,而是将他们放到了一个巨大的理论模型之中。他在赞同英国经验主义的同时,又对人类困境抱有一种根深蒂固的非英国式的浪漫观点,这赋予其作品一种张力,这种张力在我看来,似乎任何其他英文作品都不具备。他的文章从来都不是完全不带个人色彩的。因此,在数页牛津式的冷静阐述和论证之后,会突然冒出一句尖锐、新颖、极为独特的评论,譬如:"从德国马克思主义到俄国马克思主义,我们是才离马帮,又入骡队。"[1]在这些突如其来、常带讽刺意味的离题之言中,我们可以清晰地听到他由衷的心声。在这些显

183

---

1 *German Marxism and Russian Communism*(London etc., 1954),191.

出个性的篇章中,有一些非常新鲜且往往又极其直截了当的东西。实际上,他所有的作品皆真实可感,而且可以说是手工之作:均衡平稳、不事夸张、修饰缜密,但又毫不机械,不是出于一个模子。他的著作给人的印象是,好像所写之主题从来不曾有哪本书写过似的。他给学生写的推荐信也是一样:从不言过其实,从不依照惯例,处处闪现着敏锐的心理洞察力的火花,令人百分百地信服。就是这种第一手的质量,加之所有其他品质,赋予了其作品特殊而又不可抗拒的魅力。

战争中断了他的著述。他听从莱昂内尔·柯蒂斯[1]的建议,成为一支有点特殊的防空部队的一员,这结了他充分发挥其讽刺才能的机会。过了一段时间之后他又被调到了驻南斯拉夫大使馆,成为彼得二世战时内阁成员。他写过一本小册子,回应那些诋毁米哈伊洛维奇将军[2]的人。这本小册子出过一个内部限量版。[3]战后,他以院员的身份回到了全灵学院,陆续写出了一系列关于政治思想的文章和著作。1951年,他当选为纳菲尔德学院院员,1967年当选全灵学院社会与政治理论教授。

他告诉我,几年后,黑山那边的一些亲戚来看望过他。他的这些亲戚,我相信,当时都在巴尔干的某个地方做走私生意。他们对他说:"你 184 是牛津的教授——对于一个黑山人来说,当教授是一件很不可思议的事情。"他还补充说他认为他们说得没错。他说他觉得自己不像是一名教授。他认为担任行政工作是一个负担,他是强迫自己去做那些工作的;他虽然出席这样那样的委员会,也做检查考核,但丝毫得不到愉悦

1　Lionel George Curtis(1872—1955),英国政府官员,皇家国际事务研究所(the Royal Institute of International Affairs)的创办者。——译注

2　Dragoljub Mihailović(1893—1946),支持者称其为"德拉查大叔",他所领导的"切特尼克"(Chetniks)游击队和铁托所领导的共产党游击队一开始是并肩反抗德国侵略部队的组织,但后来由于目标不同而分道扬镳。这个有名的大胡子将军于1946年3月被捕,7月被南斯拉夫人民法庭处死。——译注

3　*The Case of General Mihailovic*([London],1944).

和满足感。他想做的是读点儿东西、写点儿东西和上课教书。他与学生的关系亲近，跟同事相处融洽。在他眼里，个人生活要远比单位繁忙的工作重要得多。如果仅从对其时间要求少一些这点来说，比起纳菲尔德学院来，全灵学院更适合他。纳菲尔德学院在他遇到困难的时候曾向他伸出过援手，为此，他很感激这所学院；他最要好的一些朋友也是在那里交到的。照管学院的花园给他带来过真正的快乐。不过，他最喜欢的还是清静。他也许赞同帕斯卡的观点：人类的很多不幸，都是因为人们不愿意静静地待在屋子里才惹祸上身的。

从某些方面来说，与英国人相比，他更喜欢跟美国人在一起。同很多内向、含蓄的学者一样，领略了美国学生和同事的率真、热情、积极回应、无拘无束自然而然的坦诚，以及乐而不厌的态度，他们在寻找知识或政治问题的答案时那份对真理的深切而真实的渴望，还有他们乐意不辞辛苦也要弄懂他的所言所想，他有一种自由释放的感觉。他在哥伦比亚大学时尤其感到高兴。他当了七年教授，在这七年里，他都渴望免去这个教授职位。他倒不是有什么不满。实际上，在他人生的最后三四年中，他给我的感觉是心情变得更为轻松了，人也回到了本真状态。友情，尤其是妻子的爱和忠诚对他来说就是一切。他告诉我他喜欢住在乡下，因为那里的邻里关系在他看来似乎更自然，也更令人满意一些——那里的生活，比起一块学术飞地里装模作样的生活来，更像古185 往今来普天下的人类所过的那种生活。

最终夺去了他生命的是他1933年就患上的心脏病。他1975年2月19日去世，与五十六年前他从多佛登陆来到英国，正好是同月同日。

他的独立精神，他对大学生活所有最不吸引人的方面皆敬而远之的态度（想让他卷入某种阴谋纯属异想天开），他慷慨大度、没有心计的性格，他对自己眼中凡是歪曲、罔顾经验甚至添油加醋文饰的事情概不妥协的立场，他作为思想家的出类拔萃，他作为人的高贵品质，都已为国内外学术界所公认。他很自傲，但毫不虚荣与势利，对所有人都一视同仁：在他眼里没有长幼、贵贱、聪愚之分，对每一个人他都同样庄重有礼。他具有一种很特别的品质，我只能以一种令任何人跟他打交道都会很愉快的道德魅力来形容。他的作品——以及他最欣赏的那些作家的作品——与所有其他人的作品都完全不一样。他这个人，从最优秀和最罕见的意义上说，也是如此。186

奥伯伦·赫伯特

　　1946年初春，我还是一名政府官员，有机会去了巴黎几天，客居在英国大使馆里。当时，大使馆当家做主的是极好客的达夫·库珀及其夫人戴安娜。在巴黎最后一夜的晚宴上，我发现坐在我对面的是一名身着制服的军官，从他的金属肩章可以看出他是一名波兰军人。他个子很高，身材魁梧，庄美的胸廓和头颅颇有点罗马人的风采，正如某人描述的那样，乍一看就像一个温和版的尼禄皇帝。在我听来，对于一个波兰人而言（我当时以为他是波兰人），一口英语非常纯正，词汇丰富且颇富想象力。我问了他一些在哪些地方服过役之类的问题，一下子引得他打开了话匣子，滔滔不绝地回忆起自己的往事来了，他讲话的风格，听上去就像来自一个更古老庄严的世界。虽然我本人远非一个不爱说话的闷葫芦，这一次，却心甘情愿地当了一回听众。他栩栩如生、略微正式而口若悬河的讲述，如山洪奔涌，挟卷向前；虽然间或会因其他客人提问或插话而偏离方向，但这都只是暂时的，讲述始终都会回到正轨上来，冲开或是绕过前进道路上的一切障碍，直到一字不落地讲完他战时的种种流浪冒险经历才会罢休。
　　令我大为高兴的是，晚宴结束后，他接着跟我聊了很多。这位陌生而又明显很有才华的波兰人像挽留参加婚礼的嘉宾一样，把我留下来，在主人们都上床睡了很久之后，还一杯接一杯地灌我。最后，我找了个由头，回到了卧室，打算在说好了凌晨5点接我去布洛涅的车来之前，睡 187上几个小时。可这一打算落空了。我这位新朋友跟了过来，在我的床边坐下后，又接着说起来。有的人也许会觉得这未免也太过分了吧，但我没觉得，我倒认为这是一次奇异却令人开心的经历。

这时，我已经知道他叫奥伯伦·赫伯特；知道他父亲在他还不记事时就去世了，他深爱自己的母亲与姐妹们；还知道他是由于体检不合格，被自己国家的军队拒之门外之后，才加入了波兰军队。此外，我还了解到，前不多时，他与几个加拿大士兵大干过一场，差点儿命都没了。他极其详细地描述了这件事情，详细到令人恐惧的程度，好在他那种连绵的维多利亚式长句起到了一定的冲淡作用。他在语言方面天赋过人：会说波兰语、乌克兰语、荷兰语，还会说法语、德语、一点点俄语（足见他极不认同这个国家的政权）、一点捷克语，当然，还有意大利语，因为他毕竟在波托菲诺他自己家的房子里待过好多个月。热那亚语和普罗旺斯语，他也能勉强说一点。后来发现，我和他有很多共同的熟人，对这些熟人，他准备逐一辛辣地扼要描述一番。他评价他们用的是很多地方那些传统统治阶级的古老标准，如有没有勇气，德才突出与否，品格是否高尚，慷慨不慷慨，本人帅不帅，有无个人魅力，有没有教养，还有最重要的一点，是否具有正确的政治信念和宗教信仰。应用这些评判标准时，他很自信、很直接，而且坚定不移，措辞精彩而又夸张。我发现在对我们很多共同的朋友和熟人的评价上，他的看法有时会与我自己的看法截然不同。他会很有礼貌地听我谈自己的保留性意见，但听得并不是很专心。他用充满激情的想象力创造出了一个环环相扣、色彩斑斓的世界，他认识的每一个人在这个世界里都有自己的一席之地。而他想象出的这个世界，在我看来，似乎与我们大多数人眼里的现实世界存在着一定距离。

这一次不期而遇，让我们相识，进而成了朋友。我们偶尔会在伦敦 189

和牛津相遇；他时常会邀请我去皮克斯顿，虽然当时我还是单身汉一个，可总不是有这事儿就是有那事儿，未能去成。自我们在巴黎初遇，一晃已经十年过去了。1956年我结了婚，当年9月，我妻子和我跟几个朋友一起来到波托菲诺待了一阵子。其间，奥伯伦·赫伯特和夫人玛丽对我们大家都非常热情周到，我们经常见到他们夫妇二人；有他们相陪，我们开心极了。奥伯伦堂吉诃德式的性格在波托菲诺比在英国时表现得愈发明显。他心灵高尚，讲究道德，无所畏惧地追求高贵的骑士美德，潜心向往唯一可以使之发扬光大的社会秩序。由于这些美德、秩序和他本人一样，深受现代社会排斥，于是他就躲到了一个想象的旧世界中去，使自己的社会、道德和宗教准则能够有用武之地。和堂吉诃德一样，他超越了一切，用那个已经过时的概念来说，是一位绅士。他彻底摆脱了狭隘、卑鄙、小气、投机取巧等被布鲁姆斯伯里团体称为"肮脏"的行为。

他以其极为个性化的方式支持受压迫者的事业，他的这份热情在我看来，主要来自他的宗教信仰，而这种信仰又与他的侠义天性是紧密交织在一起的。从世俗的意义上说，堂吉诃德可能没有取得什么成就，但他的一生堪称成功地肯定了平凡社会中基督教的灵魂。堂吉诃德和奥伯伦都不是现实主义者。可是，一个人说"我这个人恐怕很现实"时，他的言下之意常常是他要说谎或做什么龌龊之事了。奥伯伦与此等事情是远远不沾边的。他身上一切古怪且有时还很可笑的东西，究其原因，都是他不能向某些时代或地方特别"现实的"价值观妥协的结果，而他并不总是开开心心的一辈子就是在这样的时代或地方度过的。

这一点在波托菲诺体现得非常明显。利古里亚海岸这一地区的
190 居民不喜欢言过其实的理想主义。他们难得落泪、意志坚强，不会过分地悲天悯人，并且只关心自己的眼前利益，或许超过意大利其他省份的利益。从某种意义上说，奥伯伦非常清楚这一点——他经常笑谈这一点——可他向往生活在一个理想社会，因而总拿着放大镜去看这个度

假胜地的居民的一些小花招，以及他本人与左邻右舍的关系，把自己与地主之间的关系说成不共戴天之仇，与农民的关系则说成唇齿相依之盟，有如司各特、曼佐尼[1]或玛丽·瑞瑙特[2]历史小说世界中所呈现的一般，有时甚至就像是从 J. R. R. 托尔金笔下的幻想世界走出来的人物（奥伯伦深深地沉迷于这位作家的作品）；这使得他可以活在一个呼吸舒畅的层面，不会在道德上有太多不适。在他眼里，生活充满了诡计与对策、险恶的政治密谋、秘而不宣的联盟和诡异的暗中操作，参与其中的人有时是为了波托菲诺、热那亚或罗马的地方利益而争夺教皇宝座，有时是为了全世界范围内的政治或金融图谋——那些残忍无情的坏蛋诱使无辜者卷入这些图谋，把他们给毁了。他相信自己可以戳穿甚至挫败这些图谋，至少是利古里亚地方一级的图谋，并把它们化为有利于自己或其他好人的条件。

他讲述这一切时，总是兴致勃勃、异想天开，有时还带有过分的传奇杜撰色彩（不是每一个人都总是愿意听到尾的），不过在一定程度上，他也出人意料地有半分意识到它不完全现实。在我看来，过了那些激发他"公务"活动的幻想时刻之后，接下来会是心明眼亮的时期，这时他就会清楚地知道，他向自己和他人描述过的这个世界也许并不完全是他所坚称的那个样子。他的世界里全是为他的信念而牺牲的英雄和烈士，当然还有那些他热忱支持其事业的受压迫民族：波兰人、乌克兰人和白俄罗斯人。我不清楚这些运动的成员实际上是怎么看待他的，

1　Alessandro Manzoni（1785—1873），意大利诗人、小说家、剧作家。其历史小说《约婚夫妇》（*I Promessi sposi*）是意大利文学史上最优秀的古典长篇小说，另著有悲剧《卡马尼奥拉伯爵》（*Il Conte di Carmagnola*）等。——译注

2　Mary Renault（1905—1983），英国女作家，曾就读于牛津大学，以描写古希腊的历史小说而享有世界性声誉，主要作品包括《残酒》（*The Last of the Wine*）、"亚历山大三部曲"《天堂之火》（*Fire from Heaven*）、《波斯少年》（*The Persian Boy*）和《葬礼竞技会》（*Funeral Games*）等。——译注

191　但能有奥伯伦这么热情、这么无私地为自己效劳,他们应该感到幸运,
何况他还拉上了那么多一头雾水的朋友。这些朋友虽茫然不解,可对
他都忠心耿耿,因而愿意义无反顾地随他赴汤蹈火,在公共平台和更不
寻常的地方,追求某个往往是乌托邦式的目标。

　　奥伯伦不仅心地纯洁、慷慨大方、品行高尚,不乏切斯特顿[1]式的奇
妙幻想,而且古道热肠、道义感强,能体察朋友的心境与命运、感受与情
绪,对他们的悲欢始终都能迅速做出反应。他有着狂热而又坚定的政
治信念,凡是赞成《雅尔塔协定》的人,他都懒得搭理,就算搭理也会感
到很不舒服;至于那些容忍铁幕以东极权统治的人,他们不是傻子就是
恶棍,应该以相应的方式加以对待——可对友谊的追求连这样的障碍
也超越了。虽然他在政治上认为世人非黑即白,但这并未让他看不到
所遇见并了解的人的真实本性。无论所遇之人政治或宗教观念多么可
悲,只要他们诚实、善良、心地纯洁,他往往一眼就能看出这些品性来;
不过,有时候他也会上当受骗,发现自己的信任遭到了背叛,尤其是他
帮助过的那些人的背叛,这些人至少曾无耻地利用过他或亏待过他一
次。他没有因此而产生怨恨情绪,也没有怀恨在心。他完全没有祸心,
也绝对不会心怀恶意。

　　可我说的这些,要是容易让人想到一个心里只装着自己,对普遍关
心的问题不闻不问,生活在自己的封建中世纪迷梦里的清高的梦想家
形象,那我就失败了,没把奥伯伦的真正形象描绘出来。他不是一个道
貌岸然却毫无幽默感,不食人间烟火的道学先生或假正经,而是恰恰相
反。他跟堂吉诃德不一样,对于不协调和堪称荒唐的东西,哪怕是他自
己侠义行为中的可笑成分,他都有着敏锐的意识。他清楚自己为竞选
192　议员付出的种种努力很可能会付诸东流,还以非常调侃的自嘲口吻描

　　1　Gilbert Keith Chesterton(1874—1936),英国作家、文学评论家以及神学家,首开以
犯罪心理学方式推理案情之先河,《布朗神父探案》是英国著名推理小说之一。——译注

述过自己的政治抱负和政治活动。可以说他知道，对他所支持的波兰和乌克兰团体，他能做的较为有限；他也知道，围在自己周围的很多人，并没有像他对自己和别人所保证的那么值得帮助；他还知道，整个事业，无论其道义价值有多伟大，在严肃的社会和政治行动领域里，其基础并不牢固。

致力于追求无法实现的目标，要求世界压根儿就不能给予的东西——发展出一种精神的至高要求，同时又颇具讽刺意味地意识到这样的要求跟真正能实现的东西没有什么关系——这也许是浪漫性情的一个特性。正是因为有了这一点，奥伯伦才能在发现他人，包括他喜欢和尊敬的人，不管就个人感情而言喜不喜欢他，也不管是否为他的刚直不阿所感动，都对他所鼓吹的东西充耳不闻，或者把他看作政治上的低能儿时，不感到震惊或恼羞成怒。他做好了两手准备，一方面不把自己的努力太当回事，一方面又不自暴自弃，而是坚持不懈。他想象中的那个世界，那个他如此感人、如此勇敢和痛苦地活在其中的半封建、令人怀念、已成为历史的浪漫世界，已经变成了他的第二天性，而且也许与他的基本性格与天性合而为一了，虽然也不乏有敏锐自我意识的时刻——现实打破幻想的痛苦时刻。

他才华过人，文明开化，非常有教养，在所有事情上都不喜欢采取中庸态度。他极为反感功利主义者，执着追求目的本身，直至极端程度，并且蔑视不这样做的人。与撒谎者、野蛮人或是精明的投机者相比，他更讨厌市侩、警察、胆小鬼和伪君子。他最喜欢的是个性、闯劲和近乎疯狂的勇气。他很有18世纪那样的教养。除了语言天赋之外，他还研究过语文学的一些冷门，更喜欢钻研处于半淹没状态的当地人所讲的语言和方言——巴斯克人、热那亚人、马耳他人、卢日支人、达尔马提亚人或大希腊的非希腊人。此外，他还积累了非常之多的冷僻的历史掌故，为他以史为鉴的想象和敏锐的审美意识提供了养分。他的品位，体现在他杂乱却惬意的生活上，也体现在他别致迷人的英格兰和意

193

大利住房上，始终无可挑剔；他的举止也是如此，不管是微醉还是清醒时。他很会讲笑话。他说的话没有一句会让人皱眉畏缩。他有时会单调乏味，木然呆滞，但从不会让人尴尬难堪。他是一个忠诚而又亲切的朋友，对为他工作的人也很仁义。

他在皮克斯顿的生活，他对所拥有的广阔但总体上说并不富饶的土地的经营，他的乡村情怀、狩猎以及借母亲之手表现出来、在母亲去世后依然持续的慷慨好客（他一直全心全意地深爱着自己的母亲，也许爱得太深了，母亲过世没多久，他自己也撒手人寰），都是他竭尽所能，想让一个他呼吸得更自由，痛苦轻一点的旧世界的传统得以继续运转下去。他体会到了一种挫败、凄凉，以及剧烈的孤独感。他那深刻、天真、未曾因任何真正的怀疑而苦恼的信仰（如果某个离这种信仰像我一样远的人可以就此放言的话），以及指引他整个人生的至高价值观，保护了他，也使他没有陷入彻底的绝望。总之，他是一个特别好的好人，他的一言一行都体现了这一点。我不算他的知己，但我了解他、爱戴他、敬佩他，也哀悼他的去世，以及随他而逝的那个幻想世界。

194

爱因斯坦与以色列

阿尔伯特·爱因斯坦的不朽名声主要在于他卓越的科学天赋,对此,同绝大多数的世人一样,我完全没有能力置喙。举世公认,爱因斯坦是自牛顿以来物理学领域中最具革命性的创新者。他本人和他在其他话题上的见解之所以处处格外受到尊重与关注,原因即在于此。这一点,他本人是很清楚的。虽然身为真正的谦虚之士,常常会因为引发的吹捧而搞得不好意思,也不喜欢出风头,但一想到要颂扬什么个人的话,应当颂扬的是那些在思想与文化领域里堪称有成就者,而不是达官贵人和征服者,他还是流露出欣然之情。说真的,一个数学物理学家竟然成了一个世界伟人,这确实是 件不同凡响之事,也是一件为人类增光添彩之事。

倘若把爱因斯坦在理论物理学(或许还有物理学哲学)领域之外的思想影响与其他伟大的物理学先驱的思想影响做一个比较的话,似乎会得出一个奇怪的结论。更早的就不说了,伽利略的方法,还有他的自然主义,在17世纪的思想形成中发挥了关键作用,而且远远超出了技术哲学的范畴。牛顿思想的影响是巨大的:不管对其思想的理解是否正确,启蒙运动,尤其是法国启蒙运动的整个进程都有意识地遵循了牛顿的各种原则与方法,并且从牛顿的斐然成就中获得了信心,也因之产生

195 　广泛影响。而启蒙运动后来又改变了，确切地说，是在很大程度上创造了西方近代文化的某些核心概念和方向，包括道德的、政治的、技术的、历史的、社会的。思想或生活领域无不受到了这一文化变化结果的影响。

　　达尔文也是如此，只是程度上要稍小一点——其进化概念影响了生物学之外的很多思想领域：它令神学家们坐卧不宁，影响了历史科学、伦理学、政治学、社会学、人类学。社会达尔文主义是对达尔文和赫胥黎观点的滥用，其优生学，有时还有人种学的影响，造成了社会政治危害。在把弗洛伊德称为自然科学家这一点上，我也许应该有所犹豫，但毫无疑问，其学说也对历史学、生物学、美学、社会学、教育学这样一些心理学之外的广泛领域产生了影响。

　　可爱因斯坦呢？他的科学成就涉及科学哲学，他自己的观点——他早年接受，后来又摈弃了马赫的现象论——表明他拥有哲学家的天赋，而且，他对斯宾诺莎、休谟、康德、罗素的核心学说的看法也的确同样表明了这一点。在这方面，爱因斯坦和普朗克在我们这个世纪的杰出物理学家中几乎是无与伦比的。可他对自己所处时代的总体思想有着怎样的影响呢？对受过良好教育的人的观念影响又如何呢？无疑，他表现出的是一个英雄形象：心地纯洁，心灵高尚，有着不寻常的道德和政治勇气，矢志不移地追求真理，崇尚个人自由和社会平等，同情社会主义，痛恨民族主义、军国主义、恃强凌弱、暴力行径以及物质至上的人生观。可是除了在一个很多人似乎都按相反价值观生活的社会中，体现了一种人之善与热心社会公正和非凡智力的结合——也就是说，除了他的榜样生活，除了身为并被看成是自己所处时代最文明、最可敬、最人道的人之一之外，爱因斯坦还有哪些影响呢？

197 　　不错，时至今日，"相对论"一词一直被广泛误解为相对主义，意味着否定或质疑真理的客观性，或道德和其他价值的客观性。而这个相对主义是一种非常陈旧且屡见不鲜的异端邪说。希腊诡辩学派、罗马怀疑论者、法国和英国主观主义者、德国浪漫主义者和民族主义者所信奉的相对主义,以及把近代神学家、历史学家和普通百姓折磨得很痛苦的相对主义,这类意义上的相对主义与爱因斯坦的相对论是背道而驰的。爱因斯坦这个人有着朴素而又不折不扣的道德信念,体现在他为人处事之中。其外部自然概念是一个经得起科学分析,有着理性秩序或体系的概念;科学的目的就是要掌握关于一个独立存在的实体的客观知识,即便用以分析和描述这一实体的概念是人类随心所欲的主观臆造。

爱因斯坦学说有何普遍影响呢?现代理论物理学,即便是其最扼要的概述,迄今也没有成功地译成大众语言,就像(比如说)伏尔泰将牛顿的核心学说转换成了大众语言那样。霍尔丹和赫伯特·塞缪尔[1]这样志向高远的英国公众人物曾试图从广义相对论中推导出一些普遍的形而上学或神学真理,得到的却往往是有点陈腐的东西,不过这只是表明了他们的天赋在别的领域。

不过,如果说爱因斯坦的科学思想对其所处时代基本思想的影响还存在一些疑问的话,那么其非科学性的观点与我们时代最积极的一种政治现象之间的联系,却是毋庸置疑的。爱因斯坦把自己大名鼎鼎的世界性声望,实际上连同自己的心,都献给了那场创建以色列国的运动。对那些帮助自己改善现实自我形象的人,每个人和每个民族都应该心存感激。如果有机会,但凡有一点起码的自尊的犹太复国主义者,都会不由自主地向爱因斯坦致敬。爱因斯坦毕生支持犹人复国主义运动,心系希伯来大学的发展。他虽不止一次地与魏茨曼发生争论,严厉 198 批评过希伯来大学,尤其是其第一任校长,还谴责过犹太复国主义者对待阿拉伯人政策中存在的各种缺点,可他从来没有背弃过自己对犹太复国主义核心原则的信仰。

如果今天的年轻人(或其他人),不论是犹太人还是非犹太人,像

---

1 Herbert Louis Samuel(1870—1963),英籍犹太人,政治家、哲学家。英国内阁最早的犹太阁员之一,一战后英国在巴勒斯坦成立的托管政府的首任高级专员。——译注

年轻时的爱因斯坦一样，痛恨民族主义和宗派主义、寻求社会正义、相信人类的普世价值，如果这些人想弄明白他这么一个被同化了的德国犹太人家庭的孩子为什么支持犹太人回到巴勒斯坦，支持犹太复国主义和建立犹太国，并非不加批判地支持，也并非毫无痛苦——任何一个体面而敏感的人都必然会感受到的痛苦，因为以他的民族的名义所做的一些事情在他看来是错误或不明智的——可他还是至死都在始终不渝地予以支持。如果他们想搞懂这一点，那就应该读一读他这方面的著述。爱因斯坦思路一向清晰，无论是科学中的问题还是生活里的问题，皆能一语中的，他所说的都是非说不可的话，简明而真实。下面我想回忆一下他说过的一些话和做过的一些事，尤其是通往这些言行的途径。

他出生于德国的乌耳姆城，父母都不信教。他在慕尼黑上过学，在那里他似乎没有遭遇过任何歧视。如果说他曾经对自己的学校产生过强烈反感，且差点神经崩溃的话，似乎也不是因为感受到了反犹情绪而引起的。也许，他所反感的是19世纪90年代德国教育中的准军事化管教与民族主义狂热。他断断续续地在米兰和苏黎世读过书，在苏黎世教过书，在伯尔尼专利局谋到过一个职位，后来在布拉格和苏黎世获得了大学教席，1913年被当时名声处于巅峰的能斯脱、哈伯，还有普朗克说服，接受了柏林的一个研究职位。

第一次世界大战前夕普鲁士的气氛，无须我来描述。在1929年给德国的一个政治家的一封信中，爱因斯坦写道："十五年前［即1914年］199 我来到德国时，第一次发现我是一个犹太人，而多亏了非犹太人，而不是犹太人，才让我发现了这一点。"[1]

1　致时任德意志（魏玛）共和国国民议会（the Reichstag）议员的威利·黑尔帕赫（Willy Hellpach）函，见 Albert Einstein, *Ideas and Opinions* (based on *Mein Weltbild*, ed. Carl Seeling, and other sources), new translations and revisions by Sonja Bargmann (London and New York, 1954), 171。下面爱因斯坦的引文均引自该书，只标明页码。

话虽如此,一些早期德国犹太复国主义者的影响,尤其是库尔特·布鲁门菲尔德[1]这位德国犹太人的使徒,在这方面还是起了举足轻重的作用的。爱因斯坦在布鲁门菲尔德的后半生中,一直都跟他保持着亲密友好的关系。不过,同赫茨尔的情况一样,使他醒悟到自己是犹太人的决定性因素与其说是遇到了一种陌生的教义(在布拉格他就遇到过这种教义的信徒,但当时该教义显然丝毫没有引起他的兴趣),还不如说是遭遇了主流圈子中的沙文主义和仇外情绪;在柏林遇到的这一情况使他意识到,即便是在文明的西方,犹太共同体也处境堪忧。"人只有融入一个共同体叫,"他说,"他身上最优秀的品质才能大放异彩。因此,与本民族的人民失去了联系,又被收养自己的民族视为外人的犹太人才在道德方面陷入了险境。"[2] "犹太人的悲剧在于……他们缺乏一个可以将他们凝聚在一起的共同体的支持。结果就是个人缺乏牢固的根基,其极端形式就是道德上不稳定。"[3]

他认为,唯一的补救办法就是与一个现存的社会建立一种紧密的联系,唯此,单来独往的犹太人才能携起手来,忍受他们经常面临的来自非犹太人的仇恨与羞辱。爱因斯坦告诉我们,赫茨尔应该受到敬仰,因为他曾"放开嗓子"[4]大声疾呼说,只有在巴勒斯坦建立一个民族家园才能根治这一恶疾,靠同化是休想根除的。生活在破旧不堪的德国犹太人隔离区里的犹人人境况可怜,公民权和政治权利遭到了剥夺,欧洲的进步他们也无缘享受。不过,

200

这些卑微、低贱的人比我们有一个很大的优势:他们每个人都属于

1 Kurt Blumenfeld(1884—1963),犹太复国主义运动的一员宿将,曾任世界犹太复国组织总干事。——译注
2 第184页。
3 第171页。
4 第172页。

一个自己完全融入其中、自己身上的每一个毛孔都为其吸纳的共同体，在这个共同体里，他觉得自己是一个享有一应特权的成员，而且这个共同体不会向他提出任何有违他自然思考习惯的要求。那个时候，我们的祖先是智力和体力都很差的典型，可从社会意义上说，他们却享有一种令人羡慕的心灵平衡。[1]

然后便是解放，快速适应新的开放的世界，迫不及待地穿上为他人而量身定做的衣服，从而迷失了自我，也大有作为一个群体而消失之虞。但这一点倒是不会发生：

> 无论犹太人为了迎合他们生活于其中的欧洲人而在语言、举止乃至很大程度上在宗教形式方面做出了多大的自我调整，犹太人和他们的主人之间的陌生感从来就不曾消失过。这一不由自主的情感是反犹主义的根本原因，因此，反犹主义不是可以靠善意的宣传就能消除的。各个民族都想走自己的路，而不想跟别的民族混杂在一起。[2]

爱因斯坦指出，无视和否认情感偏见或公然的敌意，都是完全不起作用的。对他来说，受过洗的犹太枢密顾问只让人觉得可怜。他视国界和军队为祸害，但对民族的生存本身却不这么看：各个民族和平共处，相互尊重，容忍彼此的差异，是文明而正当的生活。下面是一个关于犹太复国主义的表态，它与1860年代对另一名国际主义者兼社会主义者莫泽斯·赫斯所遇到的一个类似困境之反应不无相似。且让我们来看看爱因斯坦1933年说过的一段话："我们不能只满足于在人类文化进程中发挥一点个人作用，还必须应对只有整个民族齐心协力才能完

---

1 第181页。
2 第182页。

成的各种工作。唯此，犹太人才能找回社会健康。"[1]故此，"巴勒斯坦是东欧犹太人的一个避难所还不是主要的，主要的还在于，它是整个犹太民族正在重新觉醒的团体精神的化身"。[2]

这在我看来，是对犹太复国主义纲领的经典表述，与阿哈德·哈阿姆[3]非政治的文化民族主义有异曲同工之处：从本质上说，爱因斯坦所提倡的是创立一个社会和精神上的中心。可在他认为英国的政策和阿拉伯人的抵抗逼得犹太人非建国不可时，他也赞成建国以及为免遭灭绝而使用武力，或许把这些当作某种必要的恶，但同时又是需以尊严和机智，不得以傲慢的态度去承担的一个负担和一项义务。同所有正派的犹太复国主义者一样，爱因斯坦对犹太人与巴勒斯坦阿拉伯人的关系越来越忧心忡忡了。他希望看到的是一个犹太人和阿拉伯人能够通力合作的国家。但他遗憾地意识到，种种事件让人眼下很难对此心存幻想。他始终如一地支持建立以色列犹太国，必须让犹太人在这里追求自己的理想，尤其是以下三个理想："为知识而求知的探索，对正义如痴如狂的热爱，以及对个人独立的渴望。"[4]

这一点，且不说西欧别的地方跟他在出身、社会和知识结构方面相似的那些人，就是与他周围那些受过教育的德国犹太人的总体态度相比，有多么显著的差异，就用不着我多费口舌了。回想一下爱因斯坦远离犹人人事务的早年生活，毕生信奉理想化的国际主义，痛恨一切造成人间隔阂的东西，他此处的态度在我看来表明了一种非凡的洞察力、现实主义和道德勇气，他今天的犹太同胞有充分的理由为此而感到自豪。

1　第182页。

2　第181页。

3　Ahad Ha'am（1856—1927），又名阿舍·兹维·赫希·金斯伯格（Asher Zvi Hirsch Ginsberg），前者是其在希伯来语中的名字和笔名，希伯来语散文家，最早的前犹太复国主义思想家之一。——译注

4　第183页。

别忘了,其他杰出的德国犹太科学家,如德高望重的弗里茨·哈伯、马克斯·玻恩、詹姆斯·弗兰克在这个问题上的反应很不相同。同样,像施尼茨勒、斯蒂芬·茨威格、马勒、卡尔·克劳斯、韦费尔这样的作家和艺术家的反应也很不相同,他们对维也纳的反犹主义都是再熟悉不过的。

请诸位不要误解,以为我的言下之意是说,爱因斯坦必定会对融入主流文化予以谴责,认定这样的同化总是不光彩和注定要失败的。犹太家庭的孩子显然有可能发现他们离自己的共同体及其传统太远了,就算他们想到过,也根本无法从心理上去与之重新建立起真正的联系。他很清楚,在一个文明的社会里,每个人只要不危害别人,就必须有以自己认为最好的方式去走自己的路这个自由。他并未责怪这些怀有不光彩或懦弱动机的科学家、作家和艺术家。在他看来,他们的人类尊严是不成问题的,成问题的是他们对自身的了解程度。

爱因斯坦不会自欺欺人,也不会躲躲闪闪,他愿意面对事实,而且——如果形势需要的话——他还愿意标新立异,正是因为如此,他才得以大胆摒弃牛顿体系中的核心成分而引人注目。这种独立性也是他在其他领域的行为特点。他不因循传统观念,据说他曾经说过,常识就是18岁之前在脑子里沉淀下来的偏见。如果他认为某样东西在道德或政治上不妥,不逊于在数学上的不妥的话,他不会置若罔闻,逃避乃至抛诸脑后;调整、整理、打一两个补丁,以期他在一天,它就能撑一天;他不会坐等弥赛亚——世界革命,即全球性的理性与正义统治——来解决难题。鞋子不合脚,说什么穿几天就不会那么硌脚了,或者怪脚型生得不好是不顶用的;说什么疼痛是一种幻觉,现实是和谐的,因此冲突、不公、野蛮属于表面一类的东西,优秀的人应该不把这些东西放在眼里,也是不顶用的。如果他的哲学导师休谟和马赫[1]没说错的话,那就

---

1 Ernst Mach(1838—1916),奥地利-捷克物理学家、心理学家和哲学家。马赫数和马赫带效应皆因其得名。爱因斯坦誉其为相对论的先驱。——译注

只有一个世界——人类经验的世界；唯有这个世界是真实的；这个世界之外也许存在奥秘；实际上，他重视宇宙作为最大的奥秘是可以理解的这一事实，对此他深信不疑；然而，凡是忽视人类直接经验的理论，没有一种是健全的，他把富有想象力的顿悟也算在了人类直接经验之列，而这种顿悟往往是通过远非有意识的途径获得的。

正是对现实的这样一种意识，才使得他虽然有强烈的信念，却并不教条。在他所知道、所直接了解到的东西与正统学说发生冲突时，他没有忽视自己的道德意识、社会意识或政治意识的直接证据。他是一个坚定的和平主义者；第一次世界大战期间，他谴责德国，把自己搞得在德国很不受欢迎。而1933年，他又认为如果需要，有必要武装抵抗希特勒和纳粹，把他的那些反战主义盟友吓坏了。他是一个有社会主义倾向的平等主义者和民主主义者。可是他又强烈地意识到需要保护个人不受国家的压迫，乃至于认为除非有一群受过教育、富有经验和权威的精英能时不时地站出来，有效抵制大多数人的愿望，否则《人权法案》就会遭到践踏。他称赞美国宪法，特别是有关总统、国会和舆论之间的权力平衡的部分（他早年的政治学导师、奥地利社会主义者弗里茨·阿德勒则几乎不会认可）。他痛恨横亘在人类之间的壁垒——排他主义。可看到德国和波兰一些大学的犹太学生遭到民族主义学生的骚扰时，他又宣称魏茨曼的意见是对的；自由主义和社会主义的解决办法是行不通的；犹太人必须行动起来，在耶路撒冷创办自己的大学。

他毕生都痛恨民族主义，可他又认为犹太人迫切需要某种民族存在形式。总之，他认为民族认同感和民族主义并不是一码事。很显然，在政治忠诚的问题上，他是很当回事的。他曾两次声明放弃自己的德国国籍。他年轻时选择入瑞士籍，希特勒上台后他选择接受美国公民身份。要不是由于显而易见的原因，他觉得自己无法忍受继续持有德国护照的同时，又感到自己可以完全忠于这些民主国家的话，他是不会这么做的。他既有社会敏感性，又能具体洞察人类赖以生存的准则，正

203

204

是这一点，才使他没有陷入教条主义的狂热；也正是这一点，才使他具有了道德说服力。

爱因斯坦是一个天真的人，有时我怕是，也会被傻瓜和无赖给耍了。可是天真之人自有天真之人的感知模式：有时候他会用自己的眼睛，而不是戴着传统观念或某些未经批判的教条所提供的眼镜去看问题。这一使他摒弃了公认的物理时空概念，冒天下物理学家和哲学家之大不韪，大胆提出了引力波和光量子假说的独立性，也在道德上和政治上把他解放出来了。

结果，这位喜欢清静的人，这位丝毫未被五大洲的吹捧和无与伦比的名声所腐蚀的人，这位相信通过不懈努力能揭示自然界的种种奥秘——靠人类理性可以奇迹般地得到分析和解答的奥秘——而获得救赎的人，这位儒雅、腼腆而又谦虚的人，却犯了众怒，得罪了很多派别的人：德国民族主义者、憎恶德国的法国人、极端和平主义者、犹太同化主义者、正统的拉比、苏联的马克思主义者，还有那些绝对道德价值的卫道士，事实上，爱因斯坦也坚信绝对的道德价值。

爱因斯坦既不是主观主义者，也不是怀疑论者。他相信，科学的各种概念和理论是人类想象力的自由创造，而非像培根、密尔或马赫所认为的那样，是来自对经验数据的抽象概括；不过，科学家试图利用这些概念和理论去分析或描述的本身只是一个客观结构，而人类自身，从科学上看，也是这一客观结构的一部分。道德和审美的价值、规则、标准、原理，这些东西都是无法从科学中推导出来的，科学处理的是实然，而不是应然。但是，在爱因斯坦看来，这些东西也不是由阶级、文化或种族的差异引起或受其左右的。它们无法从自然法则中推导出来，但像自然法则一样，它们是放之四海而皆准的，适用于所有的时代、所有的人，可以为人皆有之的道德或审美洞察力所发现，体现在伟大的世界宗教的基本原理（而不是其神话）里。

和斯宾诺莎一样，爱因斯坦也认为否定这一点的人只是为激情所蒙蔽了；实际上，他觉得斯宾诺莎与自己意气相投。和斯宾诺莎一样，他也把上帝视为体现在自然中的理性，视为一种严格意义上的神圣的和谐，神即自然[1]；而且，他也和斯宾诺莎一样，既不怨恨诋毁自己的人，也未向他们妥协——他始终都很淡定、理性、仁义、宽容、开明。他不想对自己的追随者指手画脚，也不要求他们盲目地忠诚于自己。只要是他认为大体上有益，或至少是利大于弊的运动团体，比如，国际联盟或美国的左翼团体，他都会支持。

对巴勒斯坦犹太人他也是这个态度。他痛恨沙文主义；他对犹太复国主义领导层对阿拉伯人的态度提出过批评，有时到了不现实的程度，但批评归批评，他并没有因此就像别人那样，偶尔走向相反的极端；他谴责过艾森豪威尔政府为了取悦阿拉伯国家，不惜以牺牲以色列的利益为代价，他认为这一政策的背后是美国帝国主义在作祟。他对希伯来大学的一些政策也提出过批评，比如，他认为，应该聘用的是法西斯欧洲逃出来的那些难民学者中的青年学者，而不是有名气的老学者。但他的忠诚并没有因此而受到影响。他并没有因为犹太复国主义运动的某些领导人有这样那样的缺点，就打算放弃对这一运动的支持。他的犹太复国主义思想基于人类的基本需求有权得到满足这一理念：饿了有饭吃，冷了有衣穿，安全有保障，公道可讨回，有家可以归，这是每个人不可剥夺的权力。

他本人某种程度上是一个无家可归者。在给朋友马克斯·玻恩的 206
一封信中，他说自己没有根，在哪里都是一个外地人。他自己都承认，他是一个孤僻的人，本能上就不愿跟人亲密无间。他是一个孤独的思想者，了解其为人不是一件容易的事情。他深深怜悯和同情那些政治上受迫害、社会上遭歧视、经济上受剥削的人，这是他世界观的核心，无须特别加以解释；这种怜悯和同情，或许在某种程度上说，是对他难以

1　原文为拉丁语：*deus sive natura*。——译注

建立亲密人际关系的一种补偿。

同许多与制造原子弹有某种联系的物理学家一样，因为给这个世界引入了一种可怕的新型毁灭手段，出于科学家的一种责任感，爱因斯坦晚年心情也很沉重；他还对自己的移居国使用原子弹进行了谴责，在他看来，这个国家走上了一条危险的帝国主义道路。他痛恨反动分子和法西斯的残酷与野蛮，有时候这种痛恨所带来的结果是，他相信左派中没有敌人——这是许多体面和慷慨之士的一个错误观念，他们中的一些人为此付出了自己的生命。

或许，正是他作为科学家的那些天赋导致他把一些实际问题，包括那些没有明确答案的复杂政治和文化问题图示化，过于简单化，过于笼统了，忽略了日常生活的跌跌撞撞与坎坎坷坷，虽然这些东西不易进行精确的定量分析。在我看来，自然科学家与人文学者在才能上可能存在一定的差异。经常有人指出，大的发现和发明——而非证明其有效性——要的是对哪里必定可以找到正确解决方案有高超的想象力和直觉，而不是理性分析，而这一点与艺术家的幻想、天才历史学家或学者对往事怀有体谅之心的洞察不无相似。这种观点也许是对的，但是跟人及其事务打交道的人，需要对所有人类经验和活动的基本属性有所了解，对男人和女人可作可为之事的限度有一个清醒的意识；缺乏了这样一种对自然设定的限度的意识，就没有标准可以用来驳倒无数逻辑上可能，而实则几无可能或荒诞不经的历史或心理学假说了。

在是什么造就了人类的理性这个问题上，亚里士多德、康德、伏尔泰和休谟也许是对的：这种关于人类事务中什么可能，什么明显不可能的意识，观念的正常联想，诸如过去、将来、事物、人、因果次序、逻辑联系之类的基本概念——一个密致的范畴和概念网络——这些是人类理性，也许乃至于人类理智，实际上所依赖的。违背这些东西，正如超现实主义的画家或诗人，或者心存侥幸的作曲家所尝试过的那样，可能很有趣，却是刻意反理性的。

　　但是在数学或理论物理中，这种现实感似乎并不是非有不可的。事实上，有时需要的是近乎相反的东西。就重大发现来说，比如，虚数、非欧几里得几何、量子理论，需要的似乎恰恰是要将那些通常相关的观念脱离开来，也就是说，要从某些对于普通人类经验必不可少的范畴中摆脱出来，换句话说，就是一种构想原则上不可想象，也无法用日常语言来表达的东西的天赋，因为日常语言关注的是日常交流，是人类生活的现实与需求。正是这种对日常现实的脱离甚至蔑视，才导致了抽象思想家在大众心目中的这一形象——走路掉进了井里的泰勒斯，还有把手表当鸡蛋煮的心不在焉的教授。

　　一头扎进抽象之中，钻到一个以专门发明的象征方法表现的纯形式的理想世界里去，把普通经验中不规则、不整洁的东西，乃至基本假设都剔除了，这种情况有时候可能与一种心理失常有关，跟早年生活中的某种颠沛流离是联系在一起的。爱因斯坦在慕尼黑上学时精神崩溃，牛顿和达尔文也有类似的童年生活经验，他们在感情上也有点拒人于千里之外。这两位思想家也谈到过一种体验，爱因斯坦把这种体验描述为一种深切的宗教之情，因为从自然界严格的因果结构那包罗万象的统一性及理性的和谐中，看到了神性的景象。这是一种什么东西都无法撼动的实在的景象：于是，爱因斯坦依旧是一个坚定不移的决定论者，从未把不确定性原理视为自然知识的一个基本范畴，也从未将其视为客观自然界的一个属性，而只是视其为我们对自然界暂时且不完全的分析的一部分。

　　这种对于纯抽象和概括的痴迷，有时候可能与一个人不能同别人建立密切的人际关系，无法过上一种丰富的社交生活是分不开的；我认为这似乎是一个合理的假说。爱因斯坦的情况完全有可能就是这样。他把从个人生活中节省下来的，都奉献给了这个世界。不只是他成就的名声，还有他的形象、面容，都为千百万人所熟知。他的外表成了一个视觉符号，一个模式化形象，人们以为一个天才科学家就应该是他那

208

187

个样子，就像被理想化的贝多芬成了有灵感的艺术家的一个商业化形象一样。有多少人知道别的天才科学家，比如普朗克、玻尔、卢瑟福，长什么样呢？同样，又有多少人知道牛顿、伽利略甚至达尔文长什么样呢？爱因斯坦的容貌，连同其朴素、慈祥、茫然、忧郁的表情，打动了普天下所有人的心。他非常著名，简直就是一个大众心目中的英雄，而他的形象早在印到美国邮票和以色列钞票上之前就像卓别林的形象一样，已为人所熟悉并广受喜爱。

最后，我想回过头来，就以色列国再啰唆几句。犹太复国主义运动，和以色列国一样，如今遭到了国内外前所未有的攻击；这种攻击有时是理性或公正的，但更多的时候是缺乏理性或不公正的。从不容忍任何背离人类尊严之行为（尤其是在自己的同胞身上）的爱因斯坦，他相信这个运动，相信这个国家，而且不畏艰险，至死不渝地支持它，尽管有时候也对一些特定的人或政策提出过批评——这一事实，也许可以算得上20世纪任何一个国家或任何一场运动能引为自豪的最高的道德证明之一。能得到一个（知识相当渊博的）无可挑剔的好人，在自己社交和学术圈子里的成员（在总的道德和政治观上，他与他们基本上是相同的）对此几乎完全缺乏同情的情况下，毫不动摇的公开支持，这本身也许并不足以证明一个学说或一项政策是站得住脚的，但也并非不值一提；它还是有些意义的；在这个例子中，意义还很大。

209

210

彼时，我在何处？

1917年俄国二月革命

在改变历史的那一天，我在什么地方，在干什么，我都记得一清二楚。我当时还未满八岁，因此我的印象，你可能也想象得到，是形象化的而非社会学的。我记得被父母叫醒后，站在我们家位于当时叫彼得格勒的城市的六层公寓的阳台上，望着下面大群大群打着旗帜的人，旗帜上面写着"土地和自由""打倒独裁""打倒沙皇政府""一切权力归杜马"之类的口号。部队在朝他们走过去，而不是列阵朝他们压过去，士兵们当时看上去与人群相安无事地混为一团了。所有这一切在我眼里都非常引人入胜，父母根本就没法把我拽开。当天晚些时候，父母带我散步时，我确实看见了吓人的一幕——一名显然忠于沙皇政府的警察，据说之前一直在从一个屋顶上伏击示威者，正被一伙群众拖去接受可怕的下场：此人看上去面色惨白，吓得魂不附体了，还在有气无力地与抓他的人挣扎。这个画面我始终都无法从记忆里抹去，而且使我对任何形式的暴力都染上了永久的恐惧症。

珍珠港（1941）

我当时在纽约，身份是英国新闻部的一名官员，在英国新闻处纽约办事处任一个不起眼的小职，主要是为美国记者和其他人提供英国为战争做了哪些努力的情况。那个星期天，我很晚才在莱克星顿大街上的一家宾馆吃了午饭。我急匆匆地赶回我在洛克菲勒中心的办公室，因为还有些未了结的工作有待完成；在回去的途中，我从出租司机口中听说了珍珠港事件。我不能否认，在一开始的震惊之后，我感到兴奋。

这次事件之后，哪一边会赢得这场战争就毫无悬念了。我回到办公室后，发现一名同事——一位英国女士——正在给一名曾志愿加入英国空军，此时成了德国战俘的美国人写信，而就在我打算跟她分享我的这份喜悦感时，我看到她正满眼泪花。她同情美国；她曾相信，有罗斯福，美国不参战也能赢得这场战争，而一想到美国注定要蒙受的损失，她就深感不安。我竭力让她相信我和她有同感，不过，这并不是百分之百的真心话。我离开了她，去见我办公室的头儿，他正欣喜若狂，我想大多数在美国的英国人都是如此。

古巴导弹危机（1962）

当时我在哈佛当客座教授。我是和聚集在洛威尔学院一间公共休息室的一大群学生从收音机里听到这条消息的。这一次，我的心情又与多数人不一样。那群学生，还有一两个教授，全都非常沮丧：战争在他们看来似乎是不可避免的了，随之而来的是核武器的使用和难以想象的恐怖。广播结束时，大家鸦雀无声，然后大伙分散成了若干个小组，情绪低落地小声交谈着。我坚信苏联不会铤而走险挑起一场全球性战争，所有这一切不过是装装样子和隔空叫阵而已，除了某个大权在

握的疯子的行为外，基本上没有什么好害怕的，而肯尼迪和赫鲁晓夫都 213
一点儿也不疯，他们的手下也同样不疯。我与一个法国化学家和两三
个美国历史学家出去吃晚饭，努力劝慰他们说没有理由焦虑不安，更不
用说绝望了——唯一的问题是如何让俄国人别太丢面子，如何为他们
提供一点有尊严地撤退的可能性。后来我了解到，我的估计大错特错
了，人类的命运命悬一线，全球大战的可能性比美国的任何一个权威人
士所愿意想象的都要大。余下的四天，我依旧在做自己的黄粱美梦，别
人都认为我有点精神失常，我看上去肯定也的确是有点儿。朋友们似
乎都在担心我心态失衡。在一个充斥着坚定而理性的悲观主义者的社
会里独守乐观（不管是有理由还是无理由的乐观），比反过来的情况更
让人尴尬——在快乐和愉悦的人群中独自焦虑不堪。觉得自己是一群
瞎子中唯一一个不瞎的人，那种感觉我永远都忘不了。事实是我完全
错了，神志完全清醒的是我的伙伴们，而我却在黑暗中优哉游哉，但这
也并未改变那种古怪、令人不安的感觉。

应该补充一句，我与约瑟夫·艾尔索普[1]夫妇曾参加肯尼迪总统和
夫人为查尔斯·波伦[2]先生举办的饯行晚宴，波伦已被任命为美国驻巴
黎大使。苏联在古巴的导弹基地的照片就是在这一天呈送给肯尼迪总
统的。总统表现得非常冷静，席间以一种（看上去）轻松的方式谈论当
天的政治和公众新闻，女士们离开后，他才严肃了一些，走进花园，把这
一危急情况告诉了查尔斯·波伦，而且只告诉了这一个人。可是由于
我们其余的人谁都不知道发生了什么事，我们的心情并未受到任何影
响。这场危机，就公众而言，是在我回到哈佛之后才爆发的。 214

1　Joseph Wright Alsop Jr.（1910—1989），美国记者和保守派报刊专栏作家。冷战期
间对公众有很大的影响力，有"肯尼迪政府的预言家"之称。——译注

2　Charles Eustis Bohlen（1904—1974），美国外交官、苏联问题专家。曾任美国驻苏
联大使、驻菲律宾大使和驻法大使。——译注

肯尼迪遇刺（1963）与罗斯福病逝（1945）

　　1963年11月22日，我抵达英国的萨塞克斯大学，去做一场关于马基雅维利的演讲。我和东道主用完餐后，在去报告厅的路上，有人对我说了句："这是不是太可怕了？"我傻乎乎地以为，他的意思是说不得不进去发表演讲是一件可怕的事情，因为他和所有的朋友一样，知道我不管在什么情况下，在公共场合发表演说之前都会感到很痛苦。于是我说："没错，我确实感到可怕，不过我想我必须硬着头皮坚持下去。"走了几步后，又有人对我说："这消息真是骇人听闻。"我意识到出事了，然后才有人告诉我肯尼迪总统遇刺了。我觉得简直挪不动步了——我上一次出现这样的情况（程度还要更为严重）是1945年看到罗斯福总统逝世的消息时：当时我正在第二次世界大战期间曾效力过的英国大使馆口授一份电报内容，我的助手拿着一截断裂的电传打字带进来——我不耐烦地说道："我在打字[1]时看不了别的东西，拜托，拜托了，请别打断我。半小时完事后再说。"他说："我想您最好还是看看这个。"我看到罗斯福已在温泉镇去世的消息后，有那么一会儿，整个人就跟瘫痪了似的。我不想跟任何人说话：感觉自己信任的那个世界仿佛已经坍塌了。我意识到在那个时刻，自己对罗斯福及其所代表的一切的感情比对任何别的生命形式都要强烈。我对温斯顿·丘吉尔的崇拜是不逊于任何人的：我知道他曾救过我们的命，但我的同情心是自由开放的，罗斯福是我的领路人——正如他是我已渐渐了解并与之发展出了温暖、亲密友情的美国人的领路人一样。我们期盼正义、启蒙、自由和幸福会得到巨大发展的希望似乎落空了；他曾是我们的自由和文明的守护神。一连好几天我都处于这种麻木状态。我现在丝毫不怀疑这是不切实际的

　　1　即向打字员口授电文内容。

看法，就算罗斯福继续统治，这些目标也实现不了，而他的继任者，从某些方面而言，对于实现这些所做的贡献比这位伟大的总统本人还要大。但是当时我并不这样认为。夜幕已经降临了——我们必须竭尽全力，等待新的未知的一天的黎明到来。

听到肯尼迪遇刺身亡的消息后，我的反应并没有这么强烈，但是他虽然有其明显的缺陷和毛病，也不失为一个解放者，一个英雄，在所有重大的公众问题上始终都站在正确的一边。我提出了允许我先休息一刻钟左右再开始演讲的请求，得到了准许。我喝了两杯凉水，缓过劲来后，看起来十分正常地发表了演讲。

两位总统的亡故对于其后的事件显然产生了影响，而且不是好的影响，二者都属于我一生中最黑暗的时刻。我认为当今任何在世的公众人物的去世，除了某个有私交的朋友可能会引起的情感之外，是不会让我产生同样反应的。我怀疑对于生活在那个时代的千百万人来说，情形也会像我一样。

六日战争（1967）[1]

六日战争期间，我在伦敦。和许多体面的人一样，当然，尤其是和我的犹太同胞一样，我对以色列国的存亡感到极为担心。我确信要是埃及方面没有确保自己有足够的军事实力可以摧毁以色列的话，纳赛尔是不会发动一场圣战的，他的下属也是不会扬言把犹太人扔到海里或者将他们的城镇和村庄夷为平地的。不管实际上是什么点燃了战火，在英国大街上普通的百姓看来，这场战争似乎都是一场消灭战，是 216

1　即第三次中东战争，六日战争（the Six-Day War）是以色列方面的称谓，阿拉伯国家方面称六月战争。亦称六五战争，1967年6月初发生在以色列国和毗邻的埃及、叙利亚及约旦等阿拉伯国家之间的一场战争。战争从6月5日开始，进行了六天，以埃及、约旦和叙利亚联军被以色列彻底打败而告终。——译注

又一次大屠杀。事实是没有一个别的国家动一根指头，美国也没有，去帮助被包围的以色列人，形势显得大为不妙。我是在与美国驻伦敦公使共进晚餐后听到以色列获胜的消息的。当时在场的英美政治家听到这一结果后都长舒了一口气。我抑制不住地感到兴奋，对我旁边的一家著名报纸的编辑说："这表明还是有上帝的。"他的回答是："我想在座的人当中，亲阿拉伯的人就我一个"——他其实跟纳赛尔和海卡尔[1]都私交甚笃。我觉得需要大度一点，于是对他在社交上所表现出来的勇气（自认为）不吝溢美之词，称赞了一番，因为他的周遭都是犹太复国主义者及其同情者——其中大部分都是非犹太人，确切点说，都是有着无可挑剔的贵族出身和绅士风度的白种盎格鲁-撒克逊新教徒。我的这位朋友对于战争的结果真的感到很沮丧，早早地就离席了。我妻子和我又待了一个小时，在我们回公寓的路上，有些飘飘然。哪怕是在直到那时为止都没想过中东局势的人当中，也对以色列表现出了一股巨大的同情之心；当时无论共产主义者和反犹太复国主义者说什么，都无力摧毁这一难得的愉悦之情——与自己的大多数同胞一致同心的愉悦感——就算事实证明为时相对短暂。这样的时刻是难以持久的，尽管幸运的话，有时候也能再次迎来这样的时刻。

217

---

1 Mohamed Hassanein Heikal（1923—2016），埃及记者。曾任《金字塔报》（*Al-Ahram*）主编达十七年之久，亦曾担任纳赛尔总统的新闻顾问。其作品有《斋月战争》（*October War*）、《通向斋月战争之路》（*The Road to Ramadan*）及《愤怒的秋天》（*Autumn of Fury: The Assassination of Sadat*）。——译注

梅纳德·凯恩斯与夫人莉迪亚

　　我第一次见到梅纳德·凯恩斯是1930年代初在剑桥大学国王学院的一次晚宴上，当时我的座位就排在他旁边。宴会后我要向道德科学俱乐部的成员宣读一篇论文。一开始，他没跟我说话。后来，在宴会的最后一个环节，我们吃甜点的时候，他朝我转过头来，问道："你怎么在这里？有何贵干？"我说："今晚过一会儿我要给道德科学俱乐部的成员宣读一篇论文。""什么内容？"他问。我说："快乐。"我说出这个题目的时候听上去感觉荒唐极了。"什么？"他又问了一遍。"快乐。"我又回答了一遍，这一次听上去比上一次还要荒唐。然后他说："说真的，这个题目真是太可笑了。对了，我们在吃什么？"——他看了看菜单——"我们在吃'什么什么浓汤'。你为什么不谈谈这个？这是个同样好的题目。"然后是一阵沉默。接着他来了一句："你觉得怀特海怎么样？"我说《科学与现代世界》的前几章对我而言似乎很有意思。然后——更长的沉默。再然后是："我不同意你的看法。"说完，他便把头扭向了一边。这之后，我有一段时间没见过他。

　　接下来的一次是在剑桥艺术剧院，那是1936年，剧院开业的第二周，他夫人莉迪亚·凯恩斯当时正在台上表演易卜生的《建筑大师》。每个人都走到他身边，夸他夫人棒极了，是个超一流的演员，并说他们几乎还从没见过谁把这个角色演得这么出色过。我说不出这样的话来，因为我觉得他会看透他们的：我认为他也看透了其余的人。他夫人在舞台上极为自然，魅力四射，下了舞台也一样，但她不是演易卜生作品的那块料，而整个这件事在我看来极其尴尬。我什么也没说。又一次，我从他那儿得到了一个相当严厉的脸色。

此后，战争期间我在华盛顿见过他四五次，每一次都聊了很长时间，聊得我非常开心。我发现他很有魅力，跟他在一起很愉快，其实用迷人来形容他都毫不夸张，而且他无疑是我这辈子所见过的最聪明的人。他的智慧在我看来似乎神奇得让人有些匪夷所思。你几乎还没开口，他就知道你的话会怎么结束；他的评论很尖锐、富有启发性、非常诙谐，而且具有非同一般的——不可言传的——才思逸兴，才气逼人，才华横溢。在英国驻华盛顿大使馆的一次宴会上，有人以"伯林教授"来介绍我。我赶紧更正说："不，不，我不是教授。"不想凯恩斯来了一句："我也不是，但你可以想见，人们老是这么叫我。碰到这样的情况，我都无一例外地说我又没拿这相应的薪水，所以拒绝这样的侮辱。"有一次，我问他对大使哈利法克斯勋爵印象如何。到1944年时，他们两人在我看来似乎在相互调情。哈利法克斯是极具魅力的（在他决定施展它的时候），而且喜欢上了凯恩斯，但我不知道两人是不是你情我愿。我想搞清楚这一点，于是就问了他。他说："怎么说呢，我也不知道我喜不喜欢他，但我发现跟他在一起很愉快。不如跟鲍勃·布兰德[1]在一起愉快，但还算愉快。我特别喜欢听他对我说：'凯恩斯勋爵，我很想知道你愿不愿意帮助我们。你能看一眼我党可能很快会公布的一份经济政策文件吗？我知道我们——你和我——观点不一样，可我为什么还是希望你看看呢，那是因为我们不想胡说八道。'"凯恩斯究竟看没看过那份保守党宣言草案，我就不知道了。

1　英国财政部1944—1946年驻华盛顿首席代表。

　　罗宾斯勋爵跟我讲过凯恩斯的一个故事，很有特点。财政大臣金斯利·伍德爵士1943年因为心脏病突发去世了。时间上碰巧与英美金融专家在华盛顿举行的非正式会晤赶在了一起。凯恩斯当时是英国财政代表团的团长，而哈里·德克斯特·怀特则是美国代表团团长。哈里·怀特在两国代表团的一次午餐会上站起来，说他的同事们听到财政大臣去世的消息后不胜悲痛，而且都希望向英国代表团致以深深的同情。凯恩斯站起来做了回应，在开场白中说他想感谢怀特先生刚才的发言，英国代表团的成员听了以后都极为感动，接着他便说了这样一番话："已故大臣有　个本领，我想在座的某些聪明过人且确实才华横溢的人也不妨留意一下，甚或努力学习学习。不管某个经济提议在他看来多么晦暗、多么曲折、多么复杂、多么明显地不可理解，他都有本事用三言两语就把它变成头脑最简单的孩子也能听明白的老生常谈。这是一项了不起的政治才能，这种才能可小看不得，我们这张桌子周围的一些人也大可以培养一下这样的才能。"我想，罗宾斯说过，那些美国人听了之后似乎都相当震惊：人家尸骨未寒，就这样说人家。很有可能凯恩斯就是心里怎么想，嘴上便怎么说了。这种实话与讽刺的混合，这种有意让严肃、有点缺乏幽默感的美国官员大吃一惊[1]的想法，非常独特。

　　我是1944年11月在英国驻华盛顿大使馆的宴会上第一次真正见到莉迪亚·凯恩斯的。梅纳德·凯恩斯到华盛顿来进行租借协定的第二阶段谈判，而正是在那天晚上罗斯福总统获得了第四次连任。给我的定位是美国政治方面的专家，其实我离成为这方面的专家还差得远呢，但不管怎么说，把我叫来的目的就是这个，还让我带来了某家报纸作为副刊印出来的各种图表，以便我们可以在宴会后听电台宣布各州的选举结果时有一个比照。在我的记忆里，这次宴会规模不大，出席宴会的只有哈利法克斯勋爵夫妇、凯恩斯勋爵夫妇、社交秘书艾琳·博伊

1　原文为法文 *épater*。——译注

尔小姐、戴维·鲍斯-莱昂先生和我本人。我坐在莉迪亚·凯恩斯旁边，跟她用俄语交谈，显然让她很高兴，而她当时心情也非常愉快。她给我讲了她与丈夫的三次俄国之行，称这三次都是很奇特的体验，还说起了其中一次她在一节卧铺车厢里与自己大名鼎鼎的哥哥、著名编舞费多尔·洛普霍夫[1]奇妙的交谈。

她还说自己很喜欢见美国的财政部长亨利·摩根索先生，她说，摩根索非常喜欢她丈夫，"非常喜欢梅纳尔"（她管梅纳德叫"梅纳尔"[2]）；他讨厌所有的银行家，但认同自由经济学家，喜欢而且崇拜凯恩斯。有一天，因为钱的问题发生激烈争执后，她去这位财政部长的办公室见了部长，还复述了一遍她对他说过的话："摩根索先生，梅纳尔夜里睡不着觉。他说他想从你这儿要六便士：只要六便士。为什么，摩根索先生，你为什么就不能给梅纳尔六便士呢？我不知道你有多少钱，可六便士并不是太多啊。"而且她还十分肯定地对我说，摩根索先生在这个问题上让步了，给了凯恩斯六便士，并祝贺她成了他这辈子中遇到过的最能干也最善于谈判的人之一。她的介入还真的见了效果。这个故事在凯恩斯写给伦敦英国财政部理查德·霍普金斯爵士的一封落款为1944年11月6日的信中得到了证实，凯恩斯在信中写道："说到摩基[3]，莉迪亚肯定挣回了自己的船费（更不用说她对我良好状态的维护了）。"[4]

宴会后，在这种相当愉快的心情下，我们上了楼，把各种图表在膝头摊开，选举结果也开始不断传来。听到亚拉巴马州一边倒地支持罗斯福后，莉迪亚对选举进程开始显得有些厌倦了，突然对我说："你喜欢

222

1　Fyodor Vasilyevich Lopukhov（1886—1973），苏联著名编舞、芭蕾表演艺术家和教育家。出生于舞蹈世家，妹妹即是此处的莉迪亚·凯恩斯。——译注

2　原文为Maynar'，原注说她是俄语口音，丈夫的名字结尾为一个轻音的俄语"r"，俄语中的轻音符号用'表示。译文做了适当调整。——译注

3　对摩根索的昵称。——译注

4　*The Collected Writings of John Maynard Keynes*（135/79）xxiv, *Activities 1944-1946: The Transition to Peace*, 161.

阿尔奇·麦克利什吗？"（麦克利什是国会图书馆馆长，还是一位诗人。）
梅纳德说："嘘，莉迪亚，你等会儿。"我们继续听结果，又过了十到十五
分钟，莉迪亚已经变得越发坐立不安了，说道："你喜欢总统吗？我是说
罗斯福或罗西。你喜欢罗西吗？我喜欢罗西。这里的每一个人都喜欢
罗西吧？你也喜欢罗西吗？""嘘，莉迪亚，你等会儿。"凯恩斯又说了一
遍。大约又传来了十几个州的结果后，她又开口了。她显然很不耐烦，
再也控制不住自己了。她又转过头来对我说："你喜欢哈利法克斯勋
爵吗？"这位大使大人此时就坐在离我约一码远的地方。我没说话，而
是，我想是，像马一样嘶了一声。除了收音机外，谁也没说一个字。凯
恩斯这次倒是没嘘她，而是嘴角泛起了淡淡的微笑，两根长长的食指一
起冲上指着，目不转睛地盯着自己的前方。哈利法克斯勋爵显得隐约
有点儿，非常隐约的一点点儿尴尬，从座位上站了起来，拍拍他那只名
叫弗兰基的小腊肠，说道："我觉得弗兰基对这些事儿不是很感兴趣，你
知道。我觉得她不是很有政治头脑。我去找哈里·霍普金斯[1]问问看是
怎么个状态了。"他大步走出了房间。几分钟后他又回来，说道："哈里
说已经胜券在握了"，然后我们就离开了。[2]

我后来就再也没见过凯恩斯。两年都还不到，他就去世了。不过我
先后在伦敦、剑桥和萨塞克斯非常愉快地见莉迪亚几次。她兴致勃勃地
给我讲了佳吉列夫[3]、伟大的女芭蕾舞演员加林娜·乌兰诺娃的一些事情，
还讲了她对布鲁姆斯伯里文人圈的感情。可是现在我都记不太清楚了。

223

224

1　Harry Lloyd Hopkins（1890—1946），美国政治家，民主党人，曾任美国商务部长，
是富兰克林·罗斯福总统最亲密的顾问之一，也是新政的主要设计者之一。二战期间，
霍普金斯是罗斯福的首席外交顾问和解决麻烦问题的高手。——译注

2　［以赛亚·伯林对自己的传记作者叶礼庭（见本书第xvi页脚注1）讲述了这个故事
的另一个版本（前揭书，第127—128页），增加了"凯恩斯很喜欢顽皮，尤其反对自命不凡"
（1994年6月5日接受叶礼庭访谈录：牛津大学沃尔夫森学院/录音存档，大英图书馆）。］

3　Sergei Pavlovich Diaghilev（1872—1929），俄罗斯国宝级的艺术评论家、戏剧家，俄
罗斯芭蕾舞团的创始人。——译注

纳胡姆·戈德曼

我第一次见到纳胡姆·戈德曼[1]是在华盛顿,时间,我想,是1941年,当时我是英国新闻部一名战时的临时官员。我在伦敦告诉哈伊姆·魏茨曼自己将被派往美国任职时,他说会写一封信给"纳胡姆",并对我保证说那是一个极好的朋友,在最黑暗的时刻也可以让人精神振奋:1941年确实是一个极其黑暗的时刻,而纳胡姆也确实像魏茨曼所预言的那样有影响。他对多姿多彩的生活那难以抑制的热情,永远都很活跃的智慧,似乎说不尽道不完的对各种人和事的记忆,绘声绘色的描述能力,对各种情况和个人性格与关系中的可笑之处极具感染力的意识,还有一点也不自负,风趣机智、反应敏锐、魅力十足、活力无限,想不让人精神为之一振都难。

我在英国驻华盛顿大使馆的那几年里,他偶尔会来看望我一下,一般都是在拜访了外交使团的某位成员——威廉·海特或约翰·罗素——之后,作为美国犹太代办处领导人,他觉得跟这些人保持接触有用处,而这些人反过来也觉得他平易近人、头脑聪明、消息灵通而且会令人很振奋。

1　Nahum Goldman(1895—1982),犹太复国主义领导人,曾长期担任世界犹太人大会主席。——译注

在所有官方的犹太复国主义者中(英国政府当局对他们的态度,往轻里说,也是摇摆不定的),他是最少会不受欢迎的代表:他所做过的每件事和说过的每一句话,都无不体现了他是一个既明智又克制的人。

在英国各个使团眼里,犹太复国主义者一般而言充其量也就是让人尴尬的盟友,而更多的时候,鉴于1939年的白皮书中的政策,他们就是一帮让人讨厌的吹毛求疵的家伙,是美国报纸上那些不友好言论的源头,虽然他们的影响不及亲爱尔兰派或亲印派那么大。因而,戈德曼语气与内容都通情达理的干预之词,听了之后要舒服一些,更容易接受一点。他能控制住自己的情绪,当时和后来(在我认识他之前,无疑也是如此)具备一种非凡的能力,能够懂得别人的内心想法——知道他们所持意见有哪些合理的和不合理的根据,也明白他们是在什么样的压力下工作的,还清楚他们只有多大的通融余地。他在政治上有一种难能可贵的体察敌我双方心理的能力,并因地制宜,因人而异地决定自己该怎么说和怎么做。

戈德曼天生就是一个外交官和谈判高手:不是在像魏茨曼那样的天才政治家的水平上,也不具备那样大的世界权威性,而更多的是在中层官员那样平凡一些的水平上,这种中层官员的影响和善意,如果说有什么不一样的话,那就是它们有时候比国家首脑的影响和善意还要重要。他和犹太复国主义运动的任何一位领导人一样,把自己漫长的一生都全身心地献给了这项事业——他对于这一运动始终都是绝对忠心耿耿的,但他对现实的把握比他们大多数人都更牢实,也讲策略得多。正是这样的品质,才使得他能够通过各种间接的方式,稳住了罗斯福总统,没让对方在某些情形下勃然大怒,当时,那些情形已被总统视为战争后期华盛顿出现的极端犹太复国主义者的挑衅性行为。若是激起这位理所当然被偶像化了的民主国家的领袖——大多数美国人眼中的英雄——情感上如此的强烈反感,会给犹太复国主义运动的前途带来什么样的后果,戈德曼对此认识得太充分了。

也是多亏了他的政治家才能，才避免了1946年犹太复国主义运动领导人与杜鲁门总统翻脸；他不仅展现了高超的政治手腕和罕见的说服力，还表现出了过人的政治勇气，促成与阿登纳总理之间达成的赔偿协议，不仅使得遭到纳粹政府剥夺的个人得到了赔偿，还为以色列赢得了大量的经济援助，事实证明这笔援助对于以色列未被敌人彻底消灭起到了至关重要的作用。戈德曼并不是不清楚自己的这些才能：他是一名有天赋的记者（早在1910年，他就为德国的一个犹太刊物撰过稿，十五岁时就走上犹太复国主义运动演讲台发表过演讲）、一名组织者、一个既了解欧洲文化又了解犹太文化的人，还是一个特别有远见卓识的人。他对世界上——全球——的犹太人状况精湛的批判性研究是自马克斯·诺尔道[1]之后最精彩的。他的演讲和著述对犹太人的自我觉醒，对于唤醒众多昏睡者意识到自己真实的社会与政治地位都做出了独特的贡献。他有非凡的理论表述能力——善于界定各种政治和社会问题，并且善于提出切实可行的措施，将自己的想法运用到实际问题中去。

然而他也有自知之明，且经常在发言和文章中说，这些都不是社会的激进改革者、伟大的革命者、人类生活（不论是好的还是坏的）新形式的先驱和开创者所必备的性格品质——说得确切一点，是与这样的性格品质格格不入的。支配这些人的，必是一种把复杂的现实过于简单化的眼光。满门心思都放在目标上，忽视各种阻扰、可能的危险、迫在眉睫的障碍——或者说即便瞥见了，也视而不见（戈德曼把这种视而不见称为强制性盲目），以免心生恐惧、产生怀疑和迟疑不决，而这些恰好是更冷静、更现实、更理智的方法势必会产生的。他看得很清楚，倘若西奥多·赫茨尔不具备无视不利条件这一能力，或者倘若本-古里安

1　Max Simon Nordau（原名Simon Maximilian Südfeld, 1849—1923），犹太复国主义运动领导人、医生、作家和社会批评家。著有《人类文化的传统骗局》(*The Conventional Lies of Our Civilisation*)和《堕落》(*Degeneration*)等颇具争议性的著作。——译注

预见到了使用强硬手段创建以色列很可能会带来的一些困难（像夏里特[1]，或者像魏茨曼所预见到的那些困难），那他们没准就会吓得动弹不得，或者至少是就不会有那种势不可当的意志力，而这样的意志力事实上就是鞭策他们的动力；没有这样的意志力，丘吉尔也许就无力拯救英国了。也正因为此，本-古里安的现代英雄们都是抵抗了看似无法抵抗的力量的好汉——丘吉尔、铁托，还有至少是到六日战争时的戴高乐。

228

戈德曼知道自己不是那个模子里铸就出来的人。他仰慕这些英雄，也承认他们的价值，但他也知道这些伟人们所忽视的有些障碍并没有彻底消失；他强调了以色列存在和发展所必需的和平共处的条件。不管适时还是不适时，他都会不失时机地宣传（并鼓动自己在世界犹太人大会中的追随者支持）一个基于三条基本政策的计划，他认为以色列若是忽略了它们，只会招致灭顶之灾。这三条基本政策分别是：一、将自身融入中东，也就是说，赢得阿拉伯邻居的认可并与他们和平相处；二、争取从别的民族那里得到一定程度的善意对待；三、确保从精神和社会这两方面得到流亡于异国他乡的犹太人源源不断的支持。他意识到这就必然要求对于两面效忠这一问题有一个正确的态度，他认为两面效忠是一个必须面对和解决，而不是抛诸脑后的真正问题。

他持续地坚持认为需要追求这样的目标，使得他极不受人欢迎：这也可能是他被排挤在以色列政府之外的一个重要原因。也有一些其他原因：有人认为他是，他也的确是一个非常沉迷于享乐的人，只要是世上可以提供的享乐，他都来者不拒。他极其热爱生活，他喜欢跟艺术家、知识分子、漂亮女人、有权有势的人泡在一起，也不为别的，就是因为喜欢而喜欢。但他依然坚定地信奉犹太教，信奉犹太教的过去和现在。他把自己的犹太教学问——我感觉比其他任何一个在俗的犹太复

1　Moshe Share（1894—1965），以色列政治家，著名外交家，以色列建国后的首任外交部长，后出任以色列第二任总理。——译注

国主义者的学问都大——没当多大一回事。不过话又说回来，他把什么都没当多大一回事：他缺乏严肃性，从来不摆出一副庄严的样子来；这正是他很有趣也令同伴很兴奋的地方。

229　　亚里士多德的《物理学》中有一个学说，说有些物体具有重的属性，另一些则具有轻的属性。这一学说，后来人们发现，与物质世界没有任何关系；但从心理上说，也许还是有些道理的。有些人天生具有道德或精神之重，戈德曼的特点是正好相反——轻，表现为一种倾向，什么事情都不会放在心上太久，不会悲观地看待人生，不会把自己的权威或某种占主导地位的世界观（这里所说的世界观，包括一个孤独的思想者自我反思中有深刻创见的内在看法）强加到别的、次要一点的人身上。他不希望别人屈从于自己的意志。他既有清醒的智慧，极强的判断力，又能接受千奇百怪的生活，还能超乎寻常地沉浸于纯粹的享受。以我必然可能有误的眼光看来（自称能看透别人的内心是一种极其自负的行为），他不喜欢受到令人痛苦的取舍的折磨。他生活得舒适、安逸、明智，也给了别人很多快乐。在创立新的社会时，一般都会呼唤英雄主义、牺牲精神和以身殉道，因而也会为紧张、有点清教徒般的，且往往很严肃的氛围所笼罩，以色列建国时的情况就是如此，在这样的氛围下，戈德曼的这些特点都易遭到痛骂。人们认为戈德曼不够庄重，思想上不够严肃：过于享乐主义、过于灵活、过于随机应变、过于手软。这种批评是可以理解的，但也不完全公正：他的信念既是深思熟虑的结果，也是深信不疑始终坚持的信念，而且，在我看来，其中大部分都是正确的。

　　他早在1921年就说过：

　　　　我们非常在意某位爵爷的同情心。可不知怎的就是没人担心一个因素，这个因素对我们来说，比所有爵爷和准爵爷加在一起的态度都更重要。那就是，阿拉伯人怎么看我们。阿拉伯人把我们当作朋友还是敌人，信任还是惧怕我们，这个问题似乎只关系到那几个对我们政治计划中的这一根本缺点已经唠叨了多年的年轻梦想家和不满分子[他当时26岁]。[1]

他一辈子都在想着这个问题——每一个现实的犹太复国主义者可能也这样。他在1937年之前就认识到,鉴于"阿拉伯人已经从欧洲学来了"那些"极端和咄咄逼人的民族主义的方式",[2]两族一国是行不通了。他确信强硬的政治途径不是以色列的前进方向:"以色列在中东生活,不可能把那儿永远作为一个政治、军事或精神堡垒而生活。如果我们不想生活在中东各民族之中,那我们应该去的地方就是马达而不是以色列之地。"[3]因此,他建议以色列应该像奥地利或瑞士那样被中立化,其边界的不可侵犯应该由列强来保证,就像那两国一样;这样一来,就可以让其阿拉伯邻居不再担心以色列的帝国主义扩长了,另一个好处是这会让以色列在联合国没有代表席位;可以无须在别的民族发生冲突时非得选择立场。这一想法,现在看来似乎是异想天开,在戈德曼最初想出这一主意时也许还是可行的。我怎么也想不明白,为什么这个主意一直被视为荒唐的不可能实现的想法。

不论怎么说,戈德曼都在不屈不挠地反对唯我独尊的民族自豪感——反对咄咄逼人的作风,反对只相信权力的行为。他告诉我们本-古里安曾与他意见相左,认为在这一代实现不了与阿拉伯人、巴勒斯坦人或其他民族的和平:阿拉伯人把犹太人看成抢走了自己祖先土地的民族,太痛恨他们了,丝毫不会考虑与他们达成某种真诚协议的可能

───────────────

1　Nachum Goldmann, 'Politik ohne Reserven', *Freie zionistische Blätter* no. 3（July 1921）,第36—49页,见第9页。转引自该文的一份英文节译本, 'Have We Learned Our Lesson?', in Nahum Goldmann, *Community of Fate: Jews in the Modern World; Essays, Speeches and Articles*（Jerusalem, 1977）,第6—8页,见第7页。

2　Nachum Goldmann, 'Partition: A Jewish State in Part of Palestine'（1937）,12.

3　同上, 'The Jewish Spirit of Israel and the Diaspora'（1965）,36。

性,无论以色列态度怎么灵活,也需要满足自身最小的安全要求;那么其结果便是,以色列存在倒是存在下来了,但遗憾的是,是靠武力存在下来的,因而危险的形势依然没有改观。戈德曼明白这个道理。可是,他认为还是可以做出一些让步的:拿出一点行动,表示和平的诚意,表示自己殷切希望成为一个与左邻右舍和睦相处的中东国家——而不是某个异己的西方文化的永久性前哨,这应该说还是切实可行的,而且仍将有效。

"现在就和平运动"[1]的主要观点是合其心意的——虽然他,就我所知,跟这一运动没有半点联系;他认为除非人们为看似不可能的事情做点什么,否则以色列的前途将是一个太大的未知数;要不是赫茨尔为不可能的事情做出了努力,那么犹太复国主义运动可能依然只是一个胎死腹中的计划;如果一个人知道自己所信赖的是什么样的社会,简单的现实主义就会告诉他只要坚持,就有可能有所进展——至少会比纯粹靠武力和美国的支持更接近自己的理想,虽然这二者对于眼下的生死存亡可能是必不可少的。

在批评者的眼里,他似乎过于轻信了:他相信与魏茨曼称为"犹太复国主义运动的温和反对者"对话是有意义的;由于苏联驻华盛顿大使指名道姓要跟他谈,他便认为可以与苏联做交易的观点,当时(和现在)在他们看来都是远远脱离目前现实的,甚至与未来短期内的现实也相去甚远。在这一点上,他们也许是对的。他是有不管什么样的魔鬼请客吃饭,都来者不拒的爱好,从一定程度上说难免有爱虚荣之嫌,还有一点,他过于相信自己在极为不利条件下的谈判能力,但这些丝毫不能证明他的基本论点就错了。他确信,有些人过去祝福过以色列,将来

---

1 英文作 the Peace Now movement,1970年代末以色列鸽派同名非政府组织发起的一项运动,主张以色列退出占领区,停止兴建定居点,呼吁实现平等基础上的巴以和平。——译注

也有可能还会祝福，嘲笑这些人的意见是不明智的。他认为，在击败阿拉伯敌军的胜利中，在大多是以色列被迫参加的战争中感到自豪虽是 合乎情理的，然而这样的自豪也有可能再一次印证骄者必败的道理；他还认为，把以色列由一个四面受限、八方包围、危机四伏的国家变成一个主要靠军事力量来谋求保护的国家，这绝不可能是什么健康的发展——同样也远离了赫茨尔、平斯克、阿哈德·哈阿姆、魏茨曼、索科洛夫以及伊休夫[1]的缔造者们的梦想，无论他们的梦想有什么样的差别。他强烈反对某些最新一代以色列人中存在的一种倾向，他们认为以色列的历史是一个从巴尔·吉奥拉[2]、巴尔·克赫巴[3]到特伦佩尔多[4]再到哈迦拿[5]的英雄故事，而中间那数百年的流离失所，还有大屠杀，作为痛苦而悲惨的奴役与殉难而被从记录中删掉，将从一个自豪、自强和自由的民族的全民记忆中抹去。他认为这种企图忘记痛苦的过去之行为是野蛮的一种表现形式，因为人就应该知道自己是从哪儿来的，也应该知道是怎样一步步发展到今天的样子的。

　　他说那些为自己的信仰，或者说因为选择了要活就得活得有个犹太人的样子而死去的人，论英勇，一点也不在那些为以色列而战，为以色列而牺牲的人之下。而且他还否认了这样一种论调，并不认为只有成为以色列国民，犹太人才有望享有充分的人权和公民自由权——因

————————

　　1　英文为Yishuv，希伯来语的音译，意为"定居点"，以色列建国前的巴勒斯坦犹太社团，即犹太国的雏形。也是犹太人在巴勒斯坦建立的定居地的统称。——译注

　　2　Simeon Bar Giora（50?—570），一译西缅，公元66—70年抗击罗马进攻耶路撒冷（史称第一次犹太战争）的犹太军事领袖。——译注

　　3　Bar Kokhba（?—135），132—135年反抗罗马统治起义（史称第二次犹太战争，又称巴尔·克赫巴起义）领袖。——译注

　　4　Joseph Trumpeldor（1880—1920），早期犹太复国主义活动家、战争英雄。1920年牺牲在保卫特拉哈伊（Tel Hai）的战斗中。——译注

　　5　一译哈迦纳（the Haganah），即犹太自卫军，是一个准军事组织，以色列国防军的前身。——译注

而也完全反对这样一种观点，说什么散居地的犹太人必须把对以色列的义务摆在首位，而他们在散居地对于这些权利的诉求则只能排在第二或第三位。在他看来，这是对整个犹太传统、犹太律法、先知书、巴比伦塔木德及其解释者、西班牙时期[1]的全盘否认——无论从历史上说，还是从伦理与政治上说，都是自由的人们所不能接受的。

所有这些，戈德曼都深信不疑且大力宣传，从而招来了很多攻击，不是说他对以色列政府和更倾向于民族独立主义的犹太复国主义运动领导人的某些具体政策不够热情，就是说他对这些缺乏忠诚。也许，要233 是他像阿哈德·哈阿姆、爱因斯坦，或者魏茨曼在自己人生的最后十年，又或者像赫鲁特党[2]或虔信者集团[3]的更强烈的反对者那样，焦虑再痛苦一点的话，那么他看上去可能就是更令人敬畏的人物了。他无法把自己变成一个愤怒的先知：他爱好享乐与舒适，喜欢人类的多样性；他始终都很冷静、理性、宽容、文雅，是全世界所有人的朋友，几乎可以说只要是讲道理的人说的话，他都愿意洗耳恭听。也许，他有点儿太和善、太随和了，有时候为那些无关紧要的人太热衷了，太乐于高高兴兴地游弋在公共生活的表面了。

他是一个坚定不移地奉献于犹太复国主义运动最初理想的人，他漫长而有益的整个一生都在为这一运动而奔走操劳。对于犹太人的自知之明，他做出了重要贡献。但他最了不起的功绩，也是他身后最值得人们怀念的一点，就是他总的来说，往往站在以色列犹太复国主义运动的主流意见的反面，在他和我们最深刻关切的一些大的问题上，过去而且234 最终也将被证明，从根本上来说，他正确的地方要比错误的地方多得多。

1　历史上，10—12世纪，西班牙曾为犹太人提供了一个犹太文化的黄金时代。——译注

2　Herut，以色列右翼政党，后并入利库德党（Likud）。——译注

3　Gush Emunim，又译信仰者集团、虔诚教徒集团、坚信派等，以色列宗教犹太复国主义者的一个极右翼组织。——译注

回忆与本-古里安的几次短暂谋面

我不记得第一次见到本-古里安是在什么时候了；我想可能是1941年末或1942年的头几个月在纽约的事情。[1]第二次与他相见却铭刻在了我的记忆里。1941年到1942年这两年，我是英国新闻部驻纽约分部的一名官员。我跟美国的一位著名律师成了朋友，这位律师叫本杰明·V. 科恩，他做过很多了不起的事情，譬如，在起草国际联盟托管巴勒斯坦方案和罗斯福总统的第一个任期内大多数新政立法中起到了

---

1 ［按照本-古里安日记上的说法，他是1940年10月12日（那一天是赎罪日）在纽约遇到以赛亚·伯林的。伯林告诉本-古里安自己周末将乘一架"快帆号"飞机回英国并于两三周后回来（这与伯林当时和后来称自己不知道预定会回来的说法是相矛盾的）。本-古里安告诉过伯林自己已经向苏联大使康斯坦丁·乌曼斯基（Constantine Oumansky）表达了种种不满，而伯林答应过把这个意思传达给哈罗德·拉斯基。本-古里安已经得知助理国务卿A. A. 伯利不仅反犹太复国主义而且反犹；但副国务卿萨姆纳·韦尔斯却是一个朋友。以赛亚·伯林对（英国大使）洛锡安勋爵做过这样的描述：出生在一个皈依天主教的家庭，他把自己变成了一个信奉基督的科学家；战前是一个绥靖主义者，他洞察力强、老于世故、反复无常，是一个不称职的管理者，一个没有后劲的或者说缺乏内部平衡的组织的领导人；英国大使馆组织极其混乱而大使根本就掌控不了。见David Ben-Gurion, *Matif tsiyoni: zikhronot min ha-izavon*, *mai 1940–yuni 1941*, ed. Meir Avizohar and Ariel Leonard Feldstein（Sde Boker, 2008: Ben Gurion Center for Research on Israel and Zionism, Ben Gurion University of the Negev）, 122–123。］

很大作用, 还确保英国于1940年租得了对自己来说至关重要的五十艘
235 美国驱逐舰。不过, 这一切与我这里要谈的都不相干。科恩有周末来
纽约然后夜里乘2点左右开出的火车回华盛顿的习惯。我做好了安排,
打算在一个周日的夜里11点左右去拜访他, 并到莱克星顿大道上的温
斯洛普酒店的前台打听了他的房间号。凭着这一信息, 我找到相应的
房间, 敲了敲门。

没人应。我又敲了敲。过了一会儿, 我听见有人拖着脚步朝门口
走过来。门打开了, 而我看到站在我面前的却是穿着睡衣的本-古里
安。我这个人说话语速很快, 而且有时还吐词不清, 再加上 "本·科恩
先生" 和 "本-古里安先生" 容易听混。他在这个点儿, 看见上门前连招
呼都没打一个, 之前只有过(我相信)一面之缘的我, 肯定极为惊讶; 然
而, 他还是很客气地把我领进了房间, 请我坐下来, 并给了我一杯果汁。
我太尴尬了, 没好意思说出实话。

我们有点儿东扯西拉地聊了一通。我想他把我当成了魏茨曼博
士派来的使者, 魏茨曼当时就在纽约, 而且本-古里安知道我是这位先
生的朋友, 因而以为是魏茨曼派我来跟他沟通, 看有没有可能弥合两人
在起草后来所说的《比尔特摩宣言》上的意见分歧的, 该宣言赞成在巴
勒斯坦建立一个犹太国。他抱怨了魏茨曼一大通, 认为后者不该相信
一项以努力赢得英美支持为基础的政策是行之有效的; 在他看来, 这
不会有任何结果——美国政府和国会丝毫没有流露出反对臭名昭著的
1938—1939年白皮书[1]的意向。他说他把所有的希望都寄托在伊休夫
与美国犹太人公开而强大的结盟上, 不管这可能会令那些相信无声外
交作用的人有多么不高兴。我想我大概对此表示了异议, 不过我们并

---

1 由于是在当时的殖民大臣马尔科姆·麦克唐纳(Malcolm MacDonald, 1901—
1981)的主持下起草的, 因而又称《麦克唐纳白皮书》(MacDonald White Paper)。——
译注

没有不欢而散，分手的时候还是朋友，然后我去拜访了本·科恩，这时早已过了半夜，他说见我迟迟未来，刚才还有些担心呢。

直到战争结束后好久我才再次见到本-古里安。他在日记中误称我和他在华盛顿见过，还说我在那儿给他提了一大堆建议；[1] 但情况并不是这样，肯定是因为他把什么东西给记混了。我同他接下来的一次相见是1950年在特拉维夫他的家里，那时他已是以色列总理了。他让妻子宝拉给我冲杯咖啡或是榨点儿橙汁。"咖啡？橙汁？水要简单多了，"她说，"你介意吗？"我不介意。接着本-古里安便满怀激情、没完没了地大谈个人在历史上的决定性作用——他心目中的英雄有丘吉尔（本-古里安1940年时在伦敦）、铁托和戴高乐——他们在看似难以克服的重重困难面前敢打敢拼，并取得了最后胜利。大卫和歌利亚的形象，在我看来，似乎支配了他一生中很多时刻的思想。

此后，我在牛津见过他两三次——他当总理期间经常化名来牛津，似乎主要是因为理查德·克罗斯曼[2]让他对柏拉图的著作产生了兴趣，后来又告诉他牛津的布莱克威尔书店是能够买到柏拉图著作和论柏拉图著作的最好的书店。有一次他在古老的迈特酒店[3]住了好几天，他的副官尼赫迈亚从伦敦给我打电话，告诉我本-古里安要来牛津并且想见见我。我去了迈特酒店，在楼上的一间会客室里找到了他，身边围着一群闹哄哄的喝啤酒的人，他在一堆炭火前烤火暖脚，正沉浸在一本翻译过来的印度古典诗集里。他恋恋不舍地把目光从书上移开，抬起头来跟我打招呼："苏格拉底、大师、拉比——都一样，没什么区别，智慧都很高深。"

237

1　［我尚未查到这一说法。伯林有没有可能是在想说上一条注释中所描述的那篇日记呢？——编者按］

2　Richard Crossman（1907—1974），英国工党政治家，曾任枢密院院长、工党内阁大臣，著有三卷本《内阁大臣日记》（*Diaries of a Cabinet Minister*）等。——译注

3　英文为Mitre Hotel，mitre意为主教法冠，故似亦可译为法冠酒店。——译注

我们散了一会儿步。我带他绕着各个学院转了转；在我自己所在的全灵学院，他遇见了（现已去世的）休伯特·亨德森，当时是政治经济学教授，独自一人半睡半醒地坐在公共休息室里，时间大约是晚上11点。我向他们两人介绍了彼此的身份，亨德森是著名经济学家，本-古里安是以色列总理。本-古里安马上仔细地询问他对经济增长、国民收入、通货膨胀之间的关系及英国战时国民经济组织的看法。亨德森不知道自己是在对谁说话（他没有搞清本-古里安的身份），不过还是跟他谈了一个半小时以上——我午夜1点过了一点点才带他回到了迈特酒店。"昨天那个非常聪明的小矮人，"第二天亨德森问我，"是谁呀？"接下去的几天里我们散步时的聊天中都引用了柏拉图对话录中的内容——本-古里安总会以"你知道苏格拉底是怎么说的吗？"来开头，然后便试图用苏格拉底的某句名言来阐述当下的某个问题。他说起苏格拉底来，的确，就跟哈西德派[1]说起他们的拉比一模一样。

我还记得1950年代后期（他再度出任总理后）的某个安息日的下午，曾应邀到他在耶路撒冷的家中去参加一种读经班，他显然定期在安息日这一天举办这种读经班。我发现有六七位著名学者相聚一堂，既有专业学者也有业余学者。我记得有扎勒曼·夏扎尔（后来成为以色列总统）、耶海兹克尔·考夫曼教授、迪纳伯格教授、一名最高法院的法官（名字我记不住了）及其他三四个人。宝拉·本-古里安对我说："你干吗要去跟这些人说话？会让你乏味死的。本-古里安认为他不得不做这些事情，因为他热爱《圣经》，他认为他应该，也想多了解一些犹太史。可我敢说，你又不想了解这一切；我看你还不如过来跟我说说话呢。"然而，我还是尽可能礼貌地谢绝了她的盛情，加入了他们那一拨。

1　是对 Hasidim 一词的音译，这个词本身就是从希伯来语音译而来的，意为"虔诚的、神圣的"等，故亦可作虔敬派。——译注

他们探讨的主题是第一圣殿[1]时期先知所扮演的角色问题：先知的地位如何？是像以利亚、亚摩斯或许还有何西阿那样居无定所、四处奔波的传道者？还是像先知拿单，或许还有以赛亚那样似乎由于与皇家有联系而依附于宫廷？讨论极其有趣，为了照顾我，有一部分是用英语进行的；谈到先知拿单，大卫、拔士巴与赫梯人乌利亚[2]的故事自然也就带出来了，尤其是拿单对大卫说的那句著名的火辣的话："你就是那人。"[3]然后有人说，众所周知，大卫未被准许建圣殿，因为他是一个有血债的人；只有所罗门才能获准做这件事情。听到这里，本-古里安跳起来为大卫辩护，越说越有激情——称他是自摩西以来最伟大的犹太人，他让人流了血，都是为了神圣的事业，创造了一个民族，还说拿单这么强烈地斥责这个伟大而优秀的国王太过分了。我慢慢听出来，而且在场的每一个人也许都听出来了，大卫·本-古里安有点把自己跟这个与自己同名的大卫王画等号的意思，他不承认暴力的方法就应该总是受到这样的谴责，他觉得从这方面对大卫和所罗门进行对比完全是不公正的。他的言辞太慷慨激烈了，读经班就地结束，而本-古里安却还在屋子里相当焦躁不安地走来走去。这时我意识到，他真的深深地把自己与《圣经》中的往事扯到一起了，他对《圣经》里不管是真实的还是想象出来的故事的看法，的确与丘吉尔或戴高乐的历史民族主义不无相似，而且这或许就是他所信、所为、所是的一切的最重要的灵感之所在。

239

1　又称所罗门圣殿（Solomon's Temple），因为在希伯来《圣经》中，这座圣殿为所罗门王于公元前960年所修建，是居住在耶路撒冷的以色列子孙们信仰的古老宗教的第一座圣殿，也是以色列人民族的象征。公元前586年毁于国王尼布甲尼撒二世之手。——译注

2　即《旧约》中文版中的赫人乌利亚（Uriah the Hittite），the Hittite现亦译作西台人或希提人。此段中的以利亚（Elijah）、亚摩斯（Amos）、何西阿（Hosea）、拿单（Nathan）、拔士巴（Bathsheba）亦均为《圣经》中人物。——译注

3　《圣经·撒母耳记下》12：7。

一两年后我又见到了他。他谈到了自己对以色列的憧憬——相当于一种现代福利国家——与魏茨曼的没多大区别,事实上,与英国战后所尝试过的那些也并无很大的差别:公共部门占大头,民间部门逐渐缩小但永远可以维持下去。他说反对自己的右翼人士不相信这样的憧240 憬,说他不敢想他们会对以色列做出什么事情来,还说他猜想自己会在自己的国家辞世,但如果右翼的激进民族主义占了上风,自己的儿子能不能就不好说了,因为这种激进的民族主义势必会煽动各种可怕团体的敌意。我并不认为他真的相信以色列会生存不下去,但这一次他一反常态,言语中透着几分悲观。

接着他转到了另一个话题,问我是不是认为他试图劝说阿姆斯特丹犹太社区撤销三个世纪以前通过的将斯宾诺莎逐出教会的判决是不对的。我说,考虑到斯宾诺莎的种种观点,我觉得他们也是别无选择,更何况当时加尔文主义当道的荷兰,庇护不承认存在人格化的上帝的人有政治上的危险。他对我说:"你说话的口气就像一个教士。"他说斯宾诺莎是一位伟大的犹太思想家,他反拉比的立场,只消看一看他那个时代和我们自己这个时代的某些拉比狂热的蒙昧主义,就能看出是十分有道理的;以色列是一个世俗的、民主的国家,舍此,以任何别的方式都长不了;它必须求得苏联、中国(他特别强调了一下)的理解,并最终求得阿拉伯国家的谅解。在现代世界,只有世俗国家才能生存(这一点他多年前就在齐亚将军[1]和哈梅内伊[2]面前说过了)。艾希科尔[3]、果尔

1　Muhammad Zia-ul-Haq(1924—1988),巴基斯坦伊斯兰共和国军政府总统。上将军衔,曾任巴基斯坦陆军参谋长。1988年8月17日丧命于空难。对其评价虽存在很大争议,但总体上是褒大于贬。——译注

2　原文为the Ayatollah(阿亚图拉),是波斯语的音译,伊斯兰什叶派十二伊玛目支派高级教职人员的职衔和荣誉称号。由于中文中多称哈梅内伊,而少用这一称号来称呼他,故直接译为哈梅内伊。——译注

3　Levi Eshkol(1895—1969),以色列政治家、总理。在担任总理前曾任财政部长和国防部长等职。第三次中东战争(六日战争)就发生在他任总理期间。——译注

达·梅厄[1]、数任教育部长，甚至连忠诚于哈西德派的夏扎尔，都同意他的这一观点，不过他们的继任者们就……

他是在不当总理后，在他斯德博克的静养处说这番话的；然后他给我念了一篇拟发给戴高乐的赞美词，戴高乐和他本人一样，是一个有使命感的人，他自信与戴高乐关系极好。他说戴高乐曾经请教过他什么是犹太复国主义：最初的犹太复国主义者都有哪些人？这些人都来自什么地方？他回答说，他们大部分都来自东欧——俄罗斯、波兰、罗马尼亚等国——不过德国也有一些犹太复国主义运动的领袖。"那法国呢？"戴高乐问。没有。他想不起法国有任何杰出的犹太复国主义运 241 动领袖——当然，埃德蒙·德·罗特希尔德男爵除外。"可他不是法国人。"[2]戴高乐大声说道。这一句话很有犹太复国主义者的口吻，显然让本-古里安感到既有趣又开心，他坚定地认为犹太人就是犹太人，不是俄罗斯人、法国人、英国人和美国人，他们除了待在自己的以色列国，待在哪里都没有道理。我说我不同意他这种说法——这样的民族主义往往会导致人们心胸狭隘，而这一毛病的第一个受害者往往就是犹太人。他拍了拍我的后背，说道："你四十年前就应该来这里；你没准可以成为橘子园的一把好手，就像我当年一样。我老板是个很棒的人，我欠他的太多了。现在张口闭口全是牛津，牛津：你怎么能生活在那么多戈伊姆[3]之中呢？"我笑了，他也笑了，就那样。

至此，我对本-古里安这位在我看来长相和言谈都像一个了不起的农民领袖的回忆必须告一段落了。对他和他所取得的成就，我过去和现在都深表钦佩。 242

---

1 Golda Meir（1898—1978），通称梅厄夫人，以色列教师、基布兹成员、政治家。曾任劳工部长、外交部长及总理。是世界上第三位女性总理。——译注

2 原文为法语：'Mais il n'était pas français.'——译注

3 此处原文为goyim，这是希伯来《圣经》中的一个词，意为外邦人，非犹太人。——译注

马丁·库珀

马丁·库珀是我结识最早的老朋友之一。从一开始，我们之间就意气相投，有一种与生俱来的联系，这种联系从未减弱过，并使得我们沟通起来始终都轻而易举，且通常都很令人兴奋。我还记得我们第一次相识的情形：那是1930年（或1931年）春天或夏天，地点是牛津霍利韦尔音乐厅的前厅，在现在已基本上为人们所淡忘了的俄罗斯作曲家尼古拉·梅特涅尔自己钢琴作品的演奏会之后。我和他一起离场，边走边讨论梅特涅尔音乐的特征，勃拉姆斯、柴可夫斯基、斯克里亚宾可能对他产生的影响，以及20世纪初社会对俄罗斯作曲家的看法（我记得梅特涅尔有一部作品名叫《劳动颂》[1]，似乎隐约表明了对社会主义的同情）。接着我们又谈到了当代英国作曲家，对于他们马丁往往会适度地提出批评。我觉得我还从来没有遇到过谈吐这么自然而又引人入胜的人，对我们这个时代的欧洲艺术与文化有如此广泛、如此热烈的兴趣。我们相约日后再见，于是开始了一段愉快的个人交情，这段交情一直持续到他生命的终点。

他的朋友，我发现都是牛津的一些最有创见和最有名的人物——

1　原文为法语 *Ode au travail*。——译注

莫里斯·鲍拉、约翰·斯帕罗[1]、戈伦韦·里斯、A. J. 艾耶尔、艾伦·普赖斯-琼斯[2]和达夫·邓巴。马丁在温彻斯特公学上过学，但在我看来，他的朋友中毕业于温彻斯特公学的却不多——约翰·斯帕罗是一个，但除此之外，他的校友中可以算作知心朋友的，我一个也没听说过。有 243 一年春假（可能是1931年）他邀请我跟他一块儿住到了约克镇他父母家。他父亲是大教堂的教士，是一个和蔼可亲、热情好客的主人；他母亲相比之下，要威严和强势多了，在我眼里似乎是她当家。我住了大约一个星期。晚上我就试着看点哲学书籍，这些书是我学术课程的一部分。老教士总会来到壁炉前我坐的椅子跟前，越过我的肩头，看着我愁眉苦脸的表情，问道："艰深吧？""嗯，"我会说，"非常艰深。"他会摇摇头以示同情，并轻轻地拍拍我的肩膀。马丁和我在约克镇及周围散过几次步；我记得他带我去过围场附近的一家茶馆，这家茶馆用某种祖先辈儿的自动点唱机款待客人——我投了相应的硬币进去后，点唱机便播放了理查德·施特劳斯的歌剧《莎乐美》中的《七层面纱之舞》。我 244 说不出是为什么，但我觉得这支曲子很怪异，与那种教区环境很不协调，尽管它可以让人联想到《圣经》中的故事。马丁觉得它对于虔信者只会有好处。

  在牛津我经常见到马丁。他有的是闲暇：他不是一个特别用功的学生，而且，有几门考试不及格后，还让他念本科的赫特福德学院给劝退，转到了对性格活泼、学业上不求甚解的学生要宽容一些的圣埃德蒙学堂。跟他在一起给我带来了无尽的快乐：他这个人自然、讲情义、富于想象力、有才气、很有趣，对人类性格或个性、文学、艺术，以及在我看来，对他生活的每一个方面，或者说他感兴趣的作家和作曲家生活的每

---

  1 John Hanbury Angus Sparrow（1906—1992），英国学者、大律师。曾长期担任牛津全灵学院院长。——译注

  2 Alan Pryce-Jones（1908—2000），作家、评论家，曾任《泰晤士报文学副刊》（*Times Literary Supplement*）编辑长达十余年。——译注

一个方面，都有着敏锐而常常又带嘲讽意味的兴趣。他极其快活，对各种观念和艺术作品的反应都极为敏捷，而且比起我们大多数普通的朋友来，他对这些东西不假思索做出的反应都要更加冲动，也更加聪明。

他拿到学位后，我有一两年没见到他。我知道他去了维也纳，成了维也纳音乐学院院长、著名教师兼作曲家埃贡·威勒茨的弟子。威勒茨是犹太出身，他1930年代后期被逐出维也纳后，马丁在让他定居英国这件事情上起了很大作用——作为牛津大学林肯学院备受尊敬的音乐教师，我想，威勒茨余生中的大部分时间过得还是很满意的。马丁依然师从他，而且从他那儿学到了大量自己很喜欢的冷门学科的知识——早期埃塞俄比亚和亚美尼亚的教会音乐、威尼斯与该市的亚美尼亚教堂之间的相互影响；维也纳无调性音乐的诞生与发展、其音乐政治学及其对作曲家的影响；此外，还有很多扎实的学问。我记得，我想是1934年，在萨尔兹堡音乐节上，我遇到他拿着一大沓记谱纸，他告诉我，他打算用这些把他创作的四首带点儿舒曼风格，但又与之大相径庭的曲子记下来。当时，他想成为一名作曲家和钢琴家，只是到了确信自己在这两个领域的作品达不到他那不可动摇的挑剔水准后，他才死了这份心，转而研究他人的作品史和评论他人的作品。

1930年代，我断断续续地见过他几次——他来我父母家住过一两次——而且，和从前一样，我们海阔天空，无所不谈。他有一个过人之处，就是从知性上和从直觉上，他懂得什么是文化，而且明白一种文化对另一种文化的影响能够产生什么。他不仅理解，而且能够以准确的知识，生动地讨论艺术（音乐、绘画、建筑）与某一特定文明形式的各种表现之间难以捉摸的关系——社会观、生活方式、哲学潮流，尤其是文学，包括虚构性文学和批判性文学；当然，还有宗教——宗教仪式、制度化的生活、内在精神、神话、传统，这些从最早的时代便深深而又不可避免地进入了欧洲人的意识和方方面面的创造性活动。某个特定社会在某一特殊发展时期，都会有各种力量汇聚到一起，从而把生活的各个不同方面拧成一股绳,他能明察秋毫,敏锐地捕捉到这些力量,他同时代的音乐批评人,具备或想具备他这种能力的并不是很多,至少在英国是这样。正是因为有了这种能力,他才得以,比方说,在歌剧与17世纪或18世纪宫廷生活的关系、与剧作者所选择的文学形式的关系,在赞助对艺术家的影响,在社会反叛运动或大胆、新颖的思想观念对有歌剧传统的创作者笔下音乐的影响等问题上,道出和写出了如此富于启发性的东西。这些话题,他在帮我提高对这些东西的理解力的交谈中都阐述过,在这方面我还从未听到过比之更精彩,更引人入胜的阐述。

即便是在当时—— 1930年代中期——有一点也是显而易见的,那就是最吸引他的是拉丁国家,尤其是法国和意大利的音乐(和文学)。246他对东欧,特别是俄罗斯的兴趣产生得要稍晚一点。马丁,不消说,是沉浸于德国音乐传统的(哪个谈音乐的作者能不如此?),但法国18世纪的歌剧令他痴迷的程度超过了我所认识的任何一个人——正是从他的嘴里,我才知道了菲利多尔[1]、蒙西尼[2]等人的名字(及他们的很多故事),而且不只是听说了拉莫[3]或格鲁克[4]的逸闻,后来还了解到了帕埃尔[5]和梅于尔[6]的趣事(当时还有谁会谈论他没有上演的《沙漠中的夏

1　英文作Philidor,是一个音乐世家的封号,这个家族的后人中有一个就是著名棋王、音乐家弗朗索瓦-安德烈·丹尼根·菲利多尔(François-André Danican Philidor,1726—1795)。此处亦有可能就是指后者。——译注

2　Pierre-Alessandro Monsigny(1729—1817),法国作曲家,被认为是喜歌剧(the opéra comique)这一音乐风格的开创者之一。——译注

3　Jean-Philippe Rameau(1683—1764),巴洛克时期法国著名的作曲家、管风琴家和音乐理论家。其戏剧音乐包括法国这一时期的各种体裁样式,于1722年出版和声学教程,奠定了近代和声学理论。——译注

4　Christoph Willibald Gluck(1714—1787),原籍波希米亚,后移居维也纳。集意大利、法国和德奥音乐风格特点于一身的歌剧作曲家,作品以质朴、典雅、庄重著称。其歌剧改革,对法、意、英等国音乐剧的发展产生了显著影响。——译注

5　Ferdinando Paer(1771—1839),意大利作曲家,以歌剧和清唱剧闻名。——译注

6　Étienne Nicolas Méhul(1763—1817),法国大革命时期的代表性作曲家,对于德国的浪漫歌剧及法国大歌剧的发展都有重要影响。他是格鲁克的学生。——译注

甲》或是把《冒险日》比作勒絮尔[1]的《亚当之死及其神化》呢?),这比罗曼·罗兰所写的那些东西要有意思多了。他崇拜柏辽兹,当时英国对其感兴趣的人还不是太多,他说柏辽兹是一个其音乐具有魔力的作曲家,进入了别人所无法穿越的音乐王国。他非常喜欢喜歌剧,对于这一音乐体裁,众所周知,他留下了不少优秀的研究成果,既有专著,又有大量文章。他也崇拜威尔第,而且有一次还对我说世界上要是哪个地方举办威尔第音乐节,无论有多远,就算是在中国腹地,他也会赶去参加。

　　不用说,他深深地崇拜德国的那些大师(他的那本贝多芬专著已足以证明这一点),不过他对瓦格纳有点儿冷淡,对勋伯格及序列音乐也是一样。在英国我不知道还有谁能像马丁那样,口若悬河地,而且在我看来,还是令人信服地谈论布瓦尔迪厄、奥柏、迈尔贝尔,当然还有古诺,尤其是比才的音乐之美。关于比才,他写过一本优秀的专著。他喜欢福雷、德彪西、拉威尔——法国的"白银"时代,以及小一点的神——肖松、鲁塞尔、丹第。他和我一样,不喜欢塞扎尔·弗朗克(曾称之为对"管风琴台的猥亵")和弗洛朗·施密特。他研究过英国文化协会小册子中提到的英国作曲家——并且说如果沃恩·威廉斯[2]叫瓦根诺-古列尔梅蒂的话,也许在欧洲就会获得更高的好评了。虽然他在音乐上仍然心属法国(当时还没有移情别恋到俄罗斯),但他认为新一代英国作曲家在自己的国家里被严重低估了。

　　在战前的那几年里我没怎么见过他。我在昔日的《伦敦水星报》、《每日先驱报》和《观察家报》上读到过他谈音乐的文章,而且偶尔还

247

1　Jean-François Le Sueur(1760—1837),一译勒叙厄尔,法国作曲家,以清唱剧和歌剧最为著名。作品有《拿破仑加冕进行曲,1804》(*Marche Du Sacre De Napoleon 1er 1804*)等。——译注

2　Ralph Vaughan Williams(1872—1958),英国交响曲、室内乐、歌剧、合唱音乐和电影配乐作曲家。下文的瓦根诺(Vagano)与沃恩(Vaughan)谐音,整个名字具有调侃沃恩·威廉斯的意味。——译注

220

通过几次信。战争期间，我在华盛顿和莫斯科有公务在身，因此直到我1946年回国后，他才告诉我，他在开战的第一年已经为罗马天主教所接纳。我记得曾告诉过他，托马斯主义哲学家雅克·马利坦对我说自己之所以改信天主教，是因为发现自己走上了一条坚定不移地通往罗马天主教的路，还说并没有因为成为天主教徒就感到如释重负了，而是觉得别无选择：马丁说这和他自己的情况并无两样，但他显然不想再往深里谈，至少是不想与我进一步探讨这一话题。

在我看来，无论一个人自认为对另一个人的精神体验的根源或者（说得再确切一点）本质如何了解，对此下断言，都是不可原谅的狂妄行为。因此我只想很不成熟地再说一点，马丁深谙西方文化传统，尤其是法国和意大利的文化传统，在这种传统中，罗马天主教的仪式、惯例、信仰、道德和形而上的观念都发挥着非常核心的作用，这与他皈依天主教有一定关系。也有这样一种可能，他皈依天主教可能是对英国北方那有点清冷的新教教义做出的回应，别看他出生在那里，其实那个传统从审美角度和伦理角度而言，都让他觉得畏缩。他皈依天主教后，失去了一些激进的反教权的朋友，但我和他的友谊并未受到影响。

我和他之间的联系之一——倒不是说我们需要借助这种联系——就是我们都是安娜·卡琳小姐的朋友，而且都很敬佩她。安娜·卡琳是一位非常了不起的女性，BBC新成立的第三套节目的谈话栏目从一开始，就是她在自己的主管、也是终生仰慕者威廉·黑利爵士的鼓励下一手打造和发展起来的。卡琳小姐是俄国人，在莫斯科长大，还在柏林待过多年。她是一位内涵多面、智力超群的女性，有敏锐的幽默感和广阔的文化意识，生性活泼，既会逗别人笑，也容易被人逗笑，还有一种异常的禀赋，善于从战后年轻一代最有才华的人当中发掘和引出各种广播谈话的话题。她为自己移居的这个国家的智力水准提高所做出的贡献，即使在现在，也还没有得到充分的认识。

她和马丁很快就彼此有了好感：她在音乐的问题上听取他的建议，

248

也许正是她唤起了他对俄罗斯音乐的兴趣，这一兴趣虽然一直都在那儿，但直到他人生的最后那几十年才彰显。他学会了俄语，越来越对俄罗斯思想、文学，特别是诗歌着迷，而且在他生命快要走到尽头时，还翻译出版了苏联一本论斯特拉文斯基的著作，译得很精彩。他告诉我，虽然他最应感谢的是安娜·卡琳，但也从早些年与 M. D. 卡尔沃考雷西和杰拉尔德·亚伯拉罕等俄罗斯音乐专家的交谈中获益良多；他对这一领域的精通从其文集《观念与音乐》以及发表在《观察家报》和《音乐时代》上的文章中可以看出（他后来成了《音乐时代》的主编），但最能体现此点的还是他发表在《每日电讯报》上的那些文章，1954年继理查·卡佩尔之后，他成了该报的首席音乐评论家。卡琳小姐为他打开过几扇通向成功的门，而他本人和他妻子玛丽对她嘘寒问暖，关怀备至，在她年迈体衰而又形影相吊时帮了大忙，让她得以安享晚年。看到他们在一起是一种极大的快乐；才思敏捷地闲聊，无休无止地剖析——时而嘲笑，时而赞赏——他人的个性和动机，对华而不实、自命不凡、傻里傻气或低级庸俗的东西发出尽情的嘲笑（卡琳小姐在标准把握上毫不让步，招来了这些人的不少反对），这些都使得他们的交往既令朋友们开心，也给他们自己带来了快乐。

晚年，马丁在宗教信仰上不那么正统了；他没有直接对我说起过这一点，但有一天当我说我觉得也许洛伦佐·佩洛西[1]是最后一位真正的教堂音乐作曲家，并将其与梅西昂[2]相比时，他说："我必须告诉你，我已经不信教了。"就是这样；显然他不想多谈。我从他女儿伊莫金那儿得知在他的写字台里找到了一些诗句——是从莱奥帕尔迪的意大利文诗歌、马查多的西班牙文诗歌和罗马尼亚诗人彼得鲁·迪米特鲁的法文

1　此处原文为 Dom Lorenz Perosi，但从上下文看应是指 Don Lorenzo Perosi（1872—1956），意大利作曲家，宗教音乐史上最重要的作曲家之一。——译注

2　Olivier Messiaen（1908—1992），一译梅西安，法国作曲家、风琴演奏家。——译注

诗歌意译过来的——他在最后的那几年里觉得这些诗歌很有意义。它们的共同之处在于，面对巨大的、不可抗拒的、难以捉摸的力量，表现出一种高贵的绝望，一种痛苦的默认，渴望有一条昏暗的小径可以通往黑夜，通向虚无[1]——一位受欢迎的客人，就像柴可夫斯基的歌剧《叶甫盖尼·奥涅金》中连斯基临死前的咏叹调所唱的那样，或者像海涅的那首勃拉姆斯谱过曲的诗中所写的：

> 死是凉爽的黑夜
> 生是闷热的白天。[2]

马丁非常喜欢，还让我在卡琳小姐的葬礼上朗诵过的那首俄语诗与之有一些关联。[3]他们两人或许都同意俄国作家亚历山大·赫尔岑的观点：抗腐朽的艺术，还有夏日闪电般的幸福爱情，是我们人生中所能贪恋的一切，而人生显然毫无意义与目的。

在我们的交往中，他直到最后论人说事都一直独具魅力，兴致勃勃。他的慧眼、才气、大度的精神都丝毫未减。他信仰的丧失和悲观的形而上的思考，在我看来，并没有影响到他的敏感度，他以这样的敏感度对一切在他看来有艺术活力的东西、对人类天才所创造出的丰功伟绩、对一切抵抗野蛮和破坏力量的东西都做出了反应，而且还常常都是满怀激情的反应。 250

他的友谊是我人生中最大的福分之一，我将永远不会停止对他的怀念。 251

1　此处原文为法语：le néant。——译注

2　原文为德语：Der Tod das ist die kühle Nacht / Das Leben ist der schwüle Tag.——译注

3　[可能是普希金的《我曾经爱过你》（'Ya vas lyubil'，1829），马丁·库珀的女儿伊莫金（Imogen）告诉我，他父亲的确喜欢和谈起过这首诗。]

伊扎克·萨德赫

伊扎克·萨德赫[1]之所以如今还为人所知,主要是因为他是以色列独立战争的一名英雄。这无疑是他名垂青史的主要原因,但他早年的生活太不一般了,而且充满了不少很独特的差异,因而也同样令我们非常感兴趣。

伊扎克的父亲雅各布·兰多伯格是一名富商,相当有魅力,也相当有生气和情趣,生性就很好色,因而根本就受不了正统犹太婚姻的种种限制,结果他抛弃了结发妻子丽贝卡,当时最著名也最圣洁的一位拉比的漂亮、富态的千金(那位拉比在俄属波兰的卢布林市被他那个社群的人视为偶像),过上了一种没出息、不幸福却并非无趣的生活,将自己原本很可观的财富也挥霍一空了,而且据说死于贫穷与疾病之中。

他儿子小时候有点儿给惯坏了,长大后成了一个有钱、英俊,身体发育得很好的早熟的小伙子,深得母亲喜欢,而且刚一成年,便决定摆脱当时弥漫于富裕的中产阶级犹太家庭中的那种令人窒息的、讲究俗气的体面和恪守传统宗教的氛围,以及他们根深蒂固的偏狭落后的世界观:对于这些条条框框,他整个余生都在猛烈抨击。

1　Yitzhak Sadeh（1890—1952）,以赛亚·伯林的姑父。——译注

伊扎克是一个任性、固执、极其英俊的小伙子。他上过正规的俄罗斯中小学,但他拒绝上大学,认为上大学是浪费他的天资。[1]当时所谓的犹太人定居点实际上就是一个巨大的贫民窟,在对把俄罗斯犹太人限制在这种贫民窟的做法深恶痛绝的同时,他对强身健体产生了疯狂的激情。他成了一名拳击手、摔跤手以及一名狂热的足球运动员,这在世纪之交的俄罗斯的确是十分罕见的,他只要有空就会去踢球,还会教别人踢球,并且成了他的家乡,也是我的家乡里加市的一个运动名将。

里加当时是一座德国文化占主导地位的城市,而德国文化既来源于波罗的海地区的男爵家族,这些男爵拥有大片的不动产,构成了俄罗斯君主政体的一个可靠而狂热的仆从阶层,也来源于坚实的德国中产阶级,他们在里加建立了一块19世纪德国文化的前哨基地,一家德国歌剧院、一家德国戏院,外加一套旨在抵御其俄国领主们所有同化努力的民族主义观。处于社会等级制度中最底层的是这个国家的原住民——列托人,一个朴素、勤劳、受压迫的信奉路德教的农民族群,此时他们的知识分子开始崭露头角了,尤其是在印刷工艺和造型艺术方面正取得长足的进步。居于这一社会结构的夹缝中的是为数很少的俄罗斯当权派,他们是波罗的海地区诸省的统治者。最后才是犹太人,而犹太人又有上层犹太人与下层犹太人之分,说德语,有着德国人习惯的犹太人(与彼得大帝之前的瑞典时代幸存下来的一些犹太群体后裔)为上层犹太人,下层犹太人则主要是说意第绪语的俄国犹太人,他们的孩子说俄语,且在朝着当时将俄国犹太人分开的几个主要方向发展:资产阶级自由主义者、社会主义者和犹太复国主义者。

伊扎克·兰多伯格,据他最亲的一些亲戚讲,对所有这些运动和

252

1　他的确有强烈的求知欲——他爱看书学习——而且在1918年到1920年内战从军期间,确实在克里米亚的辛菲罗波尔大学(the University of Simferopol)就读过,学的是哲学和语言学。

254　所有这些阶层的人一概都同样鄙视。他满脑子都是个人自我实现的浪漫理想：这一点首先表现为体格上的自我完善；一旦这一目标实现了，他就会转向道德和知识上的自我教育。他断绝了同此时已离异的父母的往来——他看不起他母亲的第二任丈夫伊扎克·金兹伯格，几乎从未提起过此人——并决定用他父亲留给他的那笔钱，自谋生路，自己创业。除了拳击、摔跤和足球之外，他一无所长，可他生性又太懒，太放荡不羁，什么专业技能都不想学。于是，他决定当一个艺术品交易商——这将让他圈子里的人大跌眼镜，也将如他所设想的那样，让他有机会过上一种自由而又富有想象的生活，可以结识画家、雕塑家和其他无拘无束的人，可以独立地、快乐地，最重要的是，像非犹太人一样生活，摆脱犹太商人和学者，也就是他的家人所过的那种拘谨、过于知性的正统生活。

　　他的生活方式很特别：他的商店上午是从不开门的，他把上午的时间都用在了拳击、组织足球比赛、摔跤以及给画家和雕刻家当模特上。他对自己的长相很是引以为傲，他魁梧的体格不时会引起里加市当时的一些年轻自然主义画家和雕塑家的兴趣，这让他很是受用。一想到自己的母亲和亲戚听说了这种异端行为后会气成什么样子，他就直乐。他读过尼采的著作，决心把自己天性中的酒神精神好好陶冶一下。这一期间，在性欲方面他似乎非常节制，尽管后来他成了一个出了名的喜欢拈花惹草的负心汉。

　　1912年他娶了我父亲的妹妹叶夫根尼娅（冉妮娅）·伯林，他的表
255　妹：他们的母亲是姐妹。[1]这位女士，在每一方面都与兰多伯格正好相反，是一个打算毕生致力于改善工人和农民生活的社会主义者；大学毕

　　1　当时家人带我去了他的婚礼，但据说由于客人太多加上音乐声音太大，我突然放声大哭，说了句"我讨厌这种刺耳的音乐"（'Ich hasse diese Schreie musik'），于是只好带我离开了。那一次我压根儿就没见到他。

业，且修了两个专业学位，不苟言笑、做事认真、为人正派，有点理想化；女性娇滴滴的那一套，她一点也没学会，极为朴素，有一只眼睛有点轻微的斜视，这令她显得特别古板。她疯狂地爱上了兰多伯格很喜欢体现的那股子迷人的野劲儿。对于她的热情，他并未投桃报李，但她的知识造诣、敢于冒着父母和有声望的朋友们的愤怒参加1905年的革命活动，以及被警察追捕了两年的事情，给他留下了深刻印象；于是，他接受了她的求婚。婚宴是按照中产阶级的最佳方式举办的，规模巨大，很有排场，令他们那些平庸的亲戚们甚感宽慰。婚礼上，新郎有点喝高了，新娘则既恐惧又得意。拳击、摔跤、艺术品交易的生活一直持续到了1914年。

战争一爆发，兰多伯格马上就自告奋勇地参了军。他是独子，加上又成了家，从法律上说是可以不参军的：他那些有钱的亲戚立即花钱把他从军营里捞了出来。他听任亲戚们把自己带回到了宠爱他的妻子和女儿阿西娅的身边；过了几个星期的平静日子后，他又抛下妻子偷偷地参了军，又一次被"捞了回来"。他第三次故伎重演，失踪了——前两次的逃跑让他的亲戚们灰了心，也懒得再管他了。

1917年，他在彼得格勒冒了出来，身份是致力于农民事业的社会革命党党员，腰间别着一把硕大的毛瑟手枪，膀子上戴着国民自卫队队员的臂章。此刻，他对自己的新制服、手枪充满了革命热情和孩子般的自豪，也很陶醉于革命。他来到了自己非常可敬的内兄兼表兄门德尔·伯林与妻子玛丽（也就是我父母）在彼得格勒的公寓，吹嘘了一通他的革命功绩，其间所表现出的那种天真和魅力，对当时正在上演的剧烈社会动荡那种孩子气的欣喜之情，把我们都听得如痴如醉。女主人，也是他的表姐，把他的手枪拿开，丢进了一缸凉水里，仿佛它是一颗会爆炸的炸弹似的。枪没了也就没了，他也没见怪，在我们的公寓里一直坐到凌晨三四点钟，津津有味地对瞪大了眼睛的亲戚们讲述他自己和同志们的革命英雄事迹，他们的最高指挥官是平哈斯·鲁登贝格（当

256

时叫彼得）。在对列宁和托洛茨基的看法上，他和鲁登贝格相同。我记得，他告诉我们，列宁和托洛茨基是一对危险的狂热分子，应该予以压制。他妻子看待事情的态度更认真，却仍听任自己陶醉于丈夫的兴高采烈、无忧无虑与不负责任。

　　他是一个脾气相当大的人，一个天才演员，还是一个很善于死缠烂打追着别人不放的人，尤其擅长追求女人。他屁股后面总跟着一帮崇拜他的女人，还经常在革命集会上发表演讲，尽管听过他演讲的那些人从来都不记得他讲过什么重要或特别的话。他是一个天生的演说家，慷慨激昂、信仰坚定、巧舌如簧、鼓舞人心，同时又带有兴高采烈、玩世不恭的轻浮特性，这一点跟19世纪所有俄国革命领袖中最伟大的米哈伊尔·巴枯宁不无相似。和巴枯宁一样，兰多伯格也基本上是一个爱好享乐的无政府主义者，所有的条条框框、清规戒律都让他恼火；在追求他醉心的某个目标时，他会没心没肺，就像天真的孩子没心没肺一样，但同时又会像一个孩子一样，天真烂漫、毫无城府、满怀柔情。

　　1917年，他在彼得格勒四处乱闯，大概没产生任何效果。布尔什维克革命之后，他又不见踪影了。一连几个月，他妻子都不知道他的去向，只得靠自己的亲戚接济度日。他没给她留下任何生活资料，好像一点都不在乎她和孩子的死活似的。后来人们发现他加入了赤卫队[1]（纯粹是因为喜欢行动，他后来跟我这么说），他随自己所在的小分队在俄国中南部游荡了一阵子。然后他又重回彼得格勒，到莫斯科去看望了妻子，此时她在那里跟自己的兄弟们一起过日子。妻子见到他后喜出望外，什么都没问——他对孩子的病情表现出了关切，但几乎立刻就又不见了踪影，不过这一次倒是许诺很快就会回来。他发现赤卫队太暴力太残忍，及时抽身而退了，并于1919年初在某个地方加入了白军的一

　　1　英文为the Red Guard，一译红卫军，布尔什维克领导下的一支武装力量，后成为苏联红军的主干。——译注

个小分队。其间，他的母亲去世了，但他好像没把母亲的去世当多大一回事。他的一个隔山兄弟因为投机倒把被枪决了，另一个则成了一名契卡[1]队员或者说秘密警察。这两件事都丝毫没有给他带来忧虑；他与这两个兄弟都没有过交往，于是照样开开心心、无忧无虑地东游西荡，大讲共产主义的坏话。他随白军的一个团来到了黑海岸边的费奥多西亚的郊区。

他的妻子历经千辛万苦，带着孩子，循着他的踪迹来到这里，一家人聚到了一起。见到她们娘儿俩后，他表达了喜悦之情，并设法让白军司令给她们分了一套港镇居民去乔的闲置房。小女孩的病情明显恶化了，实际上因义膜性喉炎都快要奄奄一息了。她母亲，眼睛只盯着自己的丈夫，也就是像一个一心挂几头、不切实际的才女那样照顾她，因为她母亲也是左右为难，一面是对革命、农民、工人、马克思主义与反马克思主义对立主张的思考，一面是丈夫在红白两军之间令人费解的摇摆不定。他们商量过能不能加入绿军——一些四处疯狂抢劫的农民团伙，隶属于一个一视同仁地反对白军和红军的运动团体——在商量的过程中，他的女儿阿西娅夭折了。这令她的母亲痛不欲生，可兰多伯格好像没多大感觉。

此时，他对音乐产生了浓厚兴趣，只要不在行军或逆行军时，就会去听 个业余四重奏乐队的演奏，加盟该乐队的有日后成了著名作曲家和乐评家的尼古拉斯·纳博科夫。纳博科夫清楚地记得，兰多伯格是内战期间为数不多的几位聚到黑海岸边来听这个四重奏乐队演奏的非正式听众之一，并且记得他是一个率性、热情而又魅力四射，令人难以抗拒的人。

兰多伯格参加过几场红军与白军之间不痛不痒的战斗。之后一天

258

---

1 十月革命后苏维埃俄国成立的国家安全保卫机构，简称全俄肃反委员会。契卡是该委员会俄文缩写ЧК的音译，克格勃的前身。——译注

夜里，跟一小群白军军官坐在一堆篝火旁烤火时，他听到了白军士兵的一个主要话题——他们痛恨犹太人，认为犹太人参与了一个誓要摧毁俄罗斯的国际阴谋，是谋杀沙皇的凶手，因此无论是在不久的将来，还是在最终战胜黑暗势力之后，都要不惜一切代价将犹太人斩草除根，赶尽杀绝。

这可把他吓坏了：他当即决定远走高飞，脱离这些危险的盟友。他带上妻子，连蒙带骗混上了一艘从黑海港口开往土耳其的难民船。不清楚在没有必要的文件手续的情况下，他是怎么蒙混过关，登上这样一艘轮船的：不过他这个人足智多谋，加上他质朴的魅力，在当时和后来，显然融化了那些负责人的心。

他决定前往巴勒斯坦。此前他从来都不是犹太复国主义者，实际上，他甚至认为犹太复国主义运动是一种典型的犹太资产阶级愚行，其企图是打着替受害者鸣不平的旗号，建立一个最保守的、维多利亚式的体面的自由国家或共同体，并让他们的压迫者所有最庸俗、最残忍和最邪恶的特点都永远保持下去。然而，他突然认定巴勒斯坦正在为犹太人掀开一个新世界，找回了自己的犹太血统与情感，并在克里米亚加入了犹太复国主义先锋组织——赫查鲁茨[1]。在组织过犹太人奋起自卫反击俄国屠杀者的著名战士约瑟夫·特鲁姆佩尔道[2]离开克里米亚去了巴勒斯坦后，他便顺理成章地成了该组织的领袖。

1920年初，他带着妻子和一小捆行李，兜里揣着两枚贬值的卢布，率领31名先锋队员来到了雅法。他们是持英国当局签发的一张集体旅行签证来的。他后来说，他们把自己说成是归来的巴勒斯坦难民；当有

1　原文为Hechalutz，是希伯来语的音译，意为"先锋、拓荒者"。——译注

2　Joseph Trumpeldor（1880—1921），伊休夫运动著名人士，哈鲁茨运动的创始人。1904年参加保卫当时为俄国占有的旅顺口的战斗，在与日军的战斗中英勇无畏，失去左臂后仍不下火线，直至被日军俘获。次年日俄战争结束后来到哈尔滨，并在此建立了"巴勒斯坦农业合作社"，离开哈尔滨回到以色列后又创立了农业基布兹。——译注

人问起他们当了多久的难民时，他们的回答是"两千年了"。这很能体现当时俄国犹太复国主义者的心态。

同其他移民一样，他们被带到了一个犹太复国主义者接待营，得到了善待。有人问他想选择什么行当时，他表示自己喜欢体力劳动。他如愿以偿，在采石场当了一名碎石工。听说接下来他与修正主义派犹太领袖亚博京斯基的追随者一道，参加了雅法的反英暴动。亚博京斯基此时极端浪漫的民族主义与兰多伯格夫妇的信仰正好相反。不过，哪里有暴力，哪里对他就有无法抗拒的吸引力。英国人代表着一切温吞中庸、拘束受限、沉闷呆板、自气十足、华而不实和了无生气的东西。而且他们大多是亲阿拉伯派，被中东地区的半封建制度吸引。修正主义派是犹太复国主义者中的极右翼，代表着激情、好战、抵抗、自主、自豪和一种民族主义的神秘。事实上他从未加入修正主义派阵营，依然与哈迦拿组织打得火热。

兰多伯格是一个不会对任何理想和任何人从一而终的人。他喜欢改变主意，改变自己的生活方式，改变一切，乐于尝试新鲜事物，对自己随机应变的本事甚为得意：逮着个鼓就能敲，逮着套衣服，只要够花哨，就能穿——生活就是狂欢节，人人都会改变自己的装扮，振奋自己的精神，也让别人为之精神一振。他参加了各种暴动，理所当然地遭到了逮捕，蹲进了大牢。萨缪尔夫人，时任巴勒斯坦高级专员赫伯特·萨缪尔爵士的太太，前来监狱视察，问他干过些什么。她先做了个自我介绍："我是萨缪尔夫人。"他立马回道："我是伊扎克·兰多伯格"，并以和蔼中透着傲慢的神情盯着萨缪尔夫人。"你犯的是什么罪？"她问。"我满世界跑，为自由而战，"他回答说，"所有当官的都是我的敌人。过去我和红军一起打过白军，和白军一起打过红军，现在我和犹太人一起打英国人，也有这个思想准备，将来某一天也有可能同阿拉伯人一起打犹太人，或者别的什么人。"这一回答被认为是不可原谅的傲慢，于是刑期加倍了。

260

出狱后，他的碎石工作非常出色，很快被犹太合作企业索莱尔博奈公司（Solel Boneh）属下的一个采石场任命为经理。他的家人没听到半点他的音信。1924年，他写信给此时已住在伦敦的父亲，称自己是一名幸福的爱国犹太复国主义者，前途一片光明，还劝他的全体家人到这个灿烂的新国家定居，主宰这个国家的是平等、博爱，而且终有一天，还会有自由，别看它是一个小国家，却可以成就许多大国所无法成就的事业，因为大国固然大，但运转起来也更为笨拙。

同年，他还以巴勒斯坦犹太人代表的身份，在伦敦温布利帝国博览会的巴勒斯坦展馆中亮了个相。当时他心情极佳，幸福无比。他拜访了我父亲，并给当时还是个学童的我，送了一本奥维德的原著——他很喜欢奥维德，拉丁文是他几个不寻常的学术造诣之一，还有一本沃德·福勒[1]的《西塞罗时期的罗马社会生活》，他认为这本书很适合中小

261 学生阅读。他充满活力，谈辞如云；热情洋溢，魅力四射；性格爽朗，无所挂虑，是世上最令人愉快的朋友。他教了我们几首最新的希伯来歌曲。他教了我《以色列出了埃及》[2]这首歌的一支新谱的曲子（门德尔松亦曾以一种迥异的风格为这首歌谱过曲）以及战争前后一些别的新希伯来语歌曲。他的谈吐生趣盎然，想象飞扬，一口俄语要多华丽就有多华丽，话题海阔天空，五花八门，包罗万象。我彻底为他的魅力所倾倒了，而且此后终生都是如此。他邀请我们一家去参观了温布利博览会巴勒斯坦展馆。在展馆里，我们发现他盘腿坐在巴勒斯坦地图的石头浮雕上，吃着巴勒斯坦农产品做出来的三明治，一瓶接一瓶地喝着葡萄酒，那些对同犹太人共用这个展馆感到很别扭的巴勒斯坦阿拉伯人代表，一个个都在怀着强烈的好奇，同时又很惊愕地围观他。

1　William Warde Fowler（1847—1921），英国历史学家和鸟类学家，曾执教于牛津林肯学院，尤以古罗马宗教方面的著述而著名。——译注

2　这首歌的歌名叫 B'tzet Yisrael mi-Mitzraim，又名 De exitu Israel de Aegypto，即《圣经·诗篇》第114篇开篇头一句。——译注

和同时代的犹太人不一样，他是一个跟人合得来的好朋友，风趣有感染力、性情非常随和。他的妻子很忧郁，一是她知道自己丈夫的目光正在瞟向别处，二是她对犹太复国主义的重要性持怀疑态度，因为它是一个民族主义的爱国概念，与她1905年曾为之而受过苦且依旧念念不忘的社会民主理想没有关联；她也尝试像丈夫一样，无拘无束，开开心心，可是没成功，令他很恼火。他向我父亲抱怨，说他的这个妹妹老气横秋、缺乏想象力、死板教条，还说再这样下去，为了对自己必须全心全意去服务的新国家尽到自己的义务，他就只好离开她了；她自己飞不动，就把他的翅膀给剪掉了。我父亲同他理论，担心自己的妹妹遭到抛弃后会出事儿；她依旧爱自己的丈夫，爱得非常狂热，而且热情日甚一日，尽管他对她缺乏兴趣，抱怨她缺乏生活情趣。

温布利博览会后他回到了巴勒斯坦，继续在采石厂工作。没过多 262
久，他就抛弃了妻子，并与好些别的女人好上了，这些女人一个个都巴不得想跟这样一个块头比一般人大一号的迷人、放纵、浪漫的人物为伴。他对犹太人的感情，从某种意义上讲，完全是表面上的；尽管他是犹太出身，受到的也是犹太教育，他的行为却只是一个快乐的同行者的所作所为，纯偶然因素将他带到了一片不熟悉的海岸上，他发现那里的人及其理想值得同情，于是，尽管他并不觉得自己与他们存在什么深层的情感联系（虽然有血缘关系），他还是愿意与他们合作，用最大的善意帮助他们实现自己的目标。

有那么几年，无从获得他心理状态方面的确定情况，所有这一切都可能让这段岁月改变了。他的领袖素质、狮子般的勇猛、大无畏的精神（他虽然从白军那里开溜了，但这只是表明他有一些自我保护的本能）、丰富的想象力以及对同伴的关爱和十足的孩子气，令很多人都很喜欢他。魏茨曼博士1936年访问巴勒斯坦时，曾点名要他给自己当保镖，觉得他是一个和蔼、活泼、聪明的俄国人，让自己从身边那一张张紧张不安和忧心忡忡的面孔中，从那些经常要遭遇的政治问题和政治阴谋中获得了一种宽慰。他们至死都是朋友。而大卫·本-古里安却不是这样，他把兰多伯格看成了一个危险的权力追逐者，在我看来，这一看法是错误的。

他妻子对重新赢回丈夫的感情绝望后，回到莫斯科，投靠了自己的兄弟。在那里，她因忙于慈善活动把自己累垮了，身体日渐衰弱，最终过早离世了。兰多伯格抛弃了妻子，他的亲戚都觉得难以原谅；由于他们是以自己的道德标准来衡量他的，因而对于他的英雄品质，都不出所料地采取了视而不见的态度。他是个天生的游击队员，非游牧的定居人群的规则对他不适用。1930年代，当零散的犹太人自卫组织逐渐合并为犹太地下武装哈迦拿时，他自然成了其中一员，并当上了突击战术的主教官。他是帕尔马赫——1941年接替了早期组织的犹太突击部队[1]——的主要缔造者之一，他将帕尔马赫视为反抗活动的核心，抵御外族统治的精锐。我想，他心里根本就没把阿拉伯人当回事，就像伊休夫没把他们当回事一样。

他成了哈迦拿的主要领袖之一。战争爆发时，他与英军并肩作战（当时哈迦拿与英军是盟军），被称为"大个子伊扎克"，还在黎巴嫩和叙利亚同维希部队打过仗。战争结束后，他蓄了胡子，躲藏起来，参加了犹太人反抗英国托管当局的斗争。当局悬赏他的人头，但连根毛都没抓到过。

1934年我第一次去巴勒斯坦时，曾试图找到他，但我认识的人当中，谁都不知道他身在何处。想来他当时可能正忙于筹建后来的帕尔马赫，不过那时我连半点风声都没听说过。我后来一次见到他是在1947年，当时我跟魏茨曼博士一起待在雷霍沃特。不知怎么就聊到我在俄国的亲戚上面去了。我提到了伊扎克·萨德赫（他1938年就开始

---

1 原文为法语：*force de frappe*。这支突击部队的名字又译"帕尔马契"和"派尔马契"。——译注

改叫这个名字了[1]），魏茨曼说他认识他，而且还很喜欢他：他微笑着称他为"伊佐克勒布[2]"。伊佐克勒布不是很喜欢大卫·本-古里安，这一点并没让魏茨曼深感难过。他说他觉得自己可以帮我找到我的姑父，但也不是太容易，因为巴勒斯坦警方也在找他。不过，我还是成功地在特拉维夫一个咖啡馆的后排偷偷摸摸地跟他见了一面，足足在一起高高兴兴地待了两个小时。他的精神状态极佳，跟我讲了许多他与英军携手作战的战绩。他叫我放心，没有人会到当局那里去告他的密。事实证明他是对的。

说到与英国人的关系，他说他对英国人并无恶感，而且还喜欢他们当中的一些人，非常钦佩他们的素质。可是，既然英国人的政策如此，也就别无选择——只好拼命予以痛击了。向阿拉伯人投降（这显然是英国殖民部所想要的），纯属痴心妄想。他说20世纪二三十年代的巴勒斯坦政府那些官员实在是让他受够了，就算当时他们没有恶意，也没公开反对犹太人和犹太复国主义者，但他们的内心太卑鄙、想法太迂腐、心胸太狭窄了。最重要的是，他们很市侩，缺乏他所说的真正的修养；除了少数几个外，根本不可能和他们谈论书籍、思想、音乐、历史，尤其是犹太人悠久的自觉传统，犹太人无疑都充满了这样的自觉。两者毫无缘分，过去成不了夫妻，将来也绝对捆绑不到一起，越早彻底分手越好——也许分手之后，关系反倒会有所改善。

我初次认识萨德赫时，他身材高挑、器宇高雅，对自己的形象也颇有几分自豪；如今却体态臃肿，蓄着一嘴胡子，衣着破烂，显然不在乎自己的形象了——他对生活设施毫无兴趣，他醉心的是行动——他很喜欢自己这种遭通缉的生存现状。我在这个咖啡馆见到他时，他无疑很

264

1　此处"伊扎克"的原文也不是 Issac 而是 Yitzhak（以色列希伯来语）。——译注
2　原文为 Reb Yitzhok，其中的 Reb 是犹太人的一种传统称谓，用于称呼不是拉比的男性。——译注

开心，看不出有丝毫的紧张、恐惧和对未来真正忧心的神色——每天都有每天的问题，每天也都有每天的乐趣——他只不过是怀着对生活莫大的热爱，在接二连三地历险。

1948年，英国人从巴勒斯坦撤走之后，他指挥一支机动部队，攻克了数座埃及要塞，抓了不少俘虏。我们从他的手下（比如，那位他曾经非常傲慢对待的萨缪尔夫人的孙子）那里了解到，他的办法就是一只手里抓着一颗手榴弹，大喊大叫地冲向埃及前哨，并命令自己的手下像他一样。埃及人见势不妙，夺路而逃，鞋都跑掉了。基本上是兵不血刃就解决了战斗。他把自己所看到的武器全都收入了囊中。

265　　他收藏的战利品——枪支、匕首、军刀——后来他自豪地用来装点自己在雅法的家。独立战争之后我到他府上拜访过他。此时他可以说是一名民族英雄了，他给我看了很多他本人攻打埃及部队和据点时的照片。我对他说，他堪称犹太人的加里波第——19世纪意大利力挫奥地利军队的著名民族英雄，他听后很高兴。

没想到原来他对加里波第了若指掌，他说自己一直都对加里波第的一生及其指挥过的战役极感兴趣，而且他在没过多久寄给我的明信片上，还把自己署名为"加里波第"。他养了一只羊，拴在园子里的一棵树上，并不是因为他需要羊奶，而仅仅是因为新颁布的以色列法律禁止养羊，而他一向坚信，凡是白痴的规定都要敢于违背。给我的感觉是，他一点儿都没变。他此时名声已经相当响了，但他并未因此而昏头；他依旧简单淳朴，不拘小节，快乐如初，热情不减，尤其是，还是照样有活力，热爱生活的方方面面，热爱行动，热爱变化，热爱风起云涌，热爱可能发生的一切，痛恨风平浪静，痛恨无声无息，痛恨百无聊赖，痛恨四平八稳的生活。他的桌子上有一大瓶伏特加——"是给苏联大使准备的"，他说。

他在以色列政治生活中所起的作用，同他做过的所有其他事情有着同一种漫不经心和不负责任的性质。仰慕他的孩子们在街上兴高采烈盯着他看，他的同行者和共产主义者在他的安息日沙龙聚会。他和苏联大使馆的人一起喝酒，思忖着自己是否应该访问莫斯科，看看自己离开后所发生的事情。他对自己亲苏态度的解释是：他笃信美国人和英国人决不会轰炸以色列，但苏联人就不好说了，所以需要和他们搞好关系——他否认自己在思想意识上同情他们。在雅法，他对我说过："苏联人希望的是一个把我们这个小国家包括进去的阿拉伯大联邦——但那是不可能的事情——我们决不会不当共产主义者。以色列共产党是一个荒唐可笑的党，何况阿拉伯人也不会当共产主义者，无论他们嘴上怎么说。与苏联搞好关系是有可能的，但与共产主义搞好关系则断无可能。我们的问题不是政治问题，而是与阿拉伯的关系问题，这是一个道德的和个人的问题。我曾一度相信有可能联合建立一个由犹太人与阿拉伯人构成的双民族国家，但现在我认识到这不可能——他们太恨我们了，我非常了解这一点。我们必须分开生活。当然，我们应该尽最大可能努力善待阿拉伯少数民族，但恐怕这也不会让他们与我们和解。但谁知道呢——将来是将来，什么样的事都能发生，人不能放弃希望，最重要的是千万不要怕这怕那，一个人就得把一切事情都看成构建自己生活的材料，尽可能使生活丰富完满。"

他特别引以为荣的，是他与自己视为追随者的摩西·达扬和伊加尔·阿隆的友谊，他很喜欢这两人——有一张有名的照片，一度公开拍卖，就是他搂着两位勇士的肩膀照的。他决心不让人家太认真把他当回事儿。他喜欢像一名退休的墨西哥革命将军一样，讲自己的战绩——但即便这样，他表现出的虚荣心也是如此单纯，如此迷人，只会让人感动，而不会有人心生嫉妒。

此时，他在自己一路凯歌高奏、抛弃了很多别的女人之后，已和一个著名的女游击队员喜结良缘。我拜访他时，他温存地问起了他家人的情况，还给我讲了他很多辉煌的往事，把我逗得不亦乐乎。在这个弥漫着紧张、焦虑和热切意图的国家（这是所有团体首创时必然会面临的情况），这位大男孩带来了一丝完全的自由、难以抑制的快乐、轻松、魅力和天生的优雅、半放荡不羁、半贵族气派，这样的东西，太多了会把任何可能的秩序都毁掉，但略微一点点，却是任何一个自由和值得生存于其中的社会都不应该缺少的。

267　　他是一个放浪形骸之辈，在战争和革命中却大放异彩，他厌倦平静、有序、平淡无奇的生活。托洛茨基曾经说过，想过平静生活的人，生在了20世纪，确实是生错了时候。[1]伊扎克·萨德赫肯定不想过平静的生活。他过得非常快乐，并把自己的快乐传给了别人，启发了他们，激发了他们，还给他们带来了喜悦。我非常喜欢他。

　　他的功绩——他对以色列士兵的训练以及与士兵们的友谊，他作为传奇英雄的脱颖而出——都不是我这个故事所要讲的：这些都属于要载入以色列独立战争和以色列建国史的内容。我所试图做的只是把我与他密切交往的一点回忆和他早年的一些生活逸事呈现给大家。他是一个慷慨大方、敢于冒险，在自己国家的历史上发挥了自己作用的人，他的缺点对我很有吸引力，至少不亚于他的美德对我的吸引力。谨

268　以这篇质朴而充满深情的回忆文字聊表我对他的纪念。愿他永远受人缅怀。[2]

1　"我们当代人中，凡是把希望得到和平和舒适摆在首位的人，都选择了一个错误的出生时间。" Leon Trotsky, 'Hitler's Victory', *Manchester Guardian*, 1933年3月22日, 第11—12版, 见第11版, 收录于 *Writings of Leon Trotsky (1932—1933)*, ed. George Breitman and Sarah Lovell (New York, 1972), 第133—136页, 见第134页。

2　原文为 *Zikhrono livrakha*, 是希伯来语的音译。——译注

亚当·冯·特洛特

　　我和亚当·冯·特洛特[1]最熟的时候是1930年代初那段时间,当时他是一名罗德学者[2],而我则是全灵学院的一名研究生。我和他是在贝利奥尔学院用午餐时结识的,吃完午饭后,他提议那天下午我们可以去散散步。我们差不多是一见如故,马上就成了朋友。他魅力非凡,智力超群,风度殊异,英俊至极,风趣幽默,而且什么时候都是一个最令人愉快的同伴。我彻底让他给迷住了。他在历史和文化方面的眼界比我牛津的多数朋友都要宽广多了:言谈中常常提到席勒、黑格尔、克莱斯特、歌德,而不是当时政哲经学院的学生们经常提到的那些名字;他也激起了我对这些思想家的兴趣,我后来一直保持着这种兴趣。说来也怪,在我的记忆里,他没跟我谈过当代政治,当时没有,后来除了一两次外也没有,而他对自己其他的朋友,显然是谈过的。1931年到1933年,他给我的印象是愉快、无忧无虑,且总是能令人振奋。他甚至没跟我谈过希

　　1　Friedrich Adam von Trott zu Solz(1909—1944),因参与以刺杀希特勒为目标的"瓦尔基里行动"(Operation Valkyrie,又称"7月20日密谋")而于1944年8月26日在柏林被处以绞刑。——译注

　　2　罗德奖学金(Rhodes Scholarships)的获得者称为罗德学者。罗德奖学金是世界上最难申请的奖学金,该奖学金2015年首次向中国大陆开放。——译注

个人印象

特勒上台掌权的事。我要是提起这一话题，他都会岔到引人入胜的、有些泛泛的历史话题上去。

他去了德国，然后又于1933年的某一时刻回到了牛津。哲学家R. G. 科林伍德给他开了个欢迎会。当时，我们全都挤到他身边，问他269 德国的情况，他说了句"我的祖国病得很严重"，（在我记忆中）就没再说什么。给我的印象是他看到了欧洲正在发生巨变，一种重大的历史性突变，不能归入普通的类别——恐怖、险恶，而像我本人这样的，也许在他眼里把自己封闭在过分自我中心的、舒适的牛津世界里的学者，是不大可能理解的。

这之后，我见到他的次数并不多。有一件事我倒是记忆犹新。他彻底回德国后，曾给《曼彻斯特卫报》写过一封有点令我生气的信。这封信是对该《卫报》驻德国记者F. A. 沃伊特的一则报道做出的回应，沃伊特在报道中称德国法庭存在对犹太人不公的问题。我似乎记得，亚270 当否认了这一点，并说在卡塞尔他所执业的法庭里，情况并非如此。[1]我愿意相信他的说法，但是我认为这一说法显然的言外之意——犹太人所受到的骚扰并不像人们所想象的那么严重——是站不住脚的，另外，我也不清楚他为什么要选择发表这一观点。显然他从一个朋友嘴里得知了我的感受，写了一封信责备我，并在后一次来牛津时对我说，虽然他理解我的感受和对犹太人的同情，但信中所写的事实上都是属实且需要说的话。不管怎么说，我们依然是朋友。我帮他写了一封介绍信给哈佛的菲利克斯·法兰克福特教授，他去拜访并且不出意料地迷倒了这位教授，就像迷倒了我们大家一样。直到1938年他以汉弗莱·萨姆勒爵士[2]的客人身份在全灵学院用餐时，我才再次见到他。当时他对

---

1 Adam von Trott, 'The Nazi Rule in Hessen: Anti-Semitism Denied', letter to the editor, *Manchester Guardian*, 21 February 1934, 18.（卡塞尔是德国黑森州的一个城镇。）

2 Sir Humphrey Sumner Milford（1877—1952），英国出版人、编辑。——译注

我说——几乎是他绝无仅有的一次自发地跟我表达政治观点——除非英法反抗希特勒,否则战争就会来临,而且希特勒可能会获胜。我问他觉得应该怎么办:"必须围攻德国,阻止德国。必须马上动手。千万不能让德国的扩张得逞。"此后,我再也没见过他。

1939年,他最后的一次英国之行,也许很明智,没有同我交流。全灵学院院长亚当斯博士告诉我,他收到过亚当的一封信,信中说一旦发生战争,他也许会觉得有义务加入本国部队参战;但我从未见过这封信。我听说他对别人谈起过他的德国朋友们,也许是更大的圈子里的人,希望采取什么样的行动来避免战争,但是,不管是出于什么样的原因,他都没对我说起过这件事。他可能对我的谨慎产生过怀疑,或者是认为我对他而言,根本就派不上什么政治用场,他的这种想法也许是对的。反正,他什么时候都没把我当成心腹之交。因此,我对他1930年代中期在中国、德国或美国的所思所想或所作所为都没有直接的了解。我们之间的关系一直很亲热,很熟悉,但并不亲密。战争开始后,直到 271
1941年,我对他的了解全都来自约翰·惠勒-贝内特[1],而且还非常有限。亚当反纳粹这一点我一直都是非常清楚的,但是我对他确切的政治理念、行动、抱负、期望及其以惨痛的牺牲而告终的铤而走险却一无所知。比任何一个英国人跟他走得近多了的戴维·阿斯特比,或许还有别人,对这方面的情况了解得更多一些。

一些研究人员给我写信,问起亚当·冯·特洛特的生平和政治活动时,我给他们提供不了多少具体的信息。我能说的莫过于:他是一个勇敢而可敬的人,一个热情的爱国者,做不出任何不光彩或卑劣的事情来,而且为他心目中自己同胞及所有正派人的最深切的利益尽了忠。 272

1　Sir John Wheeler-Bennett(1902—1975),英国历史学家,著有《和平的白日梦》(*The Pipe Dream of Peace: The Story of the Collapse of Disarmament*)、《慕尼黑:悲剧的序幕》(*Munich: Prologue to Tragedy*)等。曾在英国新闻部纽约分部工作,其间与亚当·冯·特洛特关系友好。——译注

戴维·塞西尔

　　戴维·塞西尔勋爵是第四代索尔兹伯里侯爵的次子，他童年和大部分青少年时光在位于哈特菲尔德的家中度过。在他儿时最早的记忆里，满屋子都是海阔天空的谈天说地——犀利、清晰而风趣。他说起过，什么事情都可以拿到他父母好客的餐桌上讨论，氛围完全自由而随意，尤其是有他的三个叔叔罗伯特、休（维多利亚时期的杰出首相的两个从政的儿子）以及未来的埃克塞特主教威廉[1]在场时更是如此，而他们往往都在场。政治、历史、宗教、英国各届内阁的行为故事、议会的逸闻（或严肃或滑稽）、对公众人物人际关系的详尽分析——所有这些都是这个名门望族每日的精神食粮。

　　他们的表兄，首相亚瑟·贝尔福也时常会上家里来，这时大家就聊得格外活跃、热烈、放肆和亲密——但不时也会穿插一些对道德和宗教信仰原则等问题的讨论。所以戴维·塞西尔与生俱来的敏而好学的慧根很早就得到了开发，同时他获得了各种观点，学到了明确清晰的表达

　　1　戴维·塞西尔的父亲（James Gascoyne-Cecil, 4th Marquess of Salisbury, 1861—1947）是维多利亚时期曾三度出任首相的第三代索尔兹伯里侯爵罗伯特·盖斯科因-塞西尔（Robert Gascoyne-Cecil, 3rd Marquess of Salisbury, 1830—1903）的长子。——译注

能力,养成了将抽象观念与公众、社会和个人生活的变迁相联系,将个体性格和信条的相互作用与它们所处的公共环境和历史地位相联系的倾向——所有这一切都是一个自然无羁的过程。

家里到处都是书,要散文有散文,要诗歌有诗歌。他有空就读书,在各种时间读,顺序也无一定之规。因而,他熟悉了克拉伦登[1]、狄更斯、斯宾塞、莎士比亚、简·奥斯丁、卡莱尔、兰姆、拜伦、雪莱、麦考利、狄斯累利。到上伊顿公学时,他已经埋头读了他们的多部作品,或者多个章节或片段。所有证据都表明,上大学前,他就魅力非凡、风度潇洒、精神愉快,能从人类的天赋和怪癖中找到乐趣。不过他书生气很重,这一点对他在伊顿公学并不特别有利。因此,他不喜欢自己在伊顿的岁月。他的同龄人中有个叫爱德华·萨克维尔-韦斯特的,后来成了著名的乐评家,说塞西尔是伊顿公学毕业,进了牛津大学基督教会学院后才真正绽放的。在伊顿公学,文化方面对他影响最深的大概是一战期间在那儿临时当过一阵子老师的奥尔德斯·赫胥黎,赫胥黎开阔了他的眼界,让他领略到了当时对他来说还很新鲜的诗歌王国的风光;他此后终生都喜爱英国诗歌,特别是基督教诗歌。

在牛津上大学时,塞西尔对英国历史,特别是斯图亚特王朝和托利党的崛起产生了浓厚兴趣,此二者与他家族的命运有着非常深的关系——在这方面给了他很大鼓舞的是他博学而敏锐的历史学导师基思·法伊林[2],后者认为塞西尔是自己所见过的最聪明也最有吸引力的本科生之一。的确,塞西尔以天然的魅力而闻名,而且还具有非常敏锐

273

274

---

1 即第一代克拉伦登伯爵爱德华·海德(Edward Hyde, 1st Earl of Clarendon, 1609—1674),英国政治家和历史学家。著有六卷本《英国叛乱与内战史》(*History of the Rebellion and Civil Wars in England*)。——译注

2 Keith Grahame Feiling(1884—1977),英国历史学家、传记作者。著有《托利党党史,1640—1714》(*A History of the Tory Party, 1640—1714*)、《张伯伦传》(*The Life of Neville Chamberlain*)等。——译注

灵活的才智、清晰而又冷静的头脑,对自己的所读所写均具批判眼光,对人(不只是思想)与想象力(不只是智力)均有不倦的兴趣,这些是他任何时刻都具有的特征。

他对自己的出身以及自己在英国社会的等级结构中所处的社会地位,始终都能保持清醒的意识。他曾说过,英国的贵族很难成为有创意的艺术家或作家,这是因为,除非他们的环境很不寻常,否则很容易被培养得八面玲珑;他认为,这是一道障碍,使人无法闭关修炼,潜心思考,而这恰恰是创造性艺术创作所需要的——托尔斯泰、拜伦,或许还有雪莱另当别论。他认为,像他那样成长起来的人,一般都经不住诱惑,太感兴趣于他们周围的个人和社会生活,而很难致力于艰难的、需要呕心沥血的事情。他毕生都太沉迷于太多各式各样的个体经验,以及众多书籍,尤其是各种小说、诗歌、故事和随笔,也就做不了别的,而只能停留于描述这些东西及其所表达的世间万象,给出自己的印象,传达在他看来它们在讲什么,本质是什么,这样一来,他也就无暇去从事自己有时候所渴望的那种需要自律和全神贯注的创造性工作了。

他在牛津拿了历史学的第一后,尝试申请全灵学院,但未获录取,而是入选为沃德姆学院院员,他在那里从1924年待到了1930年,教英国文学(偶尔也教历史)——正是从这个时候起,他教育方面的杰出能力开始得到发挥,他能吃透人们的心态,善于启发学生,让他们清楚自己所思考、所体会和所寻求的究竟是什么,明白自己的根源和目标,反过来,又把他本人在思考、理解、认识所讨论的作家及其作品时富于想象而又生动具体的感觉讲给学生听。他能从看似发育不良的种子里面看到也许值得栽培的奇花异草,这种能力使他(尤其是他成为新学院教师,以及后来从1939年到1970年成为教授后)对自己的学生产生了很大影响,这些学生中有非常大的一批自己也成了牛津和其他大学杰出的英国文学教师,而他的弟子们终生都很爱戴和崇拜他。仅在牛津最杰出的文学人物中,就至少有五位承认自己在学术和个人发展上极大地得益于他，公认他是一名非常有同情心且极善启发激励学生的老师。直到风气改变之前，他的讲座都听众济济。

他的兴趣不在学术上，不过他并不轻视细枝末节的学问，也不藐视最细心的文本及文献考证，更不用说对历史的创造性重构了，相反他对此深怀敬意，并把牛津当时最著名的一些文学学者尊为老师和引为朋友——C. S. 刘易斯、J. R. R. 托尔金、海伦·加德纳、F. P. 威尔逊、海伦·达比希尔、L. P. 威尔金森、内维尔·科吉尔——他们反过来，也非常喜欢他并尊重他的看法。但他的心思并不在学问上。他对文学研究的真正目标有非常明确的看法，至少他是这么设想的，虽然他没有排除其他可能性。他不赞成用历史、传记、社会学及社会语言学的方法去看待一个作家，也反对按照这样的方法去阐释其作品。

他采用的是美学的方法。和 T. S. 艾略特一样，他也认为艺术作品是靠自身的光芒而生辉的，了解艺术家的生平并不能为其增多少色。同普鲁斯特一样，他也反对圣贝夫[1]的方法。他不在乎埃德蒙·威尔逊，也不在乎 I. A. 瑞恰慈的语义学，以及 F. R. 利维斯[2]的文化道德主义（利维斯适当地抨击过他）。这不是他想做的事情，即使他承认这就其本身而言，做得也不错。他认为文学评论家和文学教师的任务就是，弄明白并向别人传达作者的创作过程，那些具体的富有想象力的创作行为，弄明白这一个过程是遵循还是背离了原则，是否由先例化出，是否针对其他的表达方式，或创造了自己的表达方式。他觉得这一任务与音乐艺术学校里教作曲的老师的任务有相似之处，如描述一首贝多芬奏鸣曲先后几稿的演变过程，或者瓦格纳对管弦乐队编制的发展及这一点与

276

1　Charles Augustin Sainte-Beuve（1804—1869），法国文学批评家和作家。将传记方式引入文学批评的第一人。——译注

2　Frank Raymond Leavis（1895—1978），文学批评家，《推敲》(*Scrutiny*)评论季刊的主要创办人和编辑。著有《英诗新方向》(*New Bearings in English Poetry*)、《伟大的传统》(*The Great Tradition*)等。——译注

他神话发明的关系。这就不仅需要（适用情况下）准确的知识，还需要一定程度的富于想象的洞察力，只有这样才可以弄清楚一篇作品的内质，尤其是可以传达其独特的品质、内在的节奏、诗意的意象和变化的形式，这些都是作品意义的一部分，也是艺术家实现艺术效果之方法的一部分。正是这一希望看到自己与注意对象之间了无隔膜的愿望，以及随之而来的对各种文学理论、美学体系——社会学、心理学、哲学、方法论途径——的厌恶，赋予了塞西尔的教学和写作以独特个性。也正是这一点才使得塞西尔往往能够鼓励某种独特的方法，并顺着某个学生的思路或想象对后面的步骤给出建议。他从来没想过要向学生灌输或强迫他们接受正确的方法，可他的一些不如他那么令人钦佩的同事则不一样，在1930年代和1940年代末期，他们似乎很喜欢灌输。

　　塞西尔的著作反映了他对文学和生活最浓厚的兴趣，表明他最喜欢的是英国人生活和文字中最具英国特色的东西，以及英国之外一切最接近他心目中英国最宝贵品质的东西——懂得生命的真谛，灵性、深谙宁静乡村生活的诗意，往往很有内涵地全神贯注于独居生活，以及独居生活在英国社会生活方方面面所起的作用及二者之间的互动，尤其是当观察真实，且涉及个人和隐私方面，涉及灾难和错误价值观造成的扭曲与破坏效果时。他的第一部重要著作《受伤的鹿》(1929)写得很精彩，满怀同情地研究了一个忧郁、内省、半隐居、在乡下过了一辈子的基督教抒情诗人。塞西尔和不安、与世隔绝、充满幻想、内心丰富的生活及其滋生的深刻的、难以抑制的抒情冲动有一种天然的不解之缘——与考珀、格雷、兰姆、勃朗特姐妹（如他1934年的《维多利亚早期小说家》）、一个世纪前的多萝西·奥斯本(1948年的《两个安静的生命》)都有共鸣——《诗人与讲故事的人》(1949)中最精彩的篇章，论沃尔特·德拉·梅尔的文章，尤其是他就托马斯·哈代所做的那些极其精彩、富于创见、发自肺腑的演讲都传达出了这种共鸣，这也许是他所有著作中的精华。

但他并没有局限于这一类型：他做过一个有趣的阐述，关于司各特早期如何把握社会阶级冲突，和动态社会中的个人冲突，这一阐述丝毫没有受到卢卡奇[1]的影响。他1955年关于沃尔特·佩特[2]的演讲又是另一种东西——是对从美学角度看待生活的极度欣赏，他认为这点非常重要，还在大气候不利的情况下为之辩护，就像他在就职演说中所表现的那样。在1949年和1957年，他一反当时的潮流，宣称艺术的主要 278
目的是怡情，不是指导、干扰、解释、赞扬或谴责某一运动、思想或政权，也不是帮助建立一个更好的世界以造福于某一个教会、党派、民族和阶级，而是用光辉照亮人们的心灵，上帝赋予了艺术家散发这种光辉的权利，也赋予了读者或听众吸收、领会和欣然沐浴这种光辉的权利，从而使人们更趋近其神圣的造物主。

他一生的真爱当然是简·奥斯汀。1935年，他还在伦敦当自由作家时就写过关于她的文章，1978年从牛津退休后又写：《简·奥斯汀肖像》是他对她最透彻的研究。她身上的点点滴滴——对人心不露声色的诠释和深刻的理解，对她视为人类及其所处世界真正本性的不懈追求，冷静的头脑和说一不二的公允评价，沉着镇定的目光，轻巧但拿捏恰当的分量，字字珠玑、句句中的的文字，无处不在的讽刺，迷惑性的平静口吻，传达那些举止得当、温文尔雅、保守偏狭的头脑和心灵中每一阵感情、激情与痛苦想法的细微颤动的能力——这些无不吸引着他。塞西尔嘲笑过社会批评家，尤其是马克思主义批评家的种种苛评——什么，没有提到法国革命或工业革命？丝毫没有谈到穷人的状况？没提拿破仑？未涉及阶级斗争？只字未提改变了她打算写的社会中的一

1 Georg Lukács（1885—1971），匈牙利马克思主义哲学家、美学家、文学史家和文学批评家。所著《历史与阶级意识》（*History and Class Consciousness*）开启了西方马克思主义思潮。——译注

2 Walter Horatio Pater（1839—1894），随笔作家、文艺批评家、小说家。提倡“为艺术而艺术”的英国唯美主义运动的理论家和代表人物，文风精练、准确且华丽。——译注

切的技术变革？只写了个人经历、人际关系、儿童、青少年、婚姻、无数不可名状的感觉和暗示？仿佛这些还不够，不是生活和艺术的精髓似的。

她笔下所写的是一个他熟悉和理解的英国，而对于天才地描写过这样一个英国的作者，他都做出了回应。他觉得盖斯凯尔夫人，还有他自己那个时代的简·里斯[1]，要稍逊一筹。他知道乔治·艾略特是个天才，但他认为她太缺乏美感了，也太流于意识形态了。为此，他受到了布鲁姆斯伯里圈子成员的斥责，但他顶住了斥责，没有改变自己的观点。

对于布鲁姆斯伯里，他当然非常了解；他的夫人，德斯蒙德·麦卡锡的千金，就是在布鲁姆斯伯里腹地长大的，此外，他还多次参加布鲁姆斯伯里圈子的聚会，很喜欢圈子成员的机智风趣与大胆不羁。利顿·斯特雷奇确实对他产生过强大而持久的影响——他认为斯特雷奇是传记作为一种与小说并列的自觉艺术形式的开创者，而且他承认，作为一名传记作者，自己是斯特雷奇的门徒。《青年墨尔本》及其续作《墨尔本勋爵》大概是他读者最多的作品，这两部作品都在很大程度上得益于斯特雷奇的影响。能够把辉煌的辉格贵族世界描绘得活灵活现，肯定与塞西尔对战前自己的社交世界的熟悉是分不开的，而这样的联系也许会和托尔斯泰《战争与和平》中的社会一样，因为大致相同的原因，有点把时代搞错了。两卷书读起来都非常有趣——换了斯特雷奇来写的话，也许会讽刺、恶意、残酷得多，会将事实以漫画的形式表现出来，但体裁会大同小异：塞西尔更活泼、更仁慈、也更传统一些。他喜欢帕特里奇夫妇，认为 E. M. 福斯特非常聪明、有趣、干练，但不认同他们的道德观——它们显然与他自己的宗教信仰，也许更多的还是世俗价值观相冲突。他认为跟屠格涅夫一比，福斯特就相形见绌了，在他看来，屠格涅夫同样有天赋，确切地说，是更有天赋，同样聪明、有趣、敏

---

1 Jean Rhys（1890—1979），英国女作家，凭借《藻海无边》（*Wide Sargasso Sea*）获得过 W. H. 史密斯文学奖。——译注

锐、高尚，但屠格涅夫有一种抒情想象力，他认为是福斯特所没有的。

他以有点儿讽刺的眼光，把布鲁姆斯伯里团体看成一个宗派，一个自足的、不实在的小社团，在所有事情上都有自己的信条和专家，很像罗马天主教、马克思主义或弗洛伊德学说的团体。但在布鲁姆斯伯里团体中，有一个他最欣赏，且实际上是几乎不加批判地仰视的人，这个人当然就是弗吉尼亚·伍尔夫。他认为她的小说是不可否认的天才之作，但他最看重的还是她的评论集《普通读者》。这些文章构成了他的理想范本——揭示了变化多端的实际创作过程，是作曲教学在文学上的翻版——对此，他一生都深信不疑，且在朝这个方向努力。他觉得伍尔夫有着耀眼的天才，这一点他与自己的终生朋友伊丽莎白·鲍恩有同感，后者的小说恰好令他很感兴趣。他认为伊丽莎白·鲍恩，还有他的挚友、小说家 L. P. 哈特利，具备别人所不具备的一种对生活品质的切身敏感性，而在他看来，这也是契诃夫在极高程度上所拥有的一种天赋。他喜欢托尔斯泰——同福楼拜极度的厌世情绪或陀思妥耶夫斯基无休止的纷争和地狱之境相比，他更喜欢托尔斯泰阳光普照的世界。"托尔斯泰确实是世上最聪明的人。"塞西尔曾这样评价他。我想，人类最宝贵的品质，在他看来，是自我理解的能力，知道自己可以成为什么样的人，不可以成为什么样的人，能做什么，不能做什么。弗吉尼亚·伍尔夫虽是才才，但她并不完全具备这一能力，而维塔·萨克维尔-韦斯特，举例来说，还有当时在文学界有举足轻重影响的布鲁姆斯伯里团体的其余成员，则完全不具备这一能力。他太冷静，太清醒，不能不以一笑了之的超然态度来看待这一文学官僚团体，嘲笑其多数成员在社会和艺术上的骄傲势利（哪怕是他的偶像斯特雷奇和伍尔夫身上，这个毛病也很严重），认为这是一个真正的缺陷。

在生命快要走到尽头时，他做了很多别的事情。他为马克斯·比尔博姆写了一本很精彩的传记（《马克斯传》），就是临终之前在病榻上要其遗孀向自己求婚的那个马克斯。他也写过他自己的家庭和家里的房子，先是在1950年代初，后是在他晚年，1973年。他还写过自己的岳父德斯蒙德·麦卡锡；他还编过选集：1940年的基督教诗歌选集，1935年的自选集（《图书馆的镜子》）。他还写了《幻想家与梦想家》，写的是他在美国做演讲时谈到过的两位画家，塞缪尔·帕尔默[1]和伯恩-琼斯[2]（1969）。他对"现代运动"（T. S. 艾略特、乔伊斯、温德姆·刘易斯、埃兹拉·庞德以及他们的后继者们）毫无兴趣。新的流派——解构及其继承者、形式主义、新弗洛伊德主义、新马克思主义等等——在他看281 来不是索然无味的学术习作，便是国外秘法家们凭空幻想出来的诡异之谜，他乐得不去钻研它们。

总而言之，他是他那个时代最具智慧、最具魅力、最有天赋、最提升生活趣味、最有眼光、最才华横溢的文学名流之一。他仅埋头于自己所喜欢、仰慕和欣赏的东西，以非凡的才能去描写它们，去阐述自己喜欢它们的理由。他一眼便可准确地看穿虚伪假冒。有人称他的作品具有无可否认的魅力、风格和特点，但是缺乏创见，他的观点往往似曾相识，尽管前人"从未表达得如此巧妙"[3]。这个评价不公允。他的文笔非常犀利，往往比钝一些，哪怕是硬一些的武器更能切中要害。不管怎么说，282 他无疑都是天下人所能期望遇到的最令人愉快的人了。

1　Samuel Palmer（1805—1881），英国浪漫主义风景画家，生前入不敷出，过世后大部分作品被儿子烧毁，20世纪中叶后被认为是英国最伟大的艺术家之一。晚年完成的名画《古典河景》（*Classical River Scene*）藏于大英博物馆。——译注

2　Edward Coley Burne-Jones（1833—1898），英国画家、图书插画家、彩色玻璃和马赛克设计师。其作品是英国浪漫主义流派的代表。作品众多，《金色楼梯》（*The Golden Stairs*）是其名画之一。——译注

3　此语出自亚历山大·蒲柏的《论批评》，原文为：*True Wit is Nature* to Advantage drest，/ *What oft was Thought, but ne'er so well Exprest.*（真正的妙语是能突出自然之美的衣帽，/人们经常想到，但从未表达得如此巧妙。）（见 Alexander Pope, *An Essay on Criticism*, 2nd ed., London, 1713, 第15页，第297—298行）在第1版（London, 1713）中，后半句是 "ne'er before *Exprest*"（从未表达过）。

埃德蒙·威尔逊在牛津

我与埃德蒙·威尔逊相识，我想是在1946年初春，从莫斯科回到华盛顿来完成我在英国大使馆的工作之后。二战那几年，我曾在华盛顿待过，我的朋友俄国作曲家尼古拉斯·纳博科夫和他的堂兄弗拉基米尔·纳博科夫[1]一样，是威尔逊的朋友，他觉得威尔逊没准儿想结识我（我曾对《阿克瑟尔的城堡》和《三重思想家》[2]表达过强烈的欣赏之情）并跟我聊聊俄国文学和其他话题。可威尔逊拒绝了。他确信凡是想见他的英国官员都只是为了把他拽入英国的宣传机器。他是个很敏感的孤立主义者：想到英国又一次把美国拖入了一场可怕且完全没有必要的战争，就越发加剧了他那本来就已经相当强烈的仇英情绪，因此他压根儿就不想见这个国家的任何一个代表。然而，二战一结束，他显然认定自己不再有受骗参加亲英活动的危险了，于是就请我到纽约的普林斯顿俱乐部去共进午餐。

我承认，他的那副尊容着实让我吃了一惊。我说不上来自己想象

1　Vladimir Vladimirovich Nabokov（1899—1977），俄裔美籍作家，《洛丽塔》的作者。——译注

2　埃德蒙·威尔逊的两部文学批评代表作，英文名分别为 *Axel's Castle* 和 *The Triple Thinkers*。——译注

中的杰出文学批评家该长什么样，但站在我面前的却是一个身体壮实、脸色通红、大腹便便的大汉，面相与胡佛总统不无相似；可是我们几乎都还没坐下来他就开口了，他这一开口，我把一切都忘了，只记住了他说的话。他说话的声音很怪，像被什么东西憋住了似的，说完一句，要

283 隔一会儿才说下一句，仿佛各种想法在里面你推我搡，互不相让，争先恐后都想夺口而出，于是就有了短促的喷发，断断续续，其中又点缀了轻柔、婉转、连奏的乐段。他以一种动人而又富有想象力的方式谈到了他那一代的美国作家，谈到了但丁，还谈到了俄国诗人普希金对他的意义。他描述了自己1935年对苏联的访问及其对自己产生的骇人影响，因为和美国很多其他知识分子一样，他也曾一度把共产主义政权理想化了。

他此次访问的高潮部分是与 D. S. 米尔斯基亲王的会见。米尔斯基是一位才华横溢、极富创见的流亡作家，以英文论述俄国文学，在英国成了马克思主义的信徒；他后来回到俄国，并很快出版了一本书，抨击英国作家和知识分子，其中还包括过去把他引为朋友的人。威尔逊发现他在莫斯科的状况非常卑微和悲惨（两年后他遭到逮捕，被送到了一个劳改营，死在那里）。米尔斯基的潦倒和可怜的处境给威尔逊留下了难以泯灭的印象，他痛苦地谈了很久他自己是怎么一步一步不再迷恋政治的过程。然后他又泛泛地聊起俄国文学，特别是契诃夫和果戈理，是我听到过的聊文学聊得最好的。我彻底被他迷住了；我深感荣幸，认识了这位极具天赋且道德不俗的人。我们成了朋友。直到1949年，我才再度来到美国，去哈佛大学任教，并在威尔逊和妻子埃琳娜当时所住的韦尔弗利特镇，跟他待了一宿。1950年代后来的几次美国之行，我都去看望过他们夫妇俩。

1954年，他来到英国，几乎是一下飞机就从机场打电话给我，说他希望来牛津和我待上一两天，我很欢迎。由于我当时尚未成家，所以还住在全灵学院。威尔逊确实跟我在学院一间不是很漂亮的宿舍里待了

两夜（他在日记中以其特有的尖刻言词描述了这间宿舍）。[1]他的仇英 　285
情绪非常强烈。第一天上午，午饭前，我们出去溜达了一圈儿，看了看
各个学院。路过基督教会学院时，他瞅了一眼图书馆破败的建筑（当时
外墙还没翻修，后来倒是在洛克菲勒基金的资助下修葺一新了），说道：
"唉，这些建筑多数看上去都严重失修啊——我看实际上都快倒塌了。"
一脸的高兴劲儿。"我想英国的很多东西也是这个情况吧，"他继续说
道，"我觉得你们国家这样有点活该。"

　　然后，他对学术生活和整个学界发起了全面攻击，抨击他们谋杀了
古典、中世纪和现代文学与艺术中所有生动而真实的东西。我问他是
不是没有一个他所喜欢或欣赏的学者。他说其实还是有几个：一个是
他在普林斯顿的老师，克里斯蒂安·高斯，他极其欣赏他的课，也很喜
欢且非常敬重他这个人；另一个是诺曼·肯普·史密斯，此人曾是他在
普林斯顿上学时的哲学教授，当时已退休，住在苏格兰。（威尔逊1945
年访问英国时曾去看望过他，他《丢开旅行指南游欧洲》[2]的英国章节就
是基于这次访问。）除了这两位，他暂时想不到还有谁。

　　抨击还在继续（我不知道这是牛津诱发的一种一时的情绪呢，还是
他一贯的态度）：他想象不出有比在大学里谋到一份工作更倒霉的运气
了，要是这份工作又跟文学研究有关的话，那就更是倒霉透顶了；他听
说阿奇博尔德·麦克利什[3]考虑当，或已经当上了某所学校的教授，好
像是哈佛的吧？蠢货活该这么倒霉（我读过威尔逊的一首绝妙的戏仿

　　1　Edmund Wilson, *The Fifties*, ed. Leon Edel（New York, 1986），135（1954年1月
20—21日记）。

　　2　英文书名为 *Europe Without Baedeker*，是埃德蒙·威尔逊在二战后重访欧洲的一
本游记，Baedeker出版社出版的旅行指南是此类书的权威标杆，故此成了旅行指南的
代名词。——译注

　　3　Archibald MacLeish（1892—1982），美国诗人、作家。曾三获普利策奖，任哈佛大
学修辞与演讲博伊尔斯顿讲席教授。——译注

诗——《A. 麦克利什的煎蛋卷》[1]，也意识到了该诗人不在他喜欢的诗
286 人之列）。还有哈佛那个可笑的泰德·斯宾塞，一门心思想找到他，但
还没来得及攀上半点交情就死掉了；此外还有斯宾塞的门徒哈里·列
文，这位老兄不仅人聪明，而且书也看得多，能讲得出有趣的东西，要是
没选择在哈佛教书，本来是有两下子，可以飞黄腾达的，可是哈佛把他
变成了一个迂腐的教书先生，成天咬文嚼字，活脱脱一个司各特笔下的
嚼蜡士[2]，把什么都嚼成了碎末，花哨的碎末。"唉，可我真是不明白，"他
说，"我跟他谈到过豪威尔斯——他认为豪威尔斯一无是处。"他接着又
说，尽管如此，哈里·列文还不是个烂人；他可能很有见地，也很有趣，
但他对豪威尔斯的看法很可笑。我当时印象中他俩是朋友（我现在肯
定他俩其实就是朋友），吃惊地听到他竟这么说列文，我钦佩列文，认为
他论司汤达的那篇文章是一篇精彩之作。可威尔逊毫不让步。他的下
一个抨击目标是佩里·米勒，接着是 C. S. 刘易斯；他狂轰滥炸个没完。
这样的方式，或许丁尼生在谈论丘顿·科林斯时也用过，丁尼生把柯林
斯说成了文学秀发上的一只虱子。我没有理由不信他会以相似的方式
来谈论我，这显然就是他的一部分。我喜欢他的本色。

　　他问我吃午饭或晚饭时是否注定会见到更多的学者。我宽慰他，
说午饭时不用担心，客人只有斯蒂芬·斯彭德和另一位文人（我记不清
是谁了）；不过晚上要是他像之前所暗示过的那样，想在全灵学院用餐
的话，那他倒也有可能见到一些学者。他会不会倾向于下馆子呢？不，
他说他想看看衰老、腐朽、保守的英国学术生命病入膏肓到了什么程
度。我记得他的原话："气数将尽，时日无多了，"好一张乌鸦嘴，"我想
眼下我们就在为它送终。"我没请他展开这一话题，而是尽力把他的注

1　*New Yorker*，1939 年 1 月 14 日，第 23—24 页。

2　司各特虚构的一个人物，Dryasdust，实际上是 dry as dust 的意思，也即非常枯燥乏
味之意，故权且译为嚼蜡士。——译注

意力转移到别的话题上。但无济于事。他还是说在英国——伦敦——作家之类的人派系林立，形成了一些小圈子，这些争风吃醋的小圈子都处心积虑地相互排挤；压根儿就不存在真正的文学界；伊夫林·沃与极为体面的文人彼得·昆内尔根本就不能同处一室；而他们两人又都说过西里尔·康诺利的坏话；奥登受到了排挤；没有人说过麦克尼斯或安格斯·威尔逊一句好话；如此等等，不一而足。这些看法，在我看来大都是谬见。为了让他别揪着这个话题不放，我问他（后来证明并不明智）上一次的英国之行怎么样。可已到了午餐时间，白问了。他似乎很喜欢所请的陪客，谴责了《党人评论》[1]的作者们一通，说菲利普·拉夫[2]虽然很能干，但他却和其余的作者一样，用文学来表达政治观点；他还称赞 V. S. 普里切特[3]是为数不多的几个思想自由且言之有物的评论家之一。

　　午餐过后他把我饭前问的那个问题又翻了出来，跟我讲了讲他前一次访问伦敦时发生的事情。当时他是以一个类似战地记者的身份来到伦敦的，英国战时新闻部派了著名出版商哈米什·汉密尔顿接待他，此人当时是该部的一名成员，也是半个美国人。汉密尔顿组织英国文学精英聚了一下。据威尔逊说，他在聚会上看到了 T. S. 艾略特、西特韦尔姐弟仨中的一两个、西里尔·康诺利、西格弗里·萨松、哈罗德·尼科尔森、彼得·昆内尔，我想还有罗沙蒙德·莱曼等人。他不想跟他们中的任何人说话。"T. S. 艾略特，"他说，"是个有才气的诗人，但他骨子

1　一译《党派评论》(Partisan Review)，美国一份发行量不大却很著名的左翼文学刊物，1934年创刊，2003年停刊。——译注

2　Philip Rahv (1908—1973)，美国文学评论家兼随笔作家。与威廉·菲利普斯 (William Phillips, 1907—2002) 一道创办了前文提到的《党人评论》。他是把卡夫卡介绍给美国读者最早的几个评论家之一。——译注

3　V. S. Pritchett (1900—1997)，作家兼文学评论家。尤以短篇小说而闻名，其最著名的非虚构作品为回忆录《门口的出租车》(A Cab at the Door) 和《挑灯夜谈》(Midnight Oil)。——译注

里却有一些恶棍的本性。虽见到他的时候不多，但只要看到他，我就受
不了他。我不想见到他，尽管我认为他的有些诗写得棒——它们让我
厌恶，但好歹是诗。"他根本就没理会西特韦尔姐弟，对他们一点都不感
兴趣。在场的只有一个是他可以交谈的人，这个人就是康普顿·麦肯
齐[1]——他们交流了第一次世界大战之前和战争中的生活经历，他觉得
这个老冒险家的外表、举止和谈吐都非常迷人。

　　渐渐地，我意识到从某种意义上说，威尔逊属于前一代而非当时英
国舞文弄墨的知识分子，他喜欢的是爱德华时代那些血性十足、有阳刚
之气，有时性格粗鲁（甚至有点庸俗）却充满活力的文人——而这正是
288 康普顿·麦肯齐真正属于的世界。德斯蒙德·麦卡锡曾向戴维·塞西
尔和我本人描述过他第一次世界大战前某年在伦敦一家俱乐部（"改
革"俱乐部，也有可能是"旅行者"俱乐部）出席过的一次独特的晚宴。
在场的有鲁德亚德·吉卜林、H. G. 威尔斯、马克斯·比尔博姆、希莱
尔·贝洛克、G. K. 切斯特顿、阿诺德·本涅特、萧伯纳，以及亨利·詹
姆斯和年轻的休·沃波尔。宴会上没谈文学艺术，也没谈友谊、自然、
道德、人际关系、人生目标——布鲁姆斯伯里圈子里经常讨论的那些东
西。丝毫没有触及与审美有点关系的话题——交谈很热烈，所谈的都
是版税、出版商、风流韵事、荒唐奇遇、社会丑闻、名人逸事，伴随的是阵
阵笑声、双关语、打油诗、相互取笑，讲有关金钱、女人和外国人的笑话，
外加开怀畅饮。大家沉浸在一帮精力充沛、诙谐风趣、有时还相当粗野
的大老爷们儿聚在一起边吃边侃的氛围里。他们是当时最著名的作
家，是布鲁姆斯伯里团体很不待见，也很不以为然的"瞎子的瞎眼领路

　　1　Compton Mackenzie（1883—1972），苏格兰作家，著名音乐杂志《留声机》（*The
Gramophone*）的联合创办人，曾当过间谍，并因在自己的第三本回忆录《希腊记忆》
（*Greek Memories*）中泄露了情报机构的机密而惹上官司，处罚加上巨额的诉讼费用使得
其几乎倾家荡产，气得他写了一部长篇小说《脑积水》（*Water on the Brain*）讽刺了英国情
报部门一通。——译注

人"[1]。我觉得埃德蒙·威尔逊尽管对品质有着万无一失的判断力，在道德方面存在诸多成见，他还是跟这些大师们比较亲近。我认为他不会很喜欢跟弗吉尼亚·伍尔夫喝茶，或与利顿·斯特雷奇共度良宵。

因此，伦敦的这次文学聚会一点也不对他的胃口，于是在同 E. M. 福斯特敷衍了几句关于简·奥斯汀的话之后，他告诉哈米什·汉密尔顿说自己想尽快脱身。跟康普顿·麦肯齐聊了几句后，他便很快离开了。汉密尔顿告诉我，这让一些应邀赴宴的客人很失望。他所想做的就是去苏格兰看望他的导师肯普·史密斯。哈米什·汉密尔顿很可能从未听说过这位康德学派的学者，不过还是竭尽所能，为其安排了苏格兰之行。威尔逊的确想办法去看望了导师——他告诉我，他跟自己的导师度过了一段愉快的时光，非常开心地回顾了昔日的往事，讨论了欧洲学术水准下降的问题。然后他回到了伦敦，接站的是客气而不知疲倦的汉密尔顿，他想劝威尔逊坐出租车回自己下榻的酒店。彼时天色已晚；威尔逊对我说，他认定汉密尔顿主要是不想让他看到一个很猥獗的现象——他听别人说，伦敦这个时候有特别多的妓女在街上游荡。那时他已无端地把汉密尔顿视为自己的一根眼中钉、肉中刺了，竭力躲避之（为此也换来了汉密尔顿的回敬，后来他对我说，威尔逊是他所碰到过的最讨厌也最难相处的家伙之一）。威尔逊当时确实上了一辆出租车，但老天做证，五分钟后就下了车，然后**确实**在街上游荡，尤其是公园巷，也**确实**看到了妓女。他觉得自己让政府派来陪他的官员们出了丑，他认为他们陪他的方式，几乎就跟俄国秘密警察如出一辙。

我试图劝他相信，哈米什·汉密尔顿无非是想顺应文化习俗的要求，表达一种应有的礼节。威尔逊丝毫都不肯相信：他认定伦敦方面是在想牵着他的鼻子走，不让他见不宜见而他实际上可能想见的人。认

1　原文为 blind leaders of the blind，《圣经·马太福音》第15章第14节中耶稣说："任凭他们吧！他们是瞎眼领路的；若是瞎子领瞎子，两个人都要掉在坑里。"——译注

为英国总体上类似于苏联在搞一个阴谋，不允许他见不适宜见的人，他执迷于这一信念，而且将在牛津流露出来。我问他是不是在伦敦遇到的每一个文学界的人士，他都不喜欢。他说："不，我挺喜欢伊夫林·沃和塞西尔·康诺利。"为什么？"因为我认为他们很讨人厌。"这也许指的是后来的谋面，因为伊夫林·沃二战期间在部队当兵服役，当时在不在伦敦我并不清楚。他也喜欢安格斯·威尔逊，因为看到安格斯，他就想起了令其感到很自在的那种美国人的诚挚人类情感。令他大为光火的是唯美主义、一本正经、目空一切、拉帮结派、尖声细气、没有血性、无论是在生活中还是在文学里满脑子都只想着自己的情感——他和D. H. 劳伦斯一样，把所有这些特点都归到了布鲁姆斯伯里团体头上。他认为整个英国文学生活都染上了这一毛病。我不知道他对J. B. 普里斯特利[1]会做何评价——我想，这位作家或许根本就入不了他的法眼。他一想到奥尔德斯·赫胥黎和朱利安·赫胥黎兄弟就忍受不了。

夜幕降临，到了在全灵学院公共休息室用晚餐的时间了。用餐时，坐在他一边的是我，另一边则是资深院员、历史学家A. L. 罗斯。他几乎没跟罗斯说一句话，虽然罗斯想跟他说话。他唐突地转向我，跟我聊起了我们共同的美国朋友——大法官菲利克斯·法兰克福特和他的妻子、尼古拉斯·纳博科夫和他的几任妻子、剧作家山姆·贝尔曼、玛丽·麦卡锡[2]（曾与威尔逊结为夫妻）、康拉德·艾肯、阿瑟·施莱辛格、勒尼德·汉德法官等。他很不情愿地把头转向另一边，听凭罗斯絮絮叨叨，仅以"嗯""哦"敷衍应和。喝完咖啡，回到我的房间后，他对罗斯

1　J. B. Priestley（1894—1984），英国剧作家、小说家、批评家。1929年出版代表作流浪汉小说《好伙伴》，1931年与诺布洛克合作将其改编成同名剧本，后又拍成影片，于1974年改编为音乐剧，于是成为当时最有吸引力的剧作家之一。——译注

2　Mary Therese McCarthy（1912—1989），美国小说家、评论家及政治活动家。著有《她结交的朋友》（The Company She Keeps）等，代表作为《她们》（The Group）。埃德蒙·威尔逊是她的第二任丈夫。——译注

晚餐时滔滔不绝地对他进行英国民族主义宣传大为不满，说他来牛津不是来自讨苦吃，听那些文化沙文主义者瞎掰的。我想后来罗斯在美国去看望他那一次，他们可能相处得略好一点——不过这一次，他的情绪暴躁，而且不依不饶。

他说他明白为什么全灵学院的服务人员几乎不等他把一道菜吃完就把盘子给撤走了——他谈到了巴米赛德之宴[1]——那是因为这些服务人员有敏锐的阶级意识，憎恨自己的主人，想能怎么粗鲁就怎么粗鲁地服侍他们，并尽快从他们讨厌的人面前脱身。他说他注意到了，阶级意识在这所古老的大学里显然很猖獗。我没跟他争论——我觉得在这一点上，和很多其他问题上一样，他都是个油盐不进的人，很难让他心悦诚服。当然，他说的这些纯属典型的一派胡言。牛津的大多数校工（服务人员）当时无疑是，而且现在或许依然是，最保守的牛津居民；他们自觉地传承着古老的学院传统，如果说有老家臣的话，他们就是老家臣，他们中的大多数人——在那个时候当然是——都拒绝加入工会，理由是他们认为自己有地位，履行着非常特殊的职能，而加入工会是对其地位及职能的一种侮辱。全灵学院的服务人员充分体现了这一特点，几乎到了夸张的程度。

很显然，威尔逊那天（和很多其他日子一样）活在一个充满愤怒的幻想世界里，与英国沾点边的事情尤其让他气不打一处来。虽然我很喜欢他，深深地钦佩他，尊敬他，直至他寿终正寝之时，并且对我们的友情至今都甚为自豪，但我知道，一旦他一口咬定了什么话，跟他争论是没用的。他在牛津与我相处期间，无疑就是这样的情况。晚餐之后，我邀请了我的同事戴维·塞西尔、小说家艾丽丝·默多克和她的评论家丈夫约翰·贝利、哲学家斯图尔特·汉普希尔来跟他相聚一叙。结

1　《一千零一夜》中，波斯王子巴米赛德（Barmecide）请前来乞讨的饿汉一块儿吃饭，却只是过了过嘴瘾，说了一道又一道的菜，实则并没有端上真的菜来。——译注

果很不愉快，屋里的每一个人他都不喜欢。他把贝利错当成了评论家
汉弗莱·豪斯（这个人他倒是可能还合得来），几乎没有理睬他和其他
所有人。他有点百无聊赖，回话也只是"嗯"啦"哦"的，顶多是咯咯地
笑两声，不停地喝威士忌，看每个人都是一副憎恶的眼神。尽管彬彬有
礼、心地善良的艾丽丝想尽了办法，能说会道、巧舌如簧的约翰·贝利
使尽了浑身解数，可这头老熊就是不出窝，时不时凶神恶煞地瞪一两
眼，只是想以酒解闷。晚会早早地就不欢而散。末了，他破口大骂了这
292 帮懦弱的家伙一通——涉猎文学的贵族都毫无屁用；大学教师都是冷
血的修士，跟要紧的事儿绝缘。他问我怎么就没想到在为数不多的有
胆识的学者中邀请一位呢？比方说 A. J. P. 泰勒，就是他想见的人，因为
他喜欢此人激进的论战。我说我认识而且喜欢泰勒，虽然他为我刚出
版的一本拙著写了一篇略嫌轻蔑的书评，让我对他有点儿冷淡[1]，但安排
他们两人见上一面，我还是乐意的——第二天，我便安排了。

泰勒对我们俩都很亲切友好。威尔逊说自己去莫德林学院登门看
望了泰勒，甚为开心。可是后来泰勒带他去听了斯蒂文·朗西曼[2]所做
的一个以拜占庭为主题的演讲，却听得他厌烦死了；他又一次听到了布
鲁姆斯伯里那种过分雕琢、在他看来十分压抑的腔调，听到了那种尖声
细气的声音，这是他难以忍受的。（我不知道这样的声音他实际听见了
多少。）我还安排他见了犹太史学家塞西尔·罗思，因为此时他对犹太
史的兴趣越来越浓，且正在学希伯来语——不久之后，他研究死海古卷[3]

---

1 原文为法语：*froideur*。——译注
2 James Cochran Stevenson Runciman（1903—2000），英国知名历史学家、旅行
家、唯美主义者。他是拜占庭帝国及十字军权威专家，以三卷本《十字军史》（*A History of
the Crusades*）而最为著名。——译注
3 1947年两个牧羊少年在死海西北岸库姆兰废墟的一个山洞里发现属公元前约
100年至公元135年间的五百余卷轴古书，内容主要包括希伯来文《圣经》、《圣经》译本
和注释以及次经、伪经和《圣经》外传等史料，又称库姆兰古卷（Qumran Scrolls）。罗思也
写过一本名叫《死海古卷》（1965年出版）的书。——译注

的论著便问世了。由于我提前给他打了个预防针，提醒过他罗思虽然是个可敬而又博学的古董家，却有点让人讨厌，所以那次拜访也还顺利；这番略有微词的话已足以让威尔逊喜欢上他了。他嘀咕了几句，说人们（我）不让他见自己所仰慕的人，出于某种原因，铁了心要"黑"这些人——正所谓，想得越多，就越是疑神疑鬼。

一旦他形成了某种社会学和心理学上的假设，他就会我行我素，置一切证据于不顾，恣意地顽固坚持这一假设。他告诉我，他在英国真正喜欢见的，除了他多年之前在哈佛结识的老朋友西尔维斯特·盖茨外，只有康诺利（也是因其非常毒古）、泰勒、罗思和安格斯·威尔逊这几位。其余的人在他眼里都很讨厌。"那康普顿·麦肯齐呢？还有坎普·史密斯呢？"是的，他们的确也不错，不过也就这些了。他眼里最可恨的英国人，他说，就是温斯顿·丘吉尔，此人除了是一个典型的美国低级记者外，什么也不是。要不是因为西尔维斯特·盖茨和我本人的缘故，他才懒得来英国呢。一个叫莫里斯·鲍拉的可笑而又自高自大的家伙是不是还在牛津？他和盖茨一起见过鲍拉，此人虽通晓多门语言，对文学却一窍不通。虽然热爱文学，这一点显而易见，可惜的是，对于文学却说不出半点有趣的东西来。他了解到此人是我的一个朋友，这怎么可能呢？其谈吐极其平庸乏味，空洞无物，不过就是瞎嚷嚷而已。他怎么也想不明白，人们怎么会说西里尔·康诺利和伊夫林·沃这样的作家多亏了这个咋咋呼呼的庸人的提携——他们起码很有才华，而鲍拉不过是一个滑稽的"英国佬"。他还意犹未尽地骂了很多。此时，他已喝了很多酒，眼睛都快闭上了。我设法把他弄到了他的卧室，可没少费劲。

第二天，他很平静，也很绅士。我们聊了很多，聊了俄国作家，聊了他在塔尔科特维尔镇的生活——他竭力劝我随他去看看那个镇子——聊了希伯来语的各种时态和匈牙利语的结构（他考虑学这门语言），聊了他对 A. H. 奥登诗歌的极度欣赏，聊了《纽约客》在美国文化生活中

293

的有趣地位，聊了欧洲人高高在上的可怕态度，不只是可鄙的英国人，还包括法国人乃至意大利人，欧洲人傲视美国文化、傲视沃尔特·惠特曼这样的伟大诗人和赫尔曼·梅尔维尔、亨利·詹姆斯这样的散文作家——这些作家得到了认可，但他们是美国人这一事实，在他看来，却总是被搪塞过去或是引以为憾。但美国会让他们看到的。美国涌现出了一代优秀的年轻技术专家和工程师，他们自信、富有才干、思路清晰、整洁利落、一身粗斜纹装（我记得这一怪怪的描绘），发明了很多精巧的
294　新器具；这些人正在建设一种前所未有、高度务实的文明，这种文明将顺应人类的新需求，为美妙舒适的新生活开辟多样的前景，也将取代正在迅速衰落、狭隘的欧洲文化的腐朽、自负与肮脏。

　　不过，他的这些怪念头没有前一天那么狂暴了，也少多了。威尔逊的情绪比先前平静，心情也比之前愉快，非常放松。他解释说，他的生活就是，而且一直都是，文学和作家，音乐[1]乃至绘画则没那么重要，虽然它们确实非常重要：马尔罗对雕塑有过精彩的论述。在他对生活与艺术的观念——在对他认为很重要的事情，如政治等问题上——影响最大的莫过于俄国的那些大师。普希金打动他的程度已经比莎士比亚有过之而无不及了，不过并未超过但丁。在他看来，奥威尔写的那些关于托尔斯泰和《李尔王》的玩意儿完全是狗屁不通的废话。他说在伦敦和牛津见到那些八字脚的家伙后，他就越发讨厌英国人了。他问我是否认识他的朋友贾森·爱泼斯坦[2]。他觉得他自己就够愤世嫉俗的了，可跟爱泼斯坦比起来是小巫见大巫——其对人类的厌恶是惊人的。他喜欢爱泼斯坦，也喜欢此人这一性格。

　　之后他便打道回府了。他此行算不上是一次成功的访问。尽管如

　　1　不知是出于什么原因，我曾问过他是否喜欢瓦格纳。我印象里，他的回答是："对，对，我喜欢过，对，在我年轻得多的时候，不过现在我不能听这种东西了。"

　　2　Jason Wolkow Epstein（1928—　　），美国出版界的一位传奇人物，曾任兰登书屋总编辑兼副总经理。——译注

此，他还是携夫人埃琳娜又来过一趟牛津，跟我与我妻子待了两三天，那时我们已经住在我们自己的房子里了，而这一次我很小心，不管牛津的学者多么崇拜他，多么热切地想见他，我都没有邀请他们来见他。我更喜欢在波士顿、伦敦和纽约跟他见面。

在我眼里，他是一个伟大的评论家，也是一个高贵、令人感动的人，我喜欢他，敬仰他，并且希望得到他的好评；在他去世前不久，他让我用金刚钻在他位于韦尔弗利特的住宅玻璃窗上镌刻《圣经》中的一句话，令我深受感动，因为只有朋友才享有这一项特权。我镌刻的是《以赛亚书》中的一句诗，他坚持认为，我显然是把自己与先知以赛亚联系在一起了，这又是一个难以根除的幻想，如同他顽固地认为我之所以那样写托尔斯泰，纯粹是因为我也是一只狐狸，一只渴望且确实相信自己能够成为一只刺猬的狐狸。对于这一荒谬的观点的任何否认之词，都没有给他留下一丁点儿的印象。他以为，"和所有犹太人一样"，我寻求的是统一和一个形而上的融合有机的世界；实际上，我的信仰正好与之相反。一切外部证据都无法撼动他内在世界的结构。他很容易陷入疯狂的幻想、荒唐的揣测、无端的爱恨。在很大程度上，我的种种偏见都与他自己的偏见不谋而合，这当然是我同情与喜欢他的一个极大原因，或许也是把我们联系在一起的一条最重要的纽带。

他的看法常常难以预测，而且他这个人也很容易产生错觉，但为人绝对人道，绝对正直。他突然转移话题后，会在不知什么地方结束这一话题。他在《纽约客》上发表的那篇评论帕斯捷尔纳克《日瓦戈医生》的文章，我认为是所有语言中写得最棒也最有见地的；但他在后来的一篇文章中对该小说中各种名字和象征所做的推断是极不理智的。他设法将对异己文化的深刻洞见和奇特想象与汹涌的偏见、仇恨和大量的胡扯糅到了一起；有时他完全是不着边际、离题万里；不过，他的指责大多数还是一语中的。他是约翰逊、圣贝夫、别林斯基及马修·阿诺德这一传统的最后一位重要评论家。他的目标和实践是在一个更大的

295

296　社会和文化框架中考察文学作品——这一框架包括了对作者的个性、目标与社会背景及个人出身，周围的道德、知识和政治环境，以及作者眼界的性质的一种专注、犀利、直接、极富启发的看法——并且将作者、作品及其复杂的背景呈现为一个相互关联的整体。他来看我时曾对我说，现代的趋势是追求纯粹的文学学术性，经常故意忽略作者的生活和社会环境，这对他来说，完全缺乏真实的内容。我强烈赞同他的观点。对他来说，艺术散发着光芒，但不单单是靠它自身的光线来散发的。他
297　走了，但他并没有离开自己的同伴。

忆弗吉尼亚·伍尔夫

　　我记得1933年弗吉尼亚·伍尔夫应邀到她的大表兄、新学院院长 H. A. L. 费希尔[1]府上去过了一夜。费希尔夫人对我说不太喜欢伍尔夫，认为她有点目中无人，不过赫伯特·费希尔除了跟自己的这个表妹关系很近外，对她的评价也很高。晚宴设在院长的寓所，出席宴会的除了嘉宾伍尔夫、宴会主人、费希尔夫人、约翰·斯帕罗外，还有一名全灵学院院员（其实就是本人）、极受费希尔夫人喜欢的理查德·克罗斯曼、不能忍受女性作陪且特别看不惯女作家的C. S. 刘易斯，外加布雷齐诺斯学院的一位名叫艾伦·克尔的古典学辅导老师，我猜想，他是费希尔家的一个朋友。弗吉尼亚·伍尔夫无疑是我见过的最美的女人（当时甚或后来都是），她显得极其紧张不安且视而不见——她虽然并没有被家具绊倒，但也是很不确定地晃晃悠悠才走到桌子边上。我坐在费希尔的左首，她坐在他的右首。费希尔夫人坐在桌子的另一头，两侧分别是克罗斯曼和刘易斯。玛丽·费希尔（后来成了本涅特夫人），费希尔的女儿，完全被自己的表姑迷住了，她的朋友蕾切尔·沃克当时也在座。

　　1　Herbert Albert Laurens Fisher（1865—1940），英国历史学家、教育家、政治家。曾任劳合·乔治联合政府教育大臣。其母亲是伍尔夫母亲的姐姐。——译注

298　伍尔夫夫人紧张地微微抽搐,她的邻座,那位来自布雷齐诺斯学院的老师问伍尔夫先生是否也会来时,她没有回答。解释似乎是,伦纳德·伍尔夫认定费希尔在想到用黑棕部队[1]平息1921年的爱尔兰叛乱这件事上负有责任(至少是部分责任),于是拒绝与劳合·乔治内阁如此缺德的成员同处一室。

伍尔夫夫人一声未吭,主人也一言不发。然后,为了打破沉默,他问道:"你看书多吗,弗吉尼亚?你看不看小说——比如司各特的?"她回答说:"不,不看司各特的,我觉得他的小说全是糟透了的垃圾。我知道戴维·塞西尔刚刚发表过一个关于他的演讲,天知道他从他的小说中读出了什么,我也不喜欢那个演讲。"说完,又是一阵沉默。

"你散步吗,弗吉尼亚?"费希尔有点儿绝望地问道。"散,我散步。在伦敦不怎么散步。主要是在乡下。"

"散步时你最留意什么?"

"我想主要是山坡上的山羊,它们看上去很有教会感。"

与此同时,桌子的另一端,大家伙在高声说自己多么喜欢阿平汉姆学校(我不担保记住了他们的原话)。

"我喜欢豪爽热情的学校,"克罗斯曼说,"没有你们那种附庸风雅的人——温彻斯特公学我上学的那会儿就有一些,但不是很多。伊顿公学,当然就差多了。"我想费希尔夫人认同他的说法。

刘易斯说他发现莫德林学院的那些性格内向的学生不好教——"附庸风雅,说得非常好:贝杰曼[2]、普赖斯-琼斯,我发现他们两人都并不真正懂散文和诗歌,现代和古代的都不懂——他们毕业后,我长舒了

　　1　英文名为the Black and Tans,正式名称为皇家爱尔兰警察部队特别预备队,其使命是镇压爱尔兰共和军在爱尔兰发动的革命。——译注

　　2　John Betjeman(1906—1984),英国桂冠诗人。1969年受封爵士,1972年获"桂冠诗人"称号,是20世纪英国最重要的诗人之一。他非常厌恶自己的导师C. S. 刘易斯。——译注

一口气。"

伍尔夫夫人听了这语气、这嗓门、这论调,皱起了眉头,费希尔赶紧出面,把话题转移了。他们谈到了他们认识的人,谈到了意大利之旅之类的事情——那两位年轻女士说的话,我都记不起来了。然后我们去了客厅,里面有不下四五十个新学院的本科生和研究生,他们都是主人认为适合叫来见见这位大作家,听听她说点儿什么的人选。

她站在他们面前,默不作声,神色紧张,目不转睛地望着远处某个地方,张不开口——有点儿像一次处决,或许也像一个非常腼腆的主教 300
要给一班学生施坚信礼一样。最后,她终于开口了。

"你们有人读过《简·爱》吗?"她问道,眼睛先是看着天花板,后来又看着窗户,尽量不去看任何一个人的脸。

一个小伙子举了手。"能给我讲讲情节吗?"伍尔夫夫人说道。

小伙子竭尽所能,讲了十来分钟。

"有谁读过《呼啸山庄》?"

接下去又是同样的过程。

"《月亮宝石》呢?"也有人读过。

"你们喜欢看侦探小说吗?"有说喜欢的,也有说不喜欢的。然后,她看上去真是有点束手无策,说道:"对不起,我不能再这样谈下去了。我们就和正常人一样随便走动聊天吧。"于是我们就这么做了。

此时已快10点了,费希尔夫人说她要就寝了,但不想睡的可以再待会儿。费希尔问伍尔夫夫人喜不喜欢韩德尔、莫扎特、海顿、贝多芬。她说她都喜欢——"你的爱好真广啊。"他说。之后,我们分成了几小拨,她在一个角落里跟两三个姑娘聊得非常亲切,她的表侄女玛丽或许也在其中,然后我们就都去睡觉了。

很久之后,我想是在1938年,伍尔夫夫人请我到她在塔维斯托克广场的家里去吃晚饭。她在明信片上写道:"请敲我的灰色小门,我会打开的。"

个人印象

　　除了我本人之外，出席这次晚宴的只有伦纳德、本·尼科尔森和罗伯特·格雷夫斯[1]的侄女萨利·格雷夫斯，当时已嫁人，成了奇尔弗夫人，后来当上了牛津玛格丽特夫人学院[2]的院长——伍尔夫夫人显然对她很热情，而且（奇尔弗夫人告诉我）一直在盘问她年轻人之间是不是很盛行自由同居：到底有没有公开的女同性恋？以及类似的问题。我倒觉得她肯定也盘问过自己的侄女们这样的事情——她有一种自己对英国的当下社会知之太少的感觉。

　　她开始描述一位皇家公主（我猜是碧翠丝公主）对邓肯·格兰特[3]画室的一次造访，还说那是一次令人多么愉快的造访。伦纳德一边用一只颤抖的手摸索着点燃煤气取暖炉，一边说道："我不明白你为什么会这么想——皇室成员和别人都一样，跟普通人没什么不同。""这你可就大错特错了，伦纳德，"她说，"他们很不一样，非常出色，非常奇妙，一点也不像普通人。那次我非常激动，而且不觉得丢人。"然后她把头扭向本·尼科尔森——总有某个她显然喜欢揶揄的人，说道："本，跟我们说说，你（他是国王藏画助理管理员）进白金汉宫或温莎城堡是不是得穿齐膝的宫廷礼裤？你鞠躬是不是要鞠得很低？是不是要行单膝下跪礼？是不是要等到皇室成员跟你说话后你才能开口？你提问过吗？你从国王面前是不是得退着离开？"如此种种。

　　本尽可能地做出了回答，板着脸，和平常一样非常严肃，最后终于憋不住了，大声说道："你老拿我开涮，弗吉尼亚。你问过可怜的休·沃

1　Robert von Ranke Graves（1895—1985），英国诗人、翻译家和小说家。著有历史小说《克劳狄乌斯自传》(I, Claudius)（1934）、《耶稣王》(King Jesus)、《金羊毛》(Golden Fleece) 等；对诗歌灵感的思辨性研究著作《白色女神》(The White Goddess) 一版再版。——译注

2　牛津历史上的第一所女子学院，为女生创造了在牛津就学的机会。1879年成立，1979年起开始招收男生。——译注

3　Duncan James Corrowr Grant（1885—1978），英国后印象派画家、纺织品与陶器设计师、舞台布景与服装设计师，是布鲁姆斯伯里团体成员。——译注

波尔,问他的车里是否衬了一层金子,这事儿我永远都不会忘记。”

然后她又转过头来对我说道:“你进来时拿的是一本什么书? 我看见了。”

我说是亨利·詹姆斯论霍桑的著作。

“伯林先生,我想你的钟楼里没有蝙蝠。”她说,“我看得出来——你在我看来不像是个喜欢做梦或幻想的人,难道你是那种人吗?”

我不记得是怎么回答的了。我想当时在她面前出于纯粹的恐惧,我肯定结巴了。她的确表现出了天才的风度,她的谈吐,我不能企望可以模仿出来,充满了绝妙的比喻和类比,听起来(我想)比我所遇到的任何人的谈吐都要吸引人。帕斯捷尔纳克是唯一比较接近的一位。

“亨利·詹姆斯,”她说,“当然,现在大家都读他的作品,不过我遇到他时,他还什么都不是,就是一个冻僵的老怪物。现代小说我读的不多,就连我们——伦纳德和我出版的那些,我都不怎么读。斯蒂芬·斯彭德告诉我们,他认为劳伦斯·凡·德·普司特[1]的《在某省》非常精彩——你知道,这本小说就是我们出版的。我觉得写得相当不错,可是精彩吗? 不。你读过或者看到过《大教堂凶杀案》[2]吗? 我很喜欢这部作品。”

“我看了一半就作罢了,实在看不下去,”伦纳德说,“我觉得汤姆·艾略特也太故弄玄虚了。尽是些虔诚的胡扯。”

我能记得的就只有这些了,但在这个不是特别有同情心也肯定不是很友善,却极有天赋的作家面前,我度过了一生中最精彩的三小时,我至今都认为她是一个天才作家——重温其中期的作品时,我越来越这么认为了。

302

303

1　Laurens van der Post(1906—1996),南非作家、探险家、人类学家、语言学家、哲学家。其处女作《在某省》(*In a Province*)也是第一本出自南非人之手的反种族歧视小说。——译注

2　*Murder in the Cathedral*,T. S. 艾略特的一部诗剧,1935年首演,且曾于1952年搬上银幕。——译注

亚历山大·哈尔珀恩与夫人莎乐美

　　亚历山大·雅科夫列维奇·哈尔珀恩(俄语作"加尔珀恩")和他的夫人莎乐美娅·尼古拉耶夫娜(她父亲其实不姓尼古拉,可她决定以这个姓来称谓自己)是我一生中见过的最有趣的人。我跟他们夫妇建立了亲密的友谊,虽然我从来不认同他们的观点,不论是他的还是她的,不论是政治的还是个人的或文学的,也即对书、对人或对局势的观点,尤其是政治体制方面的观点。可尽管如此,我还是隔三岔五就去看他们,而且跟他们在一起的时候,没有哪次不是极其开心,起初跟他们夫妇俩是这样,亚历山大去世之后,跟他的遗孀莎乐美娅·尼古拉耶夫娜也是这样。

　　亚历山大·哈尔珀恩(这是后来在英国他自报家门时用的名字,实际上是亚历山大·詹姆斯·哈尔珀恩)是革命前的俄国一个大名鼎鼎的犹太律师的儿子。他父亲一家是属于贵族阶层(dvoryanstvo)的几个大家族之一,能享有这一殊荣的,我要说,顶多也就是五到十个在公众生活中因某方面而赫赫有名的犹太人。亚历山大的职业是律师,和他的父亲一样,住在彼得堡,青年时代像同时代许多受过良好教育的犹太青年一样,持左翼的政治观。当时的那些犹太青年都纷纷情不自禁地参加了反对反动政权的斗争,因为反动政权把很多不利条件都强加到

了他们身上。不过,我并不认为他曾经成为过一名布尔什维克。毫无
疑问,他当时的同情心是倾向于某种左翼的社会主义的。他的朋友当
中有社会民主党(孟什维克)的领袖:马尔托夫、策列铁里[1]、尼古拉耶夫
斯基、杜布瓦(杜波依斯)等。在20世纪的头十年快要接近尾声时,他
渐渐有点转向右翼了,而到1917年他则是到了自由党(立宪民主党)的
极左端。不管怎么说,他都如同之前他的父亲一样,是为彼得堡英国大
使馆工作的律师之一,认识很多当时这座都城中可称为普通自由主义
知识分子阶层的人。

    1917年临时政府宣告成立时,他成为这个政府的国务秘书、著名律
师马克拉可夫的第一助理,马克拉可夫后来出任临时政府驻巴黎大使,
其助理也是一个犹太律师,一个叫马克·渥尔夫(后来在英国改称沃尔
夫)的人。哈尔珀恩20世纪头几十年的活动我一无所知,只知道1918
年9月1日英国海军武官弗朗西斯·克罗米上校在彼得格勒英国使馆
遇害后,哈尔珀恩(从某种意义上说他也是使馆的一名雇员)明智地决
定是该离开的时候了。他来到了伦敦,在这里,毫无疑问,他与英国大
使馆打过的交道在找到与法律有关的工作上派上了用场。在1920年代
和1930年代期间(此时我还不认识他),他似乎认识一些因家族关系或
生意往来而跟俄罗斯有联系的英国要人。他学会了英语,而且说起英
语来还带有一种近乎滑稽的上流社会的强调。

    他到英国时还是单身。下面让我来就我所知,详细说说他未来的
妻子生平方面的情况吧。

    莎乐美娅·尼古拉耶夫娜·安德罗尼科娃是格鲁吉亚一个家世
古老的贵族之女,是一个漂亮、聪明过人、机智风趣、讨人喜欢的女人,
修养出类拔萃,浑身散发着独特的魅力,有着超常敏锐的审美眼光,在

304

---

    1 Irakli Georgievich Tsereteli(1881—1959),十月革命前曾担任包括俄罗斯临时政府
邮电部长在内的多项要职,十月革命后在流亡中度过余生。——译注

文学鉴赏方面更是别具慧眼。她来到圣彼得堡，在第一次世界大战前那几年，成了一群朋友的核心和灵魂——作家、音乐家、艺术家——其中有诗人古米廖夫，他的妻子女诗人安娜·阿赫玛托娃，作曲家伊戈尔·斯特拉文斯基和他的妻子维拉（娘家姓：博斯），女诗人玛琳娜·茨维塔耶娃（家住莫斯科，但常来圣彼得堡），而最重要的是还有诗人奥西普·曼德尔施塔姆，他深深地爱上了莎乐美娅，并将其最优美的抒情诗之一——《索罗敏卡》献给了她，诗名"索罗敏卡"意为"小麦秆儿"，与莎乐美娅的名字谐音。这些阿克梅派诗人与他们的支持者和追随者常在彼此的家中相聚，也在著名的"流浪狗"咖啡馆相聚，形成了当时欧洲一个最具才气的文学艺术圈子。她后来生活中的每一件事情，在某种程度上都与她的这一段快乐而才华横溢的青春年华是相联系的，也是在向这段年华致意。她的熟人也主要是那个时候的一些老相识。

哈尔珀恩不是那个圈子中的人，但他就在圈子的边上；他遇见并且自然地爱上了她。十月革命后，她用一些有点不相干的证件设法离开了苏联——她没有护照，但不识字的边境卫兵，我猜想，看了她出示的在圣彼得堡家中暂住的证明后就放行了。她是从高加索出境的，然后到了君士坦丁堡，最后来到了巴黎；她这次的同伴是伊瓦·帕特切维奇，彼得堡的一名审美家，最后成为纽约《时尚》杂志的掌门人。[1] 在巴黎，她进入了自由俄罗斯移民的圈子——她认识不少作家，如阿列克谢·托尔斯泰（他后来回到了俄罗斯并且实际上变成了新成立的斯大林帝国官方的维吉尔）、蒲宁、阿尔达诺夫[2]、玛琳娜·茨维塔耶娃[3]（莎

1　Iva Sergei Voidato Patcevitch（1900—1993），康泰纳仕出版集团（Condé Nast Publications）总裁兼董事会主席（1942—1971）。本文的俄文译者（见本书第xl—xli页）称根据其他资料，她的同伴是季诺维·彼什科夫（Zinovy Peshkov）。

2　Mark Aldanov（1889—1957），俄罗斯流亡作家，与蒲宁是很要好的朋友，写过很多批判苏维埃体制的文章。此处原文为Aladanov，是误拼。——译注

3　Marina Ivanovna Tsvetaeva（1892—1941），俄罗斯著名诗人，在20世纪世界文学史上占有重要地位，此处原文亦将其名字误拼为Maria了。——译注

乐美娅跟她特别要好）、爱伦堡[1]、席弗林——后来为七星书社的编辑之一，以及众多当时在巴黎安家的俄罗斯艺术家。这些年里给她画过像的就有彼得罗夫-沃特金、谢列布里亚科娃、索莫夫、亚历山大·雅科夫列夫和舒哈耶夫。她又一次成了一群思维活跃而又聪明睿智的人的核心，虽然经济状况不允许他们过上像以前在彼得格勒那样潇洒优裕的生活。

308

哈尔珀恩当时虽然住在伦敦，却经常去巴黎，对莎乐美娅穷追不舍，最后她答应了他的苦苦追求，同意嫁给他并祝他幸福，尽管她拒绝离开巴黎。她在巴黎生了一个女儿，这个女儿（嫁给了俄罗斯人诺尔迪男爵）后来变成了一个狂热的共产主义者，而且还在巴黎街头卖过《人道报》[2]。哈尔珀恩依然住在伦敦，继续从事他的律师职业（他有可能是在为英国情报部门工作，不过我没有证据能证明这一点）。莎乐美娅时不时地来看他，每次他都会精心准备迎接她的到来，都会特意点她喜欢吃的菜、喜欢喝的酒，而且还会安排她见一些自己的朋友，参观剧院等等。

他们这样两地分居一直持续到1930年代结束。她的法语讲得自然而又自如，年轻时她和俄罗斯上流社会的其他人一样学过法语，但从来没学过一丁点儿英语，当时没学过，她漫长的一生中任何其他时候也没学过。所有这一切我都纯粹是从他们夫妇和别人给我讲的故事中知道的，因为当时我并不认识他们，准确一点说，连他们的存在我都不知道。说实在的，我几乎一个俄罗斯流亡者都不认识——我父母不希望认识他们，宁愿过普通一点的英国资产阶级生活。

1　Ilya Grigoryevich Ehrenburg（1891—1967），犹太人，苏联新闻记者、作家，曾当选世界和平理事会副主席。其长篇回忆录《人·岁月·生活》被称为俄国版的《光荣与梦想》。——译注

2　原文为法语 *L'Humanité*，法国社会党领导人、历史学家让·饶勒斯（Jean Jaures，1859—1914）于1904年创办的一份社会主义报纸。——译注

第二次世界大战期间，我1941年在纽约，身份是英国新闻部官员，非常偶然地遇到了一个叫伊斯托里克的人，此人是锡安银行，当时叫"犹太殖民信托公司"的总经理。1930年代末，因为伦敦犹太复国主义运动的关系，我就认识伊斯托里克了。他是因某种金融方面的业务来纽约的，还问过我认不认识他的朋友亚历山大·哈尔珀恩——我的回答是不认识。[1]他认为我们可能谈得来，于是就安排我们见了面。我见到了哈尔珀恩，觉得他是一个风度翩翩、举止文雅且招人喜欢的人，他毫不隐瞒地告诉我他在英国的一个情报部门工作，该部门的总部在纽约。我任何时候与任何国家的情报部门都没有过丝毫瓜葛，而且对他所做的事情也不感兴趣。不过我有些朋友在他那个部门里——招募进去的一些牛津学者，包括历史学家威廉·迪肯、哲学家艾耶尔、古典文学学者吉尔伯特·海厄特——原来他们都是这个儒雅而又讨人喜欢的俄罗斯流亡者的朋友和倾慕者。

我发现莎乐美有一种难以抗拒的魅力，此时她已经是一个上了年岁的妇人了，至少也是所谓的"半老徐娘"了，而我相比较而言还很年轻。我见到他们的次数相当频繁，我经常去他们纽约漂亮的公寓里共进晚餐（无疑都是他拿英国给他的薪水请的客，他的薪水比我的高多了），还碰到过一两个很有趣的人，法国社会主义者，著名的俄罗斯评论家罗曼·雅各布森，他把自己译成现代俄语的俄罗斯中世纪著名史诗《伊戈尔远征记》(*Slovo o polku Igoreve*)念给我们听；而且时不时地，还

1　据约翰·凯恩克洛斯(John Cairncross)回忆，伯林出席过哈尔珀恩夫妇举办的一个宴会，还"讲了一大堆放纵的笑话。我只记得他那个版本的'总要警醒祷告'的箴言了——到他嘴里却变成了'总要观看'"。[《马可福音》14：38中："Watch and pray so that you will not fall into temptation." 中文《圣经》译作："总要警醒祷告，免得入了迷惑。""Watch"一词既可作"观看，注视"解，也可作"当心，留神"解。——译注] *The Enigma Spy: The Story of the Man Who Changed the Course of World War Two* (London, 1997), 76.

会碰到一两个流亡的俄罗斯贵族，如一个叫舒瓦洛夫的伯爵夫人、奥伯伦斯基公主等。

1942年，我被调到了英国驻华盛顿大使馆，见到他们的次数就没那么多了，但亚历山大·哈尔珀恩每次来华盛顿见官员时都会来看我，而我有时会去纽约出差，一方面也是为了去见他们，这是令我极开心的事情。我们用俄语交谈，这本身就很对我的胃口，因为在20世纪二三十年代我用俄语交谈过的人不是很多。说来也怪，我小时候在俄罗斯学到的这种语言一直记得十分清楚。纽约，我发现，真的是哈尔珀恩大妇连续共同生活过的第一座城市。此时，他们都开始有点左倾了，她比他还要左，不过没准是他把自己的观点隐藏得更巧妙一点也未可知。他把我介绍给了尼古拉耶夫斯基、策列铁里、阿布拉莫维奇这三个孟什维克和另外几个垂垂老者，他们都是早先一个时期俄罗斯政治生活还在世的代表性人物，都在为孟什维克杂志《社会主义通报》(*Sotsialistichesky vestnik*)撰稿。哈尔珀恩，据我所知，与持反动观点的真正白俄流亡者没有任何往来，后者是旧政权的支持者，依我看，他们都是以仇恨和轻蔑的态度看待自由观念的。哈尔珀恩的观点依然是过去称作"自由工党主义"，也就是说左翼的自由主义、右翼的社会主义，或者说介于二者之间的观点。这里面从某种程度上说又掺杂了一点势利倾向，而这点他是洗脱不掉的，因为他非常明显偏向于他出身较好的英国同事，而且跟他们在一起比跟华盛顿或纽约那帮官僚机构的成员要如鱼得水得多。

说到这里，我应当插上一句，哈尔珀恩从来没有离弃的组织之一是著名的犹太人贸易与劳动促进会——ORT[1]，这个促进会至今还存在，而

310

---

1 ［全名为"俄罗斯犹太人贸易与农业劳动促进会"，后更名为"劳动传播促进会"。］(由于该组织的俄语名称的拉丁化转写为Obchestvo Remeslenogo Truda，首字母缩写则为ORT，因此英文中便用ORT来指代该组织。——译注)

且还的确很活跃。是我妻子的祖父贺拉斯（Goratsy）·金茨伯格男爵、千万富翁塞缪尔·波利亚科夫和食糖大王拉扎·布罗茨基共同创办的，其宗旨是培养年轻犹太人的产业与技术技能，以期他们能凭借这样的技能正常参与国家的经济生活，而不是沙皇政权的压制态度使他们沦入的那些有点任性的非生产性活动。哈尔珀恩的父亲很可能是投身于这一改造与教育工作的杰出犹太人之一。亚历山大·哈尔珀恩抵达伦敦后，他本人也曾再度涉足过促进会的工作，促进会战前战后在伦敦都得到了非常成功的发展，而且如今在伦敦、以色列及许多其他国家都是形势一派大好，在为犹太人提供帮助和教育方面已经且将继续做出杰出的贡献（近来甚至在莫斯科也是如此）。我猜想，他当初就是以促进会代表的身份去美国的，说不定英国的情报官员去其他国家时也拿这样的身份当过掩护，而且介绍我们认识的伊斯托里克当初在伦敦认识他的时候，他的身份就是促进会的人。

　　好了，这个问题就按下不表了，我们还是言归正传。这期间，我并没有发现哈尔珀恩夫妇有任何亲苏倾向。后来就不一样了。我在他们家里打发了不少快乐的时光，听他们讲十月革命前俄罗斯的文学生活，这样的讲述除了本身就很有趣外，还极大地丰富了我对俄罗斯人观念的演变史的了解，演变的结果导致了那场革命，或者还不如说，在很大程度上毁于了那场革命。战争结束后，我们都回到了英国，他们在切尔西（切尔西帕克花园39号）的一所房子里安了家。在那里，亚历山大（他太太和亲近的朋友都管他叫舒洛契卡）又重抄旧业，干起了国际律师这个老本行（合伙人是他的老同事沃尔夫），不过就我所知，他可能还是在继续为英国情报部门效力，而英国情报部门的情况，无论是当时还是后来，我都是一无所知，因为为其效力的那些人闭口不谈他们的活动，至少是不会跟我透露的。

　　在伦敦过上了一种新生活。还是不会英语的莎乐美，似乎能用极少几个必不可少的词和短语勉强购物，或许也就八九个吧。亚历山大

311

的英语说得很棒，尽管有明显的俄罗斯口音，而且还夹杂着他那种准上流社会的腔调。偶尔，莎乐美住在巴黎的女儿，一个积极而又热忱的共产主义者，会来看望他们，还有一个有趣的俄罗斯老地主偶尔也会来看望，他叫维鲁博夫，1917年临时政府的首任总理李沃夫的侄子，似乎跟亚历山大和莎乐美两人都是知心朋友。他讲过不少关于1890年代以来俄罗斯贵族生活的精彩故事，他儿子有时也来，而且很可能还有一两个我没碰到的别的俄罗斯朋友。不过有一个很特别的人我记得格外清楚，此人名叫季诺维·彼什科夫。我第一次见到他是在同英国驻巴黎大使达夫·库珀（诺里奇勋爵）共进晚餐时。晚宴上我就坐在他旁边，由于注意到了他的名字是俄罗斯人的名字，便问了他是不是俄罗斯血统。他回答得含糊其词。我问他会不会讲俄语，他回答说："老早以前会，但后来就彻底忘光了。"几年之后我在哈尔珀恩夫妇家里碰到他时，他的俄语说得一点不比他们逊色，很显然他当年是不想在我面前，或者说得确切一点，是不想在巴黎社交圈里透露自己是俄罗斯人的身份。然而，我还是了解了他的一些经历，很不同寻常。

他是下诺夫哥罗德一个不名一文的犹太人钟表匠的儿子，早在中学时代，就开始从事某种革命活动了。下诺夫哥罗德开过一次审判革命者的审判会，马克西姆·高尔基（本名彼什科夫）参加过这次审判会。当法官问那个叫斯维尔德洛夫（我所说的这个人的原名）的男孩子是否与递给他的一份文件有牵连时，他接过来文件——就一口把文件给吞了。高尔基深受感动，于是就做了一番调查，将这个孩子收养，带到了卡布里。卡布里是革命前高尔基常去住的地方，列宁和其他布尔什维克曾经在那儿组织过某种暑期学校。（斯维尔德洛夫的弟弟雅可夫是一名坚定的布尔什维克，俄国社会民主工党中央委员会委员，之后成为苏联第一任国家元首。）这个小伙子（当时他已是青年）遇见了俄罗斯的革命领袖，但似乎没有对哪个领袖有特别深刻的印象，于是跑到美国去了。在美国东闯西荡了一阵子，也不知是靠干什么维持生计的，然后就

312

313

漂回了卡布里,回到了高尔基身边。1914年又跑了,自愿加入了法国军队。这对高尔基及其朋友来说可是一个可怕的丑闻,参加"帝国主义的战争"对他们圈子里的任何一个成员而言都是不敢想象的事情。他在凡尔登战役中受了重伤,在被用军用列车运回的途中,他听到医生说一看就快要不行了,再为他费劲已经没有意义了。他想方设法爬到车门口,在下一站翻身滚了下去,被一个法国农夫的妻子撞见后,搬回家里细心照料,才捡回一条命。

康复后他回到巴黎,讲述自己的经历,一下子成了战斗英雄似的,见到了很多有头有脸的大人物。然而,巴黎的生活也不对他的胃口,于是他离开法国,加入外籍军团,跟随部队在北非作战了好多年,其间他在战斗中失去右臂。1940年,他投到戴高乐的麾下,他的才智和活力给戴高乐留下了好印象,于是被作为其代表派往华盛顿去见时任美国政府副国务卿的萨姆纳·威尔斯。威尔斯认为他能干而且有趣,并把这一看法报告给了"自由法国",没过多久,已经被戴高乐擢升为将军的彼什科夫(可能在外籍军团时已到了少校级别)又以戴高乐政府的大使身份被派往中国,以取代维希政府的大使罗兰·德·马尔热里。此后他又作为法国大使派往日本,不出所料地获得了法国荣誉军团勋章大绶章,回到巴黎,过起了退休将军和退休大使的生活,不是在行际盟友俱乐部打打桥牌,就是跟女人打情骂俏,或者跟气味相投的人出去聚餐。

我在切尔西帕克花园哈尔珀恩夫妇家客厅里遇到的就是这么一个人。莎乐美很瞧不起他企图掩盖自己在俄罗斯的那段陈年往事,季诺维,按照她的叫法,从精神上说,他始终是个胆小鬼,虽然从身体上说,他流血牺牲都不怕,她如是说。我后来再也没见过他。[1]

314

---

1 若想了解更多对季诺维·彼什科夫的评价,可参阅 M. Parkhomovsky, *Syn Rossii, general Frantsii*(Moscow, 1989)。按照帕克霍莫夫斯基的说法,彼什科夫是1920年代初莎乐美的丈夫。

哈尔珀恩夫妇钱不多，所以就把房子的一间屋子租给了一个房客。结果这个房客后来不仅成了他们的朋友，也成了我的朋友——安娜·卡琳（昵称"尼欧塔"），一个非常睿智、饱读诗书、精力充沛、引人注目的女士，她父亲是一个先在莫斯科后来去了德国做皮货生意的犹太人。尼欧塔的青春时光是在柏林度过的，在那里成了至少20个名人的朋友，如画家奥斯卡·柯克西卡和艺术史家埃德加·温德（后来在牛津担任艺术史教授）。德国艺术圈里经常能见到她的身影，可是随着希特勒的到来，她一家移民到了英国。我也许战前就在某个人的家里见过她，不过在她住进哈尔珀恩家之前，我基本上不认识她。她最了不起的成就是，几乎是凭一己之力，单枪匹马地创办了伦敦BBC电台著名的第三套节目的"谈话"栏目，正是她发现了英国知识分子中的一群出色人物并说动了他们通过电台广播开讲座和发表演讲。她甚至还监制过著名的"里斯讲座"[1]节目，教过阿诺德·汤因比在电台前如何发音咬字，接受过这种指导的还有许多人，包括伯特兰·罗素、乔治·凯南[2]（他无须指导）、约翰·扎克里·扬[3]及埃德加·温德（他的确需要）在内。

从事这一工作的过程中，她成了众多英国知识分子信赖的朋友。她的朋友大都是响当当的人物，最显赫的就有著名文人艾伦·普赖斯-琼斯、哲学家斯图尔特·汉普希尔和艾耶尔、史学家詹姆斯·约尔、艺术史家埃德加·温德、音乐评论家马丁·库珀、作曲家尼古拉斯·纳博科夫和迈克尔·蒂皮特等，不胜枚举，这些人全都经她的诱引，或迟或 316

---

1 英文为Reith Lectures，BBC的一档经典保留节目，迄今已有六十余年的历史，1948年开办，初衷是为了纪念倡导公众传媒理念的英国广播公司第一任总裁约翰·里斯。——译注

2 George Frost Kennan（1904—2005），美国外交家和历史学家，普利策新闻奖获得者，遏制政策（policy of containment）创始人。

3 John Zachary Young（1907—1997），英国动物学家、神经生理学家，有"20世纪最杰出的生物学家之一"之誉。——译注

早地上BBC第三套节目做了讲座。她在我的生活中帮过一个特别大的忙，因为她成功地说服BBC让我做了六次讲座，有几次还超过一个小时，这让我出了名，从而能够当上牛津的社会与政治理论教授。要是没有这个的话，我怀疑能不能当得上还真是难说，所以我欠了她特别大的一个人情。

在英国知识界有这么多朋友所带来的结果便是，人们上切尔西这幢房子里来，主要是来看望她的，不过其中有些也会不知不觉地成为哈尔珀恩夫妇的客人，虽然他们的朋友依然主要是那些俄罗斯流亡人士。到了1950年代后期，莎乐美越来越狂热地亲苏了，而且一点都不掩饰。苏联每取得一点成就她都会表达自己的喜悦之情，而且还严厉批判，说得确切一点，应该是谴责那些不肯相信苏联宣传的人的观点。她知道我是完全反对苏联政府的，确切地说，是痛恨其一切。可她对我却是另眼相看，允许我发表无根无据的观点而不加追究，只要不把话说得太刺耳，或者说不是太过频繁就行。亚历山大·哈尔珀恩从来没有到那样的程度，虽然他自打在纽约那段时间起就明显变得左倾了，变成了一个苏联人，但他从来都没成为一个彻头彻尾的苏联政权拥护者。

莎乐美的观点显然得到了莫斯科的青睐。苏联作家，特别是那些为苏联当局所欣赏的作家，在伦敦可以自由地跟她接触，这是唯一一家苏联当局或多或少鼓励他们造访的私宅，而她也让他们感受到了欢迎。我无法在她面前掩饰自己对像诗人苏尔科夫这样一些明显的党棍的反感之情，苏尔科夫曾是苏联作协的书记，对很多持不同政见的作家，如帕斯捷尔纳克等遭到迫害负有不可推卸的责任。她可以与苏联各种各样的人自由通信，而且苏联当局还释放出了一个对她有好感的信号，允许她妹妹从格鲁吉亚来看望她，这在当时对苏联当局来说，可是一个破例之举。她最亲近的朋友有穆拉·布德贝格男爵夫人，伦敦社交界一个很有名气的人物，曾是罗伯特·布鲁斯·洛克哈特和马克西姆·高尔基的情妇；当然，还有 H. G. 威尔斯，后者虽然有所保留，也公开表示过对苏联的肯定。安娜·卡琳，尽管她本人也有点儿左，还是让这样的苏联热给吓坏了。不过，我和她与哈尔珀恩夫妇之间的友谊一直到最后都没有因此而受到影响。

亚历山大1960年代在一次中风之后去世，应莎乐美之请，我在火葬场为他致了追思辞。莎乐美去世晚多了，把她一大部分的文档留给了苏联（书信、诗歌以及各种各样的残篇断稿，大都讲的是革命前的文学界的事情），它们肯定是在某间图书馆里睡大觉呢。大牌女诗人阿赫玛托娃到英国来接受牛津的一个荣誉学位时，专程登门探望过莎乐美，两人紧紧地抱在一起，说了很长时间的知心话，据莎乐美讲——她很喜欢而且钦佩阿赫玛托娃，但并不苟同其明显唱反调的政治观点，并且说其诗歌过于自我显露了。斯特拉文斯基的妻子维拉也来看望过她——事实上，阿赫玛托娃与革命前的老朋友之间有不少联系。

我永远也不会忘记莎乐美守寡之后，我和她经常在一起度过的那些漫长的下午时光。只要避而不提政治，尤其是不提斯大林，她聊起天来就会犀利、有趣、一语中的，常常是妙语迭出，而且还有一股子并没有因为年岁增大而减少的活力。她总是坐在同一个窗户边上的同一把扶手椅上，一本接一本地看书，都是俄文书，不是19世纪的经典，就是最新的回忆录，要不就是苏联作家出版的小说，其中有些她斥之为垃圾，另外一些她则又夸得言过其实。在我印象里，她似乎一天到晚都在看书，我偶尔打断她阅读，跟她待在一起时，她——九十岁出头了——都会提出很多见解，浮想联翩，回忆起种种往事，而且差不多对每一件事情，比方说，战争中她在美国所经历的一切，她都会做出尖锐的评论。像她这样年岁的人，对生活还如此热爱，而且智力完好无损的，我还从来没有碰到过第二个。

我尽我所能，写了一篇悼念她的短文（受报纸篇幅所限），寄给了伦敦的《泰晤士报》，但依然不足以表达我对她的缅怀之情，尽管她巴黎

318

的女儿和朋友认为已经配得上她了[1]。我最记忆犹新的一件事情是看到
她老跟安娜·卡琳抬杠的情形。她俩都喜欢对方，据我所知，从来没想
过要分手；两人在生命快要走到尽头时，彻底交织在一起了，但她俩实
际上在每一件事上意见都相左。莎乐美有点看不起安娜那些知识界的
同伴（英国文人和小说家），在她看来，这些人很肤浅而且跟革命前——
战前——圣彼得堡的那些黄金般的美好日子一比，过的都是些毫无档
次的生活。安娜·卡琳看着莎乐美张口闭口都是苏联好就来气，看到
她认为满口都是假话的穆拉·布德贝格以及绝大多数连让人鄙视地看
一眼都不配的苏联作家和记者就冒火。莎乐美经常说"这个尼欧塔，
我简直搞不懂她的观点是什么——她认为她自己是左翼，可是依我看，
那完全是胡扯——托洛茨基主义，或者鬼知道是什么——太浅薄，太浅
薄了。我一听她说话就烦"，可说归说，事实却根本不是这么回事。不
管怎么说，她们彼此需要，总是聊个不停，一起做饭，完全被解不开的感
情和对俄罗斯共同的记忆纽带紧紧地绑在了一起。莎乐美去世几年之
后，尼欧塔也去世了，去世时很孤独而且身体也很差，但依然对英国知
识阶层的生活很感兴趣，葬礼上致颂词的是她的朋友，音乐评论家马
丁·库珀，我也念了一首诗，我希望我能记得是谁写的——我想是勃洛
320 克的——反正是一首似乎是她所爱的俄罗斯诗歌。

　　这些了不起的人生命就这么结束了。对于我这几位亲密、深爱的
朋友们的去世，我深表哀痛，一种丰富而又无可替代的俄罗斯文化的几
位代表，永远离去了。

1　'Mrs Salome Halpern'，*The Times*，1982 年 5 月 17 日第 12 版（全文附后）。

附　录

莎乐美·哈尔珀恩夫人
《泰晤士报》,1982年5月17日

莎乐美·哈尔珀恩(贵报5月12日报道过她94岁去世的消息),是革命前圣彼得堡最著名的一个知识分子圈了里帜叉爱戴与敬仰的人物,这个圈子包括当时几位最具才华的作家和艺术家。

她原名叫安德罗尼科夫公主,1888年生于第比利斯,父亲是格鲁吉亚人,母亲是俄罗斯人,著名诗人普列谢耶夫的侄女。她是诗人尼古拉·古米廖夫及其妻子安娜·阿赫玛托娃、玛琳娜·茨维塔耶娃,尤其是奥西普·曼德尔施塔姆的密友,后者曾爱慕且以其一首最优美的诗赞美过她。阿赫玛托娃最后一次见她是1965年在伦敦,曾夸她美丽非凡、机智风趣、魅力四射,赞扬她具有敏锐的评判力,能准确无误地感觉出一流文学和艺术中的亮点所在。

她1919年离开俄国,移居巴黎,在那里她与很多其他流亡异国他乡的人成了朋友,如小说家阿列克谢·托尔斯泰和伊利亚·爱伦堡(后来回了苏联),以及蒲宁和阿尔达诺夫。

她有过两次婚姻,与第一任丈夫帕维尔·安德列耶夫育有一女艾丽娜,后嫁给亚历山大·哈尔珀恩,一位交际很广的国际律师,俄国革命后定居伦敦,二战期间曾在纽约效力于英国政府。第二次婚姻之后她于1945年移居伦敦,在丈夫去世之后也一直住在那里。她与许多苏联的和流亡的俄罗斯作家、艺术家都一直是朋友。 321

晚年时她的政治观点越来越激进。她无与伦比的魅力、富有讽刺的幽默、言谈中横溢的才华和惊人的坦率几乎保持到了她漫长一生的最后一刻。她的美丽也是如此。她忠诚的朋友都将深切地怀念她。 322

牛津的犹太人

我是在1928年的米迦勒学期[1]来到牛津的，而且我恐怕得说，我没有采取任何措施去寻找犹太会堂或任何别的犹太机构（在我的想象里，是不会有这样的机构的——我差点还真对了）。然而，那学期11月的某一天我跟几个（非犹太人）朋友在一块儿吃午饭时，哈依姆·拉宾诺维奇先生来找了我，他后来叫哈依姆·拉斐尔，是著名的犹太主题作家。他邀请我去参加阿德勒协会，也可能是犹太复国主义者协会（不过我不确定1928年它是否存在）的一个聚会，[2]并问我想不想加入犹太教会。我旋即加入了，后来还在安息日去做过两三次礼拜，并发现两位会长都是显赫的塞法迪犹太人家族的成员，一个是后来的莫卡塔法官——另一个是谁，我恐怕就记不起来了。打那之后，我就频频参加教会的活动了。

此时我对牛津犹太人的社会结构产生了兴趣，牛津的犹太人并不

1　因米迦勒节（9月29日开始）与秋季开学时间接近，包括牛津在内的英国和爱尔兰学校都管这个学期叫米迦勒学期，相当于我们说的秋季学期。——译注

2　阿德勒协会（the Adler Society）是1904年成立的一个牛津犹太学生协会，为纪念该协会的倡议者、时任大拉比的赫尔曼·阿德勒博士（Hermann Adler, 1839—1911）而得名。——译注

是太多。我不清楚具体有多少，但我怀疑在七八十个以上，不一定对。从社会学的角度说，犹太人的等级大抵是这样的：最上层的是各种各样的马拉诺人——秘密信奉犹太教的犹太人——那些无可置疑属于犹太家庭却怎么都不想承认其身份的犹太人。[1]我预见过两三个这样的本科生。另一方面，塞法迪犹太人则完全承认自己就是犹太人。我在圣体学院的一个同学叫亨里克斯，后来当了诉状律师（他叔叔是我所在学院院长的朋友，朋友们都管他叫 Qs 或克尤斯［Queus］）；他和他的堂兄弟们对一般的犹太人的事情都不怎么感兴趣，但对他们的犹太身份却毫不隐瞒，而且一点也不觉得难为情。这些人，可以说，都是"显要人物"。他们下面便是中层阶级的孩子，大部分都是德国犹太人——一般都会叫海涅曼、本辛格、施瓦布之类的名字，他们的家人往往是圣约之子会[2]的成员和伦敦犹太社团中的显赫人物。

323

我的一个终生朋友，现在已经作古了，就属于这样的"显要人物"，而且很有代表性，对于自己的犹太出身一点儿也不感到尴尬——我说的是已故的亨利·达维多尔-戈德斯米德爵士，贝利奥尔学院文学界的杰出人物（我进牛津后很早就认识了他）；虽然他对安格鲁-犹太人团体言辞非常尖刻，他认为这个团体的人多半都无知粗俗，而且当时不怎么与之打交道，但他说起自己的家庭时很自豪，说他们家在19世纪初很辉煌，比罗特希尔德家族还要了不起等等。

中层阶级的犹太人，我想我自己就属于这一阶层，也会去犹太教堂，但并不经常——颇像牛津的圣公会教徒去基督会堂一样。但我们

1　马拉诺人（Marranos），指15世纪基督教重新征服西班牙之后为避免处死或迫害而表面上皈依基督教，私底下却仍秘密信奉犹太教的犹太人。而拒绝皈依基督教的犹太人则被逐出西班牙和葡萄牙，他们的后代便是前面提到的塞法迪犹太人（Sephardi Jews）。——译注

2　英文为B'nai B'rith，世界上历史最悠久、规模最大的犹太人服务组织，1843年成立于纽约市。——译注

都是犹太团体的忠实成员，至于我本人呢，则是犹太复国主义者协会，而不是阿德勒协会的常客，阿德勒协会有点儿反犹太复国主义的色彩。

在这所大学，有两个犹太同学和我关系亲近。一个是沃尔特·埃廷豪森，现在叫沃尔特·埃坦——一个杰出的以色列外交官，前以色列驻巴黎大使和前以色列广播公司负责人；他刚来牛津时很虔诚，而且是个反犹太复国主义者，可是由于希特勒和他在法兰克福老家的亲戚的命运的原因，他发生了一百八十度的转变，成了一个狂热的犹太复国主义者，而且实际上成了1930年代牛津犹太群体非官方、不拿薪水的准拉比。二战期间他在布莱奇利[1]担任密码破译员，战后他去了以色列并留在了那里。我的另一个朋友是沃夫·阿维拉姆·哈尔彭，他父亲是一名杰出的犹太复国主义运动领袖，犹太殖民托拉斯的行长（以色列中央银行的前身）。除了他们两人之外，还有我在圣保罗学校时的许多其他同学，以及在犹太人聚会上结识的一些别的朋友。

低于这一社会阶层的——这完全是由收入水平决定的——是英国那些说意第绪语的犹太人的孩子，他们当中有一些极其聪明而且非常有魅力，我和他们都是朋友。比如索尔·爱德乐[2]，他是新学院的一名聪颖勤奋的学生，曾任哈佛教授，后又在剑桥做过院士，最后到了信仰共产主义的中国定居，担任过中国共产党多个政府部门的顾问。有一位优秀的哲学家，名叫亚伯·阿德勒，我常和他一起去听讲座，现已从纽约一所大学的教授职位退休——还有其他一些很合得来的人。说意第绪语的犹太人家庭的孩子，家长一般都是拉比和犹太会堂的其他官员，这些孩子，往往都喜欢聚在一起，而且我觉得他们与非犹太同学接触

1　即布莱奇利园（Bletchley Park），又称某电台（Station X），位于米尔顿凯恩斯（Milton Keynes）布莱奇利镇的一个宅第，曾是二战期间英国政府进行密码破译的主要地方。——译注

2　Sol Adler（1909—1994），英国人，1962年来华的著名经济学家、资深外国专家。曾与钱锺书等一道负责过《毛泽东选集》英译的定稿工作。——译注

并不是很多。他们身上的意第绪犹太人特性（Yiddishkeit）的引力很强大。他们当中我最要好的朋友是沃德姆学院的亚伯·哈曼，后来出任以色列驻美国大使，又当了希伯来大学校长，还是沃德姆学院的荣誉院员。我不是说他们始终都只说意第绪语，但他们喜欢说意第绪语，觉得很舒服，而且能在他们之间营造出一种温暖、团结的感觉。我不会说意第绪语，虽然能听懂一些。尽管如此，我还是很喜欢跟他们在一起，他们跟我在一起可能也不会太不高兴。他们都成了英国各犹太教会的拉比，都仍然深深地扎根于犹太宗教生活的事务中——而且我敢说，这么多年来犹太宗教生活能够长盛不衰，也有他们的一份功劳。也有以色列人，比如我的朋友阿吉瓦·佩尔西茨，出身于当时巴勒斯坦一个显赫的犹太家庭，就读于大学学院。他与讲英语的犹太人没有半点往来，却与他的那些非犹太同学关系非常好，感觉就像是来自另一个国家的人，与其说是犹太人，还不如说是以色列人，在我看来，这种情况后来是愈加如此。

326

有犹太教师——先有赫伯特·罗威，后有塞西尔·罗斯，以及沃尔特·埃廷豪森，他后来成了女王学院的德语讲师；此外还另有一两人，但是当选学院院员的犹太人只有两人。说到这里，我想回顾一下历史。塞西尔·罗斯已经查实了，牛津的第一个成为学院院员的犹太人是一个著名数学家，名叫西尔维斯特；他曾在剑桥任教，却因为没能通过宗教考察而未能当选一个学院的院员。格莱斯顿取消了宗教考察法后，他被遴选为牛津数学教授，进而成为新学院的一名院员。他待了几年，然后，我想是，就去了路易斯安那州的某所大学。这之后就出现了一段空白，而下一个获得院员职位的是哲学家塞缪尔·亚历山大，他是从墨尔本大学来到林肯学院的——不清楚林肯学院把他选为院员时是否知道他是犹太人，但他并没隐瞒自己的犹太身份。他在这里教了几年哲学，然后便去曼彻斯特大学当了教授。他写过一本论斯宾诺莎的精彩专著，在他所处的时代备受尊敬，还获得过荣誉勋章。接着又是一段空白。接下来的这个犹太人就是亚瑟·古德哈特教授了。我相信，他来牛津前就是剑桥大学基督圣体学院的院员——我不知道剑桥有多少人知道他实际上是犹太人——1931年，他成了牛津大学的法理学教授，同时享受大学学院院员待遇。尽管他很难瞒住自己的出身，但据我所知，并没有人把他与犹太群体挂起任何钩来。他的妻子儿女也都不是犹太人。随着以色列国的成立，他的确形成了很强烈的赞成犹太复国主义的看法，当然了，是在战后才形成这样的看法。

　　下一个当选学院院员的犹太人就是我本人了。我在1932年米迦勒学期成为新学院的一名讲师，同一学期还当上了全灵学院院员，并在新学院继续执教到战争爆发。学校给了一些德国难民院员职位；伟大的拉丁学者弗伦克尔教授是基督圣体学院院员，爱因斯坦和西蒙[1]等物理学家，当然还有两三位著名科学家成为其他学院院员。在非院员中，有不少古典学者和经济学家，而且至少有一位杰出的哲学家——这些人在1930年代和第二次世界大战期间及战后为牛津的人文学和自然科学都做了大量贡献。教授鲁道夫·佩尔斯爵士[2]就是这些犹太人中的一个很好的例子。据我所知，就没有别的犹太院员了（也许有误），直到基思·约瑟夫（现为上议院议员）在战后一两年当选全灵学院院员，才又有了一个。当然，自那以来，情况已有很大的变化。如今没有犹太院员的学院，我一个也想不出来，即使没有多位，至少也有一位。去年春，我数了一下，有不下七个学院的院长都或多或少可以确认是犹太人。他们和古德曼勋爵、哈特教授还有我本人——我们这几个谁都不能被指责为未承认自己是犹太人——组成了一个犹太祈祷班。形势完全变了，我的那点业余统计学知识已经不顶用了。

　　1　Sir Francis Simon（1893—1956），物理化学家、物理学家，发明了分离铀-235同位素的方法，为原子弹的制造做出过重要贡献。——译注

　　2　Sir Rudolf Ernst Peierls（1907—1995），1933年移民到英国的犹太核物理学家，在英国核计划中发挥过举足轻重的作用。——译注

至于犹太会堂，战前和战后确实都依旧有很多人非常定期的前去。塞西尔·罗斯是这个犹太团体的领袖，他一度想将其变成一座大学犹太会堂，就像圣玛丽教堂是大学的基督教堂一样。他希望会堂的大学成员，不论新老，都穿礼袍，戴学士帽。现在一方面是因为躲避战争期间的大轰炸，一方面是因为这座城市其他的吸引力，一下子拥来了这么多出色的人，这么多不是学者的人，这种对学者另眼相待的想法似乎完全无法让人接受。由于我是仅有的一个战前牛津就认可的犹太学者，加上又是犹太会堂的理事，所以在这个问题上征求了我的意见。女士学院的乔纳森·科恩、全灵学院的戴维·道贝、基督教会学院的戴维·刘易斯拼命反对，因此这一提议未获通过。此后，犹太群体和犹太会堂取得了快速发展和繁荣；在赎罪日几乎容纳不下犹太教团体的全部成员了。因此，总体来说是一个很了不起的成功故事（我那个时代仅发生过一次严重的争执，起因是某个礼拜日下午，一个成员把自己的狗带进了犹太会堂），我很高兴能够亲笔记下，在我是牛津犹太人团体一员的这六十二年期间，没有出现任何退步，只有进步。愿这种局面能够长存。

328

329

赫伯特·哈特

我认识赫伯特·哈特长达六十多年。刚认识时,他就成了我生活中必不可少的一部分,而且直到他生命结束,甚至可以说结束以后都依然如此。别人,远比我有资格的人,已经描述了他的学术生涯和学术成就。我就说一些更关乎他个人的,也难免很主观的东西吧。

我第一次见到他,我想是1929年,在牛津的一个本科生哲学协会——乔伊特协会的一个会议上。在我们如此漫长的友谊中,他的音容笑貌、举手投足、生活方式,在我印象里,似乎一直都没怎么变过。什么都是老样子:皱皱巴巴的衣服,对家庭环境的不管不顾,简朴迷人,不露声色的举止、不受干扰的思想活力和心境,对谈话中或世界上出现的任何东西那种热切的兴趣——从来无须将自己的观点翻译成他喜欢的语言风格:无论你多么语无伦次,他也一听就能明白你是什么意思;这一点使得跟他交谈特别容易、愉快而且富有收获。从他身上从来看不到半点自夸、自大、自居、自负的色彩,他有时候会有点儿害羞,偶尔还会沉默寡言;但不自然却是一次也没有过。

在哲学会议上,我很快意识到自己遇见了一个智商非常高的人。他的发言精辟清晰、一针见血,对自己所讨论或批评的观点了解透彻,给我留下了深刻印象,而尤其令我印象深刻的是他那强大的思维能力,

还有在像他这么有天赋的人身上十分难能可贵的——绝对的诚实：面　330
对在他看来言之成理的反对意见，他就愿意收回或修正自己的断言。
他从来没有为了脸面，或是出于固执或不服输，而试图为站不住脚的东
西辩护。

　　当时，我们两人的哲学观点有点相似，都被称作牛津的实在论者：
我们阅读库克·威尔逊[1]的著作——现在都忘记了——还有 G. E. 摩尔、
罗素和普莱斯的著作。赫伯特离开牛津去当律师后，我们常常在伦敦
和牛津相见，并继续谈论哲学。哲学是他的初恋情人，也是他的终生爱
好——他对哲学的爱好，我要说，甚至超过了对法律的爱好。早年，他
更感兴趣的是逻辑和知识论，而不是道德和社会问题，思考并著文探
讨道德和社会问题是他晚年的事情。战前我在全灵学院那些年里，他
是全灵学院的常客；接待他的并不只有我一人，道格拉斯·杰伊、理查
德·威尔伯福斯、约翰·斯帕罗、伊恩·鲍文也常邀请他。这也许就是
我的同事彭德雷尔·穆恩为什么曾说每次自己从印度回来，同事似乎
都不一样了，客人却始终还是原来的那几个的原因之一。

　　年头久了，赫伯特对我的观点批评得也越来越多了，我也因此从他
那儿学到了很多东西。他始终都很正直、通情达理，而且慷慨大方，尽
管如此，只要我一走上错误的或可疑的道路，他总能让我马上知道。他
告诉我第一个让他喜欢上哲学的是布莱福德文理学校的一个很带劲的
老师（名字，我想是叫戈达德），[2]这个老师谈到了斯宾格勒[3]与历史的各

<hr>

　　1　John Cook Wilson（1849—1915），英国哲学家，创立了"牛津实在主义"（Oxford
Realism），他的代表著作是1926年出版的《命题和推论》（*Statement and Inference with
Other Philosophical Papers*）。——译注

　　2　Edgar Henry Goddard（1896—1983），原姓格罗庇乌斯（Gropius），1920—1932
年在布莱福德文理学校教古典文学。

　　3　Oswald Arnold Gottfried Spengler（1880—1936），德国历史学家、历史哲学家。历
史形态学的开创人，《西方的没落》（*Der Untergang des Abendlandes / The Decline of the
West*）的作者。——译注

种形态，还讨论了很多形而上学体系，因而极大地拓宽了他学生的视野。赫伯特始终很爱戴自己的这位老师。

332　　　他当律师的那些年，我经常见到他，那段日子里，他称自己是一个自由主义者；只是在这之后，他才觉得自己让工党的政策吸引过去了，大概是，1930年代保守党政府的各种社会和政治政策所引起的道德厌恶越来越强烈的缘故吧，在这点上我也和他一样。战争期间，我见到他的时候少多了，当时我在华盛顿，他为英国的情报部门工作。与在同一领域工作的吉尔伯特·赖尔和斯图亚特·汉普希尔的交谈，促使他从早年的实在主义哲学转向一个激进得多的立场：绝非某种成熟的逻辑实证主义，而是转向了后来称为语言分析，或者说得更确切一点，"牛津哲学"的一种更审慎的形式。他在新学院的老导师，此时已是院长的A. H. 史密斯，给当时身在华盛顿的我写信，谈到了吸引赫伯特回到该学院的事情。他解释说赫伯特会更有用武之地，因为出现了朝着激进经验主义发展的新趋势（史密斯对激进的经验主义评价很低），需要有人出来加以抵制，而赫伯特将会证明自己是这一趋势的强劲对手，用史密斯的话说，是"一个真正的堡垒"。史密斯真是可怜，他怎么也不会想到，这个堡垒最后成了对方的：就像巴兰[1]一样，这个新的同伴非但没有阻止局势的恶化，反而成了新哲学强有力的盟友。

　　　战争结束后，对他的思想影响最大的，我想，是 J. L. 奥斯汀，他改变了赫伯特的研究法理学的路子，而且在某种程度上也改变了弗里德里希·韦斯曼的研究路子，韦斯曼对所谓的"维也纳学派"哲学家学说的一个修正版进行过详细的阐述。

　　　直到生命的最后一刻，赫伯特对新的体验都有一种经久不衰的、近乎孩子似的热情：各种观念、方法、思想家、音乐、文学、自然之美，实际

　　　1　在《圣经·民数记》第23章第11节中，巴勒对巴兰说："……我领你来诅咒我的仇敌，不料你竟为他们祝福！"——译注

上是唤起了他的反应的一切东西——只要是他觉得有趣、美丽、重要、感动、有吸引力的东西，他都有这样的热情。他对各种社会和政治事件，而且确切点说，是对周围千姿百态的生活，都做出过回应。他对人的性格、外貌和毛病有很强的反应能力。他可以轻轻松松地与各种类型和状况的人攀谈。他聊到同事、朋友时，不是热情洋溢，就是兴趣盎然，或开心幽默，或妙语讽刺，抑或这些兼而有之，他偶尔也会以这样的方式聊到学生，他会激发他们中的很多人自然而然地涌流出自己的思想、感情和世界观。他描述自己在知识和艺术上的发现时，往往都充满了激情，语言清晰易懂，而且对不论自己赏识与否的各种观念、艺术作品、作者的风味品格还有着非凡的洞察力。因而，听他聊天不仅令人心情愉快，还能让人茅塞顿开。他把强大的智力、缜密的思想、坚定的理智与高尚而慷慨的本性结合到一起了——不仅如此，他还为人纯善，有时甚至接近神圣了，这对于认识他的人，不论时间长短，都不能不留下持久的印象。无须赘言，他道德正直，不懈地追求真理和正义，已为举世所公认。

他特别崇拜 J. S. 密尔，还有他钟爱的边沁（既令他钦佩，又令他觉得有趣），因为，和边沁一样，他也相信理性的价值与力量。鉴于他们总的方法是正确的——致力于对人类福祉的奉献——他喜欢他们对无稽之谈的不耐烦，原谅他们在心理学上的粗糙和眼界的狭隘（虽然他看到了这些）。同他们一样，他也反对各种习俗与惯例，如果它们在他看来有害于社会和道德的话，如果它们还是古老、传统且广为接受的习俗与惯例，他则会更加反对。他是一个启蒙者，百分百的启蒙者。孔多塞要是活着，会觉得他是与自己最意气相投的人；我觉得，亚当·斯密要是再世，也会把他引为知己。谬误、愚蠢、残忍、不公在他看来，如果受到了没有经验基础的直觉、信仰和形而上学的助长，会愈发可怕。

他博览群书，尤其喜欢读名人传记、回忆录和小说。维多利亚时代和很多现代文学对他都很有吸引力：简·奥斯汀、乔治·艾略特、狄更斯、萨克雷、亨利·詹姆斯、那些伟大的俄国小说家、奥尔德斯·赫胥黎（他曾告诉我赫胥黎把他从各种青春期的压抑中解放出来了）——加上纳丁·戈迪默[1]，几乎他碰到的一切，或别人向他推荐的一切，都对他那绝妙的思想和情感产生了有利影响。他特别喜欢诗歌——但丁、莎士比亚、莱奥帕尔迪、波德莱尔、丁尼生、魏尔伦、叶芝，而且随口就能引用几句。他也喜欢音乐；他与威廉·格洛克[2]的友谊为他打开了多扇窗户，让他既受到了古典音乐的熏陶，又获得了现代音乐的陶冶。他喜欢旅行，热爱大自然的美，他是一位了不起的徒步旅行者，描述触发他想象的东西来，真是绘声绘色，让人大开眼界。

他也喜欢各个国家本身，尤其是意大利。我记得他曾告诉我，有一次，在一列意大利的火车上，在一节公共车厢里，他突然意识到自己的钱包丢了，很可能丢在了火车站的售票处。他急忙跳了起来，用意大利语喊道："我什么都丢了，我的护照、钱、车票，全丢了，全丢了！"听到他这么一喊，有人马上给了他一些钱，又有另外一个人说到了下一站他可以给上一站打电话，还说如果他在下一站等的话，也许他的钱包就找到了，并且会由下一趟火车带来。结果还真是如此。我怀疑在这一美妙的经历之后，他对意大利和意大利人的热情又升到了一个新的高度；不仅如此，他还提到了意大利女警察往往长得都很好看，这也许有点儿一反常态。其实，不假思索，冲口而出地说出这一点，倒更像他的性格。看来，认为这个平和安静、满腹学问、思想深邃、严肃认真、善于批评的人，在任何情况下都是不会让迷恋、惊讶、赞叹、好奇、鄙夷、气愤等情感冲昏头脑，这种看法是不准确的。他身上永远有一种少年气息：从来没

---

1 Nadine Gordimer（1923—2014），南非女作家、政治活动家，诺贝尔文学奖得主，主要作品有小说《七月的人民》（*July's People*）、《生态保护者》（*The Conservationist*）、《无人相伴》（*None to Accompany Me*）。——译注

2 Sir William Frederick Glock（1908—2000），英国音乐评论家，曾任BBC三台音乐总监。——译注

有失去自己热切的渴望,总希望找到一些富于启发性的新理念,一些体现人类天赋(无论是思想还是艺术方面)的新形式,每当认为自己找到了这种东西——虽然不是总能看对——他就会称赞,并想分享、解释、剖析,探寻其对于生命,而不只是对于某些理性话语世界的意义。

他对自己和自己的作品总是太过挑剔;他认为别人的能力比自己的强。无论他受到了多大的尊敬和赞扬(尤其是在他广受崇拜的美 335
国),他都依然会因怀疑自己作品的持久价值而备受折磨。当然,欣赏令他感到高兴,特别是来自作品批评家的欣赏,但根本不足以冲淡他的不自信,还有他对自己的论点和结论是否正确的怀疑。正是因为这一结果,才会出现无休无止的修正、再修正、对再修正的修正,留下了那一堆堆画得密密麻麻的笔记、片段、一捆捆用夹子和旧信封集在一起的资料,这些东西乱糟糟地堆满了他大大小小的桌子和屋子。这种自我怀疑和谦虚,还有他那非凡的魅力,是他最让人感动的性格特点之一。

在公共问题上他向来都不固执武断——总是很温和、公正、通情达理、头脑清醒。即便他不是总相信,他也总希望体面与理性在英国人的生活中,在以色列、在牛津、在他所关心的所有社会中都会获胜。请允许我回到本文开头所说的一点:赫伯特·哈特是一个主意坚定、思路清晰而且富于批判精神的人——凡是他认为粗俗、糊涂、混乱、弱智的东西,他都会轻蔑地加以拒绝;他是一个不能容忍蒙昧主义、压迫和不公平的人;凡是在他看来反动的、对人类福祉构成障碍的东西,他都会全力以赴去攻击。这样的一个人居然同时还有如此敏感而又复杂的内心世界实在是了不起,他不仅仅是美德与正直的楷模,而且既严格到毫不妥协却又如此善良,性情纯善而又慷慨。这确实是极为罕见的。他真的是他为之奉献的文明的一大道德和精神财富。人们常说没有人是无可取代的,这种说法并不正确。赫伯特·哈特就是无可取代的。像所有那些因为他的存在而给自己的某方面带来如此变化的人一样,我也只要一息尚存,就会永远怀念他。 336

圣体—细胞

在圣保罗学校时，我是个极其普通的学生，古典文学不是很好，但在英语作文上得过一个奖。[1]1927年春，我参加了贝利奥尔奖学金考试，但没拿到。然后学校给贝利奥尔学院写了一封信，问他们愿不愿意作为自费学生录取我，结果还是遭拒了——我没达到他们的学业要求。二度被拒后，1928年我便报考了基督圣体学院。我对基督圣体学院知之甚少，也没有任何特殊的感情，既无好感也不厌恶。我只知道它不招圣保罗学校的男生是名声在外的，觉得他们肤浅、时髦、根"不正"：培养出来过切斯特顿和康普顿·麦肯齐——都正是基督圣体学院不想要的学生。我申请的是古典学的奖学金，得到的却是"现代学科"名下的一个新的奖学金[这对基督圣体学院来说可是一次大的尝试：规定修完古典学"基本课程"(Mods)[2]后，接着修现代史——是一个试验性举措]。

1　［可能是1928年的特鲁罗作文奖(Truro Prize Essay)(论自由)，以删节形式发表在(圣保罗学校)《辩论者》(*Debater*)第10期(1928年11月)，第3页，及第11期(1929年7月)，第22页；以《自由》('Freedom')为题收录在《飞扬年华》(见本书第xxii页注2)，第631—637页。］

2　［Mods，是Moderations的简略形式，指古典学课程大纲的第一部分。学习语言吃力的学生要求还可以低一点，不给具体的分数，称为"Mods通过"，"古典学基本课程通过"的意思。古典学学位的第二部分是"大课程"('Greats')——哲学及古代史。］

我能录取很可能靠的是命题作文,题目是《历史中的偏见》。圣保罗中学在伦敦是一所很高雅时髦的学校,我们经常看一些阳春白雪的杂志,如 T. S. 艾略特主编的《标准》,该刊当时刚发表了一篇反西方的文章,作者是印度人[1],名字我记不起来了,文章的题目就叫《历史中的偏见》——恰好就是命题作文的题目——于是我就把自己所记得的内容都搬到了我的作文里,结果就被录取了。大约一个月后,G. B. 格伦迪[2]博士叫我到伦敦的一家寄宿旅馆去找他。见到他时,可把我吓坏了。耸立在我面前的是一个军人身材的人,穿着一件厚呢短大衣,神情和举止都很严肃。他说:"你修古典学没多大用处,别修了,修不出名堂来的。修古代史。是我让录取你的。我来带你。"因此1928年,拿了"基本课程通过",我就直接修大课程了。[3]

读本科时我相当懒散,而且整个后半辈子都没改掉这一臭毛病。不过我这个人生来就容易焦虑,缺乏自信,因此写古代史论文时还是非常用功——但除此之外,老喜欢跑偏,去看一些规定之外的文章。我并不真的喜欢古代史。在我上学的那会儿,格伦迪算不上一个好导师。他年岁很大,我经常与 J. R.(乔克)·里德尔去他的住处比姆霍尔[4]找他个别指导,里德尔有一次在格伦迪给我们做个别指导的过程中,在一个巨大的无烟煤炉子前睡着了。格伦迪注意到了,拍拍他的肩,说道:"我只是想问问你想什么时候叫醒你。"我们抄了高一年级同学的论文,想看看得到的分数是更高还是更低,或者相同。分数通常都会不一样。我们并不是一贯这样,只是偶尔为之,试一试而已。这一恶作剧给我们

1　［Vasudeo B. Metta, 'Bias in History', *Criterion* 6 no. 5（November 1927）, 418-425.］

2　George Beardoe Grundy（1861—1949）,牛津大学基督圣体学院古希腊与罗马史学者。——译注

3　Greats,亦可译为"高级课程",但为了体现牛津特色,特作此译。——译注

4　原文为Beam Hall,似无现成译法,位于牛津默顿街上。——译注

带来了极大的乐趣。他从未发现过。看过某个学生的论文后,他会说:
"还不错——现在我来跟你讲讲你应该怎么说。"他说完后,你给他鞠个
躬就可以走了。他不会问任何问题。学生基本上都得靠自己,了解什么
知识,都是从书本上和讲座上学到的。我在校的时候这一领域课上得最
好的老师是休·拉斯特和西奥多·韦德-格里。马库斯·尼布尔·托
339 德的课信息量很大,但他上课的样子有点滑稽——想不模仿他都很难。

　　哲学的情况就很不一样了,一开始,我一点儿都不喜欢哲学,可渐
渐就专心致志了。弗兰克·哈迪[1]是一名非常优秀的导师。我从头至
尾,从1929年到1932年,都是他教的。他年轻、腼腆、严肃、心地善良、
非常机敏、不太善于介绍自己所教的学科。他当时有点像布拉德雷,是
一个持怀疑态度的唯心论者。他让学生读笛卡尔、布拉德雷和鲍桑葵
的著作,然后是洛斯·迪金森[2]的那本令人陶醉却毫无用处的《善的意
义》——这本书对我没起任何作用。第一学期,他让我读的是鲍桑葵的
《逻辑》;我的感觉,就如同我想象中一名足球运动员面对康德著作时
的感觉一样。有很长一段时间,我都很迷茫。但最后,我还是明白过来
了。弗兰克非常坦诚、非常清醒、非常智慧、非常细心——不会放过任
何细节——这样一个正直得无可挑剔、心地纯洁的人,他的辅导在道德
上确实有奇妙的效果。他做事一丝不苟,到了叫人不敢相信的程度;他
会把每一句话都掰开了,揉碎了分析个透,搞得人总是羞愧难当,因为
你所写或所说的每一句话经他一分析都会显得很肤浅、含糊、虚假和粗

　　1　William Francis Ross Hardie(1902—1990),通称弗兰克·哈迪(Frank Hardie),英国
古典学家、哲学家。曾任牛津基督圣体学院古典学和哲学教授及院长。著有《亚里士多
德的伦理理论》(*Aristotle's Ethical Theory*)等。——译注
　　2　Goldsworthy Lowes Dickinson(1862—1932),英国政治学家、哲学家。他写过一本
名为《中国佬约翰信札》(*Letters from John Chinaman*)的书,1912年夏曾来中国。下文中
提到的《善的意义》(*The Meaning of Good: A Dialogue*)是一本对话体的哲学著作。——
译注

糙——但你能学到很多东西。哈迪虽然批评了之后还是批评，但都是极为善意的批评。他总是竭力让人说出自己的真实想法："你真是**这个**意思吗？你想说的也许是**这个**意思吧？"又一次，他在给我们辅导时，他弟弟科林进来羞答答地问他："你觉得我们是该尽全力而为，还是留一半？"弗兰克沉默许久之后说，"哦，"又没声了，然后又说道，"我觉得尽半力就够了。"兄弟俩说话都很文雅，带有很浓的爱丁堡口音，直到今天我都很爱听。弗兰克当导师把自己给累垮了：他整天都在教学生，他指导学生一次就是好几小时，教的学生太多了。可是正是有了他，基督圣体学院才在1930年代培养出了好些个哲学家，这是很不寻常的。按照时间顺序来说，这些哲学家是：巴恩斯、我本人、格赖斯、厄姆森、伍德，我想这之后还有一两个。在他之前，基督圣体学院的学生在大课程上拿不到优是出了名的，因为教他们的老师是格伦迪和席勒，主考官们不喜欢那些考试结果。

340

格伦迪发现我的兴趣转到哲学上去后极不高兴。他说："说真的，哲学都是空对空，完全是一门空洞无物的学科，什么也没有，真的。"他力劝我把二者结合起来，方法是研究希腊的半哲学家伊索克拉底[1]——观念与古典史，他称，把两个领域中的精华糅到一起了，但他并没成功。我在大课程上得到了一个不是很好的优，但好歹还**是**优。

接下来呢？我从来没有规划过我的人生，但在基督圣体学院念到三年级时，我发现自己是一个死心塌地要搞哲学的人，于是决定最后一年修哲学、政治学和经济学（PPE）。基督圣体学院是一个极其保守的学院。哲学、政治学和经济学实际上是禁止学生选修的。一个数学系的学生坚持要修，结果连奖学金都取消了。之所以允许我选修，是因为我的大课程得了优；我履行了一个好学生的义务。我的评价在修现代大

1　Isocrates（公元前436—前338），古希腊修辞学家、教育家。公元前392年创设第一所修辞学校。——译注

课程时得到升高，因为我和别人一同获得了牛津大学约翰·洛克哲学奖。政治学根本就不教，基督圣体学院没有政治学方面的导师，因此没给我安排任何导师——"你所需要的都可以在《泰晤士报》上的头版文章中找到。"院长对我说。不过经济学还是给我配了一个导师，女王学院的院士林德利·弗雷泽，他几乎没教我任何东西。我读了亚当·斯密、李嘉图和马克思的著作，他们的主要著作都是指定书目，从中学到了一些东西，但后来的经济学我**一点儿**也没学，考试时我只是把自己碰到过的一位瑞典经济学家的一些观点照搬过来了，期望考官们会喜欢——我几乎不明白这些观点是什么意思。然而，我还是得了一串不配得到的"良"。

念本科的时候，我去听过 H. H. 普莱斯的讲座，讲得很精彩，也去听过 H. A. 普理查德的讲座和课。普理查德是个非常聪明的人，但极其教条。他会从一些非常幼稚的前提出发，以高超的技巧和独出心裁，推导出各种各样的结论。前提很教条，论证的方法却似乎很吸引人且令人信服。在大三和大四两年里头，普莱斯、赖尔、马博特等出类拔萃的年轻哲学家，常请我一块吃晚饭或午饭。我成了战前牛津的一位哲学家库克·威尔逊的弟子——哈迪不喜欢，他是一个唯心论者，而我则是当时所谓的"牛津实在论者"。我们的哲学立场有分歧，但并不尖锐对立，经常相互讨论。从实在论到逻辑实证主义，之间有一条迂回的延续线，虽然我从来都没有成为这一新学说不折不扣的成员。战争期间，我由形而上学和这一新的哲学正统转向了政治理论和观念史研究。后来一直在这一领域。

艾伦[1]院长是一位腼腆、清高不群的学者，他温文尔雅、清心寡欲、

一丝不苟,就像一个满腹经纶的修道士。他没有秘书,没有打字机,他所有的书信都是他亲笔所写,一手字写得就像铜版印出来的。院长的早餐有点拿不出手。他会告诉所请的本科生"去完小教堂后"再进来用餐。他不知道如何跟人聊天。他会说,显然颇为费劲,"如果你成了百万富翁,你会拿你的钱来做什么?"一阵沉默后,某个人会说:"我会买一艘游艇。""可是假设买了游艇之后还有钱的话,那你又会做什么呢?"另一个人会说:"我会把保加利亚买下来。""要是保加利亚人不卖呢?"这个话题就没得聊了。他是一个话题终结者,出于某种社交绝望。艾伦夫人也好不了多少。她温柔、文雅、客气,但聊天的天赋一点也不比她那羞怯的堂兄兼丈夫强。

第一次赛艇追撞比赛祝捷晚会我至今记忆犹新,发生在我刚参加工作的时候。艾伦夫妇估计会出现喝醉和酒后失态的情况,为了防止这种事情的发生,他们想在晚上9点钟左右举办一个汤宴——以为这样一来就可以起到约束作用了。汤宴上,我的同届同学,后来当了布莱福德文理学校校长的肯尼斯·罗宾逊说道:"哦,艾伦太太,我觉得您倒汤不是很娴熟,用我来替您倒吗?"艾伦夫人听后不知所措,把汤盆递给了他,然后他慢吞吞地把一盆汤全部倒在了地板上。大家一片尴尬,相对无言。接着他便跪下来,四仰八叉地躺在地上,打了几个哈欠,就闭上了眼睛。只好将他抬了出去。接下来,后来成了大名鼎鼎的诉状律师的哈蒙·迪基就扯着嗓子唱起歌来了。这时,有人朝他胸口给了一拳,他倒在地上,手脚并用地爬着离开了。之后,宴会就结束了。后来院本科生学生会[1]收到了一封信,郑重地宣读了,信中说晚宴时扔面包的行为必须停止:院员们感到不舒服;让一颗导弹一击命中是一种侮辱,而躲避又有失尊严。

<hr />

[1] 原文为the JCR,相当于我们所说的院学生会。the JCR还有一个更常用的意思:学生公用室。——译注

个人印象

老师们很少款待学生。哈迪容易接近，我参加过公开考试[1]后，我们曾一道去过萨尔茨堡；但经常款待学生的只有数学导师皮达克和实用主义者席勒两人。他们在周日上午举办的早餐会至少会持续两个小时——都是大餐：鱼蛋烩饭、腰花、牛排、成堆的鸡蛋和培根、香肠，应有尽有。皮达克是一位很有趣的大胡子老先生，他会不停地谈自己的人生经历，讲他很熟悉的威廉·詹姆斯的故事，聊牛津那些傻乎乎的哲学家和其他人的趣事儿，无所不聊。《泰晤士报》上登出的牛津的很多讣告都出自皮达克手笔，他还解释说自己改变了对某个人的看法后，都会对文本进行修正，通常都是贬低。他还说到了其余的人，菲尔普斯是一个聪明人，机敏而又令人敬畏，人品一流。他喜欢有绅士风度的游戏玩家，不喜欢知识分子和唯美主义者。他是一个势利眼，属于说话直截了当，老派英国人那种类型。我记得，他最得意的弟子，是一个叫罗伯特森-格拉斯哥的人，他认为自己从前的这个弟子就是一个完人。亨德森是历史导师，一个老受菲尔普斯欺负的正派、有教养的人，在某种程度上还受格伦迪欺负。我和亨德森成了朋友，他英年早逝。拉丁语教授A. C. 克拉克也是我的一个朋友。他年纪很大，性格古怪，但颇有魅力。我常带他去看电影。每个人——尤其是哈迪和罗纳德·塞姆——都喜欢模仿他说话的腔调，他的声音高得出奇。他有过几句颇有代表性的语录："我在意大利跟一个非常漂亮的女人住在同一家旅馆。她下来过一次，说她让跳蚤给咬了一口。我说：'嘿，这家伙真幸运！'"还有："鲜西红柿可以是一首诗；炖西红柿是寄宿公寓脏得不能再脏的形式。"克拉克是一位杰出的学者，在基督圣体学院待厌倦了。他经常来全灵学院和我一起用午餐；"我讨厌盐，"他尖声说道，"可我特爱胡椒面。"

院里的多数校工都讨人喜欢。我认识的第一个校工负责照看基督圣体学院的配楼，我搬进特别自费生楼三楼之前住的地方——相关章

1　[Public examinations.]

程中对他的描述是 *vir idoneus*，意思是胜任照看配楼工作的人。他叫班卡拉里，与负责教师公用室的校工是兄弟。大家都管他叫"班基"，他是一个粗鲁之人，经常欺负住在楼里的学生；他相当令人厌恶，搞得配楼笼罩在一种轻微的恐怖统治气氛之中。你要是回来晚了，按门铃他理都不理。你把他从床上叫起来了，他会把你骂个狗血喷头，还会到系主任那儿去发牢骚。他很不受学生欢迎，而他兄弟查尔斯却文雅、亲切并且非常有礼貌。"人们都以为我是意大利人，"班基常说，"我娘过去给……韦伯家干活。俺们可不是意大利人。"[1]有人写过形容他的拉丁诗句："non licet noctu vagari / e tutela Bancalari."[2]他有自己特别喜爱的人，显然，我不是其中之一。

　　基督圣体学院的每一个学生都需要会玩所有的游戏，因为我们总共就八个人。我不能玩，因为我一只胳膊有问题，在这方面或其他任何事情上，我从来没受过欺负。可是有一个后来和我合租过房子的同学，院里的唯美主义者，日后成了备受尊敬的著名诗人，伯纳德·斯宾塞，他就不一样了。有一天早上有人把我叫醒并请到了他的卧室。里面有七八个"精力充沛的"基督圣体学院的学生。就像是在看一场谋杀，因为他在床上沉睡。突然这些人扑到他身上，剪掉了他一边的胡子。场景很可怕。这样的攻击在别的学院屡见不鲜，但在基督圣体学院却少见多了，本科生之间都比较团结。[3]没有人遭人恨，没有人受人欺负。发

344

1　此处原文为："We wasn't Italians." 这样不合语法的句子表示此人没文化。——译注

2　意为"夜间严禁四处逛，脱离班卡拉里保护罪难当。"——译注

3　[关于这类事件的发生率，《牛津杂志》(*Oxford Magazine*)上曾爆发了一场不大不小的学术争议。参见该杂志第76期(1991年秋季学期，第8周)第18页上比斯顿(A. F. L. Beeston)来信，及随后的第77期(1992年春季学期，第0周)第8页上以赛亚·伯林来信，信中斯宾塞事件被以赛亚·伯林列为自己亲眼所见的四次这类事件中的一次。亦见第79期(1992年春季学期，第4周)第15页上的比斯顿函。本条注释为对以赛亚·伯林进行过访谈的布莱恩·哈里森(Brian Harrison)提供。]

生在斯宾塞身上的事情没有再发生过。另一方面，基督圣体学院是一所有点不太看好[1]追求外院扬名的学院。比如，在校学生会上发言就不会很受欢迎。在校队拿荣誉并不是太好。如果你想耀眼，你应该在院内好好表现，而不是到院外去现眼。

　　基督圣体学院在我上学的那会儿是一个非常宽容的社会。我可以不去教堂，而且就我所知，基督圣体学院从来没有人提到我的犹太血统问题。我总担心自己作为一名奖学金获得者会被要求在大厅做谢恩祷告。我自己倒不介意做基督徒的感恩祷告，但我觉得真正笃信基督的人恐怕不会喜欢那些神圣之词从一个非基督徒嘴里说出来。基督圣体学院相当内向。所有本科生都俨然有老师的样子了。总的来说，他们都喜欢穿深蓝色套装。不太冲动，总体气氛舒适融洽，是一个人人平等的社会——没有谁高人一等或高高在上。我在基督圣体学院过得开心极了。学生公用室和同学房间里的交谈轻快而且有趣。每个人都可劲儿地侃。我遗憾地说一下，院长在给我应聘全灵学院出具的正式证明书上写道："他的屋子是个很热闹的地方"——我不知道他是怎么知道的，但的确如此。我来自公学的朋友和来自文理学校的一样多。没有阶级感，一点儿都没有。我觉得我属于基督圣体学院的每一个社团。我差不多和每一个人都是朋友。我想我对于人有一种用批评家们的话说是"不分青红皂白"的兴趣。

　　我对基督圣体学院满怀忠心。基督圣体学院影响了我的一生，作为其中的一员，我所有愉快的经历赋予了我一种舍此便可能无法获得的安全感。我喜欢其宽容精神，喜欢其知识分子较为团结的气氛，也喜欢其没有沾染上放荡不羁的习气。在这里，即使是那些自己跟学问不沾边的人，对学问的尊重也是非常由衷的；他们从不嘲笑或讥讽学问。不曾有一个人对我说过："哲学没什么东西，净扯淡。"在基督圣体学

1　原文为法语：*mal vu*。——译注

院——我从未听到过这种话，在别的地方可是随处可闻。要是我当初上的是贝利奥尔学院，我毫不怀疑自己会是另外一个模样。

也许，身为局外人，有一种孤立感，是天赋与一切创造力的先决条件。我只能承认，不论是好还是坏，我都不曾有过这样一种炼狱般的经历。我这个人注定有一种盲目的满足感，当时以及后来多年都是如此。　346

斯蒂芬·斯彭德

尊敬的娜塔莎：

　　在斯彭德葬礼之后见到你时，我曾为没给你写信道过歉了。我似乎有太多的话要说，但我只能力争以这封信来弥补未能马上给你写信的遗憾，这封信可能会相当长，我会借此来缅怀斯蒂芬，尤其是回忆一下他在我人生中所发挥过的作用以及，我想，我在他的人生中所起过的作用。在我们漫长的一生中（我和他出生于同一年），我们各自都有很多朋友和熟人，可是我们深厚的友谊，我相信，在两人生活中都是独特的一个组成部分，而且从未动摇过，不管我们彼此相见与否。

　　当年那场战争曾将我俩天各一方；他在伦敦，我则去了华盛顿——但等到我回来时，我们的友情还是一如从前，并且一直持续到了最后。我想，我是 1929 年末或 1930 年初在牛津第一次见到他的。在我印象里，把我介绍给他的那个人是我的朋友伯纳德·斯宾塞，一个非常亲切、文雅和有魅力的人，一位杰出的小诗人，他认识斯彭德在我之前。

那时，牛津唯美主义的黄金时期已经结束了。哈罗德·艾克顿[1]、布莱恩·霍华德、西里尔·康诺利、奥登、贝杰曼、伊夫林·沃都已经日薄西山了。当红的执牛耳者是路易斯·麦克尼斯，这人我当时不认识，而且结识之后也从未完全喜欢过。斯蒂芬认识他，还试图劝我们对彼此抱好感，可双方都没买账。话虽如此，斯蒂芬给我的第一印象（一直保留到现在）却是非常帅气、友好、坦率、才华横溢、天真无邪、慷慨大方，浑身散发着令人难以抗拒的吸引力，让人很想相识相知——说真的，在那么早的时期，因为可以称自己与他相熟而产生的那种十足的自豪感，我至今都记忆犹新。 ₃₄₇

我在牛津时不时就会见到他。他给我朗诵自己的诗作；我认为他那时候的早期诗作属于他最优秀的作品之列。我们偶尔会去基督教会学院的草坪或是大学公园里散步。我当时，如同在我们此后一生中一样，因为与他交往而特别兴奋，我真是很快就把他当成挚友了——而他呢，似乎也喜欢我，所以退学后还邀请我去伦敦看他。他对自己的求学生涯做过一番诙谐的描述，我记得很清楚——他的哲学导师E. F.卡里特枯燥乏味的指导课：据斯蒂芬说，看过其论文后，卡里特会拿出一些笔记，翻看一遍，引用其中的一两句，然后说"很好地涵盖了这一领域"，听到这句话后，斯蒂芬鞠了个躬就走了。政治学和经济学的指导课是什么情况，我就不得而知了，他从未提起过。他念本科时，极受欢迎：也就是说，他在唯美主义者、（我任主编的）《牛津展望》的作者、赛艇队员、足球运动员等中间都同样大受欢迎：他们全都折服于其巨大的魅力。在这方面，就算不在其他方面，他是无与伦比的——"美学家们"和"运动员们"之间当时存在相当宽的鸿沟，就我所知，能轻而易举、自

1　Harold Mario Mitchell Acton（1904—1994），意大利裔英国作家、学者、美学家、汉学家。曾于1932—1939年担任北大教授，并曾将《牡丹亭之春香闹学》译成英文。——译注

然而然（且非常高兴地）弥合这一鸿沟的，只有他一人——他乐于喜欢别人甚至超过了被别人喜欢。

　　我还记得，在他退学前（我认为他不知道自己的期末考试考砸了），他叫他的朋友们上圣约翰街（我好像记得是53号）他的住处去看他。他告诉他们可以随意拿走屋子里能找到的任何东西——写字台啦、椅子啦、桌子啦、衣服啦、书籍啦、手稿啦，只要是有的，都可以拿走，他把自己所有的家当全都一股脑儿送人了。我记得理查德·克罗斯曼拿走了斯蒂芬的一本诗稿。至于我呢，我想他是给了我一本书，我记不住是一本什么书了，我想是一本他早年的诗集，上面写着"赠以赛亚，本书弥足珍贵，为作者所赠"，意思是说，上面有他的签名。这话听着有些自349　负，可他不是一个惯于自命不凡的人：他既不谦虚，也不自负，在所有场合下，他都非常自然——他知道自己的价值，不会去夸大它，也不会去贬低它。他对其他作家的评论——无论是对像 T. S. 艾略特或者他的好友兼良师威斯坦[1]这样比他资历老和有影响的作家，还是对年轻一些的各种各样的同龄作家和艺术家——都非常一针见血，有时还令人震惊。他评论过的作家和他遇到的人有时候会见怪于他，然而从某种意义上说，他比他所看透了的那些人还要不堪一击。别看他看上去有点严肃（在后来的生活中，人们认为他严肃有余、缺乏幽默感、一本正经、枯燥乏味，这是非常错误的看法），实际上他目光敏锐，观察独到。他的评论性著作，譬如《破坏性成分》[2]以及后来的作品，观点都非常新颖、引人注目，更重要的是入木三分；就像他评论人时一样，往往非常有趣，几乎总是句句在理，一针见血，击中要害，有时差不多可以说用力过猛——这使得与他交谈不仅从总体上说非常有趣，而且也极令人愉快——而

　　1　即奥登。奥登的全名为威斯坦·休·奥登（Wystan Hugh Auden, 1907—1973）。——译注

　　2　*The Destructive Element: A Study of Modern Writers and Beliefs*（London, 1935）.

这在与非常聪明和善于观察的奥登或 T. S. 艾略特（我不是很熟，但的确认识）的交谈中是找不到的。我记得在斯蒂芬位于弗洛格纳尔的家中见过奥登——肯定是在 1934 年左右；奥登极不喜欢我，我的方方面面——中产阶级、肥胖、传统（他认定的）、贪图享受、显然不是同性恋、过于健谈——都是他当时所反对的；我只是 1941 年在纽约才再次见到他，这一次我们成了朋友，并且做了一辈子的朋友。不过，还是回到斯蒂芬吧。

喜欢音乐，尤其是贝多芬的室内音乐，是我们之间的又一条情感纽带。你也知道，贝多芬晚年的"遗作"四重奏对他来说意义重大（太重大了，T. S. 艾略特跟我聊起斯蒂芬时说），还有那张他曾为之写过一首诗的贝多芬面具，来自我给他的一本书，我想是他从牛津退学之后送给他的。听了阿图尔·施纳贝尔[1]演奏的贝多芬的奏鸣曲，我和斯蒂芬都万分激动——对我们两人而言，那都是来自一个令人耳目一新的世界的语言——我想，他在伦敦的每场演出，我们都去听了。布许四重奏团[2]的演出我们一场都没落下，从精神上说，布许四重奏团与施纳贝尔相当——他们栖息在同一个世界。我和斯蒂芬都非常崇拜指挥家托斯卡尼尼。音乐对我们两人来说都非常非常重要；我们一聊起音乐就常常没完没了，而且我觉得我们两人谁都没与别人这么频繁，这么充满感情地聊过音乐（至少在我的印象里是这样——或许他也曾与别人聊过音乐，但就算聊过，我也一无所知）。

我们在政治观点上比较中庸，在很大程度上也很类似——我们都可以称作偏左人士——自由-劳工主义者——《新政治家周刊》的典型

350

1　Artur Schnabel（1882—1951），美籍奥地利钢琴家、作曲家兼音乐教育家。擅长贝多芬的作品，他演奏的贝多芬奏鸣曲，达到了出神入化的境界。他所编订的贝多芬 32 首奏鸣曲和《迪亚贝利变奏曲》（*Diabelli Variations*），至今仍是权威版本。——译注

2　德国小提琴家阿道夫·布许（Adolf Busch, 1891—1952）1913 年成立于奥地利的四重奏团，1919 年重组时称为布许四重奏团（Busch-Quartett）。——译注

读者。斯蒂芬的很多时间和精力都让布鲁姆斯伯里和哈罗德·尼科尔森与夫人薇塔·尼科尔森给占去了——我与他们始终保持着较远的距离。我和斯蒂芬都深深地受到饥饿游行的影响，受到西班牙内战的影响——同我们的许多朋友和同龄人一样，也受到德国、奥地利、西班牙的法西斯主义局势影响（尽管意大利政府无疑是不受认可的，出于某些原因，人们还是在某种程度上认为意大利的滑稽成分大于悲剧成分，这也许是谬见）。斯蒂芬在西班牙内战期间去了一趟西班牙，把他的一个朋友带了回来，这一经历对他产生了很深的影响。那个朋友是去替佛朗哥卖命的，但我猜想是临阵脱逃了，得把他从来自双方的危险中解救出来。我记得我曾非常诚挚地劝斯蒂芬不要加入共产党，因为我觉得共产党的那一套根本就不是他所信仰的东西，而且他会发现自己在里面很尴尬。可他不听，非要加入不可——他给出的理由，我记得，是我们周围的一切都腐烂了、软弱不堪、太没原则了；共产主义是唯一坚固的结构，人能够以此来衡量自己（这是他的原话），进而找到自我，认清自己的个性，明确自己的人生使命。你也知道，只持续了很短的一段时间，他便很明智地退党了——我觉得是英共领导人跟他说白了，他就不是他们的一员——这话说得还真对。他的《由自由主义说开去》[1]或许是他所有著作中最弱的一本，但书中还是和他一生各个时期的所有作品一样，洋溢着真诚、人性的气息，倾吐着对真理、尊严、自由和平等的热情，而他非常看重的博爱就更是自不待言了。

我记得我曾将斯图亚特·汉普希尔引见给他，我想是在1935年，当时斯图亚特还是一名本科生。我还记得我们见完面，离开汉普斯特希思的西班牙酒馆时，斯图亚特说到了他，"在他与对象之间了无一物"——意思是说，他眼光很直接，不受任何东西的影响，没有条条框

1　英文名为 *Forward from Liberalism*，1937年分别由伦敦维克多·戈兰茨出版公司（Victor Gollancz Ltd.）和纽约兰登书屋（Random House）出版社出版。——译注

框的束缚,先入之见的左右,也不会总想把事物纳入某个框架——眼光直接,这是他作为一个人和一个作家都很突出而又非常出色的特点之一。我想,他是我所见过的最诚挚、最真实、最未经刻意安排的人,而那自有一种魅力,超过了几乎任何一种别的令人产生同情、热爱和尊敬的品质。无论身处何种境况,他都从来不会丧失与生俱来的尊严和本能的人类情感——他绝不是一个置身事外的旁观者,我高兴地认为,他绝不是一个用冷静、客观的眼光看待人和局势的人;他会有自己的立场;他会站在吃亏者一边,而不是胜利者一边,不多愁善感,不痛哭流涕,也不觉得自己是在行慷慨之事,是在积善行德,或者是在做高尚或重要之事,不带一丝乏味的义务感——而是一种感人的全身心的投入,我想,这点比我见过的任何人的性格都令我感动。

有一则关于他的讣告,说他战争期间是一个和平主义者——这一点我还真是闻所未闻;必须承认,我并不相信这一说法;他对纳粹、佛朗哥及那整个可怕的世界都深恶痛绝,我怎么也不信他会不愿与之作战——我想他没有应召入伍,是因为某些身体方面的缺陷:他早年的疾病肯定留下了某些无法根除的影响。他对自己战时在伦敦当消防队员的事,一直都津津乐道。我永远也忘不了他讲过的一个故事,说火灭了之后,他所在的消防队还不解散,没别的事可干,于是就变成了一个讨论小组;有人在小组里谈到了印度问题——坐在后面的一个人说:"印度怎么办的问题,我们不想听,我们想要知道的是:应该怪谁?"——这之后,内政大臣赫伯特·莫里森就把这些讨论小组都给解散了。

关于他在德国的经历,我还只字未提。你也知道,他和他的朋友奥登、伊舍伍德[1]、约翰·莱曼去了德国,偶尔还去过奥地利,因为魏玛共和

352

1　Christopher William Bradshaw Isherwood(1904—1986),英裔美国小说家、剧作家。代表作有《柏林故事》(*The Berlin Stories*)、《单身男子》(*A Single Man*)等。1938年曾与奥登一起来华采访中国的抗日战争,并合著有《战地行》(*Journey to a War*)一书于1939年在英国出版。——译注

国及其文化殖民地在他们看来似乎是自由生存的理想形式，能满足他们所有的精神与生理需求。然而，即使在那里，他也没有失去自己对荒唐之事的敏锐之感——这是他始终具备且最讨人喜欢的品质之一：他在汉堡的经历（他多年以后出版的唯一一部小说就是基于这一经历而写成的）——招待他的主人们，尤其是一个叫埃里克·奥尔波特的人令人尴尬的行为（我想此人威胁过如果小说出版的话要告他诽谤罪，那是在小说写出来后不久，1930年代初）——我本人在当时读过，极其好笑，可把我乐坏了。

那一时期，他的好朋友奥登和伊舍伍德把他欺负得很惨；他们当时都彻底反对可以称作中产阶级文化的东西——不让人喜欢贝多芬、狄更斯、托马斯·曼，只要是法国作家写的东西肯定都不让看——只有同性恋经历才重要，那是拯救的唯一希望所在。斯蒂芬在这方面并不令人满意：他既不接受也不实践这一特别的学说，因此，在他们度假的波罗的海吕根岛上，他因为自己的一些资产阶级趣味而遭到了无情的折磨。可是他并没有屈服——他对英国的热爱、他天生的爱国主义精神，与逃离那个正在腐朽的旧世界形成了鲜明的对比（他的朋友们后来就逃离了）。不过，经历了这一切之后，他们依然还是朋友。他们生活在一个战争、毁灭必然来临的世界，而他们所写的一切都意识到了那团越来越吓人的阴云。我本人也很强烈地感觉到了这一点，但由于我既不是艺术家，也不是作家，所以这种意识给我的生活或工作造成的影响没有给他们造成的那么大；不过，我依然很同情他们，无论是在当时，还是从事后回顾的角度而言。

战争结束之后，我从自己作为政府的一名文职人员所工作过的华盛顿和莫斯科回来时，斯蒂芬已经娶了你。他的第一次婚姻很不幸：我一直都很自责，因为这次婚姻也有我的责任——我想他是与我一起吃午饭的时候遇到伊内兹的，不过我几乎不认识她。这次婚姻几乎是从一开始就结束了，虽然伊内兹弃他而去时，他很不高兴——感到屈辱、孤独和难受，他当天所作的诗非常直接地反映了这一切。但他娶到了你以后，心里充满了幸福感——战后的这头几年，我记得非常清楚，他沉下心来，一边写诗和评论文章，一边为当时完全体面的（而且在我看来也是可敬的）文化自由代表大会工作，文化自由代表大会是一个反极权主义，尤其是反共产主义的组织——他一心扑在这一切上，而且做得非常成功。他和西里尔·康诺利主编《地平线》期间我不在英国（那是一个非常了不起的成就，在战争期间尤其难得），不过，《邂逅》我记得很清楚。斯蒂芬跟这份刊物的另一名更狂热的主编根本就合不来，我觉得任命他做主编的真正用意是想把刊物办得（或者至少是显得）高雅、宽容、开明，更重要的是独立——这一点，后来事实证明根本就不可能完全做到，因为它是由中情局资助的。斯蒂芬得知真相后极其愤慨，觉得自己让人给出卖了，这是再自然不过的事情；我记得他落入的那个圈套被揭穿后，你和他都陷入了怒不可遏而又乱了方寸的状态。他当时及之后的行为只能给他带来道德上的加分。

354

　　随后是三十年亲密的友情。这期间，我没有什么重要的事情需要补充了。他在伦敦大学学院当教授，很喜欢自己的这份工作；他喜欢自己的几趟美国之行和在那儿的演讲；他爱自己的儿女，儿女们也爱他。你构筑了一隅天地，使他可以在其中生活，壮大，安宁自在，得遂所愿。我们的生活，和从前一样，又交织在一起了：你也知道，我们彼此经常相见；你们夫妇都是艾琳和我生活中的一部分，而我们，我由衷地相信，也是你们生活中的一部分。即使是此时此刻，我也不肯相信我将再也见不到他了。他的音容笑貌常常浮现在我眼前，而且我想这会一直持续到我生命结束的那一天。他是我最喜欢，也是我最尊敬的朋友，能成为他的朋友也是我最高兴的事情。

　　我不得不说的就是这些了。我想我还漏掉了很多没说，其中有我的感受，有他做过的事情，也有我们一起做过和谈论过的事情——但此时此刻我想不到更多。对不起——眼下我能说的就是这些了。我岁数大了记忆力很不好——这一点也得请你包涵。我真的已经尽我最大的努力来表达他在我心目中的地位和意义了——我很想能表达得更充分一些——斯蒂芬值得更好的回忆,可惜我才能有限,做不到这一点。

　　谨携艾琳致以诚挚的爱。

　　以赛亚

　　又及:我的字大多很难辨认——因此只好用打字机[1]——不恭之处,尚乞见谅——

355

1　[此附言是对手稿所作的众多更正与补充之一。]

1945年和1956年与俄罗斯
作家的会面

　　凡是想把记忆弄得很连贯的,都相当于弄虚作假。没有哪个
人的记忆是有条不紊,可以把每一件事情都按顺序次第回忆起来
的。书信和日记往往都无济于事。

——安娜·阿赫玛托娃[1]

一

　　1945年夏,我作为一名临时官员在英国驻华盛顿大使馆工作期
间,得到通知将抽调到我们驻莫斯科大使馆去几个月,理由是人手不
够,加上我懂俄语,而且在旧金山会议上(及很早以前)了解过美国对

　　1　引自 L. A. 曼德里基娜(L. A. Mandrykina)《一本未写的书:安娜·阿赫玛托娃
(日记摘抄)》('Nenapisannaya Kniga: "Listki iz dnevnika" A. A. Akhmatovoi'),载《图
书、档案、签名》(*Knigi, arkhivy, avtografy*, Moscow, 1973),第57—76页;所引文字
见该书第75页。曼德里基娜文章的依据是莫斯科列宁国家图书馆(V. I. Lenin State
Library)中 A. A. 阿赫玛托娃的档案材料(档案号1073,第47—69项),所引文字在第47项
第2页。

苏联的一些官方与非官方的态度，可以起到填个缺的作用，直到新年有不像我这么业余的人来走马上任为止。战争结束了，波茨坦会议没有导致胜利的盟国之间出现明显的裂痕。尽管西方一些地方有悲观的预感，但华盛顿和伦敦官方圈子内的总体情绪还是谨慎乐观的，公众和新闻界则抱有更大的期望甚至是热忱：苏联人在与希特勒作战中表现出了非凡的勇气，做出了惊人的牺牲，为自己的国家迎来了一股巨大的同情浪潮，1945年下半年，许多批评苏联体制及其方式的人都一声不吭了；在各个层面渴望相互理解与合作的殷殷之情极为普遍。我就是在这样一个据称苏英都同样有好感的时期，动身前往莫斯科的。

自从1920年（当时我十一岁）我们一家离开后，我就没回过俄罗斯，而且我从未访问过莫斯科。我初秋时节到岗，文秘署给我配了一张桌子，按照安排，做些杂七杂八的事情。虽然每天早上我都去大使馆报到上班，但我须完成的唯一任务就是阅读苏联报刊，概括和评述其内容，完全不费力。期刊上的内容，较之于西方的期刊，可以用单调、重复、可以预见来形容，各种期刊所报道的事实与宣传实际上全都如出一辙。结果是，我有的是闲暇，常去逛博物馆、名胜古迹、戏院、书店，无所事事地在街上溜达，如此等等。不过，我跟很多外国人，至少是跟来自西方的非共产主义访客所不同的是，我特别有幸地结识了若干俄罗斯作家，其中起码有两位是杰出的天才。在描述我与他们的会晤之前，我想先交代一下背景，说一说自己在苏联的十五周时间里所看到的莫斯科和列宁格勒文艺界的情况。

19世纪90年代，俄罗斯诗歌开始大放异彩，20世纪初，大胆创新的艺术实验精彩纷呈，影响广泛，新运动中的主要流派有：绘画与雕塑方面的象征派、后印象派、立体派、抽象派、表现派、未来派、至上派和构成派；文学方面与之对应的支流和汇流，还有诗歌中的阿克梅派、自我未来派和立体未来派、意象派、"超理性"[1]派；戏剧和芭蕾方面的现实主义与反现实主义——这种大荟萃，并未因为战争与革命而停滞不前，而是继续从对新世界的憧憬中获得活力与灵感。虽然布尔什维克的大多数领袖艺术品味保守，但只要是可以看作给了布尔乔亚品味"一记耳光"的东西，原则上就会获得肯定和鼓励，从而为各种激动人心的宣言打开了一条倾泻通道，也为一切艺术与评论方面大胆而有争议、往往又极具天赋的实验开辟了道路，而这些行将对西方产生强大的影响。革命之后诗作依然得以流传的诗人当中，最有创意的有亚历山人·勃洛克、维亚切斯拉夫·伊万诺夫、安德烈·别雷、瓦列里·勃留索夫和后一代的 358 马雅可夫斯基、帕斯捷尔纳克、维利米尔·赫列勃尼科夫、奥西普·曼德尔施塔姆、安娜·阿赫玛托娃；画家中最有创意的有贝诺瓦、罗列赫、索莫夫、巴克斯特、拉里昂诺夫、冈察诺娃、康定斯基、夏加尔、苏丁、柯里云、马尔维奇、塔特林、利西茨基；雕塑家中最有创意的有阿尔西品科、嘉博、佩夫斯纳、利普希茨、扎德金；制片人[2]中最有创意的有梅耶荷德、瓦赫坦戈夫、塔伊洛夫、爱森斯坦、普多夫金；小说家中最有创意的有阿列克谢·托尔斯泰、巴别尔、皮利尼亚克，这些人后来个个都成了西方广为人知的人物。他们并非一座座孤峰，而是有高矮不一的山丘环绕。1920年代的俄罗斯，不同于其他国家的艺术界，有过一场货真价实的文艺复兴。小说家、诗人、艺术家、批评家、历史学家、科学家之间经常相互交流启发，造就了一种具有非凡活力与成就的文化，使其在欧洲文明中脱颖而出，独呈上升态势。

　　这一切显然好过了头，长不了。战争与内战的蹂躏和饥荒所带来的政治后果，独裁统治对于生活和机构的系统性破坏，毁掉了诗人与艺

1　原文为 trans-sense，是俄国未来主义诗人克鲁乔内赫（Aleksei Kruchenykh, 1886—1968）在1913年创造的一个词 заумь 的英译，由前缀 "за"（"超越"）和名词 "умь"（"思想、常识"）构成，亦被英译为 "transmental"，"transration"。——译注

2　现在称作"导演"。

术家自由创作的环境。在推行新经济政策那几年相对宽松的时期之后，马克思主义的正统观念日渐强大，足以对所有这些无组织的革命性活动构成挑战，在1920年代末，更是达到了能够压制这些活动的程度。要求形成一种集体主义的无产阶级艺术，评论家阿维尔巴赫率领一帮马克思主义狂热分子抨击所谓泛滥的个人主义文学自由，或者所谓的形式主义、颓废唯美主义、向西方卑躬屈膝、跟社会主义的集体主义唱反调。迫害与清洗开始了，不过由于哪方能赢并不总是可以预料的事情，仅此一点，就一度给文学生活带来了某种阴森的刺激。最后，在1930年代初，斯大林决定结束所有这些政治-文学争论，他显然认为这些争论纯粹是在浪费时间与精力。左翼狂热分子遭到了清算，无产阶级文化或集体创作与评论销声匿迹，而那些不循规蹈矩的反对论调也听不到了。1934年，联共（布）通过新成立的作家协会，直接掌管文学活动。随之而来的，便是国家控制的正统学说所带来的一片死气沉沉：不再有争论，人们的思想不再紊乱，目标明确，就是经济、技术和教育，要赶上并反超敌人——资本主义世界的物质成就。要想把广大目不识丁的农民和工人打造成一个军事和技术上所向无敌的现代社会，就必须分秒必争，片刻也耽误不起；新的革命秩序面临的是一个虎视眈眈、一心要将其置之死地而后快的敌对世界。政治上的警惕性让人们无暇顾及高雅文化与争论，也没有时间关心公民自由及基本的人权。调子必须由合法当局来定，作家和艺术家的重要影响作用虽从未遭到否认或忽视，但必须跟着调子舞蹈。

　　一些人老老实实遵从，一些人则或多或少不太遵从。一些人觉得政府监护让人感到压抑，另外一些人则接受甚至持欢迎态度，因为他们告诉自己，也告诉彼此，这样的监护赋予了他们一种从市侩而冷漠的西方人那里所得不到的地位。1932年出现过一些松动征兆，但并未成为现实。等来了最终的恐怖：大清洗，由1934年基洛夫谋杀案之后的镇压及臭名昭著的政治审判表演开始，于1937年到1938年的叶若夫恐怖达到高潮——不分青红皂白地疯狂残杀个人和集团,后来是整个族群。高尔基还活着的时候,由于他在党和国家中声望极高,单是他的存在或许就起到过一定的调节作用。诗人马雅可夫斯基作为革命之声的名望和声誉几乎可与高尔基相当,他于1930年自杀了——六年之后高尔基去世。没过多久,梅耶荷德、曼德尔施塔姆、巴别尔、皮利尼亚克、克留耶夫、评论家D. S. 米尔斯基、格鲁吉亚诗人亚什维利和塔比泽(仅举最广为人知的这几位)便被捕并被处死。几年后的1941年,刚从巴黎回国不久的女诗人玛丽娜·茨维塔耶娃自杀身亡。告密和做伪证的行为空前绝后。自残自贱、违心招供、胡乱认罪,屈服于当局或主动配合,往往也无济于事,救不了那些被列入摧毁名单的人。对于其他人,它留下了痛苦而又屈辱的回忆,在红色恐怖的部分幸存者心中永远也无法彻底抹去。

这一残暴时期在俄国历史上既不是第一次,也可能不是最后一次,有关这一时期知识分子生活的真实记录,可以在娜杰日达·曼德尔施塔姆[1]和利季娅·楚科夫斯卡娅[2]的回忆录中见到,以另一种表现手段,也呈现在阿赫玛托娃的诗歌《安魂曲》中。遭到流放和杀害的作家与艺术家的人数量之众,致使1939年的俄国文学、艺术和思想界,就像遭到了可怕的狂轰滥炸一样,只剩几座壮观的建筑还相对完好,孤零零地矗立在满目疮痍、冷冷清清的街道上。斯大林终于下令取消了各种禁令:有了呼吸空间;19世纪的经典作品重新受到尊重,老街名得以恢复,取代了革命化的新街名。但就创造性和批判性的艺术而言,这段恢复期实际上是一片空白。

接着就是德国入侵,于是情况又一次发生变化。那些在大清洗中

1　Nadezhda Mandelstam(1899—1980),诗人奥西普·曼德尔施塔姆的妻子。——译注

2　Lidiya Chukovskaya(1907—1996),苏联著名女作家、著名儿童作家科尔涅依·楚科夫斯基之女。——译注

幸存下来并且成功保持住了自身人类形象的杰出作家，对巨大的爱国情感热潮做出了热烈回应。某种程度的真实性回到了文学中：不少战争诗歌，不仅仅是帕斯捷尔纳克和阿赫玛托娃笔下的诗歌，都是灵魂深处的情感流露。在那些日子里，俄罗斯举国上下都沉浸在民族团结的

361 高潮之中，清洗的噩梦被爱国抵抗与英勇殉国那种悲壮却令人鼓舞和解放之感所取代，表现了这一点的老少作家，尤其是那些真正有诗才的作家，都被前所未有地当作偶像来崇拜。一个令人惊讶的现象出现了：那些作品曾经不受当局待见，因而很少出版且印数非常有限的诗人，开始收到前线战士的来信，信中往往引用他们的一些政治意味最淡、个人意味最浓的诗句。据说，勃洛克、勃留索夫、索洛古勃、叶赛宁、茨维塔耶娃、马雅可夫斯基的诗歌广为士兵、军官甚至是政治委员们阅读、背诵和引用。曾经长期生活在一种国内流放状态中的阿赫玛托娃和帕斯捷尔纳克，收到了数量惊人的前线来信，信中引用了他们的诗歌，既有公开出版过的，也有没发表过的，其中多半是私下流传的手抄本中的；

362 有索取亲笔签名的，有求证手稿真实性的，有让作者对某一问题表态的。最终这一现象还是引起了党的一些领导人的注意：这些作家作为国家有一天也许会引以为荣的爱国声音的价值，逐渐被文学界的官僚们认识到了。结果是诗人们的地位得到了提高，人身安全方面也得到了改善。

在紧接着的战后岁月里，确切地说，是直到他们的生命走到尽头时，这一批年老一些的作家当中最杰出的那些才发现，自己所处的状态很怪诞，在成了读者崇拜的对象的同时，又成了当局半信半疑的宽容对象：一座小小的日渐萎缩的帕纳塞斯山，由年轻人的倾慕支撑着。诗人在各种私人聚会和派对上背诵诗歌，在公众面前朗诵自己的作品，在革命前的俄罗斯都屡见不鲜；新奇的是，帕斯捷尔纳克和阿赫玛托娃都对我讲过一件事，他们在济济一堂的听众面前朗诵自己的诗作时，偶尔会因为忘了个词而卡壳，总是有很多现场听众马上给他们提词——所提

的段落既有出自已经出版的作品，也有出自未出版（至少在公开场合怎么也找不到）的作品。没有哪个作家不会从这种最诚挚的敬意中受到感动或鼓舞；他们知道自己的地位是绝无仅有的，也知道这种全神贯注是西方诗人也许会很艳羡的东西。大多数俄罗斯人都有着一种对比差异感，即俄罗斯人开放、狂热、自然、"博大"，而西方人乏味、精明、优雅、拘谨、世故（这些差别被斯拉夫文化崇拜者和民粹主义者严重夸大了）。不过，尽管有这样的差异感，他们当中的很多人仍然相信存在着一种取之不竭的西方文化，这种文化充满了多样性和自由而又富有创造性的个性，不像苏联那灰上加灰的灰暗的日常生活那样，只能靠突然的镇压行动才能打破。我就是把话说尽了——我讲的是三十多年前[1]——也无法动摇这种狂热的信念。

363

不管怎么说，名诗人当时在苏联都是英雄人物。说不定现在依然是这样。可以肯定的是，脱盲率大幅提高，俄罗斯与外国经典文学名著的广泛发行，尤其是译成了苏联的多种民族语言，造就了一个志趣相投的群体，而这一群体的反应能力当时，而且至今都可能依然在世界上是独一无二的。大量证据表明，当时大多数酷爱外国名著的读者都以为英国和法国的生活与狄更斯或巴尔扎克笔下所描写的那种生活很相似。但他们对这些小说家所处世界的洞悉程度，在情感和道德上的投入，对小说中各种人物的生活方式孩童般的痴迷，在我看来，比起譬如说英国、法国或美国一般的小说读者对应的反应来，似乎要更直接、鲜活、充沛，想象力也要丰富得多。这一点与把作家当作英雄的俄式崇拜（19世纪就初见端倪了）有着密切的关系。我不知道现在是个什么情况：或许已经大不相同了。我能做证的只有一点，1945年秋，摩肩接踵的书店里，上架的书总是供不应求，经营书店的政府职员热切的文学

---

1 ［本文写于1980年，其中几处提到了当时的情况，从近来发生的一些事情来看，大体都没有改变。］

兴趣——确切地说，是狂热，连《真理报》和《消息报》在报刊亭一摆出来，几分钟之内就一售而空，这些事实表明了一种有别于其他地方的对知识的饥渴程度。由于严格的书刊审查，与那么多其他东西一起，充斥西方火车站报刊摊的那种色情书刊、粗制滥造的惊险小说等遭到严禁，

364 这造成了苏联读者和剧院观众比我们更纯洁、更直率也更天真。我注意到，上演莎士比亚、谢里丹或格里鲍耶陀夫的戏剧时，观众（其中一些一看就是乡下人）很容易对舞台上的表演或演员所念的台词做出反应——例如，听了格里鲍耶陀夫《聪明误》中押韵的对句，马上就会大声表示赞成或者反对；有时候，观众的情绪会非常强烈，在西方来访者看来，既反常又感人。

这些观众，也许，与欧里庇得斯或莎士比亚戏剧所面向的观众没多大区别。看戏时，邻座观众跟我说话时，似乎往往都还是在以聪明的青少年——经典剧作家、小说家和诗人心目中的理想公众——的那种敏锐而又无邪的眼光在看舞台上的戏剧表演。也许正是因为缺少了这种公众的反响，才使得有些西方先锋派艺术有时显得很假，造作而又晦涩。由此看来，托尔斯泰对不少现代文学艺术的痛斥，不管有多么笼统、武断和不适当，也是可以理解的。只要是看似可靠、新颖，甚至真实的东西，苏联公众都有非同一般的接受力和兴趣（批判性的与非批判性的），而听命于政府的作家所提供的精神食粮却很低劣，这二者间的巨大反差令我很吃惊。我原以为在所有阶层都会看到程度大得多的呆板乏味，令人压抑的千篇一律。在包括批评家和评论家在内的官方阶层，的确如此；但在剧场和电影院里、在演讲中、在足球比赛中、在火车上、在有轨电车上和书店里同我说过话的人当中，却并非如此。

我动身去莫斯科前，得到了在那里工作过的几位英国外交官的赐教，说要见苏联平民不是什么容易事儿。他们告诉我，在官方的外交招待会上会见到一定数量精心挑选出来的高级官僚，这些人总的来说喜欢打官腔，鹦鹉学舌地说几句官话，避免同外国人进行任何真心诚意的

接触，至少是避免同来自西方的人接触；偶尔也会允许芭蕾舞演员和戏剧之类的演员参加这样的招待会，因为他们被认为是艺术家中头脑最简单、最没有思想的人，受到非正统思想的影响或泄露机密的可能性也最小。简而言之，给我的印象是，抛开语言障碍不说，由于一般人都怕与外国人，尤其是那些来自资本主义国家的人扯上关系，加上又有共产党员不得参加这类活动的明确指示，这就使得所有西方使团都在文化上遭到了隔离；使团成员（以及大多数记者和其他外国人）都跟生活在动物园差不多，各个笼子里的人可以相互联系，但是被一堵高墙与外面的世界隔绝开来。

我发现这一说法在很大程度上是不假，但也没有像我受到诱导后所预期的那种程度。说真的，在我短暂停留期间，我见到的不仅仅是在所有招待会上都会见到的那同一群受到严格管制的芭蕾舞演员和文学官僚，还有一批真正的天才作家、音乐家和制片人，其中有两位是天才诗人。这些人中有一位是我最希望见到的鲍里斯·列奥尼多维奇·帕斯捷尔纳克，我十分欣赏他的诗歌和散文。没有点什么由头，哪怕是再容易识破不过的由头，我是不能硬着头皮去结识他的。幸运的是，我先前碰到过他的两个妹妹，她们当时住在牛津，其中一位请我捎一双靴子给他的诗人哥哥。这就是我需要的借口，我非常庆幸有这么一个借口。

我抵达莫斯科的时候刚好赶上英国大使馆安排的一个宴会，庆祝其俄文刊物《英国盟友》创刊一周年，一些苏联作家应邀参加了这次宴会。宴会的嘉宾是约翰·博因顿·普里斯特利，他当时被苏联当局视为铁杆儿朋友；他的书很多都被译成了俄文，而且他的两部戏剧，我好像想起来了，当时正在莫斯科上演。那天晚上，普里斯特利看上去有点不高兴：依我看，他是因为被人带着去参观了太多的集体农庄和工厂而累得精疲力竭了——他对我说，虽然受到了不错的接待，但他发现这些官方安排的参观，多数都乏味得让人难以想象；此外，他的版税被冻结了，靠翻译与人交谈又极不自然，总之，他不开心，很疲劳，想睡觉。反

365

366

正英国大使馆给他安排的翻译兼向导私下里对我是这么说的；他提出要送嘉宾回宾馆，并问我愿不愿意想点办法，去填补普里斯特利先生提前离席留下的那个尴尬空缺。我欣然同意，结果发现自己坐在了著名导演泰罗夫和同样大名鼎鼎的文学史学家、评论家、翻译家兼优秀儿童文学作家科尔涅依·楚科夫斯基中间。我对面则是全苏联最著名的电影导演谢尔盖·爱森斯坦。他看上去有点儿沮丧：个中原因，我后来听说，不难找到。[1] 我问他回首往事时，觉得自己一生中哪些年头最有乐趣。他回答说，革命胜利后的初期，在他自己作为一位创造性艺术家的一生中是最最美好的一段时间，在很多其他人的一生中也是这样。那个时候，他不无伤感地说，做了荒唐和令人惊奇的事情，可以不受惩罚。他特别愉快地回忆起1920年代初的一件事情，有一次他们把涂了油脂的一群猪放到莫斯科一家剧院的观众中，观众吓坏了，纷纷跳到自己的座位上；人叫猪嚎，乱成一团。"这正是我们的超现实主义场面所需要的。那个时候，生龙活虎的我们，大都活得很高兴，干得很愉快。当时我们年轻、目空一切，满脑子都是主意。不管我们是马克思主义者，还是形式主义者，抑或是未来主义者，都没有关系——不管我们是画家、作家还是音乐家——我们全都见面和争吵，有时候吵得还非常激烈，同时又相互激励。那时我们真的很开心，也搞出了一些东西。"

泰罗夫说得差不多一样。他也充满怀念之情地说起过1920年代的实验剧院，聊到过瓦赫坦戈夫和梅耶荷德的天才；谈到过短命的俄罗斯现代运动的大胆和活力，在他看来，这一运动远比皮斯卡托、布莱希特或戈登·克雷格在舞台上取得的成就有趣得多。我问他是什么终结了

1　此前不久，他曾受到斯大林的严厉申斥。斯大林看了他的电影《伊凡雷帝》的第二部后表示不悦，据说主要是因为沙皇伊凡（斯大林可能在某种程度上对号入座了）被刻画成了一个内心深感不安的年轻统治者，发现贵族通敌和骚乱后大惊失色，为需要采取血腥手段去拯救国家和自己的生命而苦恼，这一经历使他变得性格孤僻、忧郁专制、猜忌别人达到了神经衰弱的地步，尽管他正在把国家推向辉煌的顶峰。

这场运动。"世事无常，"他说，"不过那是一个精彩的时代；虽不对斯坦尼斯拉夫斯基或聂米罗维奇的胃口，但绝对精彩。"他说，莫斯科艺术剧院的演员们现在受的教育不够，吃不透契诃夫笔下人物的真正特征：他们的社会地位，他们的态度、举止、口音，他们的整个文化、见解、习惯，对于目前这些呈上升势头的演员来说，都还是一本未打开的书；对于这一点，没有人比契诃夫的遗孀奥尔嘉·克尼佩尔，当然还有斯坦尼斯拉夫斯基本人，认识得更为清楚；从那些日子留下来的最伟大的演员是无与伦比、但正在迅速老去的卡恰洛夫；他很快就要退休了，那么随着现代主义的逝去和自然主义的衰落，会有新的事物涌现吗？对此他深表怀疑："几分钟前，我对你说过'世事无常'，可是世事又一成不变。这更糟糕。"说完，他便陷入了阴郁的沉默。

泰罗夫这两点都没说错。卡恰洛夫肯定是我平生见过的最好的演员。他在舞台上扮演契诃夫《樱桃园》中的加耶夫时（在最初的演出中他扮演的是学生），真的是把观众都迷住了，别的演员也无法把目光从他身上移开：他的声音优美，动作极富魅力和表现力，让人想一直盯着他，永远听他说下去。这也许破坏了戏份的平衡，但卡恰洛夫那天晚上 368 的表演，就像我一个月后看到的乌兰诺娃在普罗科菲耶夫的《灰姑娘》中的舞蹈（以及多年前看到的夏里亚宾在《鲍里斯·戈都诺夫》中的表演），在我的记忆里都是用以判断后来所有演出的无法超越的高峰。就舞台上的表现力而言，这些俄罗斯人，在我至今看来，20世纪都无人能及。

坐在我右边的评论家科尔涅依·楚科夫斯基以少见的机智风趣谈到了俄英两国的一些作家。他说，嘉宾干脆利落地就把他给打发了，让他想起了美国记者多萝西·汤普森访问俄罗斯的往事。她是同丈夫辛克莱·刘易斯一道来的，她丈夫在1930年代的俄罗斯名气很大："我们几个人到他下榻的宾馆去拜访他——想告诉他，他的精彩小说对我们是何等重要。他背对着我们坐着，只顾在打字机上打字，都没有回头看我们一下，而且一声都没吭。这谱摆得，颇有气势啦。"我竭力让他相信，他自己的作品在英语国家的俄罗斯学者中有许多读者，而且深受欣赏，比如莫里斯·鲍拉（他在自己的回忆录中描述了第一次世界大战期间与作者谋面的情况）、奥利弗·埃尔顿——我当时认识的仅有的两个对俄国文学感兴趣的英语作家。楚科夫斯基跟我讲过他两次访问英国的情况，第一次是在20世纪初，那时候他很穷，靠打零工挣几个先令——靠阅读卡莱尔的《过去与现在》和《旧衣新裁》学会了英语，其中的第二本是他花一便士买下来的，而且还当场从背心口袋里掏出来给我看了看。他告诉我，在那些日子里，他是一家"诗歌书店"的常客，这家书店的老板大名鼎鼎，是诗人哈罗德·门罗，老板把他引为朋友，还把他介绍给了许多英国文人，包括奥斯卡·王尔德的朋友罗伯特·罗斯，给他留下了一段愉快的记忆。他说，他在诗歌书店感到轻松自在，但在英国别的地方就都不行了；他和赫尔岑一样，欣赏英国的社会结构和英国人的行为举止，觉得很有趣，但他也和赫尔岑一样，在英国人中没有交到任何朋友。他喜欢特罗洛普，"多了不起的牧师啊！迷人、古怪——在老俄罗斯，没有一样像这样的东西；在这里他们陷入了怠惰、愚蠢和贪婪。他们是一群悲惨的人。现在这一批人，革命以来有过一段困难时期，他们要好多了：他们至少还可以读书和写作；有些是体面和可敬的人。但是你永远见不到我们的牧师——你为什么想去见呢？我肯定，英国的牧师仍然是世界上最讨人喜欢的人"。接着，他又跟我说起了他的第二次访问，第一次世界大战期间，他随一批俄罗斯记者来报道英国的战况。在一个周末，他们在诺斯利市受到了德比勋爵的款待，他发现自己跟爵士基本上说不到一块儿去，对于这次款待他也做了一番极为有趣但不是很恭敬的描述。

楚科夫斯基是一位才华横溢的作家，革命前就已成名。他是一位左翼人士，对革命持欢迎态度；和所有有点思想的知识分子一样，他也受到了苏联当局的折磨。在专制统治之下，有不止一种保持理智的方式：他以一种讽刺意味的超然态度、谨慎的言行和相当坚忍的性格做到了这一点。他决定自己只涉足19世纪俄国和英国文学、儿童文学和翻译这几个相对风平浪静的领域，这一决定可能起到了保护他本人和他家人的作用，（虽然也只是刚刚能）免遭他们最亲近的几个朋友所遭受的那种厄运。他告诉我他有一个强烈的愿望；如果我能满足他这一愿望的话，他愿意做几乎任何事情来报答我：他渴望读特罗洛普的自传。他的朋友艾维·李维诺夫，前外交部长和驻美国大使马克西姆·李维诺夫的夫人，当时住在莫斯科，她找不到自己的那本了，但又认为鉴于与外国的所有关系都受到极度怀疑，从英国订购不安全。我能否给他搞一本呢？几个月后，我搞到了一本，把他高兴坏了。轮到我让他帮我了，我说我最希望的就是去见见鲍里斯·帕斯捷尔纳克。他住在别列杰尔金诺作家村，楚科夫斯基在那里也有一套小别墅。楚科夫斯基说他很欣赏帕斯捷尔纳克的诗歌，可是就个人而言，虽然很喜欢他，同他的关系却时好时坏，并不稳定——他对涅克拉索夫的市民诗歌和19世纪后期平民主义作家的兴趣，总是让帕斯捷尔纳克大为不快，帕斯捷尔纳克是一个纯粹的诗人，跟苏维埃政权不合拍，对任何形式的遵命文学——法国人叫应命[1]文学——都特别反感。好在赶上了当时两人关系还不错，于是他愿意安排我们见一面，还热忱地邀请我当天到他家里也去看了看。 370

我很快就发现，这是一次不说是莽撞，也是大胆的行为：与外国人接触，尤其是与西方大使馆的人员接触，少说也是受到极力阻止的，因为在苏联当局眼里，特别是在斯大林本人眼里，他们全都是间谍。认识到了这一点后，我后来对于与苏联公民私下见面时就小心翼翼了，但有几次还是太晚了——陷他们于一定的危险之中，而这种危险并不是所有愿意见我的人都能完全意识到的；有些人意识到了，也明知道同我见

1　此处原文为法语：engagé。——译注

面是在冒险,但他们还是冒了这个险,因为他们极其渴望接触西方的生活。其他人则不会这么不计后果,其担忧是很有理由的,顾及这一点,原来想见的苏联公民,有一些,尤其是在国外没什么名声,不能受到某种保护的,我也就不见了,怕连累他们陷入危险。即便如此,我很可能还是无意中伤害到了一些无辜的人,有一些是因为我偶然碰见了他们,有一些则是因为他们向我保证见面不会给自己带来危险,而事实证明他们保证错了。

　　每当我听到他们中一些人后来的遭遇,我都会良心感到不安,都会责备自己没有抵制住诱惑,去见了一些我所遇到过的最纯洁、最可爱、最敏捷、最感人的人——他们有一种在自己的环境中惊人地保持精神快乐的品质,大多数都对国外的生活充满了强烈的好奇心,迫切希望同一个说自己语言的外国来客建立纯粹的人际关系,而且在他们看来,这个外国人理解他们,他们也理解他。监禁或比监禁还糟的情况我虽没听说过,但我听说过有些人受到折磨和迫害可能是由于同我见过面的缘故。这一点不好说,因为受害者往往永远也不知道自己是因为什么而受到惩罚的。只能希望幸存者不要因为所受伤害而过于怨恨那些外国访客,因为我们也许是在无意中甚或有可能因为过于轻率而导致他们受到了伤害。

　　对别列杰尔金诺的那次访问,是在我遇到科尔涅依·楚科夫斯基的那个晚宴一周之后做出安排的。与此同时,在为普里斯特利举行的另一次欢宴上(对他的出席我至今依然心存感激,因为他的赏光帮我打开了很多门道),我遇到了一位匈牙利裔美国舞蹈家,阿菲诺格诺娃夫人,她是(在1941年莫斯科遭遇的一次空袭中)"光荣"牺牲的一位剧作家的遗孀,她为对文化有兴趣的外国客人组织了一个沙龙——显然是得到了批准的,而且说不定是有关方面授意的。不管怎么说,她邀请了我,在那里我见到了好些个作家。他们中间最有名的是诗人伊利亚·谢尔文斯基("谢尔文斯基春风得意过几天,不过,谢天谢地,那是老早之前的事了。"帕斯捷尔纳克后来对我说),他曾经冒冒失失地说什么如果说社会主义现实主义是想象性写作的正确体裁的话,那么发展社会主义浪漫主义文学或许同样也不违背共产主义意识形态——可以让想象力得到更自由的发挥,同样饱含对苏维埃制度的绝对忠诚。为此,他最近受到了官方的严厉斥责,我见到他时他显然处于一种紧张的状态。他问我是否同意五位最伟大的英国作家是莎士比亚、拜伦、狄更斯、王尔德和萧伯纳;其次或许就是弥尔顿和彭斯。我说我对莎士比亚和狄更斯毫无疑问,可还没等我说完,他就又把话头抢过去了,说他们感兴趣的是我们的一些新作家,问我格林伍德和阿尔德里奇怎么样?我对他们作何评价?我意识到这些是当代作家的名字,但说实话我从来没有听说过他们——这或许是因为战争期间我大多数时候在国外的缘故——他们写过什么作品?

372

这显然没人信。我后来发现阿尔德里奇是一位澳大利亚共产主义作家,格林伍德曾经写过一本叫《救济金之爱》的流行小说;他们的作品已被译成俄语出版,印数很大。普通的苏联读者对其他社会或那些社会中各群体的价值标准几无所知。一个官方的文学委员会,在党的中央委员会文化部指导下,决定翻译什么作品及其发行范围,而当时现代英国文学的代表性作品实际上主要是 A. J. 克罗宁的《哈特的城堡》、萨默塞特·毛姆和普里斯特利的两三部戏剧,以及(似乎还有)格林伍德和阿尔德里奇的小说——而格林厄姆·格林、C. P. 斯诺、艾丽丝·默多克和"愤怒的青年"(随后被大量翻译)的时代尚未出现。

给我的印象是,听到我说我对他们提到的两个作者一无所知时,我的主人们认为我一点儿都不诚实,由于我是一个资本主义国家的代表,所以不得不对左翼作家的优点视而不见,就跟他们自己尽力真的或假装忽视大多数俄罗斯流亡作家和作曲家一样。"我知道,"谢尔文斯基像是在向一大堆听众发表演讲似的,以非常夸张的语气大声说道,"我知道我们在西方被称为循规蹈矩者。我们之所以循规蹈矩,是因为我

373 们发现每当我们违背党的方针时,结果总是党是对的而我们错了。情
况总是这样。不仅仅在于他们说他们更了解情况:他们的确如此;而
且他们看得更远:他们的眼光要比我们更敏锐,视野更宽阔。"其余的
人听了都显得很不自在:这些话明摆着是有意对着那些隐蔽的麦克风
说的,少了那些玩意儿,我们几乎是不可能有这样相聚的机会的。在独
裁体制下,公开和私下表达意见可能会有差别;但谢尔文斯基的这一通
发作,也许是由于对自身地位缺乏安全感的缘故,也太笨拙,太过火了:
于是接下去便是一阵尴尬的沉默了。

当时我丝毫没有意识到这一点,而且还争辩说,自由讨论,哪怕是
关于政治问题的自由讨论,对于民主制度也是毫无危害的。"我们是一
个按科学的方法管理的社会,"一位给列宁当过秘书,后来嫁给了一个
著名苏联作家的端庄健美的女士说,"如果说物理学中没有自由思想的
余地——一个质疑运动定律的人显然是无知或疯狂的——那么,我们
这些发现了历史和社会定律的马克思主义者为什么要允许社会领域中
的自由思想呢? 允许犯错误的自由不是自由;你似乎认为我们缺少政
治讨论的自由;我简直不理解你是什么意思。真理使人得自由:我们
要比你们西方人更自由。"引用了列宁的话,又引用了卢那察尔斯基[1]
的话。当我说我记得奥古斯特·孔德著作中有这类命题,说这是马克
思或恩格斯肯定不会接受的19世纪法国实证主义者的论点时,房间里
气氛顿时阴冷了下来,于是我们就换了个不会惹出什么麻烦的话题,聊
起文学来。我得到了教训,只要斯大林在台上,进行思想争论,无非是
从一些人那里得到可以预见的答案,而让那些保持沉默的人受到威胁。
我后来再也没有见过阿菲诺格诺娃女士,也没有见过她的任何客人。
374 我说话办事显然不够圆滑老练,而他们的反应倒是完全可以理解的。

---

1 Lunacharsky(1875—1933),苏联文学家、教育家、美学家、哲学家和政治活动
家。——译注

二

几天后，在已与自己的作曲家丈夫分居的丽娜·伊万诺夫娜·普罗科菲耶夫的陪同下，我坐火车来到了别列杰尔金诺。我听说，高尔基筹备了这块聚居区，以便给知名作家提供一个可以专心工作的宁静环境。由于艺术家们的气质使然，这个好心的方案并不总能带来和谐共存：即便像我这么一个对情况一无所知的陌生人，也能感受到某些人际和政治上的紧张气氛。我沿着林荫道走去，这条路通向作家们住的房子。在路上，我们被一个在挖沟的人拦住了；他从沟里爬上来，说他叫亚兹维茨基，问我们叫什么名字，说了好一阵子他写的一部名叫《宗教审判所的火焰》的精彩小说，热情地把这部小说推荐给我们，并说我们应该读一读他正在创作的一部更棒的小说，讲的是伊凡三世和中世纪俄罗斯的事情。他祝我们一路顺风，然后就回到他的沟里去了。我的同伴认为这有些不大像话，我却让这不期而遇、直率坦诚而又让人彻底放松的自说自唱给迷住了。它没有那些似乎在官场以外的所有地方通行的套话和东扯西拉，质朴而即时——尽管很幼稚，当时非常有吸引力，就是放到现在也同样非常有吸引力。

那是初秋一个温暖而阳光明媚的下午。帕斯捷尔纳克、他的妻子，还有他的儿子列昂尼德围坐在别墅后面小花园里一张粗糙的木桌旁。诗人热情地迎接了我们。他的朋友、女诗人玛丽娜·茨维塔耶娃曾这样描述他，说他看上去就像一个阿拉伯人和他的马：[1]他有一张黝黑、忧郁、富有表情，非常**有民族特点**的脸，这一点现在在人们从许多照片和他父亲的画作中都见过，已经很熟悉了。他说起话来慢条斯理，声音低沉 375

1　茨维塔耶娃这样形容自己的朋友可能还联想到了一个名叫《阿拉伯人和他的马》的故事（讲述的是一匹忠诚的马救了主人，自己却因疲劳过度而死去）。——译注

而单调，始终如一，没有抑扬顿挫，介于哼哼声和嗡嗡声之间，凡是见过他的人差不多都提到了这一点；每一个元音都拉得老长，就像柴可夫斯基歌剧中如泣如诉的咏叹调一样，不过力度和强度要更为集中一些。

我笨手笨脚地把抱在手上的包裹递给他，说我受他妹妹利季娅之托，给他捎来了一双靴子。"不，不，这怎么好意思呢？"他说，显然很不好意思，就像我给他的是一件捐赠品似的：

"肯定搞错了，一定是给我弟弟的。"他这么一说，把我也搞得极不好意思了。他的妻子季娜伊达·尼古拉耶夫娜试图让我放轻松一点，问我英国是否正在从战争中恢复过来。还没等我回答，帕斯捷尔纳克就插话说："30年代，对了，是1935年，我在巴黎开完反法西斯大会后，返回途中，到过伦敦。我来给你说说当时发生的事吧。当时是夏天，我在乡下，两名官员，很可能是来自内务委员会[1]——而非，我认为，作家协会，登门造访了我。我想，当时我们还不是很怕这样的造访。其中一个对我说：'鲍里斯·列昂尼多维奇，巴黎要开一个反法西斯代表大会，邀请了你去参加，我们希望你明天就出发。你将路经柏林，可以在那里待几个小时，见见你想见的任何人；你将于次日到达巴黎，晚上在大会上发言。'我说我没有合适的衣服出访，他们说这事儿他们来负责。他们给了我一件大礼服和一条条纹裤、一件硬袖口翼领衬衣和一双黑漆皮靴，我发现很合脚。不过末了我还是设法穿着日常的衣服去的。我后来得知，是安德烈·马尔罗，大会的主要组织者之一，在最后一刻施加了压力才让我获得了邀请。他对苏联当局解释说，不派我和巴别尔去恐怕会引起不必要的猜测，因为我们在西方知名度很高，加上当时欧洲和美国自由派人士愿意洗耳恭听的苏联作家又不是很多。所以，虽然我一开始没有出现在苏联代表团的名单上——我怎么可能出现在这个名单上呢？但他们还是同意了。"

376

---

1 NKVD，内务人民委员会。——译注

他按照安排先到了柏林,在那里见到了自己的妹妹约瑟芬和妹夫,并且说他到会时,许多重要人物和知名人物——德莱塞、纪德、马尔罗、福斯特、阿拉贡、奥登、斯彭德、罗莎蒙德·莱曼及其他名流都已经到了。"我发了言。我说:'我明白这是一次作家的聚会,目的是把大家组织起来,共同抵抗法西斯主义。对此,我要对大家说的只有一点,不要组织。组织是对艺术的扼杀。只有个人独立才是最重要的。1789年、1848年和1917年,都没有把作家们组织起来去支持或反对什么。不要,我恳求你们,不要组织。'我想他们一定感到非常惊讶,可不说这个我还能说什么呢?我原以为说了这话回国后会招灾惹祸,但无论是当时还是现在,谁都没跟我提起过这件事。[1]随后我由巴黎去了伦敦,在那里见到了我的朋友罗蒙诺索夫,一个极有吸引力的人,和跟他同姓的那位[2]一样,算得上是一名科学家——一名工程师。然后我坐我们的一艘船返回列宁格勒,与谢尔巴科夫住一个舱,当时他是作协书记,极具影响力。我没日没夜地唠叨个没完。他央求我停下来让他睡觉。但我还是一个劲儿不停地说。巴黎和伦敦把我从沉睡中唤醒了,停不下来。他求我行行好饶了他,但我毫不留情,还是没完没了。他一定以为我精神严重失常了;也许我真该好好感激他对我的状况做出的这个诊断。" 377 帕斯捷尔纳克没有明说自己的意思是说,被认为有点发疯,或者就算没疯起码也非常古怪,可能帮助他在大清洗中逃过了一劫。但在场的其他人说他们非常明白这一点,而且后来还给我做了一番解释。

帕斯捷尔纳克问我是否读过他的散文,特别是《柳威尔斯的童年》,而这篇是我非常欣赏的。我说我读过了。"我能从你的表情看出

1　多年以后我问过安德烈·马尔罗(André Malraux)这件事。他称不记得这个发言。

2　Mikhail Vasilyevich Lomonosov(1711—1765),俄国百科全书式的科学家、语言学家、哲学家和诗人,俄国唯物主义哲学和自然科学的奠基人,对文学、教育和科学都做出了重要贡献。——译注

来，"他说，很有点冤枉我，"你一定认为这些作品装腔作势、故弄玄虚、自以为是、现代得让人恶心——不，不，不要否认，你就是这么想的，你的想法完全正确。我为写出这样的东西而汗颜——我说的不是我的诗歌，而是我的散文，它受了那些年头流行的象征主义运动中最脆弱、最混乱的东西的影响，充满了故弄玄虚的混乱——当然安德烈·别雷是一个天才，《彼得堡》《柯吉克·列达耶夫》都充满了精彩的内容，这些我都知道，你不必告诉我，但是他的影响是致命的，乔伊斯是另外一回事——我那时写的所有东西都像着了魔似的，勉强别扭、支离破碎、矫揉造作、毫无价值[negodno]；但我现在正在写的东西就完全不一样了：它是新的、全新的，明亮、典雅、融洽、匀称[stroinoe]，具有经典作品的纯粹和简约——这是温克尔曼要求的，对了，也是歌德要求的。这将是我留给世人的最后的话，也是最重要的话。它是，没错，它是我希望能凭它而被人记住的作品；我将用我的余生全力写好它。"

我不能保证这些全是一字不差的原话，但我记得的就是这样，还有他说话的样子。那部预期的作品就是后来的《日瓦戈医生》。他在1945年完成了前几章的草稿，他让我看看并捎给他在牛津的两个妹妹；我照办了，但直到很久之后才知道整部小说的计划。说完了上面的那段话之后，他沉默了一会儿，我们谁也没有说话。然后，他告诉我们他是多么喜欢格鲁吉亚，喜欢格鲁吉亚的作家亚什维利、塔比泽和格鲁吉亚的酒，在格鲁吉亚他总是多么受欢迎。然后，他礼貌地问了我西方当时的情况；问我是否知道赫伯特·里德及其人格主义学说。说到这里，他解释说，人格主义理论主要源于道德哲学——尤其是康德及其阐释者赫尔曼·科恩的个人自由的思想。他对科恩很熟悉，而且第一次世界大战前在马堡当学生时就对其佩服得五体投地。康德的个人主义——勃洛克完全理解错了，而且在《康德》一诗中将其变成了一个神秘主义者——他问我是否知道这一点。他问我认不认识斯特凡·席曼斯基，一个曾编辑过他的（帕斯捷尔纳克的）一些翻译作品的人格主义者。俄国这儿的情况，他没有什么可以告诉我的。我必须认识到，俄国的钟已经在1928年左右就停摆了（我注意到，不管是他还是我邂逅过的其他任何一位作家都没有用过"苏联"这个词），与外部世界的联系实际上都被切断了；例如，《苏联百科全书》对他和他的作品的描述，只字未提他的晚年及作品。

他刚说到一半，著名的老作家利季娅·谢夫林娜突然闯了进来，打断了他的话。"我的遭遇也完全一样，"她说，"百科全书上介绍我的那篇文章的最后几行说：'谢夫林娜目前正陷入一种心理和艺术的危机状态'——这在过去的二十年中都没改动过。就俄国的读者而言，我现在仍处于危机状态，处于活力停滞状态。鲍里斯·列昂尼多维奇，你和我，我们就像是庞贝城里的人一样，话还没有说完就让火山灰给埋葬了。我们孤陋寡闻：梅特林克[1]和吉卜林，我知道去世了；但威尔斯、辛克莱·刘易斯、乔伊斯、蒲宁、霍达谢维奇[2]，他们还健在吗？"帕斯捷尔纳克显得有些尴尬，就把话题泛泛地换到了法国作家上。他那段时间一直在读普鲁斯特——他的法共朋友给他寄来了普鲁斯特的整部巨著——他知道这部杰作，他说，而且近来又重温了一遍。他当时还没有听说过萨特和加缪，[3]而且很瞧不起海明威。（"安娜·安德烈耶夫娜[阿赫玛托娃]为什么还挺看重他，我真是想不明白。"他说。）他热情地要我到他莫斯科的公寓里去看他——他从10月份起会待在那里。 379

他说起话来慢条斯理，从容不迫而气度恢宏，偶尔也会有一阵词

1　Maurice Maeterlinck（1862—1949），比利时剧作家、诗人、散文家，1911年诺贝尔文学奖得主。象征派戏剧的代表作家，代表作之一《青鸟》（L'oiseau bleu）是欧洲戏剧史上一部熔神奇、梦幻、象征于一炉的杰作。有"比利时的莎士比亚"之誉。——译注

2　Vladislav Khodasevich（1886—1939），俄罗斯诗人、小说家、文学评论家、翻译家。——译注

3　到1956年时他已经读过萨特的一两部戏剧，但还没读过加缪的任何东西，因为加缪已被斥责为反革命和亲法西斯主义分子。

语的激流；他说话往往会溢出语法结构的堤岸——晓畅的语句之后接着奇异却总是非常生动、具体的意象——再后面则可能是晦涩难懂的话，把人搞得晕头转向，然后又会突然再次变得清晰起来。他的演讲在任何时候都带着诗人气质，如同他的作品一样。有人曾说，有的人写诗的时候是诗人，写散文的时候是散文作家；有的人写什么都是诗人。帕斯捷尔纳克无论做什么、无论在什么场合下都是一位天才诗人。他平时的谈话，如同他的作品一样，就表明了这一点，我无法描述它的特征。在我看来，仅有的一个像他那样说话的人是弗吉尼亚·伍尔夫，从我见到她的几次情况来看，她和他一样，也迫使人脑子飞快转动，并且以同样令人振奋，有时还是令人震惊的方式，涤荡了人们对现实的一般看法。

　　我用"天才"这个词是斟酌过的。有时候有人问我为什么要用这个让人浮想联翩但又不严密的词。作为回答，我只能这样说：有人曾经问舞蹈家尼金斯基[1]怎么能跳得那么高。据说他的回答是，他没有觉得这没有什么大不了的。腾空后，大多数人会马上下落。"你干吗要马上落下来呢？为什么不在回去之前多在空中停留一会儿？"他据说是这样说的。在我看来，天才的标准之一，就是能做到一些极简单而又明显的事情，而这种事是普通人做不到而且也清楚自己做不到的——他们也不知道是怎样做的，或者他们为什么不能开始去做。帕斯捷尔纳克有时说话跳跃性很大；他的用词是我所知道的最富有想象力的；既不羁又非常感人。毫无疑问，文学天才是多种多样的：艾略特、乔伊斯、叶芝、奥登、罗素（以我的了解）就不这么说话。

　　我不想待得太久，让主人不欢迎。辞别时，我很兴奋，说得确切一

1　Vaslav Fomitch Nijinsky（1890—1950），俄罗斯舞蹈家，现代芭蕾舞的开创者，被誉为"世界第八奇观"和"舞蹈之神"的国际舞坛奇才。著有《尼金斯基手记》（The Diary of Vaslav Nijinsky）。——译注

点,是深深地为诗人的谈吐和人格所折服了。接着我又去了毗邻的楚科夫斯基别墅。虽然他富有魅力、友善、有趣,能说会道,所言莫不鞭辟入里且十分风趣,但我满脑子还是只想着一个小时前和我在一起的诗人。在楚科夫斯基家里,我遇见了萨穆伊尔·马尔沙克,他是彭斯作品的译者,也是一位儿童诗歌作家,由于远离主流意识形态和政治风暴,加上又可能得到了马克西姆·高尔基的保护,他安然无恙地熬过了那段最黑暗的日子。他是少数几个可以会见外国人的作家之一。我在莫斯科的几个星期里,他对我很友好,而且,他真的是我有幸遇到的莫斯科知识分子中最友善、最热心肠的人之一;他坦率而痛苦地谈起了过去的恐怖,显得对未来没多少信心,更愿意讨论他喜欢和了解的英国和苏格兰文学,但在我看来,对英国和苏格兰文学他似乎没说出什么有意思的东西。当时在场的还有其他人,其中有一个作家,他的名字,就算有人提起过,我也没装到脑子里去。我问他俄国文学界的情况:最著名的作家有哪些?他提到了许多作家,其中有列夫·卡希尔。我说:"是《施瓦姆布南尼亚》(一部成人幻想小说)的作者吗?"

"对,"他说,"是《施瓦姆布南尼亚》的作者。""可那部小说不咋地,"我说,"我几年前读过——觉得它缺乏想象力,既枯燥又幼稚——你喜欢吗?""喜欢,"他说,"相当喜欢,我读着觉得挺真实的,写得也不赖。"我表示不敢苟同。几个小时后,天黑了下来,我说我到哪儿都很不会认路,他主动陪我去了火车站。告别时,我对他说:"承蒙您好心好意关照了一整天,可真是抱歉,我连您的名字都没记住。""列夫·卡希尔。"他说。我就像生了根似的呆在了那里,羞愧难当、悔恨不已,为自己的失言而不知所措。"可是,"我说,"您为什么不告诉我呢?《施瓦姆布南尼亚》……""我尊重您说出了自己的真实想法——真话对我们作家来说,是难得听到的。"火车进站之前,我一直在不停地道歉。在我的经验中,还从没有人表现得这么让人敬佩;我之前从没有,之后也再没有遇到一位像他这样毫不虚荣、毫不自负的作家。

381

等车期间,天上开始掉点儿了。站台上只有另外两个人,是一对年轻夫妇,我们挤到了能找到的唯一一个可以躲避的地方——一处废弃的旧栅栏上支出的几块木板下面躲雨。我们交谈了几句,原来他们还是学生,小伙子说他是学化学的,小姑娘学的是19世纪俄国史,特别是革命运动史。天完全黑了,站台上没有灯,我们连对方的脸几乎都看不清;因而,他们觉得跟一个完全陌生的人在一起相当安全,于是说话便无所顾忌了。小姑娘说,书上说上个世纪的俄罗斯帝国就是一个大监狱,没有思想或言论自由;虽然他们认为这总的来说是真的,但当时激进分子似乎躲过了很多惩罚,而且发表异议,只要不带有切实的恐怖主义,那时通常也并不意味着拷问和死亡,甚至连恐怖分子都能逃脱。"为什么,人们现在不能对社会问题说出自己的想法呢?"我承认,我问这个问题,是有点儿明知故问。小伙子说:"如果有人想试试的话,就会像灰尘一样被人用扫帚扫掉,而他出了什么事我们都无从得知;再也不会有人见到他或听到他的音讯。"

我们换了个话题。他们告诉我,此时年轻的俄国人最喜欢读的是19世纪的小说和故事;然而却不是契诃夫,也不是屠格涅夫,这两人在他们看来都过时了,谈的都是他们没多少兴趣的问题;也不是托尔斯泰——或许是因为(照他们的说法)他们对战争中太多强调《战争与和382 平》是伟大的民族爱国史诗感到腻烦了。他们读的是能找到的陀思妥耶夫斯基、列斯科夫[1]、迦尔洵[2]的作品,以及更容易得到的外国杰作——司汤达、福楼拜(不是巴尔扎克或狄更斯)、海明威和有点出乎我意料的

1　Nikolai Semyonovich Leskov(1831—1895),俄国记者、小说家,著有《姆岑斯克县的麦克白夫人》《图拉的斜眼左撇子和钢跳蚤的故事》等。其作品题材广泛,结构独特,叙述生动,富于戏剧性和幽默感,具有浓郁的生活气息和民族特色。——译注

2　Vsevolod Mikhailovich Garshin(1855—1888),俄国作家,以短篇小说见长,以心理分析著称。其最著名也最有特点的小说是《红花》。——译注

欧·亨利。我说："苏联作家呢？肖洛霍夫、费定[1]、法捷耶夫、革拉特珂夫[2]、富尔曼诺夫[3]怎么样？"我一口气说出了我脑子中最先想到的几位当代苏联作家的名字。小姑娘问："那你喜不喜欢呢？""高尔基有时候不错，"小伙子说，"我以前喜欢罗曼·罗兰。我想你们国家有伟大绝伦的作家吧？"我回答说："没有，没有绝伦的。"但他们似乎不相信，说不定还以为我对英国作家特别有偏见，要不就是一个对资产阶级艺术家不屑一顾的共产主义者。火车来了，我们上了不同的车厢——反正当着别人的面也聊不成了。

和这两个学生一样，很多俄国人（至少在那个时候）似乎相信在西方——英国、法国和意大利——文艺群芳竞艳，众彩纷呈，而他们却接触不到。我对此提出质疑时，从来就没人真正相信过我：充其量，认为我这么说只是出于礼貌或厌世的资本家的无聊。就连帕斯捷尔纳克和他的朋友们都笃信有一个金色的西方世界，那里的天才作家和评论家已经创作出了，而且还在创作他们看不到的各种杰作。这个信念很普遍。我在1945年和1956年见到的大多数作家，如左琴科、马尔沙克、谢夫林娜、楚科夫斯基、薇拉·英倍尔、谢尔文斯基、卡希尔等十几人，而且不单单是作家，还有像普罗科菲耶夫、涅高兹、萨莫苏德那样的音乐家，像爱森斯坦和泰罗夫那样的导演，我在公众场合、在苏联对外文化协会（VOKS）举办的官方招待会上以及极少几次在他们自己家里见到的那些画家和评论家，在科学院一次会议上遇到的那些哲学家——那次我应邀在会上发表演讲，而邀请我的不是别人，正是失宠和大权旁落

1　Konstantin Aleksandrovich Fedin（1892—1977），旧译斐定，苏联作家。代表作为三部曲《初欢》、《不平凡的夏天》和《篝火》（未完成）。——译注

2　Feodor Vasilyevich Gladkov（1883—1958），苏联作家。代表作为《水泥》（一译《土敏土》），曾被鲁迅誉为"新俄文学的永久的碑碣"。——译注

3　Dmitri Andreevich Furmanov（1891—1926），苏联作家。其小说《恰巴耶夫》曾由瓦西里耶夫兄弟拍成同名电影（即《夏伯阳》）。——译注

383 之前的拉扎尔·卡冈诺维奇[1]。所有这些人都不仅仅极为好奇——说得确切一点，是十分饥渴地想了解欧洲艺术和文学进展的消息（对美国的关注要少多了），而且坚信那里正在源源不断地诞生精彩绝伦的艺术、文学和思想著作，苏联严苛的审查制度让他们什么都看不到。未知诱人遐想嘛。[2]

我无意贬低西方的成就，但我那时试图指出他们高估了我们，我们的文化发展并没有他们想象的那样辉煌得不可抗拒。有些移居西方的人也许今天还在寻找这种丰富的文化生活，要么就是幻想破灭了。那场反对"无根的世界主义者"的运动显然就是部分针对这种极端亲西方的热情的，这种热情，首先，可能是听了那些返乡的苏军士兵（有以前的俘虏，也有征服者的营队）有关西方生活的传言而激起的；其次，也可能是由苏联报刊和广播长期赤裸裸地丑化西方文化引起的必然反应。俄罗斯民族主义被用作消除这种至少是在受过良好教育的群体中滋生的不健康情趣的一剂妙方，且往往还为言辞激烈的反犹太主义宣传所助长的，反过来却引发了强烈的亲犹太和亲西方情绪，而在我看来，这样的情绪在知识分子中已经根深蒂固。到1956年，对西方的无知少多了，相应地，热情可能也少多了，不过还是远远超过实际应有。

帕斯捷尔纳克回到莫斯科后，我差不多每周都去拜访他，渐渐地也就很了解他了。他说话的时候总是带着他特有的活力，和那种天才的神思飞扬，无人能够言传，我也不敢奢望自己可以描述出他的风度、声音和姿态带来的转变的效果。他谈到了不少著作和作家，真希望当时384 记下来就好了。隔了这些年，我只记得在现代西方作家中他最喜欢普

1　Lazar' Kaganovich（1893—1991），原苏共中央主席团委员，苏联部长会议第一副主席。1957年6月，同莫洛托夫、马林科夫、布尔加宁等试图解除赫鲁晓夫的领导职务，被定为"反党集团"成员，开除出主席团和中央委员会。

2　［原文为拉丁文：*Omne ignotum pro magnifico.*（凡是不知道的东西，人们都会以为很了不得。）］

鲁斯特,对其作品和《尤利西斯》都颇有研究,乔伊斯后来的作品他还没读过。几年后,我带了两三本英文版的卡夫卡作品去莫斯科,没想到他毫无兴趣,后来他告诉我他把书送给了阿赫玛托娃,她极欣赏这些作品。他谈到了法国象征主义作家,谈到了维尔哈伦[1]和里尔克,这两个人他都见过。对里尔克,不管是作为一个人还是一个作家,他都很钦佩。他熟读莎士比亚,对自己的翻译作品特别是《哈姆雷特》和《罗密欧与朱丽叶》很不满意。"我曾试图靠莎士比亚扬名立万,"在谈起这事儿的那次交谈中,他一上来就说,"但并不成功。"随后他举了几个自认为失败的译例,可惜我都给忘了。战争期间的一个晚上,他告诉我收听BBC时,听到里面正在朗诵诗歌——虽然他听力不好,理解英语口语有点吃力,但他还是觉得那首诗写得很棒。他问自己"这是谁写的?"——听着有点儿耳熟。"嗨,是我写的。"他自言自语道;但其实并不是,而是雪莱《解放了的普罗米修斯》中的片段。

他说自己是在托尔斯泰的阴影里长大的——他的父亲很了解托尔斯泰——对他而言那是一位无与伦比的天才,比狄更斯或陀思妥耶夫斯基伟大,堪与莎士比亚、歌德和普希金比肩。他的父亲是位画家,曾在1910年带他到阿斯塔波沃去看望过临终前的托尔斯泰。他发现无法对托尔斯泰做出批评:俄罗斯就是托尔斯泰,托尔斯泰就是俄罗斯。至于俄罗斯诗人,勃洛克当然是他那个时代首屈一指的天才,但帕斯捷尔纳克发现对其感情特质没有共鸣。他更靠近的是别雷,一个富有奇异和空前洞察力的人,很神奇,是俄罗斯东正教传统中的圣愚。他认为勃留索夫是一个自造的、精巧的、机械的音乐盒,是一个精明圆滑、善于取巧的人,根本就不是一个诗人。他没有提到曼德尔施塔姆。他最有亲切感的是玛琳娜·茨维塔耶娃,与她有着多年的交情。

385

---

1 Emile Verhaeren(1855—1916),比利时法语诗人、剧作家、文艺评论家。象征派的主要奠基人之一。艾青、戴望舒、杨松河等都译过他的一些诗作。——译注

他对马雅可夫斯基的感情更为矛盾：他跟他很熟，早就是密友，而且还得到过他的指点。不用说，马雅可夫斯基当然是破除旧形式的巨人，但是，他补充说，他与其他共产主义者不一样，他始终都是一个有血有肉的人——不过，他不是一个大诗人，不是一个像丘特切夫[1]或勃洛克那样的不朽之神，甚至不是一个像费特[2]或别雷那样的半神。时间已经将他淹没在自己的长河里了。他生活的那个时代需要他，离不开他，是那个时代所呼唤的人才——有不少诗人，他说，都有过红极一时的时刻，阿谢耶夫、遭到清洗的可怜的克留耶夫、谢尔文斯基，甚至还有叶赛宁。他们满足了时代的迫切需要，他们的天赋对于本国诗歌的发展至关重要，然后就光辉不再了。马雅可夫斯基就是这些人中最伟大的一位——《穿裤子的云》有着重要的历史地位，但叫得太响让人受不了：他把自己的才华吹得太大，最后把它都吹破了：俄罗斯人至今还可以在路上见到那五彩斑斓的气球可悲的碎片。他有天分，有分量，但粗糙而不成熟，最终成了一位海报艺术家。马雅可夫斯基的爱情经历对他来说，无论是作为一个人还是作为一位诗人，都是灾难性的。帕斯捷尔纳克一直喜欢马雅可夫斯基这个人——后者的自杀是他自己生命中最黑暗的日子之一。

帕斯捷尔纳克是一个爱国的俄罗斯人——他对自己与祖国的历史联系有着非常深刻的意识。他一再告诉我，他非常喜欢在别列杰尔金诺作家村过夏天，因为那里曾经是伟大的斯拉夫主义者尤利·萨

1　Fedor Ivanovich Tyutchev（1803—1873），俄罗斯抒情诗人、外交官。俄罗斯哲理诗派的代表性人物、象征派诗歌的先驱，代表作有《西塞罗》《沉默》等。——译注

2　Afanassi Afanassjevitch Fet（1820—1892），俄罗斯诗人，被誉为俄罗斯文学史上最优秀的抒情诗人。据谷羽先生介绍，1856年俄罗斯《祖国纪事》(Отечественные Записки)杂志第5期第37页刊登的一首题为《影》的译诗，就是费特由德文转译的苏轼的《花影》："重重叠叠上瑶台，几度呼童扫不开。刚被太阳收拾去，却教明月送将来。"——译注

马林[1]的庄园的一部分。俄罗斯真正的传统是由传说中的萨德柯到斯特罗加诺夫家族和科丘别伊家族，再到杰尔查文[2]、茹科夫斯基[3]、丘特切夫、普希金、巴拉廷斯基、莱蒙托夫，又到阿克萨科夫兄弟、托尔斯泰、费特、蒲宁、安年斯基——特别是到斯拉夫主义者——而不是自由主义知识分子，后者，正如托尔斯泰所坚称的那样，根本不知道人靠什么为生。这种被看成是一名深深扎根于俄罗斯土壤的俄罗斯作家强烈的、近乎痴迷的愿望，尤为明显地表现在他对自己犹太血统的消极情绪上。他不愿意讨论这个话题——不是觉得尴尬，而是不喜欢：他希望犹 386太人这个民族被同化掉，彻底消失。除了直系亲属，他对亲戚，不分远近，都毫无兴趣。要说特殊的话，他跟我说话的时候就像一个虔信的基督徒。在所知的犹太作家中，他崇拜海涅、赫尔曼·科恩（他在马堡读书时的新康德主义哲学导师），他显然认为科恩的观念——特别是历史哲学——是深邃而又令人信服的。我注意到只要我提到犹太或巴勒斯坦，就明显戳到了他的痛处：在这方面，他与他的画家父亲很不一样。我曾经问过阿赫玛托娃一个问题：她别的犹太密友（曼德尔施塔姆、日尔蒙斯基或艾玛·格斯坦）对这个问题是否敏感？她说虽然他们都不大喜欢自己出身其中的传统的犹太资产阶级，但不会像帕斯捷尔纳克那样刻意回避这个问题。

他的艺术趣味是年轻时就形成了的，而且对那个时期的大师他依然忠心不改。对斯克里亚宾的记忆于他而言是神圣的——他自己曾一

1　Yury Samarin（1819—1976），俄国哲学家、历史学家、社会活动家，斯拉夫主义思想家。果戈理最要好的朋友。——译注

2　Gavrila Romanovich Derzhavin（1743—1816），普希金之前最受尊敬的俄罗斯诗人。——译注

3　Vasily Andreyevich Zhukovsky（1783—1852），俄国19世纪初期浪漫主义的代表作家、诗人、翻译家、画家。名作有《俄罗斯军营的歌手》（*Певец во стане русских воинов*）等，他还是沙俄帝国国歌的词作者。——译注

度想当作曲家。我很难忘记帕斯捷尔纳克和涅高兹（著名音乐家、帕斯捷尔纳克妻子季娜伊达的前夫）对斯克里亚宾的赞美，他们都受到过他的音乐的影响；还有对象征主义画家弗鲁贝尔以及尼古拉·罗列赫的赞美，他们把这两位画家捧到了所有当代画家之上。毕加索和马蒂斯，布拉克和博纳尔，克利和蒙德里安，在他们眼里，似乎都和康定斯基[1]或马列维奇[2]一样微不足道。

从某种意义上说，阿赫玛托娃、古米廖夫和玛琳娜·茨维塔耶娃是19世纪最后的绝唱（帕斯捷尔纳克和风格迥异的曼德尔施塔姆处于世纪之交的位置），而且依旧是这个只能称作第二次俄罗斯文艺复兴的时期的最后代表，尽管阿克梅派诗人企图把象征主义归入19世纪，宣称自己才是自身时代的诗人。他们似乎基本上没有受到这场现代运动（他们同时代的毕加索、斯特拉文斯基、艾略特、乔伊斯）的影响，虽然他们欣赏这些人，这一运动，和许多其他运动一样，因各种政治事件而在俄罗斯夭折了。

帕斯捷尔纳克热爱俄罗斯的一切，而且除了斯大林的野蛮统治外，愿意原谅祖国的所有缺点；可即便是斯大林的统治，在1945年，他也视为自己拭目以待的黎明前的黑暗，在《日瓦戈医生》最后几章中表达了这个希望。他自信可以与俄罗斯民族的精神生活息息相通，休戚与共，可以分担它的希望、恐惧和梦想，可以表达它的心声，就像丘特切夫、托尔斯泰、陀思妥耶夫斯基、契诃夫和勃洛克以各自不同的方式那样（我认识他时，他一点也不接受涅克拉索夫）。在我访问莫斯科期间，在与我交谈的过程中，始终就是我和他两人，光洁的桌子上不见一本书，一

1　Wassily Wassilyevich Kandinsky（1866—1944），出生于俄罗斯的画家和美术理论家，抽象艺术的先驱之一。其《即兴》被视为有史以来第一幅纯抽象作品。——译注

2　Kasimier Severinovich Malevich（1878—1935），俄罗斯画家，至上主义艺术奠基人。代表作为《至上主义构图：白上白》，著有《非客观的世界》（*The World as Non-Objectivity*）。——译注

张纸,他一再重复说相信自己与祖国的心贴得很近,并再三地断然拒绝
将这一角色授予高尔基和马雅可夫斯基,尤其是前者,还说他觉得自己
有一些话要对俄国的统治者说,一些只有他能够说出来的极为重要的
话,尽管这些话(他经常挂在嘴上)在我听来晦涩且前言不搭后语。这
完全有可能是我缺乏理解力的缘故——虽然安娜·阿赫玛托娃曾对我
说过,他以这种先知式的语气说话时,她也听不懂他在说什么。

正是在这样一种亢奋的心境下,他跟我说起了他就曼德尔施塔姆
被捕一事同斯大林通电话的事儿,这一次通话很有名,流传过很多不同
的版本,而且还在流传。我只能照我所记住的他1945年对我讲的那样,
来复述一下这个故事。按照他的说法,他当时和老婆孩子在自己莫斯
科的公寓里,没别人,电话响了,电话那头传来一个声音,告诉他是克里
姆林宫打来的,还说斯大林同志想跟他通话。他以为是一个愚蠢的恶
作剧,就放下听筒把电话挂断了。电话铃再次响起,电话里的声音不知
用什么法子让他相信了那个电话是真的。然后就听见斯大林问他是不
是鲍里斯·列昂尼多维奇·帕斯捷尔纳克;帕斯捷尔纳克回答说就是
自己。斯大林问他曼德尔施塔姆朗诵一首讽刺他斯大林的作品时,他
是否在场。[1]帕斯捷尔纳克回答说在他看来,他在不在场毫不重要,但斯
大林跟他通话,他感到非常高兴;说他早就知道会有这一天的,还说他
们必须就一些至关重要的问题进行面谈。然后斯大林问曼德尔施塔姆
是不是一个大师:帕斯捷尔纳克回答说,作为诗人,他们两人是迥然有
别的;他欣赏曼德尔施塔姆的诗,但觉得不能产生任何共鸣;不过不管
怎么说,这根本就不是重点。

在向我讲述这段经历时,帕斯捷尔纳克又开始对世界史上重大
转折点进行他那了不起的玄想了,这正是他希望跟斯大林探讨的问

388

---

[1] 见 Nadezhda Mandelstam, *Hope Against Hope*, trans. Max Hayward(London, 1971),第13页与第32章。

题——他这么做具有无比的重要性——我想象得到,他也是以这样的语气对斯大林说的。不管怎么说,斯大林又问了一遍曼德尔施塔姆朗诵那首讽刺诗时他在不在场。帕斯捷尔纳克的回答还是原来的那一套:最要紧的是他必须与斯大林见面,马上见面,一切都取决于这次见面,他们必须就一些终极问题,生死问题谈一谈。"我要是曼德尔施塔姆的朋友,应该比你更懂得如何替他辩护。"斯大林说完,就把电话挂断了。帕斯捷尔纳克想打回去,但不出所料,没打通。对这件事,他显然非常耿耿于怀:我刚刚复述的这个版本,他后来至少又在两个场合对我重复了一遍,而且还给别的客人讲过这个故事,尽管所用的形式显然有点不一样。为了营救曼德尔施塔姆,他做出的种种努力,尤其是求助于布哈林,虽然起到了一些作用,至少是保护了他一段时间——几年之后曼德尔施塔姆最终被摧毁——但帕斯捷尔纳克明显感到(也许理由并不充分,不过任何一个没有被自满或愚蠢蒙住眼睛的人都可能会感到),当初要是换一种回应方式,说不定可以帮到那位被定罪的诗人[1]更多一点。

讲完这个故事后,他接着又谈到了其他受害者:皮利尼亚克("不停地向窗外张望"),焦急地等待一个密使前来让他在一份材料上签字,揭发一个被控参与了1936年叛乱的人,由于等到最后也没人来,于是他意识到自己也完了。帕斯捷尔纳克还谈到了1941年茨维塔耶娃自杀的情况,他认为文学界的那些官僚们要是没对她绝情到那么骇人听闻的程度的话,本来是可以避免的。他还讲了一个故事:一个人要他在一封谴责图哈切夫斯基元帅的公开信上签名,帕斯捷尔纳克拒绝签名并解释了原因之后,那个家伙突然大哭起来,说帕斯捷尔纳克是他见过的最高贵最圣洁的人,并热烈地拥抱了他,然后直接去了秘密警察局,

---

1　阿赫玛托娃和娜杰日达·曼德尔施塔姆(据利季娅·楚科夫斯卡娅称)认为他的下场十有八九是应得的,都怪他自己当时的所作所为。

把他告发了。

然后，帕斯捷尔纳克说，尽管在战争中共产党发挥了积极作用，而且不单单是在俄罗斯，在其他国家也是如此，但他发现与党保持某种关系这一想法越来越令他反感：俄罗斯是一条船，一条奴隶船，而党员就是鞭打划桨奴隶的监工。他想知道，一个来自遥远的不列颠"领土"、当时在莫斯科的外交官，我一定认识，一个会说几句俄语，自称是诗人，且偶尔拜访他的人，为什么在每个可能和不可能的场合都坚持认为他帕斯捷尔纳克应该跟党走得更近一些呢？他用不着来自世界另 边 **390** 的先生们来教他怎么做——我可否给这个人带句话，说其拜访不受欢迎？我答应替他带话，但并没把话带到，部分原因是担心会把帕斯捷尔纳克本来就不太安全的处境变得更加凶险。英联邦的那位外交官不久就离开了苏联，而且听他的朋友们说，他后来改变了自己的看法。

帕斯捷尔纳克也责备过我，说实在的，不是因为我想把自己的政治或其他任何观点强加于他，而是因为在他看来几乎同样可恶的事情：我和他都在俄国，放眼望去，每一样东西都不堪入目、触目惊心，简直就是一个令人恶心的猪圈，而我似乎对此还非常振奋，到处溜达，看什么（他说我）都跟看稀奇似的——比那些为荒唐的错觉所迷惑得什么也看不见的外国人强不到哪里去，真叫可怜而悲惨的本国人受不了。

帕斯捷尔纳克极端敏感，生怕别人指责自己见风使舵，以适应党或国家的要求——他似乎很怕别人认为他是苟且偷生之辈，是干了一些讨好当局的卑劣勾当才得以保住小命的，是做出了某些有损人格的卑鄙妥协才免遭迫害的。他总是说着说着，就又回到了这一点上，而且会绞尽脑汁想出各种荒唐的法子否认，说自己干不出一件会让了解他的人认为他有罪的事来。有一天，他问我是否听读过他的战时诗集《在早班火车上》，是否听人说过这本诗集是他向盛行的正统观念示好的一个姿态。我如实回答说我从未听到过这样的说法，并说这种说法在我看来是一种可笑的联想。

安娜·阿赫玛托娃是帕斯捷尔纳克最钦佩的挚友,她告诉我,她从塔什干(1941年她曾由列宁格勒疏散到那里)回列宁格勒途中,曾在莫斯科停留并去过别列杰尔金诺。到后没几个小时,她就接到了帕斯捷尔纳克托人捎来的口信,说他不能前来见她——他发烧了——卧病在床——实在是没辙。第二天捎来的还是同样的口信。第三天他出现在了她面前,气色非常好,丝毫看不出是生过病的人。他所做的第一件事就是问她是否看过他最新的一本诗集:见他问这个问题时一副愁眉苦脸,痛苦不堪的表情,她便策略地说自己还没看过。听她这么一说,他的脸上顿时云开雾散,露出了如释重负的神情,同她愉快地聊开了。他显然没有必要为那些诗而感到无地自容,事实上,那些诗并未得到官方批评家的好评。显然,写平民诗对他来说似乎就是一种敷衍塞责,没有什么比这种体裁更让他深恶痛绝的了。

不过,1945年时,他对俄罗斯的伟大复兴依然还抱有希望,以为经过战争的风暴涤荡后生活会焕然一新,这场风暴以其可怕的方式,像那场革命一样造成巨变——一场超出我们渺小的道德范畴的大动荡。他认为,这样巨大的突变是无法评判的;我们毕生都须反复思考,以求尽可能地去弄明白是怎么回事;这样的突变是不能用善恶来衡量的,也不是认可或拒绝,质疑或赞同的问题;这样的突变,我们必须像接受自然变异、地震海啸等超乎所有道德与历史范畴的巨变一样加以接受。于是,那场背叛、清洗、滥杀无辜的噩梦,以及随后的一场骇人听闻之战,在他眼里也就成了某种不可避免的、前所未闻的精神胜利不可或缺的序曲了。

我有十一年没有再见到他。到1956年时,他与自己国家的政治秩序已经完全疏远了。一说到国家的政治秩序或代表它的人,他就不寒而栗。那时,他的朋友奥尔加·伊文斯卡娅已经被捕,遭到刑讯和凌虐后,送到劳改营五年了。"你的鲍里斯,"国家安全部长阿巴库莫夫曾对她说,"你的鲍里斯憎恶我们,不是吗?""他们说对了,"帕斯捷尔纳克跟我说,"她不能否认也没有否认这一点。"我曾同涅高兹和他与前妻季娜伊达·尼古拉耶夫娜所生的一个儿子一起去过别列杰尔金诺,当时季娜伊达已经改嫁,做了帕斯捷尔纳克的太太。涅高兹曾屡次三番地称帕斯捷尔纳克是一个圣人,说他太不谙世事了,居然指望苏联当局准许出版《日瓦戈医生》,显然很荒唐——牺牲作者的可能性倒是大得多。帕斯捷尔纳克是俄罗斯几十年来出的最伟大的作家,而他将被已经毁掉了很多作家的国家所毁掉,而这种做法是沙皇政权留下来的遗产。无论新旧俄罗斯有多大的差别,在怀疑和迫害作家这 点上,却是一脉相承的。听前妻说过,帕斯捷尔纳克决心找个地方出版自己的小说,涅高兹曾试图让他打消这个念头,但只是白费了一番口舌。要是帕斯捷尔纳克跟我提了这件事,我会不会——这是个非同小可——还不只是非同小可——弄不好还是关乎生死的问题,就是放到现在,恐怕也没人说得准——我会不会奉劝他罢手呢?依我看,涅高兹是对的:帕斯捷尔纳克或许真的需要好自为之。

说话间,我们已经到了帕斯捷尔纳克家。他正在大门口等我,把涅高兹让进屋后,给了我一个热情的拥抱,说阔别的这十一年里发生了很多事情,大多是非常不幸的事。他顿了顿,然后说道:"你肯定有什么话想对我说吧?"我极不得体(就算不说是愚蠢得不可原谅)地说道:"鲍里斯·列昂尼多维奇,见到你气色这么好我很高兴,不过重要的是活下来了——这在我们有些人看来几乎就是奇迹。"(我当时所想的是斯大林最后几年对犹太人的迫害。)他的脸立刻阴沉下来,没好气地看着我说:"我知道你在想什么。""你说什么呢,鲍里斯·列昂尼多维奇?""我知道,我清楚,你脑子里在想什么我一清二楚,"他声色俱厉地回答说——很吓人——"不要支支吾吾了,你脑子里在想什么,我看得清楚,比我自己脑子里在想什么还要清楚。""我在想什么?"他的话让我越来越不安了,于是又问了一遍。"你在想——我知道你在想——我为**他们**做了什么事。""我向你保证,鲍里斯·列昂尼多维奇,我从来没有这

392

393　么想过——我也从来没听人这么暗示过,哪怕是作为愚蠢的玩笑,都没听人开过。"最后,他相信了我的话。不过看得出来他很不高兴。直到我拍着胸脯,让他相信了全世界的文明人都很钦佩他,不仅钦佩他是一个作家,还钦佩他是一个自由而又独立的人之后,他才开始恢复到正常状态。"起码,"他说,"我可以像海涅一样说,'作为一名诗人,我也许不值得人们记住,但作为一名为人类争取自由的战士,是肯定值得人们记住的'。"[1]

　　他把我带到了他的书房,将一个厚厚的信封塞到了我手里:"我的书稿,"他说,"全在这里了。这是我封笔之作,请读一读吧。"我辞别后就开始看《日瓦戈医生》,第二天便看完了。与看过这本小说的苏联和西方的一些读者不同的是,我认为它是一本天才之作。在我当时看来——现在我也这么看——它传达出一种全方位的人类体验,以无有先例的富有想象力的语言,创造出一个世界,即便这个世界只有一个真正的居民。两三天后再次见到他时,我发现难以向他说出这一看法,只是问了他对自己的小说做何打算。他告诉我他已经把它交给了一名意大利共产党员,此人[2]在苏联电台的意大利语部工作,同时还担任意共党员、米兰出版商费尔特利内里的代理人;他已经把该小说的国际版权授予了费尔特利内里,希望他的小说,他的绝笔,他所有作品中最真实、最完整的一部——相比之下,他的诗就什么也不是了(尽管他认为这部小说里的诗或许是他写得最好的诗)——他希望自己的作品能够传遍全

　　1　参见 *Heinrich Heines Sämtliche Werke*, ed. Oskar Walzel(Leipzig, 1911—1920),第4卷,第306页。

　　2　即塞尔基奥·德安吉洛(Sergio D'Angelo, 1931—　　),1956—1957年受意共派遣在莫斯科电台工作,2006年在米兰出版了 *Il caso Pasternak / The Pasternak Case* 一书(次年莫斯科出了该书的俄文版 Дело Пастернака),按其书中所述,他拿到书稿一周后从莫斯科飞到东柏林亲手交给了费尔特里内利(Giangiacomo Feltrinelli, 1926—1972),后者顶住意共和俄共双重压力在米兰出版了意大利文版《日瓦戈医生》。——译注

世界，"用我的语言"，他引用了普希金名诗《先知》中的一句话，"把人心点燃"。[1]

当天的某一时刻，趁有名的故事篓子安德罗尼科夫在绘声绘色、妙趣横生地给客人们讲述意大利演员萨尔维尼的逸事时，季娜伊达·尼古拉耶夫娜把我拉到一边，泪眼汪汪地求我劝帕斯捷尔纳克不要在没得到官方许可的情况下，擅自把《日瓦戈医生》拿到国外去出版。她不希望自己的孩子们遭罪，我当然知道"他们"干得出什么事来。我让这个请求打动了，于是在第一时间劝了帕斯捷尔纳克一番。我说我会把他的小说拍成缩微胶片，设法把它们埋在全球各地——牛津、瓦尔帕莱索、塔斯马尼亚、海地、温哥华、开普敦、日本——这样就算爆发核战争，也会万无一失，留下一个文本来。我问他是不是铁了心要违抗苏联当局，考虑过后果吗？

那一周里他在跟我说话时，第二次显出了有点儿真生我气的意思。他说我说的那些话无疑是好心之言，说我对他本人及对他家人安全的关心令他很感动（话里带有一丝讽刺意味），但他清楚自己在做什么，说我比十一年前那个曾试图让他改信共产主义的英联邦外交官还要差劲，还说他和孩子们都谈过了，他们已经做好了遭罪的准备，让我以后不要再提这件事了——我看过那本小说，当然知道它，尤其是它的传播，对他来说意味着什么。我难堪得无言以对了。

过了一会儿，也许是为了缓和气氛，他说："你知道吗，我目前在这里的处境没有你想的那么不安。我翻译的莎士比亚，比如说，搬上舞台后很成功。我来给你讲个有趣的故事吧。"然后，他提醒我他曾把我介绍给过最有名的苏联演员之一利瓦诺夫（他的真姓，他补充说，叫波

394

1　原文为"Glagolom zhgi serdtsa lyudei!"。A. S. Pushkin, *Sobranie sochinenii*（Moscow, 1974—1978），第2卷，第83页。我对莫里斯·巴林（Maurice Baring）《俄罗斯抒情诗》（*Russian Lyrics*, London, 1943）中第2页的译文［'Lay waste with fire the heart of man'］略做了改动。（"heart"改为"hearts"。——译注）

利瓦诺夫）。利瓦诺夫对帕斯捷尔纳克翻译的《哈姆雷特》非常感兴趣，几年前曾希望自导自演该剧。他获得了官方的许可，而且排练都开始了。这期间，他获得邀请，参加了一次克里姆林宫的正规宴会，宴会是由斯大林主持的。斯大林有个习惯，晚宴进行到一定的时候，会挨桌走一圈，与每一桌人互致问候，碰杯敬酒。当他来到利瓦诺夫这一桌时，利瓦诺夫问他："约瑟夫·维萨里奥诺维奇，《哈姆雷特》该怎么演？"他希望斯大林说点什么，什么都行；然后他就可以把这点什么搬回去用了。用帕斯捷尔纳克的话说，要是斯大林说"你必须演得欢快一点"，利瓦诺夫就会告诉他的演员们，说他们演得不够欢快，而领袖已经明确指示要欢快一点。只有他利瓦诺夫一个人准确领会了领袖的指示精神，导演和其他所有人都必须乖乖地服从。不想斯大林停下来说道："你是个演员，在艺术剧院工作吧？那你就应该去问剧院的艺术指导；在戏剧问题上我又不是什么专家。"沉默了片刻后，又接着说道："不过，既然你问了我这个问题，那我就给你一个回答吧：《哈姆雷特》是一部颓废之作，根本就不该上演。"排练第二天就中断了。直到斯大林去世后很久，《哈姆雷特》才上演。"你瞧，"帕斯捷尔纳克说，"形势已经变了。事情总是在不断变化的。"又是一阵沉默。

然后他又像以往那样，谈起了法国文学。自我们上次见面后，他搞到了萨特的《恶心》，发现读不下去，淫秽得令人作呕。四百年天才辈出之后，这个伟大的民族不会就此枯竭，再也出不了文学巨匠了吧？阿拉贡是个混日子的，杜亚美和盖埃诺乏味得不可思议；马尔罗还在笔耕吗？我还没来得及回答，他午餐宴请的一位客人，一个表情天真可爱得难以名状的女人（这样的表情也许在俄罗斯比在西方更常见），一名仅仅因为教英语就被判了刑，到劳改营去改造了十五年后刚回来的老师，羞答答地问我奥尔德斯·赫胥黎在《各安其位》后写过什么东西没有，又问弗吉尼亚·伍尔夫还在写作吗？——她从未见过伍尔夫的作品，但从一张不知是怎么进了劳改营的法国旧报纸上的一则报道来看，她觉得自己也许会喜欢她的作品。396

　　能给这些真正渴望而又没有其他渠道了解外界文学艺术情况的人带来这方面的消息，这样的愉悦之情真是难以言表。我尽己所能，告诉了她和在场的客人英、美、法三国的创作情况，就像是在跟遭遇海难后飘落到一个荒岛上，与文明世界隔绝了几十年的一群落难者说话一样——我所说的一切，他们都觉得新鲜、刺激而又令人开怀。帕斯捷尔纳克的挚友，格鲁吉亚诗人季齐安·塔比泽已在大清洗中蒙难了；他的遗孀尼娜·塔比泽那天也在，她想知道莎士比亚、易卜生、萧伯纳在西方剧院中是否依然大名鼎鼎，如雷贯耳。我告诉她，人们对萧伯纳的兴趣已经衰退了，契诃夫却备受追捧，频频上演。我还补充了一句，说阿赫玛托娃曾对我说，她不明白契诃夫为什么会受到这样的崇拜：他的宇宙千篇一律，了无生气，从来见不到阳光，没有刀光剑影，所有的一切都蒙着一层可怕的灰雾——契诃夫的世界就是一片泥潭，可怜的人类身陷其中，无可奈何——是对生命的嘲弄。

　　帕斯捷尔纳克说阿赫玛托娃完全错了："你见到她时请告诉她（我们不能随意去列宁格勒，你也许可以），代表我们这里的所有人告诉他，所有的俄罗斯作家都在对读者进行说教：就连屠格涅夫也在告诉读者，说什么时间是治病的良药之类的话；只有契诃夫没有说教。他是一个纯粹的艺术家——一切都融于艺术之中了——他就是我们的福楼拜。"接着，他又说阿赫玛托娃肯定会跟我谈论陀思妥耶夫斯基并攻击托尔斯泰。而托尔斯泰对陀思妥耶夫斯基的评论是对的："他的小说就是一团糟，是沙文主义与疯狂信念的大杂烩，而契诃夫不同——告诉安娜·阿赫玛托娃，就说是我说的！我深深地爱戴她，但从未说服过她。"可1965年在牛津再次见到阿赫玛托娃时，我觉得最好还是不要把他的看法转告给她：说不定她还想予以反驳呢，可惜帕斯捷尔纳克已经进了坟墓。事实上，她确实跟我聊到了陀思妥耶夫斯基，强烈的赞赏之情溢于言表。397

　　还是让我把时间推回到1945年，描述一下我同这位诗人（她厌恶

"女诗人"这个词）在列宁格勒见面的情形吧。事情的经过是这样的。我听说在列宁格勒那些苏联称作"古籍书店"的书店里买书，要比在莫斯科少花很多钱。列宁格勒遭围困期间，可怕的死亡率加上用书可以换到食物，这两点使得不少图书，尤其是旧知识分子手中的那些图书，流入了政府开办的书店。列宁格勒的有些居民，有人听说，因为疾病和营养不良，身体虚弱不堪，连整本的书都搬不动，于是只好请朋友帮着把诗集按篇目拆开：不少图书或残篇书页就进入了书店的旧书区打折销售。无论如何，我都应该尽最大努力去列宁格勒的，因为我很想再次见到那座自己在那里度过了四年童年时光的城市；图书的诱惑让我越发心痒了。一贯的拖拖拉拉之后，我获得了批准。可以在古老的阿斯托里亚宾馆住上两晚，在英国文化委员会驻苏联代表布伦达·特里普小姐——一位很睿智而又富有同情心的有机化学家的陪同下，我于11月的一个灰蒙蒙的阴天到达了列宁格勒。[1]

398

三

从1920年起我就没见过这座城市了，那年我十一岁，我们一家获准搬回了故乡里加，一个当时独立共和国的首都。到了列宁格勒，童年的

1　[布伦达·特里普（Brenda Tripp）的日记记载他们是11月13日到达的。见伯林《飞扬年华》（见本书第viii页注2），第599页。伯林后文记述的对阿赫玛托娃的拜访可能发生在1945年11月15—16日和1946年1月5日。《原来如此》的作者们（见本书第xxii页注2）认为还有几次拜访，也都持续到了次日两三点，分别是11月17—18日和18—19日或者19—20日，此外1月2日还见过一次面。伯林从未提到过这几次见面，但所举出的这几次见面旁证越来越显得不乏说服力。伯林此处的描述与多封更早的信里的内容都很一致，也许他一开始就是在刻意轻描淡写与阿赫玛托娃的会晤，以便把她和跟她走得近的人以及她在苏联的亲人造成的后果降到最小。此外，他的描述与阿曼达·海特在其书中所给出的描述也相吻合（见本书第xxii页注2）。书中所写除了来自伯林之外，不是还来自海特主要的信息来源阿赫玛托娃本人吗？如果是的话，一点矛盾的地方都没有似乎就很怪了。亦见约瑟芬·冯·齐策维茨编（Josephine von Zitzewitz），前揭书（同上）。]

记忆一下子就变得活灵活现，历历在目了——街道、房子、雕像、堤岸、市场的样子，还有蓦然熟悉的一家小铺子的破栅栏，这是一家修补茶炊的铺子，就在我们住过的那栋房子的下面——房子内院看上去还是像革命初期的几年那样破败肮脏，令我激动得难以言表。这些看得见摸得着的实实在在的东西勾起了我对诸多具体事件、插曲和经历的回忆。我仿佛走进了一个传说中的城市，我自己立刻成了这一依稀记得的生动传说的一部分，同时又还能站在外面的某个制高点上端详这一切。这座城市曾遭受重创，但1945年它都依然保持着难以言传的美（十年之后我再次见到它时，它似乎完全得到了修复）。

　　我来到了此行的目的地，听说位于涅夫斯基大街的作家书店。在俄罗斯的某些书店里，当时都有两个区，我希望现在依然是这样：外间面向普通大众，买书要通过柜台；里间面向面熟的作家、记者和其他特殊人士，可以自己到书架上找书。由于是外宾，我和特里普小姐获准进了里间。在浏览一本本图书的过程中，我同一个在翻阅一本诗集的人聊了起来。一聊才知道他是一位大名鼎鼎的批评家和文学史学家；我们聊到了近期发生的一些事情，他描述了列宁格勒围城战所经受的骇人考验，许多居民的牺牲精神和英雄气概；他还说有些人死于饥寒交 399
迫，另外一些人，主要是年轻人，则活了下来：有的得到了疏散。我跟他打听了一下列宁格勒的作家们的遭际。他说："你是指左琴科和阿赫玛托娃？"阿赫玛托娃对我来说是一个很久远的人物；翻译过她的一些诗作的莫里斯·鲍拉跟我说起她时，仿佛她是自第一次世界大战以来就没怎么听说过的人了。"阿赫玛托娃还健在吗？"我问。[1] "阿赫玛托娃，你是说安娜·安德烈耶夫娜·阿赫玛托娃？"他说，"当然啦，当然健在。她就住在离这儿不远的丰坦卡河边的喷泉宫［Fontanny Dom］；你想不 400

---

　　1 ［他知道她还健在。例如，在1945年6月7日给鲍拉的一封信中，他曾说："阿赫玛托娃住在列宁格勒，尽管不算是一个法西斯怪物，但由于是旧时代的遗老，因而非常难以接近。"《飞扬年华》（见本书第viii页注2），第574页。］

想去见见她？”感觉就像突然受到邀请去见克里斯蒂娜·罗塞蒂小姐一般，我简直说不出话来了。我结结巴巴地说我的确想见她。“我去给她打个电话。”我的新相识说，然后回来告诉我，她下午三点接待我们，让我回头再来这家书店，我们一起去。和特里普小姐回到了阿斯托里亚宾馆后，我问她想不想去见一见这位诗人——她说下午有别的安排，去不了。

　　我如约而返，和批评家一起离开书店，左拐，过了阿尼奇科夫桥又左拐，然后顺着丰坦卡河堤岸前行。喷泉宫，也就是舍列梅捷夫[1]宫，是一座壮丽的晚期巴洛克建筑，安有精致的铁艺大门，列宁格勒就是以这样的铁艺大门而著称的，宫殿环绕一片开阔的院子而建，与牛津或剑桥的一个大学院的四方院不无相似。我们爬了一段陡峭、昏暗的楼梯，到了上一层，获准进入了阿赫玛托娃的屋子。房间非常简陋——实际上里面的东西，我估摸着，全都在围城战期间，抢的抢，卖的卖，一扫而空了。有一张小桌子，三四把椅子，一口木箱子，一张沙发，在没生火的炉子上方，挂着一幅莫迪利亚尼的画作。一位仪态端庄、头发灰白的女士，肩上披着一条白色的披巾，缓缓地起身向我们打招呼。

　　安娜·安德烈耶夫娜·阿赫玛托娃气度非凡，雍容娴雅，举手投足，从容不迫，高贵的头颅，清秀的五官，眉宇间又透出些许严厉，表情极其忧伤。我向她鞠了一躬——这似乎是妥当的，因为她的一举一动、一顾一盼都像一出悲剧中的女王——感谢她对我的接待，同时还说西方人知道她健康无恙会很高兴的，因为多年都没听到她的任何消息了。“是吗？不过《都柏林评论》发表过一篇评论我的文章呀，”她说，“而且我听说，博洛尼亚大学还有学生在以我的作品为题写学位论文呢。”她身边有个朋友，一个做学问的女士，礼貌地交谈了几分钟。然后阿赫玛托娃问了我伦敦大轰炸期间的情况。我尽最大的努力做出了回答，她

　　1　Boris Petrovich Sheremetev（1652—1719），彼得大帝时的俄国军人和外交家，俄罗斯第一位元帅。

那拒人于千里之外，透着几分女王威严的神态让我感到极为羞怯，根本就放不开。

突然我听到外面好像有人在叫我的名字。一开始我没当回事——心想只是一个错觉——可喊声越来越大，"以赛亚"三个字可以听得清清楚楚。我走到窗户边往外看了看，看到了一个我认识的人，伦道夫·丘吉尔[1]。他站在那个偌大的院子中间，看上去就像个醉醺醺的大学生，在扯着嗓子叫我的名字。有那么几秒钟，我站在地板上就像生了根似的。然后我镇定下来，喃喃地道了一声歉就跑下楼了，我当时只有一个想法，就是不让他到这间屋里来。陪我来的批评家也心急火燎跟着我跑下来了。我们一到院子里，丘吉尔就朝我走来，热情洋溢地迎接我："×先生，"我机械地说道，"我想你没见过伦道夫·丘吉尔先生吧？"批评家愣住了，表情由疑惑变成了惊恐，拔腿以最快的速度跑开了。自此之后，我再也没见过他，但他的作品依然能在苏联发表，据此我推测，这次不期而遇并没给他造成任何伤害。我不知道有没有秘密警察局的密探跟踪我，但毫无疑问，伦道夫·丘吉尔是被跟踪了。正是这一突发事件造成了荒诞不经的谣言在列宁格勒疯传，说什么一个外国代表团已前来劝说阿赫玛托娃离开俄罗斯，崇拜了这位诗人一辈子的温斯顿·丘吉尔正派专机来把阿赫玛托娃接往英国，等等。

我与伦道夫是在牛津念本科时的大学同窗，毕业后就没见过了。急匆匆地把他领出喷泉宫之后，我问他这是怎么回事。他解释说他在莫斯科当北美报业联盟记者。他是来列宁格勒采访的。到了阿斯托里亚宾馆后，他关心的头一件事情就是，找个冰箱把自己搞到的那瓶鱼子酱放进去，可是由于他不懂俄语，翻译又不知跑哪儿去了，于是就大呼小叫让人来帮忙，最后把布伦达·特里普小姐从楼上给叫了下来。她

402

1　Randolph Frederick Edward Spencer-Churchill(1911—1968)，英国前首相温斯顿·丘吉尔之子。——译注

帮他解决了鱼子酱的问题，闲聊之中还告诉他我也在这座城市。他说他认识我，而且在他看来，翻译不在，我临时替补一下是再合适不过了，不幸的是他从特里普小姐嘴里得知，我去舍列梅捷夫宫了。于是就发生了上面的事情。由于不知道具体在哪儿能找到我，他就采用了当年他在牛津的基督教会学院时（而且我敢说，在其他场合下也是）屡试不爽的一招。他带着一脸迷人的笑容说，这招还真管用。我尽快地脱了身，找书店老板要到了阿赫玛托娃的电话号码后，给她打了个电话，主动解释了自己仓促辞别的原因，并向她道了歉。然后我问可否再次登门拜访。"今晚九点，恭候你到来。"她回答说。

403　　再次造访时，才知道原来陪伴在她身边的是她第二任丈夫（亚述学家希列依科）的一名弟子，一位博学的女士，她问了我一大堆关于英国的大学及其架构问题。阿赫玛托娃对这类问题显然不感兴趣，大部分时间都一言不发。快到半夜时，这位亚述学者走了，阿赫玛托娃这才开始向我打听已经移居国外的老朋友的情况——其中一些我可能认识（她事后告诉我，这一点她很有把握；她非常有底气地跟我说，在私人关系的判断上，她的直觉——几乎就是第二双眼睛——从来就没看走眼过）。我的确认识他们当中的一些人：我们谈到了作曲家阿图尔·卢里耶，二战期间我在美国见过他；他曾是她的一个知心朋友，还曾为她和曼德尔施塔姆的一些诗歌谱过曲；谈到了诗人格奥尔基·阿达莫维奇；谈到了镶嵌画家鲍里斯·安列普（这个人我从未见过），他的情况我知道得很少，只知道他曾用伯特兰·罗素、弗吉尼亚·伍尔夫、葛丽泰·嘉宝、克莱夫·贝尔、利季娅·洛波科娃等名人的图像装饰过国家美术馆入口大厅的地板。二十年后，我告诉她，安列普这期间把一幅她的马赛克图像也加了上去，命名为"同情"。她不知道这件事，听我说了后深为感动，并把1917年安列普送给她的一枚镶有黑宝石的戒指拿出来给我看了看。

她问起了莎乐美·哈尔珀恩，娘家姓安德罗尼科娃，第一次世界大战前在彼得堡跟她很熟。莎乐美是那个时期名噪一时的交际花，以谈吐风趣、头脑聪颖和富有魅力而著称，与当时很多俄国诗人和画家都是朋友。阿赫玛托娃告诉我——其实我已经知道——曼德尔施塔姆与她有过一段恋情，曾将一首最美的诗献给了她。我跟莎乐美娅·尼古拉耶夫娜（还有她的丈夫亚历山大·雅科夫列维奇·哈尔珀恩）很熟，所以就跟阿赫玛托娃介绍了一些他们的生活、友谊和观点方面的情况。她还问起了作曲家斯特拉文斯基的妻子薇拉，可惜当时我还不认识。这些问题我到了1965年，在牛津才回答卜来。她说起了一战前自己的几趟巴黎之行，谈到了她与阿梅代奥·莫迪利亚尼的友情，挂在她家壁炉上方的那幅画像就是莫迪利亚尼给她画的——而这只是众多画像中的一幅（其余的在围城战期间都毁坏了）；还说到了她在黑海岸边的童年时代，她把那里称作一块未受洗礼的异教土地，让人感觉到自己很贴近一种古老的、半希腊半原始的、与俄罗斯格格不入的文化。她谈到了她的第一任丈夫著名诗人古米廖夫，他曾大力栽培过她——曾认为诗人就该找诗人结婚的观点是荒谬的，也曾偶尔尖刻地批评过她的作品，不过他从没有在外人面前羞辱过她。有一次，他从阿比西尼亚（他有几首最具异国情调而又瑰丽绚烂的诗作的主题）旅行归来，她曾到圣彼得堡火车站去接他（多年以后，她在牛津又一字不差地把这个故事给我和季米特里·奥博连斯基讲了一遍）。他显得很严肃，问她的头一个问题就是："你一直在写吧？""在写。""念一念。"她照办了。"嗯，不错，不错。"他连声说道，眉头随之舒展开来，然后两人回了家。从那一刻起，他就把她当作一个诗人来看待了。古米廖夫因保皇党人阴谋案而遭到处决，但她坚信他没有参与那起阴谋。很多作家曾请高尔基出面相救，可高尔基不喜欢古米廖夫，因而，据有些记述[1]说，并未替他说情。在古米廖

404

1　比如娜杰日达·曼德尔施塔姆的记述；参见其 *Hope Abandoned*, trans. Max Hayward（London, 1974），88。

夫被定罪之前,阿赫玛托娃已经有些时间没见过他——两人几年之前就离婚了。在描述古米廖夫惨死的情形时,阿赫玛托娃两眼热泪盈眶。

　　沉默了一阵后,她问我想不想听她朗诵自己的诗:但在朗诵之前,她说想先背诵拜伦《唐璜》中的两个诗章给我听,因为这两章与接下来她要朗诵的有关。就算我对这首诗了若指掌,我也说不上来她选的究竟是哪两个诗章,因为尽管她是用英语背诵的,她的发音顶多也就能让人听懂一两个词。她闭上双眼,怀着强烈的感情背诵了这些诗句。我站起来,看向窗外,以掩饰自己的尴尬之情。也许,后来我想,这就跟我们现在朗诵经典的希腊文和拉丁文作品一样。我们也会被那些诗句所感动,然而这些诗句从我们嘴里念出来时,没准儿诗句的作者和听众也都会一头雾水,全然不知所云。接着,她便朗诵了她自己的《耶稣纪元》、《白鸟集》和《六集萃》[1]中的一些诗作。"像这样的诗,但比我的诗好多了,却把我们这个时代最优秀的诗人送上了断头台,我爱过这个诗人,这个诗人也爱过我……"。她指的是古米廖夫还是曼德尔施塔姆,我不清楚,因为她突然泣不成声,没能把话说完。

　　然后,她背诵了当时尚未出版的《没有主人公的叙事诗》。她的朗诵留有录音,我就不一一细述了。即使是在当时,我也意识到自己是在聆听一首天才之作。我想我当初对这首具有多层意蕴的奇诗及其深邃的个人影射的理解并不比现在透彻。她作此诗的初衷是对自己作为诗人的一生、对圣彼得堡这座成为她生命一部分的城市的过去最后一次回眸,同时也是在大限将至之前,以第十二夜[2]假面化装狂欢游行的形式,献给她的友人、他们的(以及她自己的)生活和命运的一曲充满艺

　　1　英文名为 *From Six Books*,1940年在列宁格勒出版,共327页,原计划发行一万册,但出版后即遭禁并全部下架。——译注

　　2　即主显节前夕或主显节之夜,圣诞节十二天过后的1月6日为主显节,主显节之后就进入了一直延续到四旬节前的狂欢季,有的地方也把1月6日晚上的狂欢节称为第十二夜。——译注

术性的临终绝唱[1]，对于这一点，她丝毫没有掩饰。关于"来自未来的客人"的那些诗句当时还没写出来，第三篇献词也还没写出来。这是一首令人捉摸不透而又引人深思的诗作。作品甫一发表，便引发了火山爆发一般的学术评论，大有很快就会将其掩埋之势。

随后她又照着手稿，朗诵《安魂曲》。突然，她停了下来，说起了1937年和1938年，当时她的丈夫和儿子已经双双被捕并送到了劳改营（这样的事还将再度发生）：说起了排着长队的妇女，她们周复一周，月复一月地日夜等候她们丈夫、兄弟、父亲和儿子的消息，等候获得给他们送食物或信件的许可——可是既得不到任何消息，也听不到任何口信——当时苏联各大城市的上空都笼罩着一团死亡的阴影，对于数以百万计的无辜者的折磨和屠杀还在继续进行。她说这些的时候语气冷静，不露声色，偶尔会打断一下自己的讲述，说，"唉，不说了，没用，你来自人类社会，而在这里，我们都被划分成人和……"。接着会沉默好一阵子。"即使是现在也……"。我问起了曼德尔施塔姆，她一言不发，双眼噙满了泪水，求我不要提起他："自打他扇了阿列克谢·托尔斯泰一耳光后，就一切都完了……"。过了好一会儿她才镇定下来，然后完全换了一种语气，说道："阿列克谢·托尔斯泰喜欢我，我们在塔什干那会儿，他总穿淡紫色的俄式衬衫，还常谈到回来后我和他会一起度过美妙的时光。他是一个才华横溢且很有趣的作家，也是一个恶棍，充满魅力，同时又是一个脾气暴躁的人，如今他已作古了；他什么事情都干得出来，没有他做不出来的事情；他是一个让人深恶痛绝的反犹太分子；他是一个疯狂的冒险家，一个坏朋友，他只喜欢年轻的、有权有势的和富有活力的，他没写完《彼得大帝》，因为他说过他只会写血气方刚的彼得；对于所有上了年纪的老人，他怎么办呢？他有点儿像多洛霍夫，

406

1　原文为拉丁语：*Nunc Dimittis*，意为"西面之颂"，"西面"乃《圣经》中的一个人物。《路加福音》2:29—32 中西面祷词首句拉丁文 "Nunc dimittis" 意为"现在可离去"，故有"临终之颂"或"永别"之意。——译注

他管我叫安奴什卡[1]，这让我很不舒服，不过我喜欢他，尽管是他把我们这个时代最优秀的诗人送上了断头台，这个诗人爱过我，我也爱过这个诗人。"（她的措辞与之前用过的一字不差；现在我似乎明白她两次都提到的这个诗人指的是谁了。）此时，我想，约莫凌晨3点光景了。她没流露出希望我告辞的意思。我听得太感动，太投入了，也不想走。门开了，她的儿子列夫·古米廖夫走进来。一眼就可以看出，母子之间感情都很深厚；他说自己是一名学生，师从列宁格勒大学著名历史学家叶甫根尼·塔尔列，目前的研究领域是中亚古代部落史（他没提自己最初去那里是进劳改营的事儿）；他已经对可萨汗人、哈萨克人及一些更早的民族的早期历史产生了兴趣；说他获准加入了一支由囚徒组成的高射炮部队，刚从德国回来。能再次回到列宁格勒生活和工作，他显得很高兴，也很自信。他给了我一盘煮土豆，他们拿得出的也就只有这个了。阿赫玛托娃为自己穷得没东西待客而表示了歉意。我恳请她让我把《没有主人公的叙事诗》和《安魂曲》手抄下来。"不用抄了，"她说，"明年2月会出版我的一本诗集，都在校样了，我给你寄一本到牛津去。"然而，正如我们所知道的那样，党却做出了相反的裁定。她被日丹诺夫谴责为"半是修女，半是荡妇"[2]（这一说法并非其独创），一同遭到谴责的还有其他"形式主义者"和"颓废分子"以及发表他们作品的两个期刊。

列夫·古米廖夫离开后，她问我看些什么书，还没等我回答，她就抨击起契诃夫来了，说他笔下的世界是泥色的，他的戏剧枯燥乏味，在他的世界里找不到英雄主义和牺牲精神，没有深度，毫不朦胧，崇高更

1　多洛霍夫和安奴什卡，都是列夫·托尔斯泰《安娜·卡列尼娜》中的人物。——译注

2　在一个迥然不同的语境中，批评家鲍里斯·艾亨鲍姆（Boris Eikhenbaum）在 *Anna Akhmatova: opyt analiza*（Petersburg，1923）第114页曾用类似的说法形容过阿赫玛托娃早期诗歌中混杂着情色与宗教的主题。1930年，这句话以夸张讽刺的形式出现在了《苏联文学百科全书》上一篇恶意针对她的文章里，日丹诺夫1946年的这句咒骂之词便是从这儿来的。[*Bolshaya sovetskaya entsiklopediya*（Moscow，1929—1939）i，（1930）.]

是无从谈起——这就是我后来对帕斯捷尔纳克说起过的那次激烈抨击,契诃夫的作品中"没有剑光闪耀",也是她在这次抨击中说的。我说了几句托尔斯泰喜欢契诃夫的话。"安娜·卡列尼娜为什么不得不一死了之?"她自问自答道,"她一离开卡列宁,就什么都变了:她在托尔斯泰眼里突然变成了一个堕落女人,一个茶花女,一个妓女。当然,神来之笔也有,但基本的道德观叫人恶心。惩罚安娜的是谁?是上帝吗?不,是社会;是托尔斯泰不厌其烦地痛斥其虚伪的这个社会。末了,他告诉我们她连伏伦斯基也厌恶。托尔斯泰这是在说谎,他心里明白。《安娜·卡列尼娜》的道德观就是托尔斯泰妻子的道德观,就是他莫斯科的那些姨妈的道德观;他知道真相,却可耻地强迫自己遵从市侩习俗。托尔斯泰的道德观是他对自己的私生活,以及个人所经历的种种悲欢离合的一种直接表达。沉浸于幸福美满的婚姻之际,他写出了《战争与和平》,歌颂家庭生活。开始讨厌索菲亚·安德烈耶夫娜,却又无法同她离婚,因为离婚会遭到社会的谴责,也许还会受到农民们的痛斥,他写出了《安娜·卡列尼娜》,鞭笞她抛弃了卡列宁。等他老了,对农家姑娘的好色之心不再那么强烈了,他写出了《克莱采奏鸣曲》,宣扬彻底禁欲。"

　　也许这一概括并不是太认真:但阿赫玛托娃讨厌托尔斯泰的说教,却是发自肺腑的。她认为他是一个极好虚荣的以自我为中心的人,也是一个跟爱情和自由过不去的人。她崇拜陀思妥耶夫斯基,而且和他一样,瞧不起屠格涅夫。除了陀思妥耶夫斯基,便是卡夫卡("他曾为我写过书,也写过我,"她1965年在牛津亲口对我说,"乔伊斯和艾略特,都是很了不起的诗人,但比起现代作家中这位最有深度也最诚实的作家来,都还是稍逊一筹")。她谈到了普希金,说他当然无所不通。"他是怎么知道,又是怎能知道一切的呢,皇村这个胳膊下夹着一本帕尔尼诗集的鬈发青年?"然后她把自己读普希金的《埃及之夜》所做的笔记读给我听,谈到了故事中那个面色苍白的陌生人,那个主动提出按随机抽中的主题即兴赋诗的神秘诗人。她确信这位高手就是波兰诗人亚当·密茨凯维支。普希金与密茨凯维支的关系摇摆不定——波兰问题令两人分道扬镳，但对同时代的天才人物他总是能慧眼识珠。勃洛克有那么点儿样子，一双狂热的眼睛和出色的天赋——他本来也是可以成为一位即兴诗人的。她说勃洛克偶尔也称赞过她的诗，但从来没有喜欢过她，然而俄罗斯的女教师无不相信，而且会继续相信，他俩有过恋情——"不少文学史家也这么认为——这可能都是依据了我1914年的一首题为《拜访诗人》的诗，我把那首诗题献给他了；也说不定是基于《灰眼王》之死这首诗而得出的结论，虽然说这首诗是在勃洛克去世的十多年之前就写出来了；还有一些别的诗，但我们这些人，他谁也不喜欢"——她所说的我们这些人是指阿克梅派诗人，尤其是曼德尔施塔姆、古米廖夫和她本人——最后还补了一句，说勃洛克也不喜欢帕斯捷尔纳克。

接下来，她又说到了帕斯捷尔纳克，她推心置腹的朋友。她说帕斯捷尔纳克只是在状态低迷时才会表示想跟她在一起，然后就会来找她，往往都是在让某段轰轰烈烈的外遇搞得心烦意乱、精疲力竭后才来的，但他老婆一般都会迅速跟来，把他带回家去。帕斯捷尔纳克和阿赫玛托娃都是容易坠入爱河的人。帕斯捷尔纳克也偶尔向她求过几次婚，但她都没当回事儿；他们从来就没有真正地爱上对方过；虽然没有擦出爱情的火花，但两人都非常喜欢和敬重对方，而且曼德尔施塔姆和茨维塔耶娃去世之后，两人都感到很孤独。一想到对方还活着，还在工作，对双方都是莫大的安慰；他们相互都批评过对方，却不允许别人来批评自己。她很钦佩茨维塔耶娃，曾亲口对我说过"玛琳娜是一个比我优秀的诗人"。可是曼德尔施塔姆和茨维塔耶娃已经走了，只剩下她和帕斯捷尔纳克孤独地活在一片沙漠之中了，虽然说身边围绕着无数热爱和追捧他们的苏联男女，那么多人熟知、传抄、背诵他们的诗。这令他们感到自豪和欣喜，但他们依然处于流亡的处境。

他们根深蒂固的爱国情怀没有染上一丝民族主义的色彩；他们两

人都对移居国外的想法深恶痛绝。帕斯捷尔纳克渴望到西方去访问，但要是回不了自己的祖国，他是不会去冒这个险的。阿赫玛托娃对我说，她哪儿也不会去，死也情愿死在自己的国家，无论有什么可怕的事情在等着她，她也决不会放弃这一点。他们两人都属于对西方富于艺术与思想的文化抱有巨大幻想之列——以为西方是一个金色的世界，到处都是富有创意的生活——两人都想一睹其风采并与之交流。

　　夜越来越深，阿赫玛托娃的兴致也越来越高。她问起了我的个人生活。我痛痛快快、毫无保留地做了回答，就像她绝对有权知道似的，作为回报，她给我讲述了自己在黑海边上度过的童年，与古米廖夫、希列依科及普宁的婚姻，年轻时与同伴们的关系，还有第一次世界大战前圣彼得堡的情况，讲得非常精彩，引人入胜。只有了解了这些，那一连串的意象和符号、那种假扮游戏、《没有主人公的叙事诗》中那一整台假面舞会及其对《唐璜》和即兴喜剧的模仿，才能得到理解。她又一次说到了莎乐美娅·安德罗尼科娃（·哈尔珀恩），她的美貌、魅力和敏慧，二三流（"现在已沦为四流"）的诗人根本就不具识她的慧眼；聊到了在"流浪狗"咖啡馆泡着的那些个晚上，"哈哈镜"剧院的表演；谈到了她对象征主义故弄玄虚的反感，虽然波德莱尔、魏尔伦、兰波和维尔哈伦这几位他们都很熟悉。维亚切斯拉夫·伊万诺夫极其杰出而又有修养，是一个品味和判断力都万无一失的人，具有明察秋毫的批判能力，可是他的诗在她看来却冷漠无情；安德烈·别雷也是如此；至于巴尔蒙特[1]，他受到了无端的鄙视——当然，他是自负和自大得可笑，但他很有才气。索洛古勃的作品参差不齐，不过都很有趣，富于原创性；而远比这些人伟大得多的则是皇村学校严厉、苛刻的校长因诺肯季·安年斯基，他教给她的东西比谁都多，甚至比他的弟子古米廖夫所教给她的还要

　　1　Konstantin Dmitriyevich Bal'mont（1867—1942），俄象征派代表性诗人、翻译家。擅长抒发瞬间的内心情感，追求音乐性强、辞藻优美、意境深远的诗风。被誉为俄罗斯的帕格尼尼。著有《在北方的天空下》等四十部诗集。——译注

多，他谢世时基本上没有引起编辑和批评家们的注意，是一位被遗忘了的大师：没有他，也就不可能有古米廖夫、曼德尔施塔姆、洛津斯基、帕斯捷尔纳克和阿赫玛托娃了。她还大聊了一通音乐，谈到贝多芬最后三首钢琴奏鸣曲的崇高与美妙之处——帕斯捷尔纳克认为它们比那几首绝笔四重奏还要伟大，她同意他的这一看法，并以自己的全部天性对蕴含于乐章中的剧烈的情感变化做出了回应。帕斯捷尔纳克将巴赫和肖邦进行类比，这在她看来既不可思议又很有趣。她发现同他谈音乐要比谈诗歌来得容易一些。

411

她说到了自己的孤独与孤立，既有人际上的，也有文化上的。战后的列宁格勒在她眼里除了是一块巨大的墓地，埋葬着她朋友的坟地之外，什么都不是。就像是一场森林大火过后的样子——仅有的几棵烧焦的树使得这个凄凉的地方更加凄凉。她有几个忠诚的朋友——洛津斯基、日尔蒙斯基、卡德季耶夫、阿尔多夫夫妇、奥尔加·贝戈尔茨[1]、利季娅·楚科夫斯卡娅、艾玛·格斯坦（她既没提到迦尔洵，也没提到娜杰日达·曼德尔施塔姆，当时我压根儿不知道这两个人的存在）——可是支撑她的，并不是这些朋友，而是文学和过去留下的种种意象：普希金笔下的圣彼得堡；拜伦、普希金、莫扎特、莫里哀笔下的唐璜；还有意大利文艺复兴的巨幅全景图。她靠翻译维持生计。她请求有关部门允许她翻译鲁本斯的书信，而不是罗曼·罗兰的——最终获得了批准。我见过这些信吗？我问她依她看，文艺复兴是并不完美的人类所栖居过的一段真实历史呢，还是一个想象中世界的理想化幻象？她回答说当然是后者；所有的诗歌和艺术，在她看来都是——她借用了曼德尔施塔姆说过的话——乡愁的形式，思念一种普世文化，如歌德和施莱格尔

1　Olga Fyodorovna Bergholz（1910—1975），苏联女诗人，在列宁格勒被围困封锁的872天中她始终坚守其电台播音员岗位，朗诵她自己和其他诗人的诗歌，播送相关消息，极大地鼓励了被围困的列宁格勒居民，使他们坚持到了最后。被誉为杰出的俄罗斯人。——译注

所设想的那种，全是已化为艺术和思想的东西——自然、爱情、死亡、绝望和殉难——是一种没有历史，除了其自身外别无一物的真实。她又一次说到革命前的圣彼得堡这座塑造了她的城市，说到此后笼罩她余生的那漫漫长夜。她说这些的时候，没有流露出丝毫的自怜，而是像一位放逐中的公主，高傲、忧郁、矜持，语气镇定平稳，有时还会说出让人扼腕的妙言佳句。

她对自己人生中始终如影相随的悲剧的亲口讲述，远远超过了别人跟我口头描述过的，至今回想起来，依然历历在目，让我感到心痛。我曾问她有没有为自己的文学生活留下一个记录的打算。她回答说她 412 的诗歌，尤其是《没有主人公的叙事诗》就是记录；说完又把这首诗给我朗诵了一遍。我再次恳求她让我把这首诗抄下来。她还是没让。我们的交谈，触及了我们双方生活中的一些私密细节，由文学艺术聊开去，一直聊到了第二天上午。我离开苏联，取道列宁格勒和赫尔辛基回国时又见了她一次。1946年1月5日下午我去跟她告别，她送了一本她的诗集给我，扉页上题写了一首新诗——这首诗就是后来题为《诗五首》的组诗中的第二首。我发现这首诗的这一稿，亦即第一稿，灵感直接来源于我们前面的那次会面。在《诗五首》和其他地方，也直接和间接地提到过我们的几次会面。[1]

这些间接提到我们会面的部分，我第一次读到就一目了然。杰出的文学学者、阿赫玛托娃的身前好友，参与过其身后出版的各种苏联版诗集的编辑工作的维克托尔·日尔蒙斯基院士，在阿赫玛托娃去世一两年后曾访问过牛津，他和我一起把那个文本通读了一遍，肯定了我对确切提到之处的印象。他和作者一道读过那些文本：她既跟他说过那三篇题献、各自的日期及其重要性，也跟他说过"来自未来的客人"。日尔蒙斯基有些难为情地给我解释了该诗的最后一篇献词，也就是题

1　详见文后附录，第428—432页。

献给我的那篇（俄罗斯读诗的人很多都知道它的存在，这是他亲口告诉我的），在官方版中还是不得不割爱了的原因。我体谅他的难处，也很理解这么做的理由。日尔蒙斯基是一个特别一丝不苟的学者，是一个勇敢正直，因为坚持原则而吃过亏的人；他解释说在这件事上，自己迫于当时的政治形势，无奈没有按照阿赫玛托娃的具体吩咐去做，对此他感到很是过意不去。我努力劝了他一番，说这不是什么大不了的事儿。诚然，阿赫玛托娃的诗在很大程度上就是一部自传，因此透过她生活的环境，才能更好地领会她笔下文字的含义，这一点与许多其他诗人的情况不一样。不过，事实是不大可能完全忘得一干二净的——就像在其他有着严格审查制度的国家一样，靠着人们口口相传，这样的知识还是有望保存下来的。这样的传诵也许会向多个方向发展，而且传来传去，最后可能无非是传成神话或者奇谈。可话又说回来，如果他想让一小圈子可能感兴趣的人知道这一真相的话，他可以就事情的来龙去脉写一个说明，留在我和西方的其他人手上，等到安全了再把它拿去出版。我的建议他听进去了没有，我不确定；但后来他来英国时，我们每次见面，他都依然对自己在审查制度下当一名编辑的种种缺憾而伤心不已，并一再为此事表示歉意。

　　我的拜访之所以影响到了阿赫玛托娃，在我看来，主要是因为她第一次世界大战以来仅见过两个外国客人，而我碰巧就是这两个中的第二个。[1]我想，我是第一个来自外部的世界又和她说同一种语言，还能给她带来她已与之隔绝了多年的世界的消息的人。她有着过人的才华、敏锐的批判能力、犀利的幽默感的同时，似乎对现实还有着一种惊人的，有时甚至是先知先觉的感知能力；她似乎看出了我是一个不祥的，甚或是致命的世界末日的信使——这一对未来悲剧隐隐约约的感觉给

1　在我之前，她只见过另外一个非苏联公民——约瑟夫·恰普斯基伯爵（Count Joseph Czapski），波兰著名批评家，是二战期间在塔什干见到他的。

她造成了深远影响,说不定在催生她创造能力的新一轮喷发中都起到了一定的作用。

我接下来对苏联的一次访问发生在1956年,这一次我没见到她。帕斯捷尔纳克告诉我,虽然安娜·安德烈耶夫娜想见我,但她儿子,在我上次碰见他后被捕了,前不久刚刚从劳改营获释,因此她对见外国人比较发怵;还有一个更重要的原因就是,她把自己受到党的愤怒抨击至少是部分地归咎到了我1945年那次拜访的头上。帕斯捷尔纳克说,他不确定我的访问是否给她造成了伤害,但由于她显然认为是造成了的,加上还有人奉劝她避免有失体面的交往,所以她不能见我;但她希望我打电话给她——这不会给她惹来麻烦,因为她所有的电话通话肯定和他本人的一样,都是受到监听的。他已经跟她说过了,他在莫斯科见到了我和我妻子,觉得我妻子很讨人喜欢。他还对阿赫玛托娃说他为她不能见到我妻子而感到遗憾。他说安娜·安德烈耶夫娜不会在莫斯科久待,所以让我马上给她打电话。

"你住在哪儿?"他问我。"在英国大使馆。"

"你千万不要从那里给她打电话——必须用公用电话——不能用我的电话打。"

416

那天晚些时候,我在电话中同她聊开了。"对,帕斯捷尔纳克告诉我你带妻子来莫斯科了。我没法见你,原因你再清楚不过了。我们能这样说话是因为他们当时就可以掌握情况。你结婚多久了?""不久。"我说。"具体是什么时候结的?"

"今年2月份。""是英国姑娘,还是美国姑娘?"

"都不是,她一半法国血统,一半俄罗斯血统。""哦。"接着是一阵长长的沉默。"你不能来看我,我很遗憾。帕斯捷尔纳克说你的妻子很迷人。"又是一阵长长的沉默。"你见过我翻译的一本朝鲜诗集吗?苏尔科夫写的序。你可以想象我的朝鲜语水平有多高——是一本诗选,不是我选的。我寄一本给你。"

这之后，她给我讲了自己身为一名挨批作家的一些经历：有一些她过去视为忠实朋友的人，后来见了她避之唯恐不及，另一些则很高尚，也很有勇气；她把自己曾痛批过的契诃夫的作品又翻出来重温了一遍，说至少在《六号病房》这篇小说里，他还是把她和许多其他人的处境刻画得很准确。"帕斯捷尔纳克（她在我面前总是这么称呼他，这是俄罗斯人之间的老习惯，从来不说'鲍里斯·列昂尼多维奇'）可能已经跟你解释过了我不能见你的原因，他也有过一段不好过的日子，但不像我的那么痛苦。谁知道呢，也许这辈子我们还能后会有期。你还会给我打电话吗？"我答应还会再打，但等我打过去的时候，得到的回答是她已经离开莫斯科了，帕斯捷尔纳克强烈建议我别想着往列宁格勒给她打电话。

1965年我们在牛津相见时，阿赫玛托娃向我描述了自己遭当局抨击的各种细节。她告诉我，这件事激怒了斯大林本人：她这样一个不关心政治，鲜有作品出版的作家，主要是靠在革命的头几年（在那些往往把人送进劳改营或送上刑场的文化斗争之前）相对低调才换来自身安全，现在竟然犯了未经批准擅自见外国人的大罪，何况她见的还不只是一个普普通通的外国人，而是一个为资本主义政府卖命的雇员。"这么说我们的修女如今接受起外国间谍的访问来了。"据称斯大林是这么说的。接着便是一通不堪入耳的脏话，她一开始都难以启齿，不知道该如何向我转述。我从未在任何情报部门工作过，但这一点就是说清了也于事无补，因为在斯大林眼里，外国大使馆或公使馆的所有人全都是间谍。"当然，"她继续说道，"那个老朽那时候已经老糊涂了。当时在场看见他对我暴跳如雷的人，其中一个后来告诉我，没有一人不深信不疑，认定他们是在跟一个病入膏肓、彻底失控的迫害狂讲话。"在我离开列宁格勒后的那一天，也就是1946年1月6日，她楼梯入口的外面就布满了一群穿制服的人，她房间的天花板上就安装了一个麦克风，显然不是用来获取情报，而是用来吓唬她的。她知道自己注定要倒大霉了——尽管官方的羞辱几个月之后才降临，在日丹诺夫正式宣布把她和左琴科赶出作协之后，她还是把自己的不幸归因于斯大林个人的疑神疑鬼。她在牛津跟我讲完这件事后，还补充了一点，说依她看，我 418 们——她和我——无意之中，由于我们的见面这点小破事儿，开启了冷战，进而改变了人类的历史。她心里真是这么想的，是由衷之言，而且正如阿曼达·海特在她的书[1]中所证明的那样，对于这一点，她深信不疑，此外她还认为，她本人和我命中注定要成为世界史上引发一次广泛冲突的历史人物（实际上，她在一首诗中直言不讳地表达过这个意思）。我不好表示异议，说就算把斯大林大发雷霆的事实及其可能产生的后果都考虑进去，她也恐怕有点高估我们的那次会面对世界命运的影响了，因为她有可能会觉得这是对她把自己喻为卡珊德拉[2]这一悲剧形象的侮辱——说得确切一点，是对她众多诗歌中所表现出的历史-形而上学视野的侮辱。故此，我没多嘴。

然后她讲了讲她头一年的意大利之行，这一年她获得了陶尔米纳文学奖。回国后，她告诉我，苏联秘密警察局的官员们便找上门了，问她对罗马有什么印象。碰没碰到过对苏联持反对态度的作家？见没见过俄罗斯流亡者？她回答说，她觉得罗马似乎是一个异教还在与基督教交战的城市。"什么战争？"对方马上问她，"提到了美国没有？"要是对于英国、伦敦、牛津，也拿类似的问题来问她（这是必然的），她该如何回答呢？比如，和她一起在谢尔登剧院领奖的诗人西格弗里德·萨松，或者其他获奖者，有无任何政治记录？是不是最好别的都不谈，只谈自己对沙皇亚历山大一世在拿破仑战争结束后获得牛津大学授予的类似荣誉时送给默顿学院的那个华丽的圣水盆的兴趣呢？她是俄罗斯人，

1　前揭书（本书第xxii页注2），第146页：'There was a direct link, she was convinced, between their meeting and the beginning of the Cold War.'（"她确信，两人的会晤与冷战之间有着直接的联系。"）

2　Cassandra，希腊神话人物，有预言能力，但因得罪了阿波罗而被施以诅咒，让她的预言句句应验，却无人相信，反受到嘲笑和憎恨。——译注

419 无论等着她的是好是歹，是福是祸，她都会回俄罗斯去的。苏联政权，不管人们怎么看，都是自己国家的现行体制，她生于斯长于斯，也将长眠于斯——这就是身为一个俄罗斯人的含义。

我们又回到了俄罗斯文学的话题上。她说在她这一辈子中，自己的国家经历了无尽的磨难，催生了极有深度和极为优美的诗歌，其中绝大多数，自1930年代以来，都未能发表。她说她不喜欢谈那些在苏联发表作品的当代诗人。其中名气最大的一个，当时碰巧就在英国，给她发了一份电报，祝贺她获得牛津荣誉博士学位。她接到电报时我就在边上——她把电报念了一遍，就愤怒地扔进了废纸篓。"他们全都是些沽名钓誉的小混混，只知道糟践自己的才华，投合大众的口味。一个个都受了马雅可夫斯基的致命影响。"她说马雅可夫斯基，当然了，是个天才，不是一个伟大的诗人，而是一个了不起的文学革新家，一个把古老的结构炸了个稀巴烂的恐怖分子，一个响当当的脾气大过才气的人物——一个破坏者，一个摧毁一切的爆破手。破坏，不用说，是应该的。马雅可夫斯基扯着嗓子呐喊，是他的天性使然，可谓情不自禁。而那些模仿他（她提到了几个当代诗人的名字），把他的风格当作一种体裁来套用的人，都是些俗不可耐的演说家，他们的骨子里没有一星半点儿真正称得上诗歌的东西，他们的才能就是善于装腔作势唱高调，俄罗斯听众已经习惯这些现在被称作"口才大师"的人冲他们尖叫了。

老一代诗人健在的就剩一位了，她以赞许的口吻说到了这位诗人，玛丽亚·彼得罗维赫，不过如今俄罗斯有很多才华横溢的年轻诗人，其中最优秀的就是约瑟夫·布罗茨基，她说是她一手把他培养起来的，他的诗歌有一部分已经出版了——是一位备受冷遇的卓越诗人，此话意味深长。还有另外一些诗人，也极有才气——但他们的名字对我来说

420 没有任何意义——他们的诗无处发表，而正是他们的存在证明了在俄罗斯想象的活力并未枯竭。"他们会让我们全都黯然失色，"她说，"真的，帕斯捷尔纳克和我，还有曼德尔施塔姆和茨维塔耶娃，我们这些从

19世纪起开始笔耕，走过了漫长的苦心耕耘历程的人，都是强弩之末了。我和我的朋友们认为我们的言说虽带有20世纪的腔调，但这些新诗人才真正站在了新的起点上——虽然现在还困在牢笼中，但总有一天会挣脱出去，震惊世界。"她以这种预言的口气说了一阵之后，话锋一转，又回到了马雅可夫斯基上，说他遭到朋友们的背叛后，陷入了绝望，可有一段时间，他还真是代表了人民的心声、民族的号角，虽然他对于别人是一个致命的榜样。她说她本人没有从他身上学到一点儿东西，倒是从安年斯基身上学到了很多，安年斯基是最纯粹、最优秀的诗人，他远离文学政治的喧嚣，基本上被一些前卫刊物所忽视了，幸亏他是在那个时候去世的。生前，他的作品未得到广泛阅读，可话又说回来，这也是其他伟大诗人的共同命运——如今的这一代人对诗歌要比她自己的那一代人敏感多了。1910年时，谁又关注过，真正关注过勃洛克、别雷或者维亚切斯拉夫·伊万诺夫呢？或者说，谁又关注过她本人和她那个流派的诗人呢？可是现如今年轻人对这些都了然于心——她至今还不断收到年轻人的来信，虽然大部分都是一些傻里傻气、心醉神迷的女孩子写来的，但别的不说，单是信的数量也足以说明一些问题。

帕斯捷尔纳克收到的信更多，也更喜欢这些信。她问我见过他的朋友奥尔加·伊文斯卡娅没有。我说没见过。她发现帕斯捷尔纳克的妻子季娜伊达和他的情妇都同样叫人无法忍受，但帕斯捷尔纳克本人是一个很有魅力的诗人，是俄罗斯这块土地所孕育出来的最伟大的诗人之一。他笔下的每一个句子，不论是诗歌中的还是散文里的，都发出了他的真挚声音，不像她听到的其他人的文字。勃洛克和帕斯捷尔纳克都是非凡的诗人。没有哪个法国人，也没有哪个英国人能与他们相比，瓦莱里不能，艾略特也不能——波德莱尔、雪莱、莱奥帕尔迪才是他们的同类。和所有伟大诗人一样，他们对别人的素养都不甚了然——帕斯捷尔纳克常常称赞一些水平较差的批评家，发现一些想象出来的被埋没的天才，鼓励各种小人物——差强人意却缺乏才气的作家。他

421

对历史有一种错觉，认为一些无足轻重的人有时也会在历史上扮演不可思议的重要角色，譬如《日瓦戈医生》中的叶夫格拉夫（她强烈反对这一神秘人物的原型是斯大林的说法，她显然认为这种说法是无法接受的）。他并没真正读过那些他准备吹捧的当代作者的作品，没读过巴格里茨基、阿谢耶夫、玛丽亚·彼得罗维赫的作品，甚至连曼德尔施塔姆的作品也没读过（不论是作为人还是作为诗人，他对曼德尔施塔姆都没什么感情，虽然在其身陷困境时，他曾竭尽所能帮过他），他也没读过她本人的作品——他曾就她的诗给她写过一些精彩的信，但这些信说的是他自己，而不是她。她知道这些都是美妙的幻想，与她的诗没有什么关系："也许伟大的诗人都是如此。"

受到帕斯捷尔纳克恭维的人自然会很开心，不过这只是幻觉。帕斯捷尔纳克是个不吝溢美之词的人，但他对别人的作品并不真感兴趣。当然，对莎士比亚、歌德、法国象征派作家、里尔克，也许还有普鲁斯特，他还是感兴趣的，但对"我们中的任何一个人他都不感兴趣"。她说她一生中每天都惦记着帕斯捷尔纳克这个人，他们从来没有相爱过，但彼此都很喜欢对方，这令他妻子大为不快。然后她说到了从20世纪20年代中期直到30年代末这段"空白"时期，这期间她彻底从俄罗斯官方报道中消失了。她说不译东西的时候，她就读俄罗斯诗人的作品。读得最多的当然是普希金的作品，但也读奥德耶夫斯基、莱蒙托夫、巴拉廷斯基的作品，她认为巴拉廷斯基的《秋》是不折不扣的天才之作；她刚刚重温了韦利米尔·赫尔勃尼科夫的作品——疯狂却绝妙。

我问她有没有给《没有主人公的叙事诗》加注的打算。对于不明就里的人来说，诗中的很多暗示可能很难看懂，难道她想把他们永远蒙在鼓里吗？她回答说，等知道她所写的这个世界的人老了或死了后，这首诗也就寿终正寝，会和她及她那个世纪一同葬身地下。它不是写给千秋万代的，甚至不是写给子孙后人的。对于诗人而言，过去的，尤其是童年的往事才是弥足珍贵的东西，才是他们希望复现和再经历一遍的情感。预言、对未来的颂歌,乃至普希金致恰达耶夫的那首书信体诗文杰作,都是一种夸张修辞的形式,是一种引人注目的高调态度,是诗人窥探缥缈未来的眼睛,是她所鄙弃的一种装腔作势。

她说她知道自己来日无多,医生已经明说了,她心脏不好,因而她正耐心地等待大限的到来。她不喜欢人家觉得她可怜的想法。她面对过各种各样的恐怖,深谙最可怕的悲伤的深渊,并且已经要求她的朋友做出了保证,决不容许流露丝毫的同情,一旦心生怜悯便马上压下去;有些人不由自主流露了这种感情,逼得她没办法,只好断了交,憎恨、侮辱、蔑视、误解、迫害,她都能够忍受,但掺杂怜悯的同情她却难以忍受。她问我会不会以荣誉对她做出保证,我说会,而且信守了承诺。她的自尊心非常强。 423

接着她讲起了塔什干战争期间与科尔涅依·楚科夫斯基的一次邂逅,当时他们都被疏散了。她对他的感情多年来一直有点矛盾:作为一个极具聪明才智的文人,她很尊敬他,而且一直钦佩他的正直与独立,但不喜欢他的冷漠无情和生性多疑,反感他对俄罗斯民粹小说和19世纪的遵命文学,尤其是平民诗的喜好;这一点,加上他在1920年代曾冷嘲热讽过她,使得两人之间出现了一条鸿沟;但现在两人已经彻底捐弃前嫌了,因为他们都是吃过斯大林暴政之苦的人。她说,去塔什干的途中,他待她特别亲切,她差一点就饶恕了他的一切罪过,可就在这时他突然蹦出了一句:"啊,安娜·安德烈耶夫娜,那个时代,1920年代,是俄罗斯文化史上多么辉煌的时期啊,高尔基、马雅可夫斯基,还有血气方刚的阿列克谢·托尔斯泰,真是生气勃勃的时代呀!"到了嘴边的原谅,立马又咽回去了。

阿赫玛托娃不像从革命后那些动荡的实验岁月中过来的人那样,她对这些新的开端深恶痛绝,在她眼里,这简直就是乌烟瘴气,放荡不羁的文化人把什么都搞成了一团糟,是俄罗斯文化生活走向庸俗化的开始,把真正的艺术家打发到了侥幸可以找到的防空洞,有时候他们从洞里出来,等着他们的就是杀身之祸。

安娜·安德烈耶夫娜跟我谈起自己的生活时,显得超脱,甚至可以说客观,这只是在一定程度上掩盖了一些明显无可辩驳的热切信念和
424 道德判断。她描述他人的个性和行为时,具有犀利的眼光,能洞察人与处境的道德核心,在这方面她对朋友也不留情面,同时在确定动机和意图时又有点儿死板固执,涉及她自己时尤其如此,这一点,即使在我这个往往不了解情况的人看来,也是不大合理的,而且说真的,有时候还是异想天开的。不过,这也许只能说明,我对斯大林专制统治荒谬有时甚至是疯狂的反复无常这一特点还不够了解,这个特点使得人们至今都心有余悸,不敢用正常标准来衡量什么可以信赖,什么不可信赖。

在我看来,阿赫玛托娃根据自己固执地认定的一些前提,提出了
425 一堆特别连贯而又清晰的推测和假设。她笃信我们的会晤产生了严峻的历史后果,就是这种固执己见的一个例子。她还认定斯大林下过将她慢慢毒死的命令,后来又收回了成命;认定曼德尔施塔姆在去世前几天觉得劳改营给他吃的东西下了毒是有根有据的;认定诗人格奥尔基·伊万诺夫曾受雇于沙皇政府,给警方当过密探(她指责他移居国外后写的回忆录是在胡编乱造);认定19世纪的诗人涅克拉索夫肯定也曾当过政府特工;认定因诺肯季·安年斯基是被自己的敌人逼死的。她坚信的这些东西其实都没有明显的根据——只是直觉——但也并不是无稽之谈,不是纯粹的空穴来风,而是关于她自己和她这个民族的生活和命运的一贯概念中的一些要素,也是帕斯捷尔纳克曾经想跟斯大林讨论的核心问题的组成部分,还是支撑和塑造她的想象力和艺术的眼力。她不是幻象家,多数情况下,她对现实都有很清醒的意识。她以敏锐而又清醒的现实主义的眼光,描述了第一次世界大战前圣彼得堡的文学和社交界及她自己在其中扮演的角色,读来非常可信。我没有把她对形形色色的人、各种运动和困境的看法详细地记录下来,对此我深为自责。

阿赫玛托娃生活在糟糕的时代,按照娜杰日达·曼德尔施塔姆的

说法,她表现得很英勇。能得到的证据无不证明了这一点。她不仅在公开场合,而且私下对我也确实没说过苏联政权的半个不是:但她的整个一生,可以用赫尔岑描述几乎整个俄罗斯文学的一句话来概括——是在不断地对俄罗斯现实进行控诉。在今天的苏联,无论是作为一位艺术家还是作为一个不屈不挠的人,她受怀念与敬仰的范围之广,就我所知,是独一无二的。她的人生传奇,对于一切在她看来有损国格和她 426 本人形象的东西,她那种毫不妥协的消极抵抗,使得她(正如别林斯基曾对赫尔岑所做的预言那样)不仅成了俄罗斯文坛上举足轻重的人物,也成了我们这个时代俄罗斯历史上名垂青史的人物。

回到本文的开头,在1945年给外交部的一份快件中,[1]我写道:无论是什么原因,不管是因为与生俱来的纯净品味,还是因为强制手段消除了拙劣或平庸文学的腐蚀,有一点是不争的事实,那便是,在我们这个时代,新诗和老诗销量之大,阅读的热情之高,能像苏联那样的国家,可能再也找不出第二个。这不论是对诗人还是对批评家,都不可能不起到强大的刺激作用。我接着说,这培养了一批读者,他们的反响,西方的小说家、诗人和戏剧家只能眼红;因此,如果出现奇迹,上面放松政治控制,允许更大的艺术表达自由的话,那么在这样一个如此酷爱创作的社会,在这样一个依然如此渴望体验,如此朝气蓬勃,对一切看着新颖甚或真实的东西如此着迷的国家,尤其是在这样一个具有一定生命力,能够成功应付可以让一个弱一点的文化致命的各种错误、谬论、罪恶及灾难的社会,辉煌的创造性艺术没有理由不会再一次焕发生机。对生气勃勃的东西的嗜好与大部分受认可作家和作曲家所提供的死气沉沉的东西之间的那种反差,或许是当时苏联文化最为显著的现象。

1　'A Note on Literature and the Arts in the Russian Soviet Federated Socialist Republic in the Closing Months of 1945',收录于 Public Record Office FO 371/56725;载 *The Soviet Mind*(xxii/1);以 'The Arts in Russia under Stalin' 为题收录于《苏联的心灵》,见本书第 viii 页注 1。

这段文字虽写于1945年，但在我看来现在仍然适用。假曙光现象出现过多次，让人以为黎明就要到来了，可太阳还是没有为俄罗斯的知识分子而升起来。即便是最可恨的专制政权，有时候也能带来意外效果，如保护最优秀的免遭腐蚀，促使人们英勇地捍卫人文价值观。在俄罗斯，这一点在所有政权之下，多半都是与一种夸张且往往还很敏感而又微妙的荒谬感结合在一起的，这种荒谬感体现在俄罗斯文学的整个领域中，有时也体现在果戈理或陀思妥耶夫斯基最悲惨的作品的中心；这种荒谬感带有直截了当、自然而然、情不自禁的特征，有别于西方文学的诙谐、讥诮和挖空心思想出来的逗乐成分。我在文中继续写道，这是俄罗斯作家的特点，甚至是那些忠心耿耿为政权效力之人的特点，只要他们稍稍放松警惕，他们的举止和言谈对外国客人就会非常有吸引力。这一点，我觉得至今犹然。

我与鲍里斯·帕斯捷尔纳克和安娜·阿赫玛托娃的会面与交谈，对他们几乎难以描述的生活和工作条件及其所受对待的了解，以及有幸得以与他们两人都建立了个人关系，说得确切一点是友谊，这些都对我产生了深远的影响并永远改变了我的世界观。每当我在书刊上看到他们的名字，或者听到有人提起他们时，就会清晰鲜活地回忆起他们的面部表情，他们的手势和话语。直到今天，我只要一读到他们的作品，就感觉他们的声音都言犹在耳。

附　录
《来自未来的客人》

《没有主人公的叙事诗》中与《来自未来的客人》[1]相关的一些段落出现在下列诗作中。参考文献有V. M. 日尔蒙斯基

1　见本书第406、413页。

（V. M. Zhirmunsky）编辑的一卷本阿赫玛托娃诗集《诗与诗歌》（*Stikhotvoreniya i poemy*）（列宁格勒，1976年）（下称Z）。包括了在 G. P. 斯特鲁维（G. P. Struve）与 B. A. 菲利波夫（B. A. Filippov）编辑的安娜·阿赫玛托娃《作品集》（*Sochineniya*），两卷（［慕尼黑］，1967年（第二版），1968年）（下称斯SF I和SF II）中的页码。［第三卷，由 G. P. 斯特鲁维、N. A. 斯特鲁维和 B. A. 菲利波夫编辑，1983年在巴黎出版。现在还有了阿赫玛托娃诗歌全集英译本，《安娜·阿赫玛托娃诗全集》，朱迪斯·海姆舍梅尔（Judith Hemschemeyer）译，罗伯塔·雷德尔（Roberta Reeder）编（麻省萨默维尔，1989年［纯英文本：第二版，1992年］；1990年［两卷本，英俄对照本］）；该版含日尔蒙斯基的多条注释的英译；本版把该版两个版本也列入了参考文献：HR指单卷本，HR 2指两卷本的第二卷。最后，列入参考文献的还有阿赫玛托娃作品的最新俄文版《战胜命运》（*Podeba nad sud'boi*），N. I. 克莱涅娃（N. I. Kraineva）编（莫斯科，2005年），两卷本，除了两首未完成的诗未收录外，所有的诗都收在第一卷中，简称K。]

《诗五首》，Z第415—419首：一、1945年11月26日；二［见前页］和三、1945年12月20日；四、1946年1月6日；五、1946年1月11日（Z第235—237、412、488页；SF I第283—285页，注释410；HR第453—455页，注释809；HR 2第234—239页，注释756；K第187—188页，注释438—439）。

《野蔷薇开了：选自烧毁的笔记本》（*Shipovnik tsvetet: iz sozhzhennoi tetrad*），Z第420—433首：一、烧毁的笔记本（*Sozhzhennaya tetrad* / Сожженная тетрадь），1961年；二、清醒之时（*Nayavu*），1946年6月13日；三、在梦乡里（*Vo sne*），1946年2月15日；四、第一曲（*Pervaya pesenka*），1956年；五、又一曲（*Drugaya pesenka*），1956年；六、梦（*Son*），1956年8月14日，科洛姆纳附近；七、无标题，未

右上角数字：428

阿赫玛托娃在赠给以赛亚·伯林的《六集萃》（1940）[1]上亲笔写下的《诗五首》中的第二首。该诗所标日期为"1945年12月于喷泉宫"（确切日期是12月20日）。收录在《诗人中的诗人》（*Poet for Poet*，伦敦，1998年）第79页中的理查德·麦凯恩（Richard McKane）的英文译文是这样的：

Sounds smoulder to ashes in the air,	声音焖成灰在空中飘舞，
and the dawn pretended to be darkness.	曙光佯装成了昏暗。
Just two voices: yours and mine	这个世界已永远麻木，
in the eternally numbed world.	唯有你我二人交谈。
And under the wind from the invisible Ladoga Lakes,	遥不可见的拉多加湖
through a sound like the ringing of bells,	刮来的风，声若铃儿响，
the night's conversation was turned	长夜里的娓娓倾诉
into the light sparkle of crossed rainbows.	化作了彩虹的一缕亮光。

429

1　在1946年2月20日致弗兰克·罗伯茨（Frank Roberts）的一封信中，以赛亚·伯林提到了他从苏联回国的情况："我此行平淡无奇，除了在列宁格勒与那位女诗人又见了一次面外，最后她就半夜长谈为我写了一首新作，我想这是我有生以来所碰到过的最兴奋的事情。"《飞扬年华》（见本书第viii页注2），第619页。

标明日期[1956年8月20—23日];八、无标题,1956年8月18日,斯塔基;九、在破镜里(*V razbitom zerkale*),1956年;十、无标题,1956年[秋](SF标为1957年),科马罗沃;十一、无标题,1962年,科马罗沃(Z第238—243页,注释412—413,注释488—489;SF I第288—295页,注释411—412;HR第456—463页,注释809—810;HR 2第240—245页,注释756—757;K第189—194页,注释439—440)。

Z第555首,无标题,1946年1月27日[克某逗娃订正为1946年夏,列宁格勒](Z第296—297页,注释499;SF I第295页,[经利季娅·楚科夫斯卡娅授权]作为《野蔷薇开了》[见上]第13首刊印,注释412;HR第696页,注释844;HR 2第624—625页,注释787;K第270页,注释453)。[第12首和第14—16首删得颇让人费解,因为这几首读着像其余的同样相关。]

430

《子夜篇:诗七首》(*Polnochnye stikhi: sem' stikhotvorenii*),Z第442—450首:代献词(*Vmesto posvyashcheniya*),1963年夏;一、迎春哀歌(*Predvesennaya elegiya*),1963年3月10日,科马罗沃;五、召唤(*Zov*)(最初发表时,附有贝多芬钢琴协奏曲第110号作品第三乐章的标题"咏叹调"作为题词),1963年7月1日;六、夜访(*Nochnoe poseshchenie*),1963年9月10—13日,科马罗沃(Z第247—250页,注释414—415、注释490;SF I第303—306页,注释414—415;HR第469—470、472—473页,注释811—812;HR 2第266—269、272—275页,注释758—759;K第201、203页,注释441)。

Z第456首,无标题,1959年10月15日,[莫斯科](SF标为1959年10月),雅罗斯拉夫尔公路(Z第253页,注释415、491;SF I第321—331页,注释418;HR第478—479页,无注释;HR 2第284—287页,无注释;K第207页,注释442;日尔蒙斯基教授觉得无疑这首诗应该包含在这个标题之下，对于其相关性我不像他那么肯定）。

《取材意大利日记》(*Iz italyanskogo dnevnika*)（梅切利），Z第597首，1964年12月（Z第311—312页，注释502；HR第750—751页，注释849；HR 2第716—717页，注释791；K第340页，无注释）。

Z第598首，无标题，1965年2月，莫斯科（Z第312页，注释502；HR第754页；HR 2第726—727页；K因是未完稿未收录）。

《短歌》(*Pesenka*)，Z第601首，未标明日期（1955年）（Z第313页，注释422—423、502；HR第759页，注释849；HR 2第730—731页，注释792；K第210页［题为爱情(*Lyubovnaya*)］，无注释）。

Z第619首，无标题，未标明日期［1956年］（Z第318页，注释503；HR第726页，注释847；HR 2第670—671页，注释789；K因是未完稿未收录）。

《没有主人公的叙事诗：三联诗》(*Poema bez geroya: triptych*)，第648首，1940—1962年（SF标明分别作于列宁格勒—塔什干—莫斯科）：第三首兼最后的献词（［*Posvyashchenie*］*Tret'e i poslednee*），1956年1月5日（主显节）；《1913年：彼得堡故事》(*Devyat'sot trinadsatyi god: peterburgskaya povest'*)，第133—145行（"白厅"［'*Belyi zal*' /Белый зал］一节），第210行（Z第354—355、358、360页，注释427、513—514；SF II第102—103、107页［第82—93行］，第109页［第166行］，第357—370页，注释603—605；HR第547、553、556页，注释826、828；HR 2第406—407、418—419、424—425页，注释771—772、773—774；《跋》［*Epilog*］，第40—50行［SF II第130—131页；HR第574—575页；HR 2第460—463页，注释779；K第395—396页，无注释］）。

我能给学者们提供的帮助就这么多，没有想补充的了。

致 谢

　　我想表达对 Amanda Haight 女士、George Katkov 博士、Aileen Kelly 博士、Robin Milner-Gulland 博士、Dimitri Obolensky 教授、Peter Oppenheimer 先生、Josephine Pasternak 夫人、Lydia Pasternak-Slater 夫人、John Simons 先生和 Patricia Utechin 夫人的感激之情，他们热心阅读了这篇记述的初稿，我从他们的建议中获益很多，也几乎是悉数采纳。文中仍然存在的任何问题，当然，完全是我的责任。我这个人从来不记日记，因此，本文是根据我现在所忆起，或记得过去三十多年里我所忆起且有时述跟朋友们描述过的内容而写出来的。我非常清楚，记忆，至少是我的记忆，并不总是可靠的，难免有所偏差，尤其是我有时引用的对话，更可能会有出入。我只能说，对于文中所记录的事实，我做到了记得能有多准确，就记录得有多准确。如果有文献记录或其他证据，可以让这篇记述得到扩充或更正，我将很高兴得知。

以赛亚·伯林，1980 年　432

跋：我生命中的三条主线

1917年的耶路撒冷奖揭晓后，以色列广播公司给远在牛津的我打来了电话，采访者问我，说我集俄罗斯、英国和犹太三种传统于一身这种说法妥不妥。我这个人对于突如其来的问题，不擅长即兴做出回答。再说，这非常关乎个人的一问，把我问得太不知所措了，无法给出一个条理分明的答复。我从来没有觉得自己特别了不起，或者说特别有趣，可以成为我自己或别人思考的主题；所以，也就不知道该如何回答是好。但这个问题本身一直萦绕在我的脑际，挥之不去，既然人家问了，那就值得予以回答。下面我就尽我最大的努力，来回答这个问题。

一

我想，我毕生都对各种各样的观念很感兴趣，这一点应归功于我的俄罗斯出身。俄罗斯是这样的一个国家，它的现代史就是一部活生生的教材，可以让人们认识到抽象观念也具有巨大的威力，哪怕是自我反驳的观念——例如，较之于社会或经济因素等等，思想观念完全不具历史重要性的观念。俄罗斯人有一种奇特的天赋，善于将他人的思想大大简化，然后根据这种思想行事：由于俄罗斯独特地将西方社会理论付

433

诸实践，我们的世界，不管是好是歹，已经改变了。我对各种思想观念的痴迷，相信它们具有巨大且有时还是险恶的力量，人类除非理解了这些思想，否则就会深受其害，而这种伤害甚至要大于大自然各种不可控制的力量或人类自身的种种习俗制度造成的伤害——我的这种痴迷和信念，每天都在为世界上发生的事情所强化。法国革命、俄国革命、美国民主和美国文明及其巨大的影响力、希特勒和斯大林的恐怖统治、第三世界或去殖民化世界及伊斯兰教国家的崛起、以色列国的创立，所有这些对于全世界而言，都是举足轻重的重大变化；如果对体现在这些变化中的社会观、道德观和精神观缺乏一定的洞察力，是理解不了这些变化在改变人类生活中所发挥的作用的。这些观念，不管是高尚人道，还是残酷可憎——或是各占一半——都总是具有强大的、往往是很危险的力量，这种力量既可以为善，也可以作恶，或者兼而有之。我想，这是我的历史观和社会观中应归功于我的俄罗斯出身的一点。

这些观念中最古老，也是最让人痴迷的，或许要数对地球上存在一个完全公正、完全幸福、完全理性的完美社会的憧憬：所有人类问题的一个最终解决方案，这个方案是可以为人类所把握的，只要没有某个大障碍，如人类头脑中的非理性观念、阶级斗争，或是物质主义或西方技术所起到的破坏性作用，还有国家、教会等机构或其他歪门邪道的学说或行为所导致的恶果；没有了这一巨大障碍，理想便可以立马在地上实现。由此可以得出这样的结论，既然只需排除人类前进的道路上这一仅有的障碍，那么如果只有通过这一途径才能实现目标的话，什么样的牺牲就都不算太大了。这一观念所导致的暴力、压迫和苦难之多，超过其他任何信念。叫嚣必须牺牲真实的现在，以换取一个可得到的理想未来——这一要求一直被用来为大规模的残酷行径辩护。赫尔岑早就告诫过我们，牺牲眼前，以图长远——今天杀一千，也许会换来明天一万人的幸福——结果往往是，一千是杀了，一万人的幸福却仍是远隔重山，难以兑现。 435

385

信仰行为——火刑处决（*autos-da-fé*）[1]——以崇高理想的名义施以苦难和野蛮镇压时，具有消除犯罪者所有负罪感之效，但并不会带来预期的福佑，这福佑本来被担保说是那些骇人手段的必然结果，从而也是其辩护理由。说来说去结果还是，我们——哪怕是我们当中最聪明的人——对于什么对人类有益从来都不是太有把握；到头来，我们能有点把握的也只是：那些由个人组成的特定社会渴望的是什么，什么让他们痛苦悲惨，什么令他们值得为之而活着。

人类的终极目的有时候是相互矛盾的：抉择，有时是令人无比痛苦的，而且令人不安的妥协是不可避免的。不过，有些需求却似乎是共同的，人皆有之。如果我们能让食不果腹者有饭吃，衣不蔽体者有衣穿，扩大个人自由的范围，打击不公正行为，营造体面社会所需的起码条件；如果我们能培养起一点宽容精神，造就出一点法律和社会平等；如果我们可以在无须人们做出不堪忍受的取舍的前提下，提供解决各种社会问题的方法——这就非常非常了不起了。比起革命者的耀眼观点和绝对肯定来，这样的目标既不那么令人神往，也不那么激动人心；对于那些喜欢善恶之间冲突更加剧烈，倾向于在真理与谬误、黑与白之间做出非此即彼的选择，随时都可以为了善良与正义而做出英勇牺牲的理想主义的年轻人来说，其吸引力也要小一些。不过话又说回来，致力于这些更中庸、更人道的目标，其结果将会是带来一个更仁慈、更文明的社会。靠异想天开而得来的绝对正确感更令人心潮澎湃，但它既会令个人疯狂，也会让社会失去理智。

436

二

炽烈的激情，用在艺术上，十分有创造力，用到生活里，则是十分

1　中世纪葡萄牙、西班牙等宗教裁判所对异教徒所宣判和执行的火刑。——译注

致命的。从英国的经验主义传统中可以找到一种对激情很有效的解药。在19世纪中东欧受压迫、一贫如洗的犹太人的那些处于半解放状态的孩子眼里如此美妙的，正是对人类现实的这种文明意识，一种建立在英国社会中已蔚然成风的妥协与宽容基础之上的有品质的生活。我承认自己有一种亲英的偏见。我受的是英国教育，并且自1921年起就在英国生活；我的所作所为、所思所想，无不打上了不可磨灭的英国烙印。对于英国的价值观的看法，我做不到不偏不倚，因为它们也是我的一部分：我视之为自己在知识和政治上的最大福气。这些价值观构成了我的基本信仰：尊敬他人和容忍异见比自豪感和国家使命感值得称道；自由与高效可能不可兼得，前者可能更为宝贵；多元主义和杂乱无序，对珍视自由的人而言，要胜过包罗一切的制度规定（无论这些制度规定多么缜密、理性和公正），也要优于没有异议的多数派统治。所有这一切都带有强烈而独特的英国特点，我坦率地承认我浸淫其中，深信不疑，而且只有在一个把这些价值观大都视为理所当然的社会中，我才能自由呼吸。"人性这根曲木，"伊曼努尔·康德说过，"绝然造不出直物。"[1]笔者这里还想引用著名德籍犹太物理学家马克斯·玻恩在1964年的一次演讲中说过的一句话："我相信，诸如绝对必然性、绝对准确性、终极真理等观念，都是凭空想象出来的无稽之谈，任何科学领域中都不应予以承认……只信一种真理，且认为自己是这一真理的持有者，此乃世界上所有罪恶最深刻的根源。"[2]这些都是英国人的深刻见解，尽管出自德国人之口——是对明朗无云的乌托邦观念中那种绝对确定性名义之下掩盖的急躁情绪、恃强凌弱和压迫的有益警告。在当今世界上，只要是在有一个不受仇恨和极端主义驱使、可以容忍的人类社会的

437

1　见上引（本书第 xv 页注1）。

2　'Symbol und Wirklichkeit', *Universitas*, German edition, 19（1964），817-834, at 830.

地方，就可以发现有三百年历史的英国经验主义思想的有益影响——遗憾的是，英国式的实践却并不多见。不管别人多么难以相处，都不去践踏他们，虽然不能代表一切，却是一件非常非常重要的事情。

三

至于我根子里所受犹太人传统的影响，对我来说是太深、太与生俱来了，对我来说去辨认它已没有意义，更别说分析了。但我可以说，尽管我长期信奉个人自由，可我从未经不起诱惑，与那些假个人自由之名，拒绝忠于某个特定国家、团体、文化、传统、语言的人为伍——正是这千丝万缕、无法分析的纽带才把一个个可区分的人类群体捆在了一起。我觉得，那种做法看似高尚，却被误导了。人们抱怨孤独时，意思是说没人能理解自己在说什么。要想得到他人的理解，就要和他人有相同的经历、相同的情感和语言、相同的见解，可以亲密交流，一句话，就要和他人有相同的生活方式。这是人类的一项基本需求：否认这一点是在犯一个危险的错误。把一个人与他所熟悉的环境隔绝开来，就是判了他的死刑。两千年的犹太历史，不是别的，就是一段渴望回归、渴望不再成为四处漂泊的他乡之客的历史；每天早晚，流亡的犹太人都在祈祷昔日重现，再次成为一个民族，在自己的土地上过正常生活——这是每个人能够不屈地活着，充分发挥自己潜能的唯一条件。任何民族，如果他们永远是少数派——而且无论在哪里都是少数派，没有一个国家作后盾——都是无法做到这一点的。这种困境会造成严重的后果，虽然其受害者自己有时候也不承认，但其证据却在世界各地都可以见到。我在长大的过程中，对这一事实有了清晰的认识；正是因为意识到了这一点，我才更易于理解其他民族、其他少数派或个人相似的遭受褫夺的感受。我之所以批评启蒙运动的学说，抨击它缺乏对各种族和各文化的成员之间情感纽带的同情，指责其理想化却空洞教条的国际

438

主义，就我个人而言，是出于一种近乎本能的意识：对我自己根子（在我而言是犹太根子）的意识，对同样受苦的同胞的手足情谊的意识（与追求民族荣耀完全是两码事）；也是出于一种博爱意识，一种在贫困和遭受社会压迫的大众之中，特别是在我的祖先，那些贫穷但受过教育、有社会凝聚力的东欧犹太人之中最为真实的博爱意识——一种在我生活了一辈子的西方，已经变得稀少而抽象的东西。

以上便是以色列广播公司那位记者问过我的三条主线：我已竭尽所能，回答了她的问题。139

后　记

诺尔·安南[1]

　　祭文在当今英国不是人们喜闻乐见的一种文学体裁：只是在追悼会上才从柜子里拽出来，体面地赞扬逝者的美德。如今常用的传略和访谈这两种文体，不是用来吹捧人，而是杀人威风的。这是一种深得比弗布鲁克青睐的时尚，他称之为"砍掉高高冒头的罂粟花"。新闻记者都喜欢像斗牛士一样，找到软肋，插入倒钩，激将可怜的公牛一头冲向自我暴露、有去无回的死路。专业采访者一般都会以拥有这一特殊技能而自鸣得意。他们异口同声地称，这对深受其害的采访对象大有益处：或许让其不显得可钦可佩，但至少让人觉得可信可靠。

　　知识分子大多瞧不起新闻记者，但他们的路数与新闻记者如出一辙。社会科学家已经将人类的大量经验高度抽象，令其失去了个性，历

　　1　〔安南勋爵（Noel Annan，1916—2000）把毕生精力都奉献给了教育与文学艺术。他生前曾任剑桥大学国王学院院长、伦敦大学学院教务长及伦敦大学副校长。亦曾担任国家美术馆理事会主席、大英博物馆理事会理事、科芬园皇家歌剧院理事会理事。著有《莱斯利·斯蒂芬》（*Leslie Stephen*）、《我们的时代》（*Our Age*）、《教师群像》（*The Dons*）等。〕

史于是也就跟一片牧场没什么两样了,上面全是一群群糊里糊涂、不明白自己为什么会受到各种非人力的驱使,只知道边走边吃草的牛羊。批评家们,就像潮水潭中的螃蟹一样,一个个都赶紧横着爬进后现代主义的隐蔽处躲了起来,懒得去管人们实际上是怎么说、怎么写的;要不就是用从艺术家作品里虚构出的一个人物去取代有血有肉的艺术家本人。难怪人们都纷纷去买传记。可是有多少两大卷的传记不是文献堆砌,乏味至极,味同嚼蜡呢?那些不怕用德与恶的原色来刻画人物的传记作者,似乎往往都会受到一条原则的束缚,这条原则,用说话刺耳的小说家之父亨利·格林若干年前的一句话来说,就叫"对于死者,只能说瞎话"[1];而那些三缄其口的传记作家则会慎重地表示,他们之所以沉默,是不想因为诽谤而自讨苦吃。 441

以赛亚·伯林对当前的这种潮流不以为意。他的思想,他的理论,始终都关乎人类:他过的就是跟芸芸众生打交道的生活。他笔下所写的都是令他感兴趣或好奇的人,而这一篇篇随笔都是他以赞美的眼光研究他们的心得。就像西拉之子[2]一样,他希望我们颂扬名人。但名人们吸引他的并非他们的名声,而是他们的天才。他不耻于崇拜英雄。他不想摆出一副神的姿态来,把一个英雄的壮烈牺牲与一只麻雀的意外坠亡等量齐观。英雄们会使生活质量得到提高,由于他们的存在,天地会更加开阔,世道会少些险恶,多些希望。了解一个伟人的过程,就是改变自己对何为人以及人能有何作为之认识的过程。伯林发现,去把雪莱了解清楚,以及像他自己那样,去结识帕斯捷尔纳克、斯特拉文斯基、弗吉尼亚·伍尔夫、毕加索、罗素或爱因斯坦那样的人,是一件令

---

[1] 原文为 De mortuis nil nisi bunkum(前四个词为拉丁语,后一个词是英语,意为"废话、瞎话"),与 De mortuis nil nisi bonum(意为"人死莫言过"或"对于死者,只能说好话")形成对照。——译注

[2] 《便西拉智训》(*The Wisdom of Jesus Son of Sirach/ Ecclesiasticus*,天主教译为《德训篇》)的作者。——译注

人很兴奋的事情。但他心里装着的并不只是天才。有的人满脑子偏见让人难以容忍，有的人行为令思想正统的人[1]不安，这样的人也可能表现出无所顾忌的活力，进而激发伯林去寻找贴切的字眼，准确形容其特性与实质。这类人也并不非得是大人物或者明星不可。一个名不见经传的学者，只要有一身不寻常之才，也会让伯林觉得这个世界很精彩。他喜欢人们将有吸引力的品质表现出来：朴实严肃值得称赞，但绚丽多彩也同样值得称赞。他朴实严肃的朋友约翰·奥斯汀发现，生活中鲜有多少乐趣可与能毫无保留地赞扬某人所带来的乐趣相媲美，而伯林夸赞自己欣赏的人时所表现出来的那股陶醉劲儿，丝毫不比批评人时气势汹汹很吓人的凯恩斯逊色。

不过，如果把这些赞颂之文当作传统的歌功颂德之词而轻视，那就错了。同他的所有其他作品一样，这些文章在看似轻松有趣的外表之下，实则隐含着其真正新颖的思想。报纸上报道伟大科学家取得了突破性成果，改变了物理学或生物学进程；人们称赞经济学家提出了一种理论，将自身知识领域内的所有变量看似自相矛盾而又合乎逻辑地联系起来。这些（据说）就是增长知识的途径。但伯林不是以这样的方式扩大我们的见识的。他要真是那样做了——写了一篇观念史方面的抽象论文，那就将与他的初衷背道而驰，因为他希望我们获得的恰恰是相反的信息。观念史长期遭到歪曲和误解，原因正是在于人们往往将它浓缩成了一堆抽象的概念。当然，他写过一些论述自由的各种理论方面的文章，也写过一些史学方面的文章，但这些评论文章本身并不足以传达他给自己对生命的诠释增添了什么。

这种诠释是多元主义的。一提到这个暧昧的词，想象力顿时就疲软了！"我们生活在一个多元时代"是我们时代的陈词滥调。大多数人用到"多元"一词时，是说社会由众多各自受自身利益与价值观驱使

1　原文为法语：*bien pensants*。——译注

的少数群体构成。可问题是，既然所有这些群体的利益都相互冲突，那么他们就必须学会容忍彼此的存在。其实，需要极具包容精神的机构就是政府本身：虽然从政治上说政府必须体现社会共识度最高的意见，但在顾及与社会共识相反的人士的意见方面，它也必须特别敏感才行。不仅仅是政府，每一个大权在握的团体，每一个披着各种外衣的机构、管理部门，都应该照顾到少数派的情绪。但这一理论却难以得到实践上的支持。不管是什么样的政府，一旦倾注心血壮大了少数派却削弱和耗尽了自身实力，就无力对付那些铁了心与政府为敌的无情的利益集团或党派了。靠推行多元主义捞到了好处之后，这些利益集团或党派就会把这套理论一脚踢开，并通过接管政府的大部分重要职能把政府排挤出去；然后冷冷地宣称所有其他少数派的利益都必须服从于他们自己的利益。一个政府眼看着自己发号施令的权力受到挑战，对自己的合法性居然还如此犹豫不决，这样的政府难道还不应该倒台吗？

443

　　以赛亚·伯林对多元主义的理解要深刻得多。他没有花时间去琢磨对于向政府施压的集团，政府应该或者不应该做出多大的让步。令他感兴趣的不是多元主义造成的政治后果，而是它道理上说不说得过去。要证明其合理性，不能仅看反对者的态度，还要看许多把自己标榜为多元主义者，却在明白了伯林的言下之意后愤愤不平的人的态度。因为那些只是在嘴上奉行多元主义的人，并未认识到伯林有多么令人烦忧。他认为，追求一个好的目标时，不把另一个目标放到一边，这并不是总能办到的事情。对一个人手下留情，就难免对另一个人有失公正。平等和自由都是值得追求的目标，但有得必有失，想多要一点平等，就得舍掉一点自由。这一点让改革论者很气馁，因为他们愿意相信，自己眼下正在追求的某一特定目标，与他们自认为同样珍视的所有其他目标并非鱼和熊掌不可兼得的关系。但是伯林并不相信有什么能包治百病的万灵丹或一揽子解决方案，他对很多号称可以根治社会弊端的良药,可以让那些据说被异化的人重新融入社会的良方都持怀疑态度。那些把自己的同胞驱来赶去、安排他们孩子的未来、打着追求效率和平等的旗号决定他们的居住方式与地点,还以什么势所必然之由而把自己残忍的决定说得冠冕堂皇的专横男人、跋扈女人、制定规划的人,是不得伯林的欢心的。那些以制定各种规章制度,规定所有其他人的工作为乐的官僚,会让伯林怀疑他们的兴趣远非遂人所愿,而是操纵他人。但即便在他看来,大权在握的公务员的理想是肆意地侮辱了人类的天性,对于那些反对效率原则的政治运动,他也并没有表现出多大的热情。他对民粹主义和工团主义都持保留态度,对少数派的自由在这两种主义中究竟占有多少位置,他心存疑虑。

444 　　不过,这些保留意见并没有让保守派得到任何安慰。与迈克尔·欧克肖特[1]有所不同的是,伯林并不怀疑政治中的理性或各种理论本身。对于货币主义、赤字预算或其他统计学和社会学分析,他也许没发表过任何意见,但他并不认为将理性应用于政治这样的努力是毫无意义的。这些由抽象与分析而得出的理论,如果付诸实践,也许可以减少美好目标之间的激烈而令人沮丧的冲突。生活不是一场把自己钉在进退两难的桩子上的漫长挣扎:和平的协调还是可能的,也不总是令人痛苦不堪。平等与自由,有时候可以调和,有时候则无法调和;但对于那些否认这种乱麻还是理得清的人,伯林并不苟同。此外,参与式民粹主义也不是一种可以让他热血沸腾的政治组织形式;可是如果能够证明这能明显地促进更大的平等,他也不会排斥。伯林甚至跟温和的保守派都不一样,他认为平等是人类的终极目标之一,是一种神圣的价值,在有可能会危及其他神圣价值时无疑须做出让步,但只要证明不

　　1　Michael Oakeshott(1901—1990),英国当代著名哲学家、政治思想家。20世纪保守主义政治哲学的重要代表。代表作有《经验及其模式》(*Experience and Its Modes*)、《政治中的理性主义》(*Rationalism in Politics and Other Essays*)以及《论人类行为》(*On Human Conduct*)等。——译注

了它势必会造成不可弥合的损害就应该予以实现。如果很多人都在饿肚子，而限制一下少数人的自由就能填饱他们的肚子，那么这些少数人就必须失去其自由。就算那会带来痛苦，也必须痛下决心。伯林所要求的只是，不应该有丝毫的含糊其词，应该坦率地承认自由受到了限制——因为正当的理由。他也不赞成保守派认为所有文化都是建立在不平等基础之上的理念，以及某些知识分子所青睐的一种观点——艺术是生活中至高无上的价值，必须不惜一切代价加以保护和培养。是毁掉罗马这样一座闪耀着千古珍宝之光的城市，还是让国家丧失独立、让国民乖乖地任由暴君统治？如果非得在此二者中做出痛苦抉择的话，伯林会义无反顾地赞成焦土政策，支持抵抗。有人也许会认为，鉴于其对屠格涅夫的认同，他也会和屠格涅夫一样，痛恨右翼同时又惧怕左翼；如果他面对的是屠格涅夫在19世纪的俄国所面临的那种选择的话，那么这样的推测会是对的。伯林发现反动政权令人发指，而恐怖的革命派又让人不堪忍受。不过在西方民主政治的范围内，他尽可以驰骋想象。

445

　　欲将某一特定美德臻于极致，这是一种屡见不鲜的想法：承认并不是总能在不严重损害其他美德的前提下做到这一点的，却很罕见。遗憾的是，伯林认为，人们总想得到保证，他们实际上总是能够同时追求所有美好目标的。于是，他们会把那些宣称可以做到这一点的政治思想家的观点视为圣贤之言，洗耳恭听。这些圣贤们声称自己发现了一种更好的自由——积极自由，这种自由可以把人们对公正、平等及自我实现的机会的渴望，与他们想要自由、想要在尽可能少的禁律下生活的愿望协调起来。积极自由是他们为下面这一理论起的一个好听的名字，该理论认为，不只是睿智的哲学家，国家，说得确切点是政府本身，也能确定人们**真正**想得到的是什么，前提是他们得到过启蒙，完全懂得营造一个美好、公平且令人满意的社会需要哪些条件。因为倘若这一点真是能够确定的话，那么国家无疑就可以理直气壮地无视普通百姓自己对好恶的意见了。百姓说出来的只是他们卑琐内心的怨言，一个人格都未发育成熟，幼稚得可怜的人哪能充分认识到生活的所有可能性呢，往往只知道沉迷于邪恶的欲望而不能自拔。头脑清醒的人，谁愿意成为一个离不开酒瓶的酒鬼呢？想生活得丰富多彩的人，谁又不会同意艺术对谁都很重要的说法呢？可是由于有太多的人都嗜酒贪杯，无数的人都一点儿也不关心艺术，所以国家迫于无奈，只好强行禁酒，推广艺术——只要它是健康的且能让人们看到一个更美好的未来。

446　　这种自由观往往能让人们深以为然，因为他们愿意相信一种常识性的关于善的观点：善，毫无疑问，必定是无法分割的，真必定美，而美也必定真，真与善的不同方面必定总是能够协调起来的。而伯林却说，有时候这些方面是不能协调起来的。意识形态回答的是"我应该怎样立身处世？"和"我应该怎样生活？"的问题。人们愿意相信这些问题有一个无可争议的答案。而事实上呢，没有。

　　之所以说没有，是因为生活并不只是一系列问题的答案。伯林的多元主义有远比政治深厚得多的根源，是建立在他对语言哲学和历史的理解基础之上的。约翰·奥斯汀非常善于剖析一个命题和指出其他哲学家的论述中存在的错误，他在这方面所表现的惊人能力把别的哲学家都搞烦了。伯林回忆艾耶尔说奥斯汀："你就像一条灰狗，自己不想跑，只咬别的灰狗，害得它们也都没法跑了。"[1] 伯林却对奥斯汀很有好感，主要倒不是因为他争辩时的那股子激烈劲儿，而是因为和晚年的维特根斯坦一样，他摒弃了人们可以组织出一种逻辑完美、能反映现实结构的语言来的教条。与一上来就搬出实证原则，凡是看似违背该原则的论点，就一概拒不接受的艾耶尔不同，奥斯汀认为分析知识、信仰与经验的唯一方式就是研究人们实际是如何遣词造句的；同时他也拒绝接受在经验事实与逻辑事实之间所做的区分，换言之，他不接

1　见本书第168页。

受在伯林称作"非此即彼"[1]的那些哲学中必不可少的术语之间所做的区分。

奥斯汀也是一名理论家,提出了语言的言外功能(施为表达、归因表达和指定表达)理论,他相信各种系统,也相信团队协作在破解哲学难题上的作用,而伯林却不大相信。但话又说回来,奥斯汀并不会把各种各样的问题拿来,不分青红皂白,把它们统统硬塞到一个对什么都一刀切的包罗万象的系统里去。尽管有的逻辑实证主义者面临一个问题时,会用自己的术语重新加以表述,这样一来,原来的那个问题就不复存在了,要不然,就是把它当作一个伪问题而拒绝考虑,但奥斯汀对每一个问题都会按其本来面目去处理。和约翰逊博士一样,奥斯汀对决定论嗤之以鼻,斥之为与所有经验都相悖的教条;在这一点上,伯林也所见略同——他没有把人类看成在历史因果关系这张蜘蛛网中做无谓挣扎、无法自主行事的苍蝇。

诚然,就个人而言,奥斯汀与伯林意气相投,也令其倍受鼓舞,因为他的信条是把语言当作一种行为,当作人们在某一特定情况下所做之事来考虑的,不过,伯林的多元主义是独立于牛津之外的。可以说,这种独立性在他写人的时候,表现得最为明显,也最有说服力。我们这个时代,还没有其他哪个人赋予过观念这样的人格;也没有哪个人像伯林那样,给它们注入了那么多的生命气息,让它们成为栩栩如生的血肉之躯。而伯林成功地做到了这一点,因为观念在他看来并不只是一堆抽象概念。它们活在人的头脑之中——不然它们又能怎么活——启发他们的灵感、塑造他们的生活、影响他们的行为并改变历史的进程。可是创造和体现这些观念的是人,其中,有些是隐居在自己那方与世隔绝的世界里的学者,他们鄙视装腔作势、钩心斗角、野心勃勃之辈,对那套升官发财的把戏嗤之以鼻。这些学者在面对粗暴无礼,或辩论中一味唱

447

1　见本书第172页。

反调、欲以大棒将对手打倒在地而后快者时，都会选择退避三舍，因为他们觉得此等行为令人甚是反感。然而，尽管这些学者完全可钦可佩，其价值标准也可赞可叹，但他们的方式并非反思人生的不二法门，他们的价值观也并非人类定然要遵循的指南。以赛亚·伯林曾将布鲁姆斯伯里团体里的喃喃细语比作室内乐：室内乐的确像那样的观点交流，知识分子之间，你一言我一语相互应答，就像是一连串没完没了的电话，对于1930年代还是一名青年教师的伯林来说，这是令他大为惬意的快事。但这并不是唯一堪称有益或值得羡慕的生存形式。室内乐事实上是一种严肃且对技艺有很高要求的音乐形式：贝多芬和巴赫都没写出过比他们身后发表的四重奏或变奏曲更深刻的作品。但是需要一个大型管弦乐队和六名以上独奏者的交响乐、大合唱作品和歌剧，也都会带给我们愉悦和震撼，而且要是有某个迂夫子说这些音乐形式都很庸俗或浮夸的话，我们都会觉得滑稽可笑。

那么，我们为何不该承认世事有其自身的逻辑，是受其自身法则支配的呢？我们为何不该像很久之前教会把人分为平信徒、在俗教士和"修士"那样，承认政治家是当不了学者的，学者也是当不了政治家的呢？"生活，"伯林写道，"可以透过多个窗口来看，没有哪个窗口就必然清晰或者必然模糊，比其他窗口的扭曲程度更小或更大一些。"[1] 布鲁姆斯伯里团体有权确立他们自己的价值观标准：但他们若是认为所有明智聪颖的人都应该符合这一标准，那就错了。你大可以认为你已发现了关于伦理、历史、绘画和人际关系的真理，但把这偌大的世界上不接受这些结论的人不是说成傻瓜，就是说成无赖，那就实属荒唐了。因此，政治家必定会表现出非常与众不同的素质，其生活中所尊崇的理想也必定会与后来评介他们的那些学者的理想相去甚远。多元主义意味着对适宜于不同环境、不同职业人群的众多理想的认可。实际上，政治

1　见本书第5—6页。

家也是有种类之别的,因此判定由某一套理念驱使的一类政治家必然
不如受另一套思想影响的另一类政治家,这是很愚蠢的。在描写罗斯
福时,伯林对比了两类政治家,第一类抱着单一的原则、极端的观念,忽
视现实的人物和事件,一切都以他们自己强有力的意志为转移;第二类
有着敏锐的触角,能洞察事态走向,体察民众情绪,预见实现愿望的方
法手段;"我这里所做的,"伯林说得很清楚,"不是一种道德意义上的区
分,不关乎价值,只关乎类型。"[1] 每一种类型里,都有品德高尚或富有人
格魅力者,也有品质恶劣或声名狼藉者。加里波第、扎洛茨基、巴涅尔、
戴高乐、伍德罗·威尔逊和希特勒是一类;俾斯麦、林肯、劳合·乔治、
马萨里克、格莱斯顿和罗斯福是另一类。

　　我们顿时就豁然开朗了,通常对政治所做的很多道德判断都完全
不着调。只有心地善良之人能给其人民带来尊严与繁荣,这一说法就
不对。不过,所谓的现实主义者试图论证的一点,政治上可取的目的几
乎总是靠不可取的手段达到的,这一说法也不对。品格高尚、勤勉认真
的人,治理无方,颜面丢尽的多了去了,而流氓恶棍、狂热之徒,却往往
能大刀阔斧,平暴治乱,最后推翻虽受人民拥戴却软弱无能的政府,代
之以果断坚决的专制政权。不过,像希特勒这样的暴君,是眼睁睁地看
着自己创立的帝国在眼前崩溃而死去的,而像本-古里安这样不屈不挠
追求正义与独立的领袖,却是在率领自己的同胞走出了荒漠,在同胞的
无尽感激中长眠的,这也是事实。伯林不是莫斯卡和米歇尔斯那样的
政治现实主义者,不会像他们一样,津津乐道地告诉自己的读者,如果
国家要对抗自己的敌人,社会要稳定,大众要幸福,就要为这样的表演
买"票",而这张票的代价将会很昂贵,包括失去自由、无辜者送命和反
现政权者遭到处决。这代价也太高了,伯林将和伊凡·卡拉马佐夫一

449

1　见本书第43页。

样,把票退掉。[1]他是一个无党派人士。他不加入任何阵营,又尽可能不
排斥那些有远见卓识的人。他认为托尔斯泰和马克思虽都不乏错误之
见,但两人的思想中真理都远远多于谬误,值得受到最诚挚的尊敬。别
林斯基[2]是一个狂热地信仰一种又一种思想体系的人,他致力于按自己
的理解宣扬真理,凡是在他看来一意孤行过着错误生活的人,他一概都
不能容忍。他是与伯林非常钦佩的政治家魏茨曼最无相似之处的人。
但若是缺了像别林斯基这样的人,人类将变得贫乏。这就是他选择祭
文这一文体的原因之所在。这是表现生活多姿多彩的一种方式,也是
在以这样一种方式提醒我们,某个乍看上去似乎令人反感或不通情理
的人,身上往往有很多宝贵的品质;有争议的人是在按照完全符合他
那个行业的标准生活。因为除非社会承认人们确实是在按照不同的理
想生活,且应该按照不同的理想生活,否则活在这个社会上的人就自由
不了。

　　和所有重要思想家一样,以赛亚·伯林的写作风格完全是他自成
一家的风格,不用这种风格,他是无法表达自己的意思的。近些年里,
由于他是先把自己要说的话录在磁带上,对录音稿加以修改后,才拿出
终稿的,所以其风格变得越发有个人特色。这种方法会毁了大多数
作家;但是伯林的脑子甚为超常,不管是在室内跟朋友们聊天,还是在
讲坛上发表演说,他思考和说话都是用长句,从句一个接一个,谓语后
面跟着一大串分词。这种写法若换到了别人笔下,可能就变成了对西

　　1　伊凡·卡拉马佐夫说:"他们把和谐的价值定得太高了;我们出不起这么多的钱
来买入场券。所以我赶紧把票退了。"*The Brothers Karamazov*,第5卷,第4章: David
Magarshack英译(Harmondsworth,1958),i 287。

　　2　Vissarion Grigoryevich Belinsky(1811—1848),俄罗斯思想家、文学评论家。其
思想不仅经历了由启蒙主义到革命民主主义,由唯心主义到唯物主义的转变,而且随着
俄国解放运动的发展和对专制制度认识的加深,他还完全抛弃了斯拉夫派把俄国宗法
制理想化和西欧派盲目崇拜西方资本主义文明的观点,站到了革命民主主义的立场上
来。——译注

塞罗拙劣的模仿。伯林不是这一领域的亨利·摩尔[1]，不是在雕刻一块将人类与基本的自然力联系起来的巨石。相反，他的写作风格倒是与点彩派画家修拉的画风有异曲同工之处，在画布上跟打连珠炮似的撒上一大堆形容词、修饰语、警句、类比、说明与解释，以致到了最后，某个错综复杂的观点、行为准则、生活景象便会一览无余，悉数尽现在了我们眼前；而我们刚一会过意来，他就又开始用同样的方法营造一幅相矛盾或者也可能是补充性的生活景象，以便通过对比，我们可以把前一个概念理解得更好。一个词表达不准确的地方，他总是合用两个词来表达。他一点都不担心读者会在他句子的迷宫里晕头转向，因为他的句子都富有口语的节奏与活力。他力挺他称为丘吉尔的约翰逊式散文的文体风格。一个过去时代的风格的自觉复兴，譬如哥特风格的复兴，不一定就是一文不值的赝品；它也可以成为价值连城的真迹。丘吉尔的散文是他本人以及他的历史观的一个写照，浓墨重彩、生动逼真、大气磅礴、鲜艳夺目、直陈肺腑、胸怀世界，通篇不是对自我反思和个人生活的表达，而是饱含对自己的国家及其国际地位的殷殷关切。伯林的风格同样忠实地反映了他自己的价值观。

451

无须赘言，这当然与他是一个是非感极强的人分不开。谁都不应当认为多元主义者就是相对主义者。天主教徒或马克思主义者有权拥有自己的人生观，伯林同样也有权拥有自己的人生观。伯林提醒我们，不能指望一个观念可以像一个方程式那样精确。

　　［他写道］我们也是直到认为所采用的范畴太歪曲"事实"了才对"逃避主义"或歪曲事实不满。解释、叙述、分类、符号化，是

　　1　Henry Spencer Moore（1898—1986），英国雕塑家、画家。以半抽象大型青铜雕塑和大理石雕塑而闻名。其作品为时代创造了一种新的雕塑语言———种与环境对话的语言，一种充满人性的现代语言。代表作为《斜倚的人形》（*Reclining Figure: Festival*）。——译注

自然而不可避免的，我们笼而统之地称为思维的人类行为。即使不满，我们也只在结果与自己所处的社会、时代和传统的普遍观点大相径庭时才会不满。[1]

这不是传统智慧，更不是某个文化所公认的观点，而恰恰是我们不得不用来思考的概念与范畴——有鉴于我们是谁及处在何时何地。那么，以赛亚·伯林自己的人生观是什么呢？他特别敬重的美德又是哪些呢？

他始终都一心扑在了精神生活和牛津大学上。牛津把他培养成了一名学者，而他则努力报答了这份培养之恩，帮助牛津创办了一个研究生院，还承担了其他一些若非因为这个缘故不会承担的工作。他刻意赞美的，都是性情与他本人迥异的人，其中既有那些或许并不以热情奔放的性情著称，反而不是严肃有加便是拒人于千里之外的人物，也有那些认为如果不在牛津大学图书馆泡十四个小时一天就白过了的学者，还有那些脑子像海绵一样，装满了储备建设基金所挣的那点儿奇低利率之类详细账目的学院同事。伯林在生活中也践行多元主义，由衷地欣赏那些像他本人一样是无可争议的知识分子，但更为严肃也更为乏味的人。然而，他情不自禁地让我们意识到，哪怕是在这些人中，也不能指望他们全都展现出同样优秀的品质。休伯特·亨德森和理查德·佩尔斯都是大学老师中的佼佼者，但因为腼腆的普拉门纳兹讨厌各种委员会，厌恶宴会后公共休息室妙语巧辩的吵闹声就指责他，岂不是很可笑吗？而谴责喜欢热闹的人——比如相对于沉默寡言而言，更喜欢夸夸其谈；相对于艰苦朴素而言，更喜欢享受欢愉；相对于郁郁寡欢而言，更喜欢兴高采烈；相对于虔敬严肃而言，更喜欢思想奔放、戳穿权威机构和自大自负者的莫里斯·鲍拉——岂不是同样可笑吗？勃

---

1 见本书第6页。

勃的兴致和高昂的情绪，也是一所大学应该高度重视的内容之一。像菲利克斯·法兰克福特，热情洋溢，能消除古板的自我意识这一困扰学术团体的祸根，喜欢跟自己的年轻同事在一起，而不屑于跟那些一贯正确、抱着传统不放并以学术生活仲裁者自居的死脑筋们为伍，对于一所伟大的大学来说，像他这样的教授也是必不可少的。

最能体现以赛亚·伯林对牛津和精神生活的热爱的，是他的《J. L. 奥斯汀与牛津哲学的早期起源》一文，这一篇无与伦比的文章，可与凯恩斯回忆自己早年信仰的那些文章相媲羊。在该文中，伯林描述了奥斯汀不考虑朋友的感受或敌人的态度、不计后果、一门心思追求真理的情形，而这种专注是伯林后来结识了凯恩斯的老师G. E. 摩尔后才再次碰到的。他对那个讨论会实际讨论内容的描述，想必日后会有人把它当成英国哲学迷失在一片迂腐的荒野之中的决定性证据。但我要说，他们这么做是错误的。历代哲学家，柏拉图的弟子、经院哲学家、笛卡尔信徒、黑格尔派哲学家，无不始终都曾研究一些细小的问题，或者诸如知觉论和认识论之类的一些有清晰界定的问题。伯林并不自鸣得意。回头来看，他认为像他本人一样参加过奥斯汀的研讨会的那些年轻教师都太"我"字当头了，没发表多少东西。只要自己的一个观点得到了小组其余人的认同，他们就心满意足了。不过，他说，那些从不相信自己和同事正在破天荒第一次发现将对其课题产生深远影响的新真理的人，"那些从未（哪怕是短暂地）体验过这种幻想的魅力的人，也没有领略过什么叫真正的精神愉悦"[1]。

学者们往往都是乏味无趣的人——哪怕是最了不起的学者也不例外。有一天，伯林当时还是个小伙子，一位学者找上门来看他，一些人视这位学者为天才，另外一些人则视他为天底下头号无聊透顶的人。

453

1　见本书第176页。

这名学者就是纳米尔,而正如伯林所言,"事实上,他两者都是"[1]。伯林倒不是那么烦他。即使是纳米尔不紧不慢,不厌其详地不是一次而是好几次跟他解释,说他研究马克思是在浪费自己的生命,因为马克思是一个不配他关注的人,并且因为思想观念纯粹是人们的潜意识追求权力、荣誉、财富和享乐的产物,伯林听了也没有沮丧。而纳米尔在解释英国之所以是一个伟大的国家,之所以曾一度人道而文明,恰恰是因为英国人认识到了思想观念是多么的无足轻重,坚定不移地让知识分子老老实实地待在了他们该待的位置时,伯林听得愈加兴趣盎然了,且多年来都对纳米尔一些更惊人的侮辱性言论的例子津津乐道。兴趣越来越浓的原因有两点,一是伯林不像别的学者那样,一听到人家说自己的研究课题一文不值,就把人家斥为疯子,而是暗自思忖:纳米尔为什么会那么认为? 他是一个什么样的人? 在他看来,纳米尔既是最反对形而上学的理性主义者,赞同马赫、弗洛伊德及后来维也纳学派所做的分析,但同时又是一个犹太人且和狄斯累利一样,还是一个民族主义者和浪漫主义者。更重要的是,他还是一名中东犹太人。而最重要的是,他是一名犹太复国主义者。

454

从还是圣保罗学校的一名小学生起,以赛亚·伯林就是一名犹太复国主义者。这种忠诚激发他写出了自己最好的一些文章。有些犹太复国主义者看不起甚至痛恨那些成功地融入了所在国文化的犹太人,但伯林不是这样。他和那些纳米尔称为"哆嗦的以色列人"[2]的子孙没拌过一次嘴,这些犹太人的后裔早已不再哆嗦,而是愉快地生活在自己的邻居们中间,接受了他们的现实身份,没有了妒忌、忧虑和诚惶诚恐的心理,不再遵守犹太教礼仪,不再过犹太教节日,而且事实上有可能

---

1 见本书第131页。

2 [以赛亚·伯林给这些人重新起了个名字,叫"哆嗦的半吊子非犹太人"(trembling amateur gentiles)。]

还对犹太教心怀敌意。有些犹太人因想方设法掩饰自己的出身而引起别人对此出身的关注，有些人一听到提起锡安这个名字就无地自容，恨不得自己打着玛丽勒本板球俱乐部的领带在罗兹板球场的长厅里信步，对于这些犹太人的扭曲行为，伯林的确可能有点儿憎恶。同样，虽然伯林不主动去跟他们套近乎，但他也不会拒绝与外交部的那些官员们交谈，哪怕他们一直都在不遗余力、把自己所受到的培养悉数用在了促进可靠的亲阿拉伯政策和对以色列的不信任上。他很清楚，在这些让他着迷的人中，有一些在他们秘密的内心深处是怀有轻微的反犹观点的，那些上层阶级人士几乎都忘了他是一个犹太人，因为在这个问题上，他无忧无虑、无怨无恨，他在自己的犹太身份下活得很安生，就跟上层阶级人士在他们的安乐窝里一样。实际上，他目光并不迟钝，犹太人现在日常生活中都还在遭受的那些冷落、羞辱、伤害以及排斥行为，都没逃过他的眼睛。别人，滑得跟雅各的手似的，[1]也许会不把这些当多大回事或视而不见；但对伯林而言，这些羞辱使他认识到了建立以色列国的必要性。他并不是因为犹太人应该理所当然地居住在耶和华应许他们的土地上，才成为一名犹太复国主义者的。他之所以成为一名犹太复国主义者，是因为希望世界上有一块地方，可以让犹太人并不总是少数人，不用总是提心吊胆，生怕如果表现不好和不能模仿异族文化就会遭到非犹太人的蔑视——甚或杀害或驱逐。读到《哈伊姆·魏茨曼》一文中"由于环境或自身的愚蠢而殉难、失败、受创、亡命——这些对什么都抱嘲笑、怀疑态度的犹太式幽默感的陈腐主题——让他内心充满了忧虑与反感"[2]这段文字的时候，你可以感觉得到，他是在表达自己的心声。中欧犹太人那些尖刻、世故的笑话，比如"我这个人真是倒霉：

455

1　雅各和他的双胞胎哥哥以扫一个身上皮肤光滑，一个毛茸茸的。此处似喻指圆滑或滑头。参见《圣经·创世记》25：24—26和27：1—25。——译注

2　见本书第94页。

每一次我买的侏儒，都长个儿"，充斥着前卫的诡辩、讥讽和庸俗，掩盖了一种绝望的政治狂热，并不合他的胃口。此外，伯林谈到魏茨曼对英国的热爱及其作为一名东欧犹太人对英国人道的民主、公民自由、法律平等、包容态度、中庸稳健、厌恶极端、宽厚仁慈，乃至喜欢怪人怪事的崇敬时，也是在表达他自己对父母所定居的这个国家的热爱之情。

　　第二次世界大战期间，伯林在英国驻华盛顿大使馆供过几年职，把所有无法估计的事情、有可能出现的情况、导致了他和魏茨曼对英国所抱希望破灭的命运钟摆的摇摆都仔细斟酌过——他们本来指望英国也许会愿意给以色列的诞生当接生婆的。他从来没有为自己对形势的误判找过任何借口，但只要他当时的估计是对的，尽管实际结果走向相反，他也没认过错。

　　有的人或许怀疑过他是不是饱受了两头效忠之苦。很久以前也曾有人对天主教徒心存过这样的怀疑；有很多像哈罗德·尼克尔森这样老于世故的国教教徒认为，外交部聘用犹太人是不明智的，因为犹太人不是"我们自己人"，很难指望他们认可英国在阿拉伯国家的石油利益是高于一切的。双重效忠会造成紧张，有损忠诚；否认这一问题的存在是睁眼说瞎话。但伯林不存在这个问题。他是英国政府——他自己的国家，一个并没有征募他入伍或强迫他采纳他深为反感的观点和政策的国家——驻华盛顿的一名公务员，对于这一点，他丝毫都没有怀疑过。他没有受到任何限制。作为一名文官，哪怕是在战时，他都是自由的，不想干了随时都可以辞职。既然自由，他也就没有理由去抗命或无端抱怨。在一度只有英国独自反抗希特勒的情况下，把对英国百分百的忠诚摆在至高无上的位置，他认为这是理所当然的事情。伯林这种明确而单纯的道德观，使他在原子弹这样的问题上，并未像没有他那么明确和单纯的人那样，受到那些可怕的内心波动和自我反省的折磨。当然，偶尔在与大使馆的同事（其中反犹太复国主义者占了大多数）讨论中东问题时，他会发现有些观点自己难以苟同，于是有点不太舒服。

此外,有些狂热的犹太复国主义者认为他受到了自己效忠英国的影响时,他也会很痛苦。但是不舒服也好,痛苦也罢,与道德扭曲和变形还是有区别的。因为他要是真那样了的话,那么这个世界上那些尼科尔森们所鼓吹的"无人能效忠于两种理想"这一论调,就的确会赢得人们的认可,且会为仇外主义和反犹主义提供引火物了。再者说,伯林也未止步于双重效忠。作为一个多元主义者,他认为就是做到四重或五重效忠也并不矛盾。

　　不过话又说回来,或许正是那些年的经历让他下完了决心,除了在莫斯科的一段短暂逗留外,再也不为任何政府工作了。他也没有让权势人物搞花眼,他们请他出山,他也不一定回应。战后,比弗布鲁克听说了伯林每周给外交部撰写的评论华盛顿政局的著名电文后,召见了　457
他,拿出了奉承人的看家本领,哄他为自己的报纸撰稿。比弗布鲁克简直不敢相信,自己摆出了如此的友好姿态,对方却并没有马上领情。"怪哉,阿诺德·本涅特直到最后一口气都还在为我撰稿"——为什么伯林先生居然不答应呢?答应了,不愁过不上奢华的生活,比弗布鲁克安排这种事情可有一套啦。可以有——这可是一个很多人得不到的待遇,他宣称那是一套不显山露水的小公寓,供他在那里招待一位女士;确切地说,如果需要的话,哪怕是多名女士,也可以实现。这份好意没有送出去。没过多久,伯林便被比弗布鲁克手下的一个奴才在一篇头条文章里臭骂了一通。伯林非常喜欢讲这段小插曲。

　　"犹太人从很多方面来说,都是一个古怪且难以相处的民族,"伯林曾写道,"相当重要的原因是他们的历史与大多数最著名、也是最受赞赏的历史因果论相矛盾。"[1]有些人认为历史是对阶级和社会运动、人口

1　《战时华盛顿的犹太复国主义政治:个人的点滴回忆》(*Zionist Politics in Wartime Washington: A Fragment of Personal Reminiscence*)(耶路撒冷,1972年),第67页;收录在《飞扬年华》(见本书第xxii页注2),第692—693页。

和气候变化等客观力量、技术发展和贸易条件的研究，针对这种说法，以赛亚·伯林从犹太人的历史和以色列国的建国历程中，找到了最具说服力的反驳证据。在布罗代尔的巨著《腓力二世时代的地中海和地中海世界》中，西班牙国王到了第二卷才完全亮相，而且大部分时候，还是与当时的其他王公贵族和天才人物同时登场的，并没有出多大风头。这不是伯林看待历史的方法。从先天条件来说，以色列建国无异于痴人说梦。而这个梦之所以能梦想成真，在伯林看来，主要应归功于一位伟大的政治家——哈伊姆·魏茨曼。撇开了魏茨曼去分析以色列成功建国的原因，没有一条解释会站得住脚。而魏茨曼自己为促成以色列的诞生而提出的一些合理设想和方针，最终因为种种不可预料的偶发事件而告吹了，可见历史必然性和决定性是少之又少的。

458

　　像以色列建国这种个人行为推翻历史决定论的例证，我们这个时代并非仅此一例。1940年英国抗击希特勒，或一年后希特勒入侵苏联，同样可以说明问题。如果说魏茨曼之所以是伟人，是因为他凭借自己对历史进程的干预，使得不可能发生的事情变成了现实，那么丘吉尔和罗斯福也是伟人。但问题马上就会像一阵烟花一样在天上炸开：我们该如何看待伟人？伯林极不认同黑格尔所宣称的伟人不受道德监督的观点。在赞颂魏茨曼时，伯林说："实干家们及后来为他们树碑立传者纷纷以所谓的'国家理由'为借口，认为合理的那些弥天大罪，魏茨曼一样也没犯过。……魏茨曼虽然背着现实主义政治大师之名，但他没有伪造过一份电报，没有屠杀过一个少数民族的人，没有处决和监禁过一个政敌。"[1]政治家即使是在身陷危机之时，也不应该为了所谓的国家要求或者说某些利益集团的要求，就牺牲公认的私德准则。不过与此同时，虽然说愿意的话，你可以问一些某个伟人是否心地善良、善解人意、容易相处之类的问题——这些问题要是放在你想了解某个朋友的

1　见本书第80页。

生活时，是完全恰当的，但你应该认识到这些都不是最重要的问题。更
恰当的是问这名政治家取得了什么成就、其人生观是什么，其人生观又
对其决策有怎样的影响。正如马修·阿诺德曾经声言，凡是翻译荷马
的人都应该认识到荷马高贵庄严，写作风格崇高，伯林也建议批评罗斯
福的那些人应该认识到，正是因为罗斯福的人格魅力，美国才在他去世
后被人们视为民主和人道社会政策天生的捍卫者。是罗斯福赋予了美
国人前所未有的国际国内地位；而在实现这一点的过程中，他从来没有
为了保住权力而牺牲任何基本的政治原则，也没有煽动邪恶的激情去
击垮自己的敌人。同样，丘吉尔也是全球公认的拯救了自己的国家，阻
止了欧洲遭受邪恶力量蹂躏的伟人。两人都曾有过，将来也始终都会
有自己的批评者，而且这些批评者的部分批评意见将还会是对的。但
其批评跟这两位伟人所展现的品质、风度和成就一比，就黯然失色了。
而他们之所以展现出了这样的品质、风度和成就，是因为他们各自都受
到了一种人生观的激励——丘吉尔得以掌控自己的时代，控制自己的
激情，靠的是他对历史及他在历史中的地位有着清醒的意识；罗斯福有
未来眼光，灵活调整自己的政策，从而给美国人解决自身问题带来了最
大的回旋余地。虽然伯林专注的是私人生活的美德，但他对公共美德
也有一个恰当的估计。

　　能把生命视为一个整体，我们当中有这样的想象力或整合力的人
不多，但用不着非得成为一个政治家或艺术家，才可以对人生有一个看
法。对人生有自己看法的人，每一个社会阶层中都不乏其人。1946年，
伯林客居英国驻巴黎大使馆时，就遇到过一个这样的人，他把前后经过
都记录了下来。这个人就是奥伯伦·赫伯特，他在别人都回房休息了
很久之后，还把伯林留在身边，不是交谈，而是听他一个人在那儿独白。
后来伯林找了个由头离开，希望在次日凌晨5点离开前睡上几个小时，
不料他却跟到伯林卧室来了，继续一个劲儿地说个没完。伯林说他并
不觉得这是什么怪事儿，他也不可能这么觉得，因为那个时候换了他自

459

己，若是还有很多话没说完（这是常事），也会和赫伯特一样。随后及在后来多年的交往中，伯林逐渐认识到赫伯特不单单是怀有强烈、古怪、堂吉诃德式的，有时甚至是令人愤慨的看法，他还生活在某套行为规范的约束下，这有一部分是属于地主贵族的行为规范，但更为刺激有趣，因为他身上还有一种奇特的吹毛求疵而又慷慨大度的精神。他的这种人生观是一种有局限性的人生观，也是一种带偏见的人生观，但不是一种卑劣可耻的人生观。用伯林的话说，与撒谎者、野蛮人或是精明的投机者相比，赫伯特更讨厌市侩、警察、胆小鬼和伪君子。尽管赫伯特追求的目标很怪诞，也未考虑有没有实现的手段或途径，但他对功利主义原则的蔑视是值得钦佩的，而这正是因为他的信仰抑制了他天生就缺乏中庸精神这一点。

460

要一位知识分子看出另一位知识分子的古怪之处——不是说他在行为习惯上，而是说他在对现象进行理性而客观的分析时的古怪，难度更大。伯林让奥尔德斯·赫胥黎迷住了，这不足为奇，因为赫胥黎这个人性格奇好，为人谦逊，心胸开阔。不寻常的是，伯林不接受知识分子中这一普遍看法：赫胥黎把自己的壮年时期都浪费在了研究超心理学[1]上了。他认为恰恰相反，也许自斯宾诺莎以后，没有谁像赫胥黎那样毫不动摇地相信过知识的解放力，而且伯林还称赞赫胥黎把知识的全景图扩大了，将秘学和显学知识都囊括进来。他相信赫胥黎洞察到了可能被证明是下个世纪会取得最大进步的领域：对身心关系、神话和宗教仪式与经验性调查研究之间关系的研究。

没有人会认为这些祭文是出自一种乏味的性情。一辈子从没说过任何人一句坏话，这样的难得之人也是有的：说得通的解释是，这样的人学会了活在自己的世界里，把这个世界想象成了一个谁也听不到坏话，看不到坏人，也不说人坏话的地方。伯林不属于这样的人。对人类

1　原文为paranormal psychology。——译注

的缺点,他不会熟视无睹,对于他喜欢或敬重的和认为无足轻重的人身上的致命缺陷,他都一眼就能看出来。正如剑桥的杰克·加拉格尔[1]过去经常说的,我们每个人都有一些极讨厌的朋友,而我们也都是某个人极讨厌的朋友。虽然说以赛亚·伯林哪怕是某些极讨厌的人为难他,都还是禁不住以同情和喜爱的眼光来看待他们,但他还是有另外一些人在他看来不仅极讨厌,而且毫无可爱之处,因为他们麻木不仁,或是没有人性。他对极讨厌之人与坏人做了一个区分。坏人是那种靠油滑诌媚和投机取巧起家,为了满足自己对权力和地位贪得无厌的胃口,在危难时刻毫不犹疑地出卖朋友,到头来还以平白无故地伤害别人收场的野心家。还有些人比坏人还要坏:是彻头彻尾的邪恶,或险恶,或集两者于一身。阴险恶毒之徒与某些他宁愿不结识,但如果结识也会随遇而安的能人和成功人士是大有区别的。阴险恶毒之徒也不同于某些类型的名流、附庸风雅之辈、扬扬自得的正义之士[2]或傲慢堕落的欧洲贵族,这些人处在他宽容底线的外面。阴险恶毒之徒令他感到恐惧,要是遇上了他们,他就会像一个不开心的幽灵一样,从房间里消失得无影无踪。

与某些有着如此敏锐眼光的人不一样的是,在诋毁和贬低别人这点上,他是最没有兴趣的。他也许会挑剔批评,但与很多道德家不同,他并不觉得挑剔批评是一种可以令人其乐无穷的心态。他在观察骗子、假内行、愚钝者、奸诈之徒时,喜欢发现他们的可取之处。激发他动笔的,是拯救而非谴责,是优点而非缺陷;而他下笔时,选择的都是他想赞美的人,而且他只想大书特书他们的优良品质。对于缺点,他几乎从不细究,而是大而化之。比如,假若他觉得某人衣着的风格(甚至放纵

1　John Andrew Gallagher(1919—1980),英国历史学家,其最有影响的著作是与罗纳德·罗宾逊合著的《非洲和维多利亚时代人:帝国主义的官方思想》(*Africa and the Victorians: The Official Mind of Imperialism*)。——译注

2　原文为法语:*bien pensants*。——译注

随意)值得称赞,他会将其与那些衣着整洁时尚的人做对比——至于他用来做对比的到底是哪些人,他会留给读者去猜。与哈姆雷特相同的是,他也惊叹人类是多么了不起的一件杰作啊,与哈姆雷特不同的是,他喜欢人类。

人类之所以令他喜欢,是因为他有一项特殊的天赋,这一天赋是那些对人类做出自以为聪明的判断的人所奇缺的,即一种开朗乐观的幽默感。其特点是率性随意、充满童心、谬中见趣。这种幽默感不全是英国文化所赋予的,也得益于其俄罗斯血统,类似于陀思妥耶夫斯基作品中那种如泉水般汩汩而出的幽默,以及契诃夫作品中核心的幽默感。他对喜剧意识高度发达的作曲家尼古拉斯·纳博科夫怀有一种特殊的情愫,不是无缘无故的。他喜欢玩笑和轻松愉快,哪怕是贫嘴的小学生的幽默。丘吉尔曾用这种小学生式的幽默奚落过自己的敌人,逗乐过自己的朋友,鼓舞过自己的同胞。

因此这些颂词,并不是一堆艺术家画室当垃圾一样扔在一边的素描草图。它们和他论自由、谈启蒙时期和19世纪的知识分子的那些文章一样,也是以赛亚·伯林的全部作品中重要的一部分。除非将思想观念视为人类激情、欲望、渴求与懊恼的表达,否则是无法懂得思想观念为何物的;而"人生"这个词本身除非在脑海中唤起活生生的人——过去、现在和未来之人,否则也毫无意义可言。

索　引

（条目后的数字为原书页码，见本书边码。n指位于注释中）

道格拉斯　马修斯　编

译余絮语

　　《圣经·提多书》(1：15)中有一句话："于洁者凡物皆洁：惟于污而不信者，一无所洁。"[1]英国学者奥哈尔用自己的语言表述为："在纯洁者眼里，什么都纯洁，这话有道理，但更有道理的是，在不纯洁者眼里，什么都不纯洁。"[2]这句看似解释性的话，之所以成为名言而流传下来，是因为它的侧重点更突出了。尼采则更为干脆，直接断言："在不纯洁者眼里，什么都不纯洁。"[3]强调的都是不要以小人之心去度君子之腹，与我们中国人说的"小人眼里无君子"有异曲同工之妙。可是我们还有半句，叫作"君子眼里也有小人"，这正是译完伯林《个人印象》的第一感受。"君子眼里也有小人"与《提多书》中的那前半句是有区别的，"有小人"只是把"小人"当个人，而不是也当成"君子"。伯林最可取之处在于，一方面，他不是小人，因而眼里有君子；另一方面，他描写的并非全都是

　　1　英文钦定版（King James version）为：Unto the pure all things are pure: but unto them that are defiled and unbelieving is nothing pure；中文译文引自文理和合译本。

　　2　原话为：As to the pure all things are pure, even so to the impure all things are impure.

　　3　To the impure all things are impure. 转引自 John Cournos, Introduction to Fyodor Sologub's *The Created Legend*。

君子，也有既不是君子也不是小人的人，因为在他的思维当中，不是什么都是非此即彼，非白即黑的，因而在他的眼里，人也应作如是观，不是非君子即小人，非天才即笨蛋。这倒不是说他最关心的就全是平庸之辈了，恰恰相反，他关注得更多的还是他心目中的君子和天才，只是与此同时，他也没有忽略所谓的"平庸"之辈，于"平庸"中见到不平庸的地方。于是，我们才在他笔下，既看到了罗斯福、丘吉尔、本-古里安这样的国际风云人物，也见到了爱因斯坦、凯恩斯、伍尔夫、阿赫玛托娃、帕斯捷尔纳克这样的学界和艺术界巨擘名家；既见到了他非常钦佩的魏茨曼、伊扎克·萨德赫、很亲近的莎乐美·哈尔珀恩，也见到了个性特别突出的纳米尔和奥伯伦·赫伯特，还有他的同学与同事。

他坦言自己采用了一种不合时宜的祭文体，主要是在缅怀逝者，更多的是在赞扬他们的优点，而没怎么去挑他们的毛病，这也是人之常情。人活着的时候，可能我们更多的是看到他们的弱点，人死后就想起了死者的种种可取之处，就算是战场上的对手，英勇地死在了自己面前的沙场上，我们往往也会对他肃然起敬。因而作怀念文章自然与记者写现实中活着的人态度是不一样的。这里的关键是，有些人也许压根儿就做不出这样的祭文来，因为他们根本就发现不了别人身上的优点。但伯林怎么知道对待逝者，更是很会数说逝者一生的功德，而这种能力并不是谁都具备的。具不具备这种能力，除了可以看出一个人看问题的角度是否恰当外，还可以看出其自身的修养、学识如何。

本版新增了一篇文章，《彼时，我在何处？》，乍一看，似乎在全书中显得有点另类，但细想来，编者将它纳入亦无不妥，因为书名《个人印象》既可以对人也可以对事，其次透过该文，也给我们打开了一个新的窗口，让我们可以看一看伯林对自己经历过的几件非常重要的大事是一个什么样的个人印象。

下面，译者还想就翻译过程中的一点甘苦和体会略啰唆几句。虽然平常都强调先苦后甜，但我这里还是把顺序颠倒一下，先说说甘，再来诉诉苦。

接到约稿时，我还真是一愣。因为虽然没有读过该书，但早就听说过，《个人印象》是伯林最有趣的一本书（大意如此）。现在，终于有机会细细品味这本有趣的书了，翻译过程，也确实尝到了很多甜头，而最大的甜头就是跟着伯林去认识了那么多伟人、奇人和怪人，而回味最长的甜头则是学会顺着伯林的眼光去看待这些人、这些事，改变自己的一些思维惯性。

其中给我印象最深的是他对自己的一些尴尬行为和对别人对自己的不敬甚至是戏谑之词不仅不避讳，而且也写得饶有趣味，有时甚至令人忍俊不禁，这一点除了写纳米尔的那篇外，在《1945年和1956年与俄罗斯作家的会面》和《梅纳德·凯恩斯与夫人莉迪亚》等篇目中也体现得非常明显。

这样的心态与情怀是难能可贵的，也是我本人愿意学习的。

再来诉诉苦，说实在的，这本书译起来真的不是那么简单，远远超出了我原来的预想。首先是涉及的知识面太广，尤其是自己非常不熟悉的音乐领域以及之前几乎不太了解的犹太人及犹太复国主义运动的知识。说点具体的吧，有一个看似简单实则复杂且从牛津词典上都查不出来确切意思的词语，"the JRC"，最后好不容易才搞清楚它除了词典上解释的那个意思外，还有一个意思，就是类似于我们大学里的院级学生会性质的组织。牛津那些有自己特点的术语（有点类似于清华同学之间说"你是'几字班'的？"或者"我在'六教'"等）究竟该如何处理的问题，总之，这类问题太多太多了，因而，有时候查找资料的时间要比用来翻译句子的时间多出一倍甚至更长，结果是把译别的作品时可以用来字斟句酌的精力全花在补充自己的知识缺陷或查找资料上了。

也许正是因为上面所讲的这个原因吧，虽然译者也在遣词造句方面下了一定功夫，但肯定多少还是有些影响，加之前后时间跨度较长，风格上可能也会略有不太一致之处。以上种种，以及因为学识水平所限可能还存在的自己尚未觉察的疏漏等等，尚乞读者包涵与批评指正。

译　者
2017 年 8 月 21 日星期一
于学清苑

人文与社会译丛

第一批书目

1. 《政治自由主义》(增订版),[美]J.罗尔斯著,万俊人译　118.00元
2. 《文化的解释》,[美]C.格尔茨著,韩莉译　　　　　　89.00元
3. 《技术与时间:1.爱比米修斯的过失》,[法]B.斯蒂格勒著,
   裴程译　　　　　　　　　　　　　　　　　　　62.00元
4. 《依附性积累与不发达》,[德]A.G.弗兰克著,高铦等译　13.60元
5. 《身处欧美的波兰农民》,[美]F.兹纳涅茨基、W.I.托马斯著,
   张友云译　　　　　　　　　　　　　　　　　　9.20元
6. 《现代性的后果》,[英]A.吉登斯著,田禾译　　　　45.00元
7. 《消费文化与后现代主义》,[英]M.费瑟斯通著,刘精明译　14.20元
8. 《英国工人阶级的形成》(上、下册),[英]E.P.汤普森著,
   钱乘旦等译　　　　　　　　　　　　　　　　168.00元
9. 《知识人的社会角色》,[美]F.兹纳涅茨基著,郏斌祥译　49.00元

第二批书目

10. 《文化生产:媒体与都市艺术》,[美]D.克兰著,赵国新译　49.00元
11. 《现代社会中的法律》,[美]R.M.昂格尔著,吴玉章等译　39.00元
12. 《后形而上学思想》,[德]J.哈贝马斯著,曹卫东等译　58.00元
13. 《自由主义与正义的局限》,[美]M.桑德尔著,万俊人等译　30.00元

14. 《临床医学的诞生》,[法]M. 福柯著,刘北成译   55.00 元

15. 《农民的道义经济学》,[美]J. C. 斯科特著,程立显等译   42.00 元

16. 《俄国思想家》,[英]I. 伯林著,彭淮栋译   35.00 元

17. 《自我的根源:现代认同的形成》,[加]C. 泰勒著,韩震等译

     128.00 元

18. 《霍布斯的政治哲学》,[美]L. 施特劳斯著,申彤译   49.00 元

19. 《现代性与大屠杀》,[英]Z. 鲍曼著,杨渝东等译   59.00 元

第三批书目

20. 《新功能主义及其后》,[美]J. C. 亚历山大著,彭牧等译   15.80 元

21. 《自由史论》,[英]J. 阿克顿著,胡传胜等译   89.00 元

22. 《伯林谈话录》,[伊朗]R. 贾汉贝格鲁等著,杨祯钦译   48.00 元

23. 《阶级斗争》,[法]R. 阿隆著,周以光译   13.50 元

24. 《正义诸领域:为多元主义与平等一辩》,[美]M. 沃尔泽著,

    褚松燕等译   24.80 元

25. 《大萧条的孩子们》,[美]G. H. 埃尔德著,田禾等译   27.30 元

26. 《黑格尔》,[加]C. 泰勒著,张国清等译   135.00 元

27. 《反潮流》,[英]I. 伯林著,冯克利译   48.00 元

28. 《统治阶级》,[意]G. 莫斯卡著,贾鹤鹏译   98.00 元

29. 《现代性的哲学话语》,[德]J. 哈贝马斯著,曹卫东等译   78.00 元

第四批书目

30. 《自由论》(修订版),[英]I. 伯林著,胡传胜译   69.00 元

31. 《保守主义》,[德]K. 曼海姆著,李朝晖、牟建君译   58.00 元

32. 《科学的反革命》(修订版),[英]F. 哈耶克著,冯克利译   58.00 元

33.《实践感》,[法]P.布迪厄著,蒋梓骅译　　　　　75.00 元

34.《风险社会:新的现代性之路》,[德]U.贝克著,张文杰等译 58.00 元

35.《社会行动的结构》,[美]T.帕森斯著,彭刚等译　　80.00 元

36.《个体的社会》,[德]N.埃利亚斯著,翟三江、陆兴华译　15.30 元

37.《传统的发明》,[英]E.霍布斯鲍姆等著,顾杭、庞冠群译 68.00 元

38.《关于马基雅维里的思考》,[美]L.施特劳斯著,申彤译 78.00 元

39.《追寻美德》,[美]A.麦金太尔著,宋继杰译　　　68.00 元

第五批书目

40.《现实感》,[英]I.伯林著,潘荣荣、林茂译　　　　30.00 元

41.《启蒙的时代》,[英]I.伯林著,孙尚扬、杨深译　　35.00 元

42.《元史学》,[美]H.怀特著,陈新译　　　　　　　89.00 元

43.《意识形态与现代文化》,[英]J.B.汤普森著,高铦等译 68.00 元

44.《美国大城市的死与生》,[加]J.雅各布斯著,金衡山译 78.00 元

45.《社会理论和社会结构》,[美]R.K.默顿著,唐少杰等译 128.00 元

46.《黑皮肤,白面具》,[法]F.法农著,万冰译　　　　58.00 元

47.《德国的历史观》,[美]G.伊格尔斯著,彭刚、顾杭译　58.00 元

48.《全世界受苦的人》,[法]F.法农著,万冰译　　　17.80 元

49.《知识分子的鸦片》,[法]R.阿隆著,吕一民、顾杭译 59.00 元

第六批书目

50.《驯化君主》,[美]H.C.曼斯菲尔德著,冯克利译　68.00 元

51.《黑格尔导读》,[法]A.科耶夫著,姜志辉译　　　98.00 元

52.《象征交换与死亡》,[法]J.波德里亚著,车槿山译　68.00 元

53.《自由及其背叛》,[英]I.伯林著,赵国新译　　　48.00 元

54.《启蒙的三个批评者》,[英]I.伯林著,马寅卯、郑想译　　48.00 元

55.《运动中的力量》,[美]S.塔罗著,吴庆宏译　　23.50 元

56.《斗争的动力》,[美]D.麦克亚当、S.塔罗、C.蒂利著,

李义中等译　　31.50 元

57.《善的脆弱性》,[美]M.纳斯鲍姆著,徐向东、陆萌译　　55.00 元

58.《弱者的武器》,[美]J.C.斯科特著,郑广怀等译　　82.00 元

59.《图绘》,[美]S.弗里德曼著,陈丽译　　49.00 元

第七批书目

60.《现代悲剧》,[英]R.威廉斯著,丁尔苏译　　45.00 元

61.《论革命》,[美]H.阿伦特著,陈周旺译　　59.00 元

62.《美国精神的封闭》,[美]A.布卢姆著,战旭英译,冯克利校 68.00 元

63.《浪漫主义的根源》,[英]I.伯林著,吕梁等译　　49.00 元

64.《扭曲的人性之材》,[英]I.伯林著,岳秀坤译　　22.00 元

65.《民族主义思想与殖民地世界》,[美]P.查特吉著,

范慕尤、杨曦译　　18.00 元

66.《现代性社会学》,[法]D.马尔图切利著,姜志辉译　　32.00 元

67.《社会政治理论的重构》,[美]R.J.伯恩斯坦著,黄瑞祺译 72.00 元

68.《以色列与启示》,[美]E.沃格林著,霍伟岸、叶颖译　　128.00 元

69.《城邦的世界》,[美]E.沃格林著,陈周旺译　　85.00 元

70.《历史主义的兴起》,[德]F.梅尼克著,陆月宏译　　48.00 元

第八批书目

71.《环境与历史》,[英]W.贝纳特、P.科茨著,包茂红译　　25.00 元

72.《人类与自然世界》,[英]K.托马斯著,宋丽丽译　　35.00 元

73.《卢梭问题》,[德]E.卡西勒著,王春华译 39.00 元

74.《男性气概》,[美]H.C.曼斯菲尔德著,刘玮译 28.00 元

75.《战争与和平的权利》,[美]R.塔克著,罗炯等译 25.00 元

76.《谁统治美国》,[美]W.多姆霍夫著,吕鹏、闻翔译 35.00 元

77.《健康与社会》,[法]M.德吕勒著,王鲲译 35.00 元

78.《读柏拉图》,[德]T.A.斯勒扎克著,程炜译 68.00 元

79.《苏联的心灵》,[英]I.伯林,潘永强、刘北成译 59.00 元

80.《个人印象》,[英]I.伯林著,覃学岚译 88.00 元

第九批书目

81.《技术与时间:2.迷失方向》,[法]B.斯蒂格勒著,

赵和平、印螺译 59.00 元

82.《抗争政治》,[美]C.蒂利、S.塔罗著,李义中译 28.00 元

83.《亚当·斯密的政治学》,[英]D.温奇著,褚平译 21.00 元

84.《怀旧的未来》,[美]S.博伊姆著,杨德友译 85.00 元

85.《妇女在经济发展中的角色》,[丹]E.博斯拉普著,陈慧平译 30.00 元

86.《风景与认同》,[美]W.J.达比著,张箭飞、赵红英译 68.00 元

87.《过去与未来之间》,[美]H.阿伦特著,王寅丽、张立立译 58.00 元

88.《大西洋的跨越》,[美]D.T.罗杰斯著,吴万伟译 108.00 元

89.《资本主义的新精神》,[法]L.博尔坦斯基、E.希亚佩洛著,

高铦译 58.00 元

90.《比较的幽灵》,[美]B.安德森著,甘会斌译 79.00 元

第十批书目

91.《灾异手记》,[美]E.科尔伯特著,何恬译 25.00 元

第十一批书目

第十二批书目

111.《希腊民主的问题》,[法]J.罗米伊著,高煜译　　　　48.00 元
112.《论人权》,[英]J.格里芬著,徐向东、刘明译　　　　75.00 元
113.《柏拉图的伦理学》,[英]T.埃尔文著,陈玮、刘玮译　118.00 元
114.《自由主义与荣誉》,[美]S.克劳斯著,林垚译　　　　62.00 元
115.《法国大革命的文化起源》,[法]R.夏蒂埃著,洪庆明译　38.00 元
116.《对知识的恐惧》,[美]P.博格西昂著,刘鹏博译　　　38.00 元
117.《修辞术的诞生》,[英]R.沃迪著,何博超译　　　　48.00 元
118.《历史表现中的真理、意义和指称》,[荷]F.安克斯密特著,
　　　周建漳译　　　　　　　　　　　　　　　　　　58.00 元
119.《天下时代》,[美]E.沃格林著,叶颖译　　　　　　78.00 元
120.《求索秩序》,[美]E.沃格林著,徐志跃译　　　　　48.00 元

第十三批书目

121.《美德伦理学》,[新西兰]R.赫斯特豪斯著,李义天译　68.00 元
122.《同情的启蒙》,[美]M.弗雷泽著,胡靖译　　　　　48.00 元
123.《图绘暹罗》,[美]T.威尼差恭著,袁剑译　　　　　58.00 元
124.《道德的演化》,[新西兰]R.乔伊斯著,刘鹏博、黄素珍译 65.00 元
125.《大屠杀与集体记忆》,[美]P.诺维克著,王志华译　78.00 元
126.《帝国之眼》,[美]M.L.普拉特著,方杰、方宸译　　68.00 元
127.《帝国之河》,[美]D.沃斯特著,侯深译　　　　　　76.00 元
128.《从道德到美德》,[美]M.斯洛特著,周亮译　　　　58.00 元
129.《源自动机的道德》,[美]M.斯洛特著,韩辰锴译　　58.00 元
130.《理解海德格尔:范式的转变》,[美]T.希恩著,
　　　邓定译　　　　　　　　　　　　　　　　　　　89.00 元

第十四批书目

131.《城邦与灵魂:费拉里〈理想国〉论集》,[美]G. R. F. 费拉里著,刘玮编译　58.00 元

132.《人民主权与德国宪法危机》,[美]P. C. 考威尔著,曹晗蓉、虞维华译　58.00 元

133.《16 和 17 世纪英格兰大众信仰研究》,[英]K. 托马斯著,芮传明、梅剑华译　168.00 元

134.《民族认同》,[英]A. D. 史密斯著,王娟译　55.00 元

135.《世俗主义之乐:我们当下如何生活》,[英]G. 莱文编,赵元译　58.00 元

136.《国王或人民》,[美]R. 本迪克斯著,褚平译(即出)

137.《自由意志、能动性与生命的意义》,[美]D. 佩里布姆著,张可译　68.00 元

138.《自由与多元论:以赛亚·伯林思想研究》,[英]G. 克劳德著,应奇等译　58.00 元

139.《暴力:思无所限》,[美]R. J. 伯恩斯坦著,李元来译　59.00 元

140.《中心与边缘:宏观社会学论集》,[美]E. 希尔斯著,甘会斌、余昕译　88.00 元

第十五批书目

141.《自足的世俗社会》,[美]P. 朱克曼著,杨靖译　58.00 元

142.《历史与记忆》,[英]G. 丘比特著,王晨凤译　59.00 元

143.《媒体、国家与民族》,[英]P. 施莱辛格著,林玮译　68.00 元

144.《道德错误论:历史、批判、辩护》,

[瑞典]J.奥尔松著,周奕李译   58.00 元

145.《废墟上的未来:联合国教科文组织、世界遗产与和平之梦》,
[澳]L.梅斯克尔著,王丹阳、胡牧译   88.00 元

146.《为历史而战》,[法]L.费弗尔著,高煜译   98.00 元

147.《语言动物:人类语言能力概览》,[加]C.泰勒著,
赵清丽译(即出)

148.《我们中的我:承认理论研究》,[德]A.霍耐特著,
张曦、孙逸凡译   62.00 元

149.《人文学科与公共生活》,[美]P.布鲁克斯、H.杰维特编,
余婉卉译   52.00 元

150.《美国生活中的反智主义》,[美]R.霍夫施塔特著,
何博超译   68.00 元

第十六批书目

151.《关怀伦理与移情》,[美]M.斯洛特著,韩玉胜译   48.00 元

152.《形象与象征》,[罗]M.伊利亚德著,沈珂译   48.00 元

153.《艾希曼审判》,[美]D.利普斯塔特著,刘颖洁译   49.00 元

154.《现代主义观念论:黑格尔式变奏》,[美]R.B.皮平著,郭东辉译
(即出)

155.《文化绝望的政治:日耳曼意识形态崛起研究》,[美]F.R.斯特
恩著,杨靖译   98.00 元

156.《作为文化现实的未来:全球现状论集》,[印]A.阿帕杜拉伊著,
周云水、马建福译(即出)

157.《一种思想及其时代:以赛亚·伯林政治思想的发展》,[美]
J.L.彻尼斯著,寿天艺、宋文佳译(即出)

158.《人类的领土性:理论与历史》,[美]R.B.萨克著,袁剑译(即出)

159. 《理想的暴政：多元社会中的正义》，［美］G. 高斯著，范震亚译（即出）

160. 《荒原：一部历史》，［美］V. D. 帕尔马著，梅雪芹译（即出）

　　有关"人文与社会译丛"及本社其他资讯，欢迎点击 www. yilin. com 浏览，对本丛书的意见和建议请反馈至新浪微博@译林人文社科。